Iris Ducht

Wellen
meines Lebens

Teil I und Teil II

novum pro

www.novumverlag.com

Bibliografische Information
der Deutschen Nationalbibliothek:

Die Deutsche Nationalbibliothek
verzeichnet diese Publikation in
der Deutschen Nationalbibliografie.
Detaillierte bibliografische Daten
sind im Internet über
http://www.d-nb.de abrufbar.

© 2022 novum Verlag

ISBN 978-3-99131-021-1
Lektorat: Marie Schulz-Jungkenn
Umschlagfotos: Iris Ducht,
Mykhailo Polenok, Fewerton,
Chansom Pantip | Dreamstime.com
Umschlaggestaltung, Layout & Satz:
novum Verlag

Gedruckt in der Europäischen Union
auf umweltfreundlichem, chlor- und
säurefrei gebleichtem Papier.

www.novumverlag.com

Inhaltsverzeichnis

TEIL I

Ein weiterer Lebensabschnitt beginnt nun. Ich schaue aus dem Fenster am Heiligabend des Jahres 2020 und erinnere mich an die vergangene Zeit. Das Jahr 2020 war auch für mich ein Horrorjahr. Musste ich doch wegen der weltweiten Corona-Pandemie, die auch an mir nicht vorbeiging, meine langjährige Laufbahn als Reitlehrerin beenden. Auch meine Rückenprobleme traten nun schon längere Zeit ganz massiv auf. Darum gab ich dann nach 18,5 Jahren meine selbstständige Tätigkeit leider endgültig auf.

Deshalb beschloss ich dann, meine ereignisreiche Lebensgeschichte einfach der Nachwelt mal aufzuschreiben und viele nicht so schöne Abschnitte im Nachhinein zu verarbeiten und mich auch an die schönen Momente in meinem Leben zurückzuerinnern.

Mein Leben war den Tieren gewidmet, aber nun sind diese Abschnitte endgültig vorbei, denn meine Gesundheit lässt die schwere Arbeit mit den Tieren nicht mehr zu. Die Schmerzen verlangen immer höhere Dosen an Tabletten, und das kann ich nicht bis ins Unendliche machen. Darum habe ich schweren Herzens beschlossen, alles noch einmal an mir vorüberziehen zu lassen.

1. Kapitel
Meine Kindheit

Als Erstgeborene erblickte ich Ende der 50er-Jahre in einer Villa, in der sich der Frauenarzt eine Praxis eingerichtet hatte, mit viel Verspätung das Licht der Welt. Meine Mutter war noch ziemlich jung und die Geburt war nicht einfach.

Meine Eltern hatten sich auf der Werft kennengelernt. Mein Vater arbeitete im Schiffbau und meine Mutter war Lehrling zur Industriekauffrau. Sie hatte gerade ausgelernt, als ich unterwegs war. Meine Oma (mütterlicherseits) war davon gar nicht begeistert und ließ meine Mutter das auch spüren. Mein Vater war 9 Jahre älter als meine Mutter, alleine das war schon ein Streitpunkt. Die Mutter meines Vaters war streng evangelisch und sehr konservativ. Sie hatte in ihrem Wohnort bereits eine Frau für meinen Vater auserkoren, die dieser aber nicht liebte. Schon deshalb war meine Oma (väterlicherseits) auch nicht so gut auf meine Mutter zu sprechen. Mein Vater setzte seinen Willen durch und blieb bei meiner Mutter und brach dafür sogar die Beziehung zu seiner Mutter für einige Zeit ab.

Als ich dann endlich da war, musste ich sofort in die Kinderklinik, da meine Eltern eine Blutgruppenunverträglichkeit hatten und ich die sogenannte Neugeborenengelbsucht hatte. In der Kinderklinik wurde dann ein Blutaustausch bei mir vorgenommen, und dann war alles gut.

Zur Beobachtung musste ich einige Zeit in der Kinderklinik bleiben. Aber ich durfte besucht werden. Meine Oma (mütterlicherseits) hatte sich inzwischen mit meiner Anwesenheit abgefunden und begann, ein sehr enges Verhältnis zu mir zu entwickeln. Sie gab mir den Kosenamen „Kathinka Rosenrot" und nannte mich die ganze Kindheit über auch immer so. Wenn sie mich in der Kinderklinik besuchten, brauchten sie sich nicht lange nach meinem Bettchen zu erkundigen. Meine Oma sagte immer: „… da, wo das lauteste Gebrüll herkommt, da ist sie. Unser Baby wird wohl mal eine Lehrerin." Wie recht sie damit haben sollte. Sie liebte mich abgöttisch und zog mich dann auch bis Schulbeginn auf. Auch für mich war sie zeitlebens mehr meine Bezugsperson als meine Mutter.

Bis zu meinem 6. Lebensjahr lebte ich meistens bei ihr. Sie bewohnte eine 2-Raumwohnung mit Küche, Speisekammer, Flur und einem schmalen Bad in einem Altbau. In dem Haus wohnten noch weitere 7 Familien, immer 2 Familien auf einer Etage. Die Wohnungen waren sehr hoch, hatten aber auch schon Etagenheizung, welche von der Küche aus beheizt wurden. Gegenüber der Wohnung befand sich eine Schule und man konnte aus dem Fenster immer das Treiben auf dem Schulhof in den Pausen beobachten. In der Straße befanden sich auch noch ein Bäcker, bei dem es sehr schöne frische Brötchen gab, ein Schuster und ein Schneider. Auch war sie verkehrsmäßig nicht sehr stark belebt. Im Keller befand sich außer den Kellerräumen auch eine Waschküche. Da wurde einmal im Monat der Kessel angeheizt und große Wäsche gewaschen. Das war immer eine körperlich anstrengende Angelegenheit, die sich dann auch über den ganzen Tag hinzog. Besonders schmutzige Wäsche wurde am Waschbrett noch mit der Wurzelbürste extra geschrubbt. Aufgehängt wurde dann auf dem Hof, auf dem man auch in einer Sandkiste spielen konnte als Kind. Später wurde dann die Wäsche zur Wäscherei, ein paar Straßen weiter, gebracht und sie von dort schrankfertig wieder abgeholt, als die Arbeit für meine Oma zu schwer wurde. Auf dem Weg zur Werft, wenn wir meinen Opa von der Arbeit abholten, kamen wir an einer Reinigung vorbei. Da wurden Anzüge, Kostüme, Hemden und Blusen gereinigt. Das Bad meiner Oma verfügte zwar über eine Badewanne, aber die Möglichkeiten der Wäschetrocknung waren begrenzt. Auch später war ich oft am Wochenende bei ihr oder besuchte sie. Sie konnte wunderbar kochen, backen und nähen. Für die Faschingsfeiern im Kindergarten nähte sie mir immer sehr schöne Kostüme, für die es so manches Mal eine Auszeichnung für das schönste Kostüm gab. Hatte sie doch in der Kriegszeit bei reichen Leuten als Hausmädchen gearbeitet. Einen Beruf hatte sie nicht erlernt, sie war dann Hausfrau, als mein Opa aus dem Krieg kam. Wir machten oft Spaziergänge, Ausflüge in die nähere Umgebung, machten Dampferfahrten auf der Warnow, holten meinen Opa von der Arbeit ab (er war auch Industriekaufmann und arbeitete im Büro auf der Werft).

Meine Oma hatte vor dem Mauerbau eine Freundin aus dem Haus, deren Tochter etwa gleichaltrig mit meiner Mutter war. Als die Mauer dann 1961 erbaut wurde und niemand mehr in den Westen kam, ging die Freundin noch legal mit ihrer Familie dorthin und sie ließen sich in Köln nieder. Jedes Jahr bekamen wir ein Weihnachtspäckchen aus Köln mit duftenden Süßigkeiten, abgelegten, aber sehr schönen Klamotten und einigen Sachen, die es bei uns im Osten nicht gab, z.B. Apfelsinen und Bananen. Meine Oma und später auch meine Mutter hielten lange noch Briefkontakt zu der Familie.

Im Haushalt meiner Oma gab es ein Radio mit integriertem Plattenspieler. Ich kann mich an viele schöne Stunden erinnern, in denen wir Märchen hörten, oder auch an die kuscheligen Abende, an denen ich länger aufbleiben durfte, und meine Oma und ich auf der Couch gemeinsam die Abendsendungen verfolgten. Das waren dann Sendungen wie „Ein Kessel Buntes" und Ähnliches. Kriminalfilme durfte ich in dem Alter noch nicht anschauen. Aber auch die Wochenendnachmittagssendungen, wie „Professor Flimmrich" oder „Meister Nadelöhr" mit „Pittiplatsch" und „Schnatterinchen" waren sehr beliebt bei uns Kindern. Da lernte man auch die vielen russischen Volksmärchen oder die Märchen der Gebrüder Grimm kennen. Da ich sehr gerne las, bekam ich zu Geburtstagen, Weihnachten und anderen Anlässen sehr häufig diese Märchen auch in Bücherform geschenkt. Das waren dann meine Dauerbrenner, und ich behandelte diese Bücher sehr lange Zeit meines Lebens als sehr wertvolles Eigentum.

Ich hatte eine sehr schöne Kindheit. Auch wenn meine Großeltern wenig Geld hatten. Sie hatten den Krieg überlebt und waren sehr bestrebt, mir ein schönes Leben zu bieten. Mein Opa war im 2. Weltkrieg in Leningrad im Kessel eingeschlossen gewesen. Seine Beine waren erfroren, sodass das linke Bein bis zum Knie amputiert war und das rechte keine Zehen mehr hatte. Er musste ein Holzbein tragen oder an Krücken gehen. Die Schwester meiner Mutter war 1943 an Lebensmittelvergiftung gestorben mit ½ Jahr. So hatte ich aus mütterlicher Verwandtschaft keine Tanten oder Onkel. Mein Opa starb schon früh mit 55 Jahren am 3. Herzinfarkt. Das war ein herber Verlust für uns alle. Meine Oma verstarb mit 61 Jahren an Organversagen nach einer Lungenembolie, nachdem sie schon ein Jahr lang gelähmt und ans Bett gefesselt war. Es war für mich das schlimmste Erlebnis meiner Kindheit und Jugendzeit. Bei der Verwandtschaft meines Vaters sah es schon anders aus. Sein Vater starb bereits mit 25 Jahren an Lungenentzündung. Meine Oma war mit 4 Kindern, mein Vater war der älteste Sohn und musste schon teilweise die Vaterstelle für seine 3 kleinen Brüder ersetzen, aus Schlesien, dem heutigen Polen, geflüchtet. Unterwegs hatten sie sich sogar einmal verloren. Der Hunger und die Frage, wo kommen wir für die nächste Nacht unter, waren immer präsent. Oft gab es Kohlsuppe, Rote Beete oder gefundene Kartoffeln. Da mein Vater, und auch später seine Brüder, genau in die Kriegszeit hineingeboren wurden, und meine Oma immer mit den 4 Kindern auf der Flucht war, war die Kindheit meines Vaters von Not, Hunger und Entbehrungen geprägt. Er arbeitete überall, wo es möglich war, bei den Russen, bei den Polen, aber vor den Deutschen sind sie geflohen. Da Russen und auch Polen nach dem Krieg nicht gut auf die Deutschen zu sprechen waren, haben sie diese natürlich nicht gut behandelt und schwere Arbeit machen lassen. Sie haben aber zum Glück eingesehen, dass nicht alle Deutschen Kriegsverbrecher waren. Mein Vater hat sich nie der Hitlerjugend angeschlossen, ist nie einer Partei beigetreten in seinem Leben. Als die Familie endlich nach dem Krieg sesshaft wurde, strandete sie in Warin. Später schloss er sich der Kampfgruppe an, weshalb er keinen Wehrdienst abzuleisten brauchte. Er fuhr dort alle möglichen großen Autos, die bei Kriegszwecken zum Einsatz gekommen wären. Mein Vater fing eine Lehre in Wismar an, arbeitete aber nebenbei noch beim Bauern, um den Familienunterhalt mitzufinanzieren, denn meine Oma war häufig krank und konnte nur Hausarbeiten machen (Nähen, Flicken für andere). Nach der Lehre im Schiffbau begann mein Vater ein Studium, welches lange dauerte. Da hatte er meine Mutter schon kennengelernt. Mein Vater war sehr ehrgeizig und willensstark, was ich wohl von ihm geerbt habe.

Da meine Oma (mütterlicherseits) sehr konservativ war, durfte mein Vater mit meiner Mutter nur bis 19.00 Uhr was unternehmen, als sie sich kennenlernten. Kinobesuche mussten abgebrochen werden, damit meine Mutter pünktlich zu Hause sein konnte. Kaffeenachmittage oder kleinere Ausflüge wurden nur mit den Eltern zusammen unternommen. Meine Oma schikanierte die beiden auch manchmal ganz schön, aber sie wollte sehen, ob mein Vater es mit meiner Mutter ernst meinte. Aber mein Vater hielt durch. Sie heirateten, als meine Mutter mit mir im 3. Monat war. Dafür verkaufte er sogar sein geliebtes Motorrad, um die Hochzeit zu finanzieren.

Meine Oma väterlicherseits hatte sich dann auch mit meiner Mutter an der Seite meines

Vaters abgefunden. Sie bestand aber darauf, dass ich evangelisch getauft wurde. Das passierte dann auch bald nach meiner Geburt. Ich bin aber nie zur Kirche gegangen. Meine Eltern traten auch Anfang der 70er-Jahre aus der Kirche aus. Meine Eltern waren 44 Jahre verheiratet. Mein Vater pflegte meine Mutter, die sich 1 Jahr lang mit dem Bauchspeicheldrüsenkrebs quälte, bis zu ihrem Ende, zu Hause. Sie wurde nur 60 Jahre alt.

Meine Oma väterlicherseits hatte auch mit den harten Entbehrungen des Krieges zu kämpfen und starb mit 66 Jahren an Leberkrebs, nachdem sie noch ein paar schöne Jahre im Altenheim hatte, wo wir sie auch häufig besuchten.

Episoden aus meiner Kindheit

Die Werft, auf der mein Vater arbeitete, hatte auch für die Kinder ihrer Beschäftigten Kindergartenplätze. Meine Oma wohnte in der Nähe des Kindergartens und brachte mich morgens hin und holte mich nachmittags ab. Einen Sommer organisierte die Werft für unsere Gruppe ein Ferienlager für eine Woche in einem Waldcamp in der Müritz-Gegend. Wir wohnten in Bungalows, wanderten und spielten viel, badeten im See. Das erste Mal, dass wir so jung für längere Zeit von der Familie getrennt waren. Alle Kinder steckten das nicht so gut weg und bekamen Heimweh. Das Problem war jedoch, dass wir uns zum Ende der Zeit mit der Ruhr, einer sehr ansteckenden Durchfallerkrankung, infizierten. Das hieß, dass weitere 2 Wochen im Kindergarten in Quarantäne verbracht werden mussten und wir nicht zu unseren Familien nach Hause durften. Das verschlimmerte die Zeit für die Kinder, die Heimweh hatten, noch zusätzlich. Nur vom Fenster aus konnten wir mit den außerhalb des Zaunes stehenden Eltern und Großeltern sprechen. Das Abschlussfest im Kindergarten war auch eine große Sache. Mit einigen Kindern kam ich gemeinsam in eine Klasse, aber von anderen Freunden fiel der Abschied dann doch schwer.

Mit kleinen Schultüten und einem schönen Abschiedskaffeekränzchen gemeinsam mit unseren Eltern endete hier der erste Lebensabschnitt.

1961 bezogen meine Eltern ihre gemeinsame Wohnung im Neubaugebiet unserer Stadt. Der Wohnungsbau expandierte gerade. Da auch damals schon Arbeitskräftemangel herrschte, mussten die neuen Wohnungsbesitzer sogenannte Aufbaustunden leisten. Die fanden im Hafen statt. Es ging darum, Steine, die aus Norwegen und Schweden per Schiff herangebracht wurden, aufzutürmen als Küstenschutz. Diese Arbeit war nicht leicht. Unsere Wohnung bestand aus 2,5 Zimmern, Flur, Bad, Balkon und Küche. Auch beim Hausbau mussten Eigenleistungen erbracht werden. Das Haus bestand aus 4 Eingängen mit je 8 Mietparteien. Wer in welchem Stockwerk eine Wohnung bekam, wurde ausgelost. Meine Eltern bekamen eine Innenwohnung in der 4. Etage. Große Kellerräume, ein Trockenraum und 2 Trockenböden ergänzten die Räumlichkeiten der Häuser. Zu Beginn waren im Kinder- und Wohnzimmer noch Kachelöfen, später rüstete mein Vater neben vielen anderen Mitbewohnern dann auf Gasheizungen um in jedem Zimmer. In der Küche und im Bad sorgten Durchlauferhitzer für Wärme und warmes Wasser. Da das Kinderzimmer das kleinste Zimmer war, befanden sich als Mobiliar ein Kleiderschrank, 2 Stühle, 1 Schreibschrank und ein Doppelstockbett darin. Ich schlief oben, meine Schwester unten. Einen Fahrstuhl gab es nicht, so war es für meine Mutter auch nicht so einfach, Kinderwagen, Einkäufe oder Wäsche die 4 Stockwerke immer nach oben zu tragen. Aber man war froh, dass man eine Wohnung bekommen hatte. Zwischen uns Kindern sowie den Erwachsenen in einem Aufgang herrschte ein sehr freundliches und einvernehmliches Verhältnis. Einer half dem anderen und es herrschte ein freundlicher Ton. Die Schule, welche meine Schwester und ich 10 Jahre lang besuchten, war nur 300 m von unserem Haus entfernt und wir waren immer schnell wieder zu Hause nach Unterrichtsende. Hinter dem Haus hatten wir Rasen- und Spielplatzflächen mit Sandkasten, Rutsche und Klettermöglichkeiten. Viele Bänke drum herum luden die Eltern dann zum Verweilen und Zuschauen ein. Kurz, es war alles sehr kinderfreundlich arrangiert.

Meine Eltern unternahmen in der Urlaubszeit viel mit uns Kindern gemeinsam.

Wir fuhren meistens in den Süden in die Berge, Thüringen oder Harz. Dort wohnten wir dann bei Familien oder in Ferienheimen. Es war anfangs recht urig mit der Unterbringung. In einem Bauernhaus wurden wir in der oberen Etage untergebracht, ohne fließendes Wasser und mit Plumpsklo auf dem Hof. Das Wasser zum Waschen wurde in einem Krug mit einer Waschschüssel gebracht und musste dann in den Ausguss, der in der Küche war, ausgekippt werden nach Benutzung. Ich hatte bei den Reisen immer meine Puppe dabei. Wir mussten eine steile Stiege hinauf zu unserem Zimmer. Beim Hinuntergehen stolperte ich und überschlug mich mehrfach mit meiner Puppe im Arm. Aber es war nichts passiert, und ich landete unten auf meinen Füßen. Es sah gefährlicher aus, als es dann war.

Bei einem anderen Urlaub wollte ich meinen Eltern auf einem Spielplatz das sogenannte „Schweinebammeln" zeigen an einer Reckstange. Dabei hängt man kopfüber, ohne sich festzuhalten, an den Knien. Das galt damals als eine Mutprobe. Nicht jeder beherrschte diese Übung. Dabei rutschte ich ab und fiel genau auf die Nase, die dann entsprechend aussah. Da ich auch schon als Kind sehr eitel war, ärgerte mich mein Aussehen natürlich sehr. Wir fuhren trotzdem ins Freibad des Urlaubsortes. Ich legte eine Zeitung über mein Gesicht, damit mich keiner sehen sollte. Da kam dann ein kleiner Junge in meine Nähe und fragte meinen Vater, was ich denn hätte, weshalb ich mich mit einer Zeitung zudeckte. Der frotzelte und sagte, dass ich auf die Nase gefallen bin. Dann fragte der Junge, ob er das mal sehen könnte, wie ich denn aussah. Wütend sagte ich, dass er schnellstens verschwinden sollte. Mein Vater lachte bloß und sagte, dass alles bald wieder heil sei und ich mich mal nicht so haben sollte. Der Tag war dann für mich gelaufen. Ins Wasser zum Baden ging ich dieser Tage natürlich nicht.

Auch im Winter unternahmen wir viel. Als die Seen zugefroren waren, fuhren wir Schlittschuhe. Einmal war meine Schwester eingebrochen im Eis und wurde dann im Anschluss krank. Ich bekam dann eine harte Strafe, weil ich nicht gut genug auf sie aufgepasst hatte. Aber sie machte sowieso nie, was ich ihr sagte. Darum vertrugen wir uns auch nicht immer gut. Da sie sowieso immer kränklich war, wurde sie immer bevorzugt von meiner Mutter. Ich war dann immer die Böse.

Beim Rodeln beteiligte sich dann die ganze Familie. In einer leicht hügeligen Gegend in unserer Umgebung konnte man wunderbar rodeln. Wir hatten 2 Schlitten. Meine Mutter und ich saßen auf einem und mein Vater hatte auf dem anderen meine Schwester vor sich.

Wir rodelten einen Berg runter. Plötzlich musste meine Mutter sich entscheiden, ob wir zwischen einer Eiche und einer Buche mitten durch oder daran vorbei rodeln sollten. Aber das Lenken des Schlittens erfolgte zu spät. Wir fuhren gegen die Buche. Ich hatte mein Bein zwischen Schlitten und Baum und meine Mutter knallte mit dem Kopf gegen den Baum, sodass sie eine große Platzwunde über dem Auge hatte, welches dann auch gleich noch zuschwoll. Wir fuhren dann sofort zum Arzt. Am meisten weinte meine Schwester, weil wir so aussahen und sie so viel Mitleid mit uns hatte. Meiner Mutter wurde die Platzwunde genäht. Mein Bein wurde geröntgt. Es war nichts gebrochen, aber nach diesem Unfall hatte ich mein Leben lang mit einer Beinlängenungleichheit zu tun. Späteres Einlagentragen half auch nichts, mein Bein war nicht mehr mit gewachsen. Starke Schmerzen, später auch Rückenschmerzen sollten mich dann mein ganzes Leben begleiten. Das war da aber noch nicht abzusehen. Meine Mutter ging dann die nächste Woche mit einem blauen Auge zur Arbeit. Es war Rosenmontag. Die Kollegen lästerten über ihr Auge. Meine Mutter gab zu, das die Färbung echt war und nicht geschminkt für den Anlass. Da sagte dann keiner mehr etwas.

Meine Eltern und ich waren im Winterurlaub und wollten uns mal im Skilaufen versuchen.

Meine Schwester war bei meinen Großeltern in der Zeit.

Nachdem der Trabant uns die vereisten und schneebedeckten Straßen mit Schneeketten hochgewuchtet hatte, richteten wir uns im Heim ein. Nächsten Tag sollte es dann losgehen. Wir liehen uns Skier aus und ließen uns beraten. Es sollte ein „Langlauf" durch die wunderschönen Wälder werden. Meine Eltern kamen ganz gut mit den Dingern zurecht. Aber als ich dann hinterher auch auf den Skiern loslaufen wollte, nachdem ich die Ski-Stöcke sortiert hatte, sah ich nicht, dass ich mit dem rechten Ski hinten über Kreuz auf dem linken stand. Als ich dann losgehen wollte, fiel ich um. Ich lag auf dem Rücken wie ein Maikäfer und fuchtelte mit den Stöcken in der Luft herum. Meine Eltern drehten sich um und konnten sich vor Lachen kaum einkriegen, wie ich so dalag. Dann kamen sie und stellten mich wieder auf die Beine. Für mich war aber der Tag gelaufen. Niemals in meinem Leben bekam mich jemand wieder auf Skier. Das war aber auch keine Kunst, denn die Winter wurden in Zukunft sowieso immer rarer, sodass man gar keine Gelegenheit mehr zum richtigen Skilaufen bekam bei uns im Norden. Zudem bekam ich in dem Urlaub am nächsten Tag auch noch die Windpocken. Wir mussten alle in Quarantäne. Aber meine Eltern wollten sich den Urlaub nicht verderben lassen. Kurzerhand fuhren sie mit mir die über 600 km wieder nach Hause, tauschten mich gegen meine Schwester um und fuhren wieder zurück zum Urlaubsort. Ich verbrachte die Zeit der Krankheit dann bei meinen Großeltern.

Auch als mein Opa noch lebte, unternahmen wir viel in der Natur gemeinsam mit den Großeltern. Wir rückten alle eng zusammen, sodass wir dann auch zu 6 Personen in den 600er Trabant hineinpassten. Der Kofferraum war auch groß genug, um noch Campingtisch und 4 Stühlen Platz zu gewähren. Kuchen hatte meine Oma gebacken, Kaffee und Getränke für uns Kinder hatte meine Mutter bereitgestellt. Meine Eltern hatten ein neues Hobby entdeckt, das Zelten. Nachdem die Diskussion meiner Eltern zugunsten meines Vaters ausgefallen war, nämlich, ob von der Jahresendprämie nun eine neue Anbauwand oder ein Campinganhänger gekauft werden sollte, starteten wir mit der ganzen Familie in den Wald. Mein Vater hatte den Trabant mit einer Anhängerzugvorrichtung und der dazugehörigen E-Steckdose versehen lassen.

Nun wollten wir einen Probeaufbau des Zeltes machen, um uns auf den künftigen Campingplatzbesuchen dann nicht zu blamieren. Mit rotem Nagellack zur Kennzeichnung zusammengehöriger Stangen und Elemente und ganz viel Optimismus und Tatendrang ausgerüstet, fuhren wir dann alle los. Der nächste Wald war nicht weit. Der Trabant musste nun ja uns 6 Personen befördern und den Zeltanhänger auch noch ziehen. Da wollten wir ihm keine weite Strecke zumuten, um nicht einen Achsenbruch oder Federbruch zu riskieren.

Der Start gestaltete sich schon mal schwierig beim Einsteigen. Mein Opa hatte zu tun, sein Holzbein ins Auto zu kriegen, und musste sich mit dem Ellenbogen schwer auf die Lehne des Vordersitzes stützen. Natürlich hatte ich meine Finger dazwischen und stimmte dann ein Geschrei an, als er sie mir zerquetschte. Aber das war noch gar nichts. Jeder hatte dann im Wald eine Aufgabe, die Zeltstangen an die richtige Stelle zu bringen, die mein Vater nach Gebrauchsanweisung bestimmte. Das wechselte öfters, da die zusammengehörigen Stangen nicht gleich zusammenpassten. Das nervte dann auch schon mit der Zeit.

Der Kaffee musste auf einem kleinen Gaskocher, mit einer Propangasflasche betrieben, noch erwärmt werden, dafür war meine Oma zuständig. Es fiel dann auf, dass keine Streichhölzer vorhanden waren. (Wir waren alle Nichtraucher.) Mein Vater schickte mich los, um jemanden von den Spaziergängern, die auf dem Hauptweg waren, um Streichhölzer zu bitten. Aber der Erste, den ich traf, war der Förster. In meinem jugendlichen Leichtsinn fragte ich den dann auch. Es war ein heißer Tag. Die Waldbrandgefahr war dementsprechend hoch, sodass man mit offenem Feuer im Wald sowieso nicht hantieren durfte. Der Förster begleitete mich erst mal zu unserer Familie. Mein Vater bekam dann eine ausführliche Belehrung im Umgang mit Feuer. Wir kamen von einer Strafe noch glimpflich ab. Auf den Zeltplätzen ging der Aufbau dank der Kennzeichnung mit dem roten Nagellack auch ziemlich schnell vonstatten, was natürlich bei Regen sehr von Vorteil war.

Mein Vater studierte weiterhin noch ein paar Jahre nach meiner Geburt. Meine Schwester wurde 3,4 Jahre später geboren. Da sie viel krank war, hatte meine Mutter genug mit ihr zu tun und war froh, nur 1 Kind versorgen zu müssen. Ich hatte aber während meine Kindheit auch nicht viel zu lachen. Jede Krankheit fing bei mir mit Mittelohrentzündung an. Wir waren schon Stammgast in der Hals-Nasen-Ohrenklinik-Klinik. Nur machte meine Oma immer den Fehler, mir vor dem Klinikbesuch Schmerzzäpfchen zu geben. Als deren Wirkung dann einsetzte und wir in der

Klinik waren, ging es mir gut und ich fing an zu singen. Meiner Oma war es dann sehr peinlich, mich noch beim Arzt vorzustellen. Aber die sahen ja dann auch, wie schlecht es mir ohne Zäpfchen ging. Das hörte aber zeitlebens ab dem 12. Lebensjahr auf, als mir die Trommelfelle durchstochen wurden. Nur konnte ich ab dem Zeitpunkt nie mehr Wasser in den Ohren haben, da ich dann für ½ Stunde später komplett taub war.

Eine Episode möchte ich noch schildern. Meine Schwester, damals 3 Jahre alt, erkrankte an Scharlach. Sie sollte eine Spritze bekommen. Ich war auch mit zum Arzt gekommen. Da ich sehr neugierig war, wollte ich unbedingt mit ins Sprechzimmer und zuschauen. Aber als die Ärztin dann auch mit einer Spritze zur Prophylaxe auf mich zukam, hatte der Spaß doch ein Ende. Zeitlebens hatte ich Angst vor Spritzen und ging nie mehr mit zum Arzt.

Dann fuhren wir mal mit der Straßenbahn. Als Kind wird man ja zur Ordnung und Ehrlichkeit erzogen. Meine Mutter hatte einen Sitzplatz. Meine Schwester und ich saßen auf ihrem Schoß. Da meine Schwester quengelte, gab meine Mutter ihr einen Keks. Als wir dann ausstiegen, fiel der Keks runter. Meine Mutter schob ihn mit dem Fuß unter die Sitzbank, da keine Zeit mehr war, ihn aufzuheben. Sonst wäre die Bahn wieder angefahren und wir hätten die Station verpasst. Zur Ordnung erzogen, verstand ich diese Handlungsweise meiner Mutter nun gar nicht und brachte das auch lautstark zum Ausdruck. Die Bahn war voll und meine Mutter völlig blamiert.

Mit meiner Schwester verstand ich mich selten gut. Ich fühlte mich von Anfang an weniger geliebt und beachtet. Darum hatte ich wohl auch so eine enge Bindung zu meiner Oma. Oft verpetzte meine Schwester mich oder ich bekam Strafen, da ich ja die Ältere war und auf sie aufpassen musste. Sie machte aber auch nicht immer das, was ich ihr sagte. So kam es, dass ich auch oft um Anerkennung bei meinen Eltern ringen musste. Mit 11 Jahren wusch ich häufig Wäsche, bügelte oder saugte Staub, damit meine Mutter, die viel arbeitete, Zeit für uns hatte und was mit uns unternehmen konnte. Klar bemerkte meine Mutter meine Aktivitäten im Haushalt und lobte mich auch dafür, aber das war es dann auch.

Meine Liebe zu Tieren kam bei mir schon sehr früh zum Vorschein. Mit 5 Jahren bekam ich zum Geburtstag einen Puppenwagen mit Puppe geschenkt. Ich durfte bei schönem Wetter auch draußen damit fahren. Unserer Wohnung gegenüber auf der Straße lag ein großer Findling, unter dem sich gerne mal Eidechsen und Frösche versteckten. Eines Tages fingen wir so eine Kröte. Ich setzte meine Puppe in die Ecke an der Haustür und legte den Frosch in den Wagen und fuhr ihn spazieren. Als meine Mutter von der Arbeit kam, freute sie sich über mein Spiel mit dem Puppenwagen und wollte gern auch mein Püppchen im Wagen sehen. Aber als sie dann das Kissen zurückzog und den Frosch sah, überkam sie das blanke Entsetzen, denn sie mochte Reptilien ganz und gar nicht. Sofort war mein Ausflug mit Frosch vorbei, und ich musste ihn wieder ins Gras setzen.

Einen Vorfall mit einer Eidechse gab es dann noch. Ich war noch etwas jünger. Wir fuhren mit dem Trabant nach Warin, meine andere Oma besuchen. In einer Streichholzschachtel hatte ich eine Eidechse gefangen, die ich mitnahm. Vorsorglich hatte ich Luftlöcher in die Streichholzschachtel gestanzt. Aber ich wollte dann doch mal sehen, ob es ihr gut ging. Ich hatte dem Tier auch 2 gefangene Fliegen mit hineingelegt. Nur hatte ich zu dem Zeitpunkt etwas Streit mit meiner Schwester im Auto. Das nervte meine Eltern schon eine ganze Weile. Als ich mich dann nach einer Ermahnung meines Vaters zurückzog, spielte meine Schwester ihren Trumpf aus und erwähnte die Eidechse. Meine Mutter glaubte an einen schlechten Scherz, aber als sie die Eidechse sehen wollte, rastete sie bei dem Anblick total aus. Mein Vater sollte anhalten, das ging aber wegen des Halteverbotes nicht. Voller Angst steuerten wir dann den nächsten Wald an, wo ich die Eidechse aussetzen musste. Meine Schwester lachte schadenfroh in sich hinein. Ich heulte wie ein Wasserfall um das Leben der Eidechse.

Aber als wir dann bei meiner Oma angekommen waren, nahm ich mich junger Katzen an. Als wir wieder heimfuhren, vergewisserte sich meine Mutter ganz genau, ob ich nicht eine Katze versteckt hatte. Hatte ich aber nicht, damit nicht noch ein weiteres Tier sein Zuhause verlor. Haustiere durften wir nicht halten.

Mit 7 Jahren kam ich dann zur Schule. Da diese ganz in der Nähe unserer Wohnung war, konnte ich immer „Schlüsselkind" sein und brauchte nie in den Hort zu gehen. Ich konnte nach der Schule immer gleich nach Hause gehen. Mittagessen wurde in der Schulspeisung angeboten.

Lecker war das nicht immer, darum ließ ich auch die eine oder andere Essensmarke heimlich verfallen.

Von den Fächern haben mir Werken, Sport, Deutsch und später Sprachen und Naturwissenschaften viel Spaß gemacht. Ich war sehr wissensdurstig und ehrgeizig. Schon früh habe ich schnell das Lesen gelernt, weil ich gerne Bücher alleine und schnell lesen wollte. Wir hatten eine schuleigene Bibliothek, in der ich Stammgast war.

Erst waren Märchen meine Welt, später kamen dann Indianerbücher, wie die 3 dicken Bände von „Liselotte Welskopf-Henrich" hinzu. Zur gleichen Zeit wurden von der „DEFA" nach diesen Buchvorlagen auch Indianerfilme gedreht. Ich ließ natürlich keinen Kinobesuch aus, als die Filme erschienen. Als ich dann später auch im „Westfernsehen" die Lederstrumpffilme mit Pierre Brice sah, erkannte ich erst, wie viel wahre Geschichte in den Ostverfilmungen mit dem Hauptdarsteller Gojko Mitic war. Sehr viel später im Leben lernte ich sogar den Schauspieler noch kennen bei einer Veranstaltung, in der er über seine Karriere sprach und Fragen der Zuschauer beantwortete. Das war für mich ein sehr beeindruckendes Erlebnis. Denn er erzählte auch, dass sehr viel der Geschichten nah an der Realität waren, was ihm echte Indianer der heutigen Zeit bei seinem Besuch in Kanada bestätigt hatten. Die Lederstrumpferzählungen von Karl May waren zum größten Teil erfunden, da dieser selbst nie in Indianergebieten gewesen war.

Von Beginn an hatte ich immer gute Zeugnisse und gute Beurteilungen. Ich war nicht die beste Schülerin, sondern immer gutes Mittelmaß.

Da mein Vater seinen Hobbys großen Anteil seiner Zeit schenkte und auch die ganze Familie daran teilhaben ließ, genossen wir auch sonst eine umfangreiche Erziehung, die uns später im Leben viel nützte. Mein Vater reparierte gerne Autos. Unseren 1. Trabant bekamen wir, wie schon erwähnt, 1962 nach 8-jähriger Wartezeit. Es war ein 600 Modell. Ersatzteile waren noch relativ gut zu bekommen in der ersten Zeit, später dann nicht mehr, sodass man dann schon viel improvisieren musste. Ich musste viel mithelfen in der Garage, da nicht alle Arbeiten und Reparaturen allein gemacht werden konnten. So verstand ich schon recht früh, wie man Räder wechselte, einen Wagen hochhob, Zündkerzen wechselte und einen defekten Keilriemen mittels einer Damenstrumpfhose ersetzte. Das machte mir auch viel Spaß, denn vom Kochen und Backen und sonstiger Hausarbeit hielt ich nicht sehr viel.

Ein weiteres Hobby meines Vaters war das Reparieren von Fernsehern, Radios und Tonbandgeräten. Wenn zur Probe manchmal 4 oder mehr Fernseher das Staubsaugen im Wohnzimmer behinderten, fand meine Mutter das nicht mehr so toll. Aber eine „Hand wäscht die andere" war damals das Motto und mache aus „Schei… Bonbons". Westfernsehen oder feindliche Sender mit Musik im Radio zu hören, war damals streng verboten. Keiner wusste genau, ob er von der Stasi bespitzelt wurde. Später erfuhr ich, dass sogar Eheleute oder beste Freunde sich heimlich bespitzelt hatten und der eine vom anderen das nicht wusste. Meine Mutter arbeitete zu der Zeit beim FDGB als Sachbearbeiterin unter Harry Tisch. Zur Wendezeit erfuhr ich, dass gerade der ein ganz gefährlicher Verräter war. Ich nehme mal an, dass auch meine Eltern bespitzelt wurden. Einmal bekam ich so am Rande mit, dass die Kölner Freundin meiner Oma kurz vor der Wende einen Ausflug nach Berlin machte. Da ein Treffen oder überhaupt der Kontakt mit westdeutschen Menschen streng verboten war, wollten meine Eltern nach langen Jahren ein Wiedersehen auf diese Art und Weise organisieren. Aber die Stasi erfuhr, wie auch immer, davon, und unterband es. Mein Vater war in der Konstruktion im Schiffbau auf der Werft beschäftigt und musste die Jungfernfahrt der ersten Fähre nach Schweden mitmachen. Meine Mutter durfte auch mit, aber beide durften natürlich nicht von Bord, da Schweden auch kapitalistisches Ausland war. Mein Vater musste dann während der Fahrt schauen, ob die Technik funktionierte im Klima- und Kältebereich.

Meine Mutter bekam aber von der Reise nicht viel mit, da sie von Beginn der Reise an sehr seekrank war.

Mein Vater war auch ein großer Freund der Volksmusik. Er hatte in seiner Jugendzeit in der Kirche Waldhorn geblasen. Das Instrument war aber während des Krieges bei der Flucht verloren gegangen. Dann hatte er sich auf Blockflöte und Mandoline spezialisiert. Alles nur für den Hausgebrauch und zu Zeiten nach seinem Studium, denn vorher war natürlich nie Zeit für solche Dinge. In der ersten Klasse kamen Leute vom Konservatorium und warben um talentierte Kinder in den Schulen zum Besuch der Musikschule. Bereits in der 1. Klasse nahm ich am Blockflötenunterricht teil. Ich beherrschte das Instrument auch ganz gut. Die Auswahl der zu erlernenden Instrumente belief sich auf Geige, Trompete und Akkordeon. Geige und Trompete kamen allein wegen der Lautstärke nicht infrage, aber Akkordeon war eine Option. Wir besprachen das zu Hause im Familienrat. Gitarre wäre mein Wunsch gewesen, aber die Kurse waren voll.

So absolvierte ich ein halbes Jahr Probezeit und wurde dann auch zur Aufnahmeprüfung zugelassen.

Ich war 8 Jahre alt. Mein Vater oder auch meine Mutter begleiteten mich immer zur Musikstunde. Das Konservatorium befand sich am anderen Ende unserer Stadt und man musste mit dem Bus von Endstation zur Endstation fahren. Ein Instrument bekam ich zum Üben für zu Hause ausgeliehen. Meinen Vater konnte ich immer mit guten Leistungen und mit neu eingeübten Musikstücken auf dem Akkordeon begeistern. Davon hing auch zum größten Teil später ab, ob ich mit den anderen Kindern des Hauses zum Spielen raus durfte oder später nachmittags mit meiner Freundin zur Disco gehen durfte. Da ich in der Theorie in der Musikschule auch das Notenlesen und nach Noten spielen erlernt hatte, bekam ich häufig zu Weihnachten oder zum Geburtstag Notenhefte von meinem Vater geschenkt, woraus er mir dann die Lieder aussuchte, die ich in einer Woche neben den Übungssachen der Musikschule können musste. Da ich da sehr ehrgeizig war, strengte ich mich mächtig an, um an den Samstagen alles fehlerfrei vorspielen zu können.

Noch ein weiterer Vorfall fällt mir gerade ein:

Es war die Weihnachtszeit und meine Schwester und ich hatten zu Weihnachten Gleitschuhe bekommen. Jedes Jahr zur Winterzeit wurde auf dem Wäscheplatz auf dem Hof eine Eisbahn hergestellt. Dort konnten wir Kinder dann Schlittschuh laufen, damit wir nicht auf die Teiche gehen sollten und da einbrechen konnten. Durch Unachtsamkeit rutschte ich aus und fiel auf mein linkes Handgelenk. Nächster Tag war die Aufnahmeprüfung in der Musikschule. Meine Eltern wollten mit mir zum Arzt. Aber instinktiv fühlte ich, dass mit dem Handgelenk doch was Ernsteres passiert war. Ich wollte nicht zum Arzt, weil ich dann die Prüfung verpasst hätte und alle Arbeit umsonst gewesen wäre. Also gaben meine Eltern nach. Am nächsten Tag waren die Schmerzen noch stärker geworden und das Handgelenk geschwollen. Ich zog schnell etwas Langärmeliges an, um das zu vertuschen. Dann absolvierte ich die Prüfung und bestand. Danach flossen aber doch die Tränen und meine Eltern fuhren mit mir zur Notaufnahme. Die Röntgenaufnahmen bestätigten, dass das Handgelenk angebrochen war.

Zur nächsten Unterrichtsstunde fuhr mein Vater mit mir mit einer Gipsschiene hin. Mein Lehrer fiel aus allen Wolken und fragte, was los sei. Und als er dann erfuhr, dass ich zur Prüfung mit angebrochenem Handgelenk gespielt hatte, bewunderte er meinen Willen und meinen Ehrgeiz.

Ich erlernte dann 6 Jahre lang das Akkordeonspiel an der Musikschule. An vielen Auftritten, Prüfungen und Vorspielen war ich immer mit Begeisterung dabei. Aber die Zeit war auch kein Zuckerschlecken. Ich hatte einen sehr strengen Lehrer der alten Schule, der sehr viel verlangte. Häufig liefen auch die Tränen, wenn er meine Finger auf die Tasten drückte, dass es schmerzte, wenn was nicht so schnell klappte. Meine Abschlussprüfung absolvierte ich in der Aula der Universität zu Rostock. Die theoretischen Prüfungen (Notenlehre, Komponisten der Epochen usw.) waren der praktischen Prüfung schon vorausgegangen und von mir mit Bravour bestanden worden. Es war eine wundervolle Akustik in der Aula. Wir Prüflinge waren alle sehr aufgeregt, denn der Saal war voll. Es durften neben den Eltern und Lehrern auch weitere Verwandte und Gäste dabei sein. Ich hatte 2 klassische Titel von Bach, meinem Lieblingskomponisten, zu spielen. Durch Vorhandensein von 13 Registern im Diskant und 5 Registern im Bass konnte man ein Akkordeon den Klängen einer Orgel angleichen. Und dazu noch das klassische „Präludium" und die dazugehörige „Fuge" von J. S. Bach waren ein wahrer Ohrenschmaus. Ich musste die beiden Werke auswendig spielen. Aber ich bekam super Kritiken für meinen Vortrag und schloss die 6 Jahre Grundausbildung mit der Note „Gut" ab, was alle sehr stolz machte.

Als ich dann aber in der 8. Klasse doch schon mal meinen Berufswunsch in Erwägung zog, wo ich doch keine Verwendung für das Akkordeonspielen hatte, wurde ich Mitglied im gemischten Orchester der Deutschen Post für 2 Jahre. Das Orchester bestand aus Amateurmusikern mit Instrumenten wie Geige, Fagott, Trompete, Bass, Akkordeons, Oboen, Klarinetten und Gitarren.

Wir spielten verschiedene Genres, Volksmusik, klassische Musik, und vieles mehr. Wir hatten Auftritte auf Volksfesten, aber auch in Konzerthallen oder Open Air. Es war eine schöne Zeit. Als ich dann meine Lehre in der Landwirtschaft begann, beendete ich die Mitgliedschaft im Orchester. Ich hatte mir aber auch einen kleinen Vorteil während der Orchestermitgliedschaft geschaffen. Ich konnte kostenlos von einem der Mitglieder das Gitarre spielen erlernen. Später in der Lehrzeit ergänzte ich diese Kenntnisse und Fähigkeiten noch, kaufte mir eine gebrauchte eigene Gitarre, und wir Lehrlinge gründeten eine Musikgruppe.

Mein Vater hatte mit meinem Besuch der Musikschule eigentlich das Ziel verfolgt, dass ich mal berufsmäßig in der Branche als Musikpädagogin arbeiten sollte. Aber dazu hätte man studieren müssen, und das war nicht möglich. Meine Mutter hätte mich gerne im Büro gesehen. Aber das kam für mich gar nicht infrage. Ich wollte was mit Tieren machen und wo ich viel körperliche Bewegung hätte.

In der Schule war Deutsch eines meiner Lieblingsfächer, besonders das Aufsatzschreiben. Immer nach den Ferien mussten wir unsere besten Erlebnisse niederschreiben. Ich schrieb immer ganze Romane. Manche wurden dann vor der Klasse vorgelesen. Einige waren auch richtige Lachnummern, wenn mir in der knappen Zeit die richtigen Wörter und Begriffe nicht sofort einfielen. Ich hielt mich dann nicht lange an der Wortsuche auf, sondern versuchte, den Begriff so verständlich wie möglich zu machen und bildlich darzustellen. So war ich in den Ferien bei meiner Tante zu Besuch gewesen. Sie besaß einen Zwergpudel, mit dem ich auch spazieren gehen durfte. Nun fiel mir der Begriff „Zwergpudel" nicht gleich ein. Kurzerhand nannte ich das Tier dann „Kurzbeinpudel". Das war natürlich total peinlich, weil sich die ganze Klasse darüber köstlich amüsierte, Aber jeder wusste, was gemeint war.

Als wir älter wurden, war der Puppenwagen überflüssig. Und da man, um „Westfernsehen" sehen zu können, eine Antenne brauchte, die aber nicht sichtbar sein durfte, baute mein Vater kurzerhand aus dem Aluminiumgestänge des Puppenwagens eine Antenne. Da wir im oberen Stockwerk eines Mehrfamilienneubaus wohnten und der Trockenboden über uns war, war es nicht schwer, auch die Kabelverbindungen zwischen Fernseher und Antenne zu installieren. Auf dem Boden hatten wir auch eine Tischtennisplatte aufgestellt, an der wir uns häufig sportlich betätigten. Das Rollschuhlaufen auf dem Boden fanden die Hausbewohner wegen der Lärmbelästigung dann aber nicht so toll. Tischtennisspielen war aber angebracht.

Wir hatten sehr viel Spaß dabei. Wenn es geregnet hatte, verbrachten wir unsere Wochenenden auch mit Kartenspielen. Mein Vater war leidenschaftlicher Skat-Freund. Oft hatte er bei Skatturnieren mit seinen Kollegen den Sonntagsbraten oder eine leckere ungarische Salami gewonnen. Meine Mutter hatte das Skatspiel so leidlich auch gelernt. Ich fand auch großen Spaß daran und lernte es schon mit 12 Jahren. Später brachte ich es dann auch meinem Sohn bei. Wir räumten bei den Skatturnieren, an denen wir mit der ganzen Familie teilnahmen, dann häufig die Preise ab. Auch meine Partner später waren leidenschaftliche Skatspieler.

Was auch sehr lehrreich fürs Leben war, wir spielten mit kleinen Autos Vorfahrtsituationen mit der ganzen Familie durch. Mein Vater und ich hatten aus Papier einige Schilder und Straßenzüge gebastelt. Meine Schwester bastelte Bäume oder Häuser dazu.

Dann bauten wir das alles auf dem Tisch auf, konstruierten bekannte Straßenzüge unserer Umgebung und lernten dann, wer mit seinem Auto wann fahren durfte. Auch das machte einen Riesenspaß und half mir später beim Erwerb der Fahrerlaubnis viel weiter. Als Radfahrer mussten wir ja auch schon früh Straßensituationen und Vorfahrtsregeln kennen, wollten wir am regen Straßenverkehr teilnehmen.

Gegenüber unserer Wohnung stand ein Hochhaus mit vielen 1-Raumwohnungen, meistens von allein stehenden älteren Frauen bewohnt. Das Hochhaus mit 11 Stockwerken hatte zur Westseite eine schöne glatte große Betonplattform. Diese eignete sich sehr gut zum Rollschuhfahren, was wir auch viel nutzten. Wir waren auch als Stadtkinder viel an der frischen Luft und wussten uns immer zu beschäftigen. Auch das sogenannte „Brummern" war auf dieser Plattform sehr gut möglich. Dabei bringt man einen pyramidenförmigen Holzkreisel mit der Spitze zum Boden zum Drehen und hält ihn mit einer kurzen Lederpeitsche in Drehbewegung. Wessen Kreisel sich am längsten drehte, der war Sieger. Oder „Gummitwist" war auch ein beliebter Zeitvertreib.

Zu Geburtstagen oder auch zur Faschingszeit organisierten unsere Eltern für alle Kinder der Hausgemeinschaft Feste im Trockenraum. Vorher gingen wir Flaschen, Gläser und Altpapier sammeln und machten diese an den wöchentlichen Sammelstellen zu Geld, um Girlanden, Ballons und Naschwerk zu bezahlen. Unsere Eltern steuerten dann Kinderbowle, Musik, Gesellschaftsspiele und Gebäck zu. Beim Altstoffsammeln war der Höhepunkt das Fahren mit dem Fahrstuhl im Hochhaus. Die alten Menschen freuten sich über die Abholung der Sachen und öffneten uns bereitwillig die sonst verschlossenen Flurtüren, um ins Hochhaus hineinzukommen.

Ab der 6. Klasse wurde uns in der Schule eine Zusatzausbildung zum Kampfrichter in der Leichtathletik angeboten. Jedes Jahr kämpften die besten Sportlerinnen und Sportler aller Altersklassen in den Rubriken der Leichtathletik um beste Ergebnisse in der „Kinder- und Jugendspartakiade", die jährlich bis zum Landesvergleich ausgetragen wurde im hiesigen „Ostseestadion".

Dazu mussten wir die Regeln in den verschiedenen Disziplinen erlernen. Dazu gehörten Langlauf, Sprint, Staffellauf, Weit- und Hochsprung, Dreisprung und Kugelstoßen. Zuerst wurden wir als Anfänger nur zu Hilfsarbeiten, wie Harken, Abmessen der Entfernungen und Einstellen der Sprunglatten, eingesetzt. Wir sollten Erfahrungen sammeln, um dann später auch die verantwortungsvolleren Aufgaben, wie Listenschreiben, Zeitnehmen und Meldetätigkeiten, zu übernehmen. Bei jedem Einsatz bekamen wir auch ein wenig Geld. Am meisten gab es bei der dreitägigen Spartakiade. Ich gewann viele Einblicke auch bei den Qualifikationswettkämpfen und sah bald, was für einen Willen und Ehrgeiz es bedurfte, um große Leistungen zu erzielen. Aber auch traurige Momente gab es, wenn erstrebte Ziele nicht erreicht wurden, oder es bei Übertreten der Linien z.B. beim Weitsprung zum Ausscheiden kam. Da flossen schon mal die Tränen. Der Zusammenhalt und der Teamgeist der einzelnen Mannschaften und Riegen beeindruckten mich dabei immer sehr.

Mit dem Kampfrichtergeld erfüllte ich mir zusätzlich mit dem Taschengeld so manchen Wunsch.

Als ich 12 Jahre alt war, zog in unserer Nachbarschaft eine Familie mit einem Baby ein. Meine Freundin aus dem Haus und ich freundeten uns mit der jungen Mutter an und fragten, ob wir das Baby nachmittags abwechselnd oder zusammen ausfahren dürften. Sie hatte nichts dagegen. Als das Baby dann älter wurde, spielten wir viel mit ihm, brachten ihm das Sprechen bei und hatten viel Spaß miteinander.

Wir haben jetzt Anfang Januar 2021. Der Jahreswechsel war sehr einsam. Sämtliche Veranstaltungen fielen aus. Die Gaststätten und Restaurants sind schon eine ganze Weile geschlossen. Wir befinden uns nun schon 9 Monate in dieser Pandemie und es wird immer schlimmer. Viele Menschen infizieren sich, alte Menschen sterben an der „Covid 19" Pandemie. Meine Familie und Verwandtschaft ist zum Glück bis jetzt noch verschont geblieben. Aber die Angst geht um. Man soll sich von jedem fernhalten und man muss Masken tragen, was die Atmung sehr behindert. Aber heute habe ich wieder gute Einfälle, was man aus der Jugendzeit so berichten könnte. Und dann schreite ich zur Tat.

2. Kapitel
Meine Jugendzeit

In der 8. Klasse war wieder so ein Wendepunkt in meinem Leben. Ich hatte 2 beste Freundinnen in der Klasse. Ansonsten war ich eher ein Einzelgänger. Die Leistungen beider Mädchen reichten leider nicht dazu, den Abschluss der 10. Klasse zu schaffen. Sie gingen von der 8. Klasse ab und begannen ihre Lehre. Die eine wurde Verkäuferin. Die andere Freundin erlernte den Beruf einer Schneiderin. In unserer Freizeit unternahmen wir viel gemeinsam während der gemeinsamen Schulzeit. Kinobesuche, Besuche im Wellenbad, Radtouren und Stadtbummel waren angesagt.

Unweit unserer Wohnungen, man musste nur ein paar Stationen mit dem Bus fahren, gab es Gaststätten, die Nachmittags Discomusik und Tanz von 14.00 Uhr bis 17.30 Uhr für Jugendliche ab 14 Jahren anboten, das sogenannte „Ferkelrennen". Es wurden 60% Ostmusik und 40% Westmusik gespielt vom Band. (Manchmal auch umgekehrt) Da waren wir an den Wochenenden meistens Stammgast. Alkohol gab es auch in kleinen Mengen, aber da wurde gut aufgepasst, dass keiner zu viel trank.

Wir waren ein Superdreiergespann. Zu Diskos in der Schule und auch in der Freizeit waren wir dann immer auch auf Jungen-Suche und freuten uns, wenn mal eine leichte Freundschaft sich anbahnte. Wir konnten über alles reden und hielten auch gut zusammen in allen anderen Situationen. In geheimer Zeichensprache half ich ihnen bei Klassenarbeiten, wenn sie mal was nicht wussten.

Nun war ich allein und am Boden zerstört als ich erfuhr, dass alle beide die Schule verließen.

Die Zeit meiner Pubertät begann, und ich wurde immer zickiger und unleidlicher.

Auch war ich mit meiner Figur so gar nicht einverstanden. Zu der Zeit gastierten auch häufig Zirkusse in unserer Stadt. Ich ließ keine Vorstellung aus und verfolgte die Vorstellung, beruflich beim Zirkus mitzumachen, als Tierpfleger und Mädchen für alles im Hintergrund.

Dazu wollte ich erst mal hart an mir arbeiten und abnehmen. So baute ich mich auf und lief jeden Abend mehr Runden und in schnellerem Tempo auf dem Sportplatz. Zusätzlich stachelten mich die Fernsehsendungen „Jockey Monika", welche nach den Romanen über ein Mädchen, welches zu DDR-Zeiten Jockey werden wollte (von der Autorin Sieglinde Dick geschrieben, die das alles wirklich durchgemacht hatte) nachempfunden waren, an. Beharrlichkeit, Disziplin und Durchhaltevermögen wurden dann zu meinen grundsätzlichen Charaktereigenschaften in dieser Zeit, die mich auch weiter mein ganzes Leben begleiten sollten. Die Bücher von der Autorin „Sieglinde Dick" (3 an der Zahl) las ich sehr häufig durch, um mich immer wieder zu motivieren. Aber auch der harte Musikunterricht bei meinem Akkordeon-Lehrer trug zur Festigung meiner künftigen Charaktereigenschaften bei. Die Hartnäckigkeit meines Vaters bei den Schulübungen tat ihr Übriges. Meine Eltern rieten mir aber doch ab von meinem Zirkusvorhaben, wofür ich ihnen im Nachhinein dann auch dankbar war.

In der 8. Klasse hatten wir Jugendweihe. Im Vorfeld mussten wir allerhand Jugendstunden absolvieren. Da ging es dann vorrangig um Aufbau der sozialistischen Jugend nach den Lehren von Marx, Engels und Lenin. Aber auch einen Besuch im KZ Dachau, einen Besuch in der Sternwarte, Besuche an anderen lehrreichen Orten und Museen waren Inhalte dieser Stunden. Auch verschiedene Betriebsbesichtigungen machten wir, um uns für das weitere Leben und unsere Berufswahl zu orientieren. Im UTP (Unterrichtstag in der sozialistischen Produktion) bekamen wir im Überseehafen in den verschiedenen Abteilungen Kenntnisse und Fähigkeiten in den Bereichen des Tischlerns, Drehens, der Mechanik und der Kfz-Branche vermittelt. Trotzdem wir nur Hilfsarbeiten machen durften, waren das doch auch Hilfen für das spätere Leben, und es hat Spaß gemacht, dort zu arbeiten alle 14 Tage.

Die feierliche Abhandlung der Jugendweihe fand dann im Volkstheater statt. Vorher galt es aber, passende Kleidung für diesen Tag zu besorgen. Ich ging mit meiner Mutter in die Stadt. Wir kauften ein gelbes Kleid mit Flügelärmeln. Zu der Zeit war Mini der letzte Schrei. Das Kleid konnte nicht kurz genug sein. Dazu sollten es dann Plateau-Sandaletten sein. Der Festakt fand an einem 5. Mai statt. Als wir nacheinander aufgerufen wurden, um die Blumen und ein Buch in Empfang zu nehmen, mussten wir eine kleine Treppe hochgehen. Ich stolperte und fiel meinem Vordermann fast in die Hacken. Alle konnten meine Unterwäsche sehen, es wurde natürlich viel fotografiert. Das war mir sehr peinlich. Gott sei Dank verletzte ich mich nicht noch. Und es hatten auch nicht allzu viele mitbekommen. Ich durfte bei den Feierlichkeiten zu Hause mit der Verwandtschaft auch das erste Mal meinen Freund Michael mitbringen in die Wohnung. Wir hatten aufgrund der vielen Gäste die Wohnung aus- und umgeräumt, um genügend Platz zu schaffen für alle Gäste. Die Sache startete zur Kaffeezeit. Wir hatten viel Kuchen gebacken, meine Oma hatte auch jede Menge Torten und andere Leckereien mitgebracht. Im Kinderzimmer tanzten wir dann zu „Abba" – und „Beatles-Songs", die zu der Zeit gerade angesagt waren. Unter den Geschenken waren auch ein neuer Plattenspieler und einige Platten gewesen, die dann auch gleich zum Einsatz kamen. Meine Freundinnen hatten auch ihre Freunde mitbringen dürfen, sodass wir 4 Teenager-Paare waren. Da wurde auch schon mal eng aneinander getanzt und geknutscht. Das machte den Tag dann auch unvergesslich. Später, als die Lehrzeit begann, verloren Michael und ich uns leider aus den Augen. Jeder ging in eine andere Branche. Da verlief sich alles. Ich sollte ihn aber weit später unter anderen Umständen doch noch einmal wieder treffen.

Während der Jugendstunden wurden für Schüler auch Tanzstunden in einer Tanzschule angeboten. Ich nahm auch daran teil. Es konnte nicht verkehrt sein, richtig auch die Standardtänze zu beherrschen. Es machte viel Spaß. Der Abschlussball mit Eltern war dann ein besonderes Highlight. Wunderbare Kleidung in einem wunderbar herrlich ausgestatteten Ballsaal mit himmlischer gastronomischer Versorgung und Live-Kapelle waren zu einem bleibenden Erlebnis in meinem Leben geworden. Später habe ich mich beim Ansehen der Fotos in den Alben köstlich amüsiert über die Frisuren und die hölzernen Schritte. Zeit meines Lebens habe ich wahnsinnig gerne getanzt, aber natürlich in einem anderen Stil als wie bei der Tanzschule.

Ich hatte mich bei den Treffen meiner Eltern mit einer polnischen Familie mit deren gleichaltrigen Sohn angefreundet. Meine Eltern hatten diese Familie auf einem Trip nach Polen kennengelernt. Es hatte sich dann eine langjährige Freundschaft beider Familien entwickelt. Gegenseitige Besuche und das bessere Kennenlernen der Länder und der Sitten erfreuten uns jedes Jahr auf das Neue. Zdislaw, wie der Sohn der Familie hieß, und ich unterhielten uns meistens auf Russisch. Aber da wir uns auch weiterhin schrieben, versuchten wir es auf Polnisch von mir bzw. auf Deutsch von ihm durchzuführen. Mit meiner Berufsentscheidung war ich auch noch nicht im Reinen.

Mein Vater hätte mich, wie schon erwähnt, gerne als Musikpädagogin gesehen, doch dafür hätte man Abitur gebraucht. Zum Abitur gehörten Englischkenntnisse. Wir waren an unserer Schule ein sehr starker Schülerjahrgang. Es gab nur eine Englischlehrerin an der Schule. Auch die Plätze zur weiterführenden Schule waren rar. Darum wurde ausgesucht, wessen Eltern in der Partei waren oder sonstig der Schule zugewandt waren. Wie sind die Leistungen der Schüler? Wie haben diese sich in das außerschulische Leben eingebracht? Usw. Da konnte ich natürlich nicht mithalten. Im Punkt Leistung schon, aber nicht in den anderen Punkten. Ich hatte auch diverse Abzeichen für gutes Wissen, war „Jung-" und „Thälmann-Pionier" und „FDJler" gewesen. Aber trotzdem war Politik nie so mein Ding und auch nicht Sache meiner Eltern gewesen. Russisch mussten sowieso alle ab der 5. Klasse lernen, was mir auch sehr viel Spaß machte. Aber Englisch hätte ich auch schon gerne gelernt, da es schon immer eine Weltsprache war und ist. Aber ich wurde nicht auserkoren. Zudem wusste ich sowieso nicht, was ich werden wollte, und da war mir auch alles egal.

Ich hatte nur den einen Wunsch, auch ab der 8. Klasse die Schule zu verlassen. Aber meine Eltern waren strikt dagegen. Dann nahm ich die Sache selbst in die Hand. Wenn die Eltern schon nicht erlaubten, die Schule zu verlassen, sollten es die Lehrer machen. Ich benahm mich sehr schlecht, machte keine Hausaufgaben mehr, betrog ganz offensichtlich bei den Klassenarbeiten, sodass ich immer schlechtere Noten bekam. Ich störte den Unterricht, wo es nur ging, alles mit dem Ziel, dass die Lehrer mich von der Schule verweisen würden. Aber nichts geschah, im 1. Halbjahr der 9. Klasse war ich versetzungsgefährdet. Ich sah mein Ziel schon näher kommen, Verkäuferin wollte ich dann auch werden. Aber stattdessen tauchte die Direktorin bei uns zu Hause auf und unterhielt sich mit meinen Eltern, was wohl mit mir los sei. Da schlug die Bombe ein. Denn schlechte Arbeiten hatte ich mit einer gefälschten Unterschrift meiner Mutter zurückgegeben, was den Lehrern gar nicht auffiel. Meine Eltern wurden von der Direktorin also vor vollendete Tatsachen gestellt und fielen aus allen Wolken. Das hagelte erst mal eine gehörige Tracht Prügel von meinem Vater und 4 Wochen Stubenarrest und Strafarbeit, bis meine Leistungen wieder normal waren. Das traf mich sehr hart.

Als es dann nichts mit dem Englischlernen wurde, wurde uns als Alternative Französisch angeboten. Ich hatte schon immer Spaß am Sprachenerlernen. So lernte ich für die nächsten 2 Jahre Französisch. Nach einer langen Diskussion mit meiner Mutter willigte ich dann doch ein, den 10-Klassenabschluss zu machen, was mir (allein unter Wölfen, denn ich wurde zusehends gemobbt) sehr schwerfiel.

Ich lernte mit 15 Jahren bei einem Heimgang von der Orchesterprobe durch die Innenstadt einen jungen Mann kennen. Seinem Aussehen nach war er Ausländer. Wir standen beide um einen Zeitungskiosk herum und betrachteten uns die Zeitungen. Der Kiosk hatte schon geschlossen. Ich dachte, wenn er jetzt ein Nordafrikaner war, die sprachen doch auch Französisch. Dann ist das Französischlernen am Ende doch nicht so nutzlos und man kann sich in Aussprache und Grammatik vervollkommnen. Also sprach ich ihn auf Französisch an. Er freute sich sehr darüber und antwortete mir auch, was ich bei den wenigen Kenntnissen bis dahin natürlich nicht verstand. Russisch konnte er gar nicht, aber etwas gebrochen Deutsch. Er war Student und stammte aus Algerien. Wir unterhielten uns noch eine Weile, dann brachte er mich zum Bus. Wir verabredeten uns dann für ein neues Treffen. Ich glaubte nicht, dass er kommen würde. Aber er erschien zum verabredeten Zeitpunkt. So kamen wir uns immer näher. Er unterstützte mich tatsächlich bei meinem Französischlernen. Wir gingen viel spazieren, und er erzählte mir einiges von sich. Ich verliebte mich in ihn. Er war verständnisvoll, aufmerksam und wie ein Vertrauter trotz des Altersunterschiedes von 8 Jahren.

Natürlich konnte ich meinen Eltern so was nicht sagen, es musste alles geheim bleiben. Denn die jungen Mädchen, die sich mit Ausländern herumtrieben, waren in den Augen der Erwachsenen Nutten und Prostituierte, die sich nur Kinder andrehen ließen und dann verlassen wurden, wenn die Studienzeit vorbei war und die Männer wieder in ihre Länder zurückkehrten. Das konnte ich natürlich nicht riskieren, denn auch meine Eltern würden nicht anders denken. Aber er war nicht so. In der heutigen Zeit würde ich so was nicht mehr machen. Nach einiger Zeit lud er mich zu sich in seine Unterkunft ein, denn es wurde Winter und zum Spazierengehen zu kalt. Aufgeregt und mit der Perücke meiner Mutter, einer Brille und Klamotten, die ich selten anhatte, verkleidet, fuhr ich mit dem Bus in die besagte Unterkunft. Dort hausten in Baracken viele der ausländischen Studenten zusammen. Eine visuelle Privatsphäre gab es nur durch 1x3m mit Stoffbahnen geteilten und mit einem Bett, einem Kleiderständer und einem Nachttisch versehenen Abteilen. Hören konnte man alles. Und ich hörte auch Gestöhne und Liebesgeflüster aus den anderen Abteilen, wo denn wirklich der Prostitution gefrönt wurde. Zum größten Teil wurde Arabisch oder Französisch gesprochen. Manchmal auch gebrochen Deutsch. Ein bisschen mulmig war mir schon. Würde Mohammed, wie er hieß, nun auch die

Chance nutzen und über mich herfallen, um vor den anderen was zu erzählen zu haben? Aber nichts dergleichen geschah. Ich hatte aus Protest schon mit 12 Jahren heimlich das Rauchen angefangen, nur sporadisch erst mal. Mohammed rauchte die „Karo" ohne Filter. Die stanken fürchterlich und waren auch nicht meine Marke. Aber wir rauchten sie dann beide. Die Zeit mit ihm war wunderschön, weil mir das Zusammensein mit ihm das gab, was ich bei meinen Eltern nicht hatte. Er war immer vernünftig, und nie hat er mich angerührt. Klar haben wir uns auch geküsst, aber das kam dann von mir aus. Er sagte mir eines Tages, dass ich wissen sollte, dass er mit einer Nutte ab und an schlief. Ich war erst mal geschockt. Aber er sagte, ich sei minderjährig, und er bekäme großen Ärger, wenn wir miteinander schlafen würden, so gerne er es wolle. Und ich hätte auch nichts dagegen gehabt, aber die Angst vor meinen Eltern war dann doch zu groß. Er versprach mir dann, wenn ich 18 wäre und sein Studium zu Ende wäre, würden wir beide nach Algerien gehen und heiraten. Viele Fotos seiner Familie und seiner Heimat hatte er mir schon gezeigt. Ich glaubte daran und hatte dann auch wieder ein Ziel vor Augen, an das ich mich klammern konnte. Als ich die Beichte mit der Nutte verdaut hatte, hatte ich dann auch nichts mehr dagegen, denn Männer müssen ihrer Hormone wegen wohl Umgang mit Sexualpartnern haben. So viel Ahnung hatte ich damals noch nicht vom anderen Geschlecht, denn Aufklärung hatte ich bis dato nur in der Schule erfahren. Bei uns zu Hause war dieses Thema tabu.

Mit Mohammed schrieb ich mich unterdessen schon auf Französisch. Ich angelte seine Briefe immer mit einer Fahrradspeiche aus dem Briefkasten, damit sie ja nicht meinen Eltern in die Hände fielen. Das Französisch diente auch der Sicherheit, falls es doch mal sein sollte.

Dann kam ein Jahr, in dem unsere polnischen Freunde bei uns waren und wir im selben Jahr zu ihnen nach Polen eingeladen wurden. Ich durfte für 14 Tage mit ihnen nach Polen in die Ferien fahren. Meine Eltern wollten mich dann wieder abholen beim

Gegenbesuch. Im „Warszawa" fuhren wir zu fünft nach Sopot, deren Heimat, fast bis zur russischen Grenze. 14 Stunden waren wir unterwegs. Ich schlief hinten an der Schulter von Zdislaw. Wir waren uns sehr nahe. In Polen waren wir dann täglich unterwegs und er zeigte mir seine Heimat. Ich konnte nun schon so viel Polnisch, dass ich viel verstand und mich auch selbst verständlich machen konnte. Das imponierte seinen Eltern sehr. Wir besuchten auch viele Kirchen und Gotteshäuser, da die ganze Familie streng katholisch war. So nach und nach festigte sich unsere Beziehung. Seine Eltern fragten mich, ob ich mir vorstellen könnte, in Polen zu bleiben nach meinem Schulabschluss. Einer Heirat mit Zdislaw stand dann aber doch der kirchliche Glaube im Weg. Da war ich doch schon etwas geschockt. Ich war 16 Jahre alt und hatte da noch keine festen Zukunftspläne. Sie wollten, dass ich dem katholischen Glauben beitrete. Ich war evangelisch getauft, hatte aber mit Kirche nie was am Hut gehabt. Das erzürnte die strenggläubige Familie dann doch sehr. Zdislaw war sehr traurig darüber, denn er hatte sich tatsächlich in dem Alter schon Hoffnung gemacht. So nach und nach schlief dann die Verbindung ein. Einige Jahre später schickte er mir einen Brief mit Fotos seiner polnischen Frau und 2 Kindern. Da war ich dann auch über die Trennung hinweg und alles war gut.

Die Sache mit Mohammed endete dann auch bald. Meine Mutter hatte doch eines Tages im Briefkasten einen Brief von ihm gefunden und mich daraufhin zur Rede gestellt. Mir blieb nichts anderes übrig, als alles zu erklären. Dann ging natürlich die ganze Litanei mit den Ausländern und den Nutten los und ob ich denn auch in so einen Verruf geraten wolle. Aber dafür waren wir schon zu lange zusammen, als das das noch passieren würde. Dass ich ihn allerdings häufig in seiner Unterkunft besucht habe, erzählte ich ihr nicht. Ich ließ sie im Glauben, alles sei nur eine Brieffreundschaft um des Französischlernens willen. Einige Zeit später kam das Buch „Nicht ohne meine Tochter" heraus, welches ich mir auch gleich in der Bibliothek auslieh. Später wurde das Buch auch verfilmt. Die ganze Geschichte beruhte auf einer wahren Begebenheit und glich bis zu einem gewissen Punkt auch meiner Geschichte mit Mohammed. Da überkam mich doch eine große Angst. Wenn ich später darüber nachdachte, wie schwer die Geburten meiner Kinder waren und wie unterentwickelt in der Medizin Algerien war, hätte ich dort wohl kein einfaches Leben gehabt. Später brach da auch noch der Krieg aus und vom Islam verstand ich auch nichts.

So war ich froh, dass das Schicksal mich vor einer schlimmen Zukunft bewahrt hat.

Nun befinden wir uns schon in der Mitte des Januars. Der erste Schnee war schon gefallen, taute aber nach kurzer Zeit schnell wieder weg. Ich hatte mir eine weitere Auszeit vom Schreiben genommen, um auch das 2. Kapitel noch mal genau zu überdenken. Einige Korrekturen waren auch da vonnöten. Aber die nächsten Kapitel sollen jetzt die interessantesten werden, denn nun geht das Leben los.

3. Kapitel
Der stete Weg nach vorn und endlich ein Ziel vor Augen

Schon in der Schulzeit hatte man in den Sommerferien in einem Alter von 14 Jahren die Möglichkeit, sich in verschiedenen Betrieben ein bisschen Geld dazuzuverdienen.

Das nutzte ich natürlich auch. In einem Pflanzenbetrieb erntete ich 14 Tage lang Mohrrüben, oder ich sammelte im Zoo Papier und fegte Wege. Natürlich war an Tierpflege oder Arbeiten mit den Tieren nicht zu denken. Aber ich nahm Kontakte in den Pausen mit den Tierpflegern auf und durfte dann auch in der Mittagspause mal einen jungen Löwen oder Leoparden streicheln. Aber die meiste Aufmerksamkeit widmete ich den Pferden. Der Zoo war europäischer Zuchtbetrieb für Arabische Vollblüter. Die gab es in ägyptischen und polnischen Zuchtlinien. Jeden Mittwoch fand die Tierschau des Zoos statt für die Besucher. Alle Tiere, die sich vorführen ließen, wurden dann auf einer großen Anlage präsentiert. Ein Moderator sagte etwas zur Geschichte der Tiere. Die Pferde wurden vom Personal vorgeritten oder auch gefahren. Neben der Anlage wurden Getränke und Esswaren gereicht. Diese Veranstaltungen wurden vorher groß angekündigt und waren immer gut besucht. Im Anschluss fand dann ein Ponyreiten für die Kinder statt auf dieser Anlage.

Ich hatte mich in den Jahren im Zoo schon so gut bekannt gemacht, dass ich auch mal in die Futterküche durfte, das Personal in der Kantine in den Pausen bedienen durfte und auch die Pferdeanlage außerhalb des Zoos, welche etwas abseits lag, besuchen konnte.

Das war dann immer das Ziel meiner einsamen Radtouren in der Schulzeit, wenn ich Sorgen hatte oder allein sein wollte. Es wirkte sehr beruhigend, die auf den verschiedenen Koppeln grasenden Pferde zu beobachten und auch ab und an mal ein Tier zu streicheln. Danach ging es mir dann wieder besser.

Als die Personalkantine im Zoo einmal wegen Ungeziefer gereinigt und behandelt werden musste, musste alles Inventar in das

Elefantenrevier gebracht werden. Dabei kam ich auch den Dick-
häutern ganz nah und konnte sie streicheln. Ich durfte da dem
Küchenpersonal zur Seite stehen bei der Aktion. Der Kammer-
jäger waltete seines Amtes und ein paar Tage später wurde dann
alles wieder an seinen alten Platz gebracht. Es war eine sehr schöne
Zeit während der Zooarbeit. Ich hätte gerne als Lehrling im Zoo
angefangen. Aber ohne Beziehungen führte da kein Weg rein.

Das Hengst-Depot in Redefin

Schon zu DDR-Zeiten gab es jedes Jahr die legendären Hengst-
leistungs-Schauen im Hengst-Depot „Redefin".
   Da der Verkauf der Pferde dem Staat Devisen einbrachte,
wurde das Hengst-Depot staatlich subventioniert. Die Mecklenburger Warmbluthengste waren legendär für ihren freundlichen Charakter und in aller Welt als Reit- und Fahrpferde sehr
begehrt. Ebenso zur Zucht.
   Eine große Schau aus allen Disziplinen des Reit- und Fahr-
sportes, dazu ein kleines Springturnier, Zuchtschauen und Be-
gutachtung von Nachkommen berühmter Hengste waren dann
unter anderem Bestandteile eines mehrstündigen Programms.
   Mit Bussen und vielen Pkws musste man rechtzeitig anreisen,
um einen geeigneten Parkplatz zu bekommen und einen günsti-
gen Sitzplatz. Karten erhielt man nur vor Ort, Vorverkäufe gab
es nicht, nur Vorbestellungen.
   Beim FDGB, wo meine Mutter arbeitete, wurden jedes Jahr
Betriebsausflüge unterschiedlichster Art für die Mitarbeiter und
deren Familien organisiert. Ich war zu dem Zeitpunkt im 2. Halbjahr der 9. Klasse und wusste immer noch nicht, was ich mal
werden wollte.
   So nahmen wir dann mit der ganzen Familie an diesem Be-
triebsausflug nach Redefin teil. Meine Leistungen hatten sich
nun schon wieder verbessert. Ich hatte mich jetzt auch mit einem Abschluss der 10. Klasse angefreundet.

Das Programm war einfach beeindruckend. Einige Reitturniere in „Trinwillershagen" oder auch in „Dummerstorf" hatten wir im Vorfeld schon öfter besucht. Auch durch die Besuche auf dem „Fohlenhof" des Zoos war ich nun etwas auf Pferde geeicht. Selbst in einem der Urlaubsorte, zu denen meine Eltern mit uns als Kinder fuhren, durften wir schon einmal einen Geländeritt frei auf einem Pferd mitmachen. Der Betreuer ritt durch ein Wasserbett und einen Hohlweg voraus. Die Reittouristen folgten im Gänsemarsch. Die Pferde kannten das und waren ganz brav, auch wurde nur im Schritt geritten. Aber für uns Amateure und Nichtreiter reichte das voll aus und wurde zu einem tollen Ferienerlebnis. Auch in Eisenach konnte man damals per Esel zur „Wartburg" den Weg hinaufreiten. Das nur mal am Rande.

Aber auch die Moderation während der Veranstaltung bestärkte mich immer mehr in dem Ziel, in meinem Leben mal etwas mit Pferden machen zu wollen.

Ich las die Bücher von der Autorin „Sieglinde Dick" zum x. Mal.

Mein Vater war von diesem Berufswunsch natürlich gar nicht begeistert. Er kam mit Argumenten aus seiner Zeit bei den Polen und Russen während und kurz nach dem Krieg.

Schwer arbeiten von morgens bis nachts. Wie lange mein Körper das wohl mitmachen würde. Was ist mit Familienplanung, Kindern …?

Meine Mutter schlug in dieselbe Kerbe. Sie hätte mich gerne im Büro gesehen, Wochenende frei, geregelte Arbeitszeiten, jährlichen Urlaub …

Aber mein Entschluss war gefasst. Ich drängelte solange, bis sie nachgaben. Aber mit einer Lehrstelle auf einem Gestüt wurde es dann nichts. Alles voll und nur mit Beziehung zu kriegen, die wir natürlich nicht hatten. Eine Fachausbildung mit Abitur war nicht möglich, da ich nicht für die EOS (Erweiterte Oberschule) vorgesehen war. Da war guter Rat teuer. Meine Eltern hatten sich aber auch in dieser Hinsicht für mich eingesetzt. Aber alles umsonst. Die Tränen flossen und meine Zuversicht war wegen der erneuten Ziellosigkeit dahin.

Dann kam meine Mutter eines Tages mit der Nachricht, dass ein Bekannter eines Kollegen auf einem Dorf in der Kartoffelforschung arbeite und dort gäbe es auch eine Reitsportgemeinschaft. Ob ich es da mal versuchen möchte. Aber die Vorstellung, bei jedem Wetter auf dem Feld zwischen Engerlingen und Kartoffeln zu wirtschaften, befriedigte mich auch nicht. Ich lehnte dankend ab. Ich wollte unbedingt zu großen Tieren.

Dann ein paar Tage später überraschte sie mich erneut. In diesem Dorf gab es auch eine Rinder-Zuchtanlage und eine Schäferei. Was ich denn davon halte.

Bisher hatte ich noch nie eine Kuh aus der Nähe gesehen und glaubte auch noch daran, dass braune Kühe Kakao geben. Mit Schafen zu arbeiten, daran interessierten mich nur die Hunde. Aber immer allein zu sein beim Hüten, war auch nicht so mein Ding.

So wollte ich es mal mit den Kühen versuchen.

Meine Lehrausbildung auf dem Volkseigenem Gut (VEG)

Die Abschlussprüfungen in der zehnten Klasse standen an. Durch die schriftlichen Prüfungen in Deutsch, Mathematik, Russisch und Biologie war ich gut durchgekommen. Ich hatte den Ehrgeiz, meinen Abschluss mit eins oder zwei zu machen. In den mündlichen Prüfungen wäre ich gerne in Geographie und Kunst geprüft worden, da meine Leistungen in den Fächern auf Kippe standen. Aber das ging nicht. Die Teilnehmerzahl war voll, da wir ein sehr stark vertretener Jahrgang waren.

Die mündlichen Prüfungen waren dann mit Staatsbürgerkunde und Russisch für mich anberaumt. Die Verteidigung der schriftlichen Prüfungen in Biologie und Deutsch hatte ich bereits hinter mir. Überall zufriedenstellende Noten. Zum Glück brauchte ich Mathematik nicht zu verteidigen. Die schriftliche Prüfung hatte ich ganz gut gemeistert.

Aber dann bekam ich eines Nachts furchtbare Bauchschmerzen. Hohes Fieber und Durchfall begleiteten die Sache. Und das während der Prüfungszeit. Ich war völlig fertig. Ich konnte mich vor Schmerzen fast nicht bewegen. Meine Mutter ging mit mir zum Arzt. Fiebersenkende Mittel und Schmerzmittel sollten mich bald wieder auf die Beine bringen.

Aber nichts geschah, mein Zustand verschlimmerte sich stündlich. Meine Mutter ging am nächsten Tag wieder zum Arzt mit mir. Dieser wurde sehr ungehalten, dass ich schon wieder auf der Matte stand. Er meinte, ich solle etwas Geduld haben, nicht so enge Röcke tragen und dann ginge es mir auch bald etwas besser. Meine Mutter war geschockt. Als ich dann nächste Nacht bereits gelb wurde, brachten meine Eltern mich in die Notaufnahme des Krankenhauses.

Eine sofortige Not-OP rettete dann mein Leben. Ich hatte eine „schrumpfende Galle im fortgeschrittenen Stadium" und einen Stein. Der Arzt war empört, als ich ihm die Vorgeschichte erzählte. Er sagte, dass ich am nächsten Morgen hätte tot sein können.

Meine Eltern waren geschockt. Aber dem behandelnden Kinderarzt passierte trotz dieser gefährlichen Fehldiagnose nichts. Er meinte, in meinem Alter hätte man keine Gallensteine, soweit man noch kein Kind zur Welt gebracht hat. Aber Ausnahmen bestätigen die Regel.

Als ich dann wieder auf dem Damm war, gingen die mündlichen Prüfungen weiter. Staatsbürgerkunde und Russisch standen noch an. Beide Prüfungen bestand ich mit „sehr gut", obwohl die Russisch-Lehrerin mich so manches Mal nicht verstand, da ich Polnisch sprach. Aber mir fielen immer noch rechtzeitig die russischen Vokabeln ein.

Mein größter Erfolg war aber, dass ich in Sport als Endzensur eine zwei erhielt. Hatte sich meine Mühe also gelohnt. Der Gesamtabschluss meiner 10 Klassen fand dann mit der Note „gut" bei allen Familienmitgliedern und auch bei mir selbst große Anerkennung.

Meine erste Begegnung mit der Landwirtschaft konnte also beginnen. Meine Zensuren waren gut für diesen Beruf, der sich dann „Zootechniker/Mechanisator Spezialisierung-Richtung Milchproduktion" nannte.

Ich bewarb mich schriftlich und wurde gleich angenommen. Von allen 4 zehnten Klassen war ich die einzige Schülerin, die in die Landwirtschaft ging. Der Schulabschluss war dann nur noch eine Formsache. Er wurde aber trotzdem feierlich begangen.

Dieser Beruf erforderte eine Arbeit in Schichten. Die Kühe wurden 2-mal gemolken, die Kälber 3-mal gefüttert und getränkt. Männliche Rinder gab es in dieser Anlage nicht.

Das volkseigene Gut war ein Vorzeigebetrieb der DDR. Die Tiere wurden in „Offenstallhaltung mit Schleppschaufelentmistungssystem" gehalten. Die Kühe waren zu 16 Tieren in Laufställen untergebracht, die mit Liegeplätzen, abgetrennten Futterplätzen und Spaltenböden ausgestattet waren. Stroh gab es nicht, die Liegeplätze waren durch Bügel voneinander abgetrennt und mit Gummimatten ausgelegt. Ein Dach hatten die Tiere über den Liegeplätzen über dem Kopf, auch die Futterplätze waren überdacht, aber trotzdem zog es überall.

Kühe sind Herdentiere, und da herrscht eine Rangordnung. Die gehörnten schwarzbunten Kühe vertrugen sich nicht immer gleich, wenn sie neu zusammengestellt wurden, was jeden Monat nach der Milchkontrolle passierte. Dann wurden neue leistungsgerechte Kraftfutterpläne erstellt. Die Kühe wurden dann neu sortiert aufgrund unterschiedlicher Entwicklungsstadien der ungeborenen Kälber und auch unterschiedlicher Milchleistungen, was immer zu Unruhen und zu Verletzungen führte. Zum Melken wurden die Tiere dann gruppenweise entweder ins Melkkarussell oder in einen Fischgrätenmelkstand getrieben. Immer 8 Kühe standen sich in so einem Melkstand in Form einer Fischgräte gegenüber. Motiviert durch die sofort gegebenen Kraftfuttergaben in Form von Sojaschrot gingen sie besser oder schlechter auf ihre Plätze. Eine kurze Wasserdusche ins Gesicht beendete die Runde im Karussell, während der sie dann auch gemolken wurden. Im Melkstand (FGM) genannt, musste man per Stimme die Tiere zum Ausgang treiben. Ein Treiber, meistens ein Lehrling, brachte die Tiere dann wieder in ihre Stallungen. Die Tiere durften dabei nicht durcheinander geraten. Extratiere, wie lahme Tiere oder schwer zu melkende Kühe, wurden in gesonderten Gruppen zusammengestellt. Sogenannte Schwermelker waren Kühe mit anatomisch veränderten Eutern, solche auch, die ihre Milch nicht gleich hergaben und länger für das Melken brauchten oder Tiere mit außergewöhnlich hoher Milchleistung.

In anderen Bereichen, wie dem „Abkalbestall", erlernten wir Neugeburtenbetreuung, das „Trockenstellen" der Kühe, das Anmelken von Färsen (Tiere, die zum ersten Mal kalbten) und die besondere Fütterung der werdenden Mütter. 8 Wochen vor der nächsten Geburt wurden die Kühe trockengestellt. Die Melkzeiten wurden immer mehr verlängert, bis der Milchfluss ganz versiegte und die Kühe sich auf die nächste Geburt vorbereiten konnten. Das gelang nicht immer ohne Eutererkrankungen. Dann musste der Tierarzt mit Medikamenten nachhelfen. Das nannte man das sogenannte „Trockenspritzen". Die Kühe produzierten dann keine Milch mehr bis zur nächsten Kalbung.

Im Kälberstall wurden die neugeborenen Kälber unter Rotlicht in sogenannte Paletten gelegt, trockengerieben und mit Biestmilch versorgt aus einer Weinflasche. Die Mutterkühe bekamen ihre Kälber gar nicht zu Gesicht. Für die Kälber wurde von deren Müttern von uns 3-mal pro Tag 1 Liter der wichtigen „Biest- oder auch Kolostralmilch" gemolken und per Flasche verabreicht. Diese erste Milch enthält alle Abwehrstoffe und Vitamine, die ein Kalb nach der Geburt nicht selbst hat und erst mit der ersten Milch von der Mutter bekommt. Das muss innerhalb der ersten 12 Stunden nach der Geburt geschehen, sonst kann das Kalb sterben. Die Kühe kalbten im Stall und man musste aufpassen, dass das Kalb nicht zu lange mit dem Boden in Kontakt kam, da der Nabel versorgt werden musste und sich dort keine Infektionen ergeben sollten. Darum gab es eine Nachtwache, also der Abkalbestall war ständig bewacht, da die Kühe das ganze Jahr kalbten. Etwa mit 14 Tagen wurden die Kälber für die Paletten zu groß und sie wurden zu 4-6 Tieren in überdachten Außenboxen bis zum Verkauf mit 4 Wochen zusammengestellt. Diese Boxen wurden dann vom Personal der FGM und des Karussells alle 2 Wochen per Hand ausgemistet. Hier wurden die Tiere auf Stroh gehalten. Die Ställe der erwachsenen Kühe wurden maschinell gereinigt. Es wurde der Mist per Traktor mit Schiebeschild auf einen Haufen zusammengeschoben und dann auf Miststreuer geladen und auf die Felder ausgebracht. Die Gülle fiel durch die Spaltenböden durch auf eine Art Förderband, „Schleppschaufel" genannt. Am Ende des Stalles wurde der Klärschlamm gesammelt, mit Wasser wieder verdünnt, dann in die Güllebehälter gepumpt. Das übernahm die Futterbrigade, uns überließ man das Fegen der Liegeplätze.

Unter einem FGM verstand man einen vollautomatisierten Melkstand, wo sich 8 Kühe jeweils gegenüber in Form einer Fischgräte standen. Jeweils 2 Melker waren im sogenannten Melkkeller damit beschäftigt, die Euter zu säubern, ein sogenanntes „Vorgemelk" in einen Behälter abzuzweigen, um die meisten Keime der Milch aufzufangen und dann das Melkzeug an die Zitzen der Kuh anzusetzen, welches per Unterdruck hielt. Mittels eines am Melkzeug angebrachten Schiebers erzeugte man den dazu benötigten Unterdruck. Ein Pulsator, als Taktgeber, regelte dann den nachempfundenen Saugtakt eines Kalbes und die Milch floss. Wenn der Milchfluss versiegte, unterbrach der Pulsator seine Arbeit und das Tier konnte per Hand nachgemolken werden. Das Melkzeug wurde dann gereinigt, desinfiziert und an der nächsten Kuh angebracht. Wenn das Ende des Milchflusses der Kuh nahte, wurde der Pulsator durch eine sogenannte „Physiomatik" ausgeschaltet. So ging es dann immer von einer Seite zur anderen. War eine Seite fertig, wurden die Kühe in ihre Ställe gebracht und die nächsten betraten das FGM. Natürlich wurden die Neulehrlinge von den Alteingesessenen auch manchmal ganz schön auf die Schippe genommen. Da hieß es denn, „hol mal den Gebärmutterberieselungsbolzen"; oder „bring schnell eine Kanne Vakuum, die Melkzeuge fallen ab". Wir waren dann auch erst mal eingeschüchtert von solcher Aufgabenerteilung und versuchten unser Bestes, während die anderen sich kaputtlachten. Im Karussell waren die Kühe auch nur mit ihren Eutern für uns zu sehen, da wir tiefer standen. Da kam es schon mal vor, dass ein Spitzbube an der anderen Seite des Karussells eine Zitze der Kuh abknickte und stattdessen seinen Daumen hinhielt, an den wir dann das Melkzeug ansetzten. Dann wunderten wir uns, dass eine Zitze zu viel am Euter war, als er die Zitze wieder losließ und dann losprustete. Natürlich fiel das Melkzeug dann ab und der ganze Vorgang musste wiederholt werden, was die Zeit meistens nicht zuließ und wir von den Meistern einen Rüffel bekamen. Aber als wir dann später im 2. Lehrjahr waren, verhielten wir uns auch nicht anders.

Wenn die Kühe aufgrund Unachtsamkeit des Treibers mal ausbrachen, mussten alle mithelfen beim Einfangen. Kühe haben die Eigenart, nicht im Herden-Verband zusammenzubleiben, sondern jede lief in eine andere Richtung. Da waren diese für uns tiefen Klärschlammmassen natürlich ein unüberwindbares Hindernis. Für die Kühe allerdings nicht. Und wie es kommen musste, zu Beginn konnte ich das nicht einschätzen und wollte durch die Schlammschicht hinterher. Meine Füße wurden durch die Massen sofort blockiert. Ich fiel der Länge nach in den stinkenden Haufen. Selbst nach dreimaligem Duschen und Haarewaschen wurde ich den Gestank nicht los. So wusch ich mich aus lauter Verzweiflung mit Desinfektionsmittel. Erst nach drei Tagen nahm der Geruch endlich ab und ich konnte mich wieder unter Menschen wagen. Die Arbeitszeiten wurden in Schichten geteilt. Frühschicht begann um 2.30 Uhr bis 9.00 Uhr und die Spätschicht begann um 13.00 Uhr und endete um 19.00 Uhr. Jede 2. Woche nach der Frühschicht am Samstag war dann frei bis um 13.00 Uhr am Montag, wo man dann in die Spätschicht wechselte. Die Gegenschicht musste während der freien Zeit der anderen Schicht 4 Schichten hintereinander arbeiten (Doppelschichten).

In der Sommerzeit gingen die Trockensteher (Kühe, die 8 Wochen vor dem Kalben waren) und die melkenden Kühe sowie die Färsen und Jungtiere auf die Weiden.

Das war immer schön anzusehen, wenn sie erhobenen Schwanzes im Galopp auf die Weiden getrieben wurden. Sie freuten sich über die Bewegung und natürlich über das Grünfutter. Die Milchkühe wurden dann immer zum Melken in die Anlage geholt und danach wieder auf die Weide gebracht. Dafür wurden wir als Erstes als Lehrlinge angelernt. Aufgrund meiner Gallen-OP bekam ich einen Schonplatz für die erste Zeit. Und dieser Schonplatz war „Weidetreiber". Ebenso wurde ich auch in die Geheimnisse des Koppelbauens eingewiesen. So lernte ich meinen späteren Schwiegervater kennen, der mich öfter mal mit dem Trecker mitnahm, wenn wir uns begegneten. Er sorgte dafür, dass alle Tiere Zugang zum Wasser hatten.

Ich lernte als Erstes, wie man Pfähle in den Boden bringt und den Draht befestigt, auch wenn er unter Strom steht. Oft bekam ich Stromschläge, die nicht ohne waren, aber langsam gewöhnte ich mich daran, wie man Stromschläge vermeiden konnte.

Das Melken machte mir auch viel Spaß. Ebenso mit der ganzen Reinigung der Melkanlagen und der Technik umzugehen. Die Trockensteher mussten 2 mal pro Woche auf Gesundheit der Euter kontrolliert werden. Dabei nutzten wir gleich den Herdentrieb aus, indem wir die Färsen auch gleich mit dem Melkstand bekannt machten, damit sie später, wenn sie aus dem Abkalbestall zu uns kamen, nicht so ängstlich waren. Das Hineintreiben in die Melkstände und auch in das Karussell kannten diese Tiere dann schon.

In der Frühschicht wurden auch tierärztliche Maßnahmen wie Euter- oder Lahmheitsbehandlungen durchgeführt. Wenn Kälberverkäufe oder Färsenzukäufe durchgeführt wurden, mussten wir als Lehrlinge auch hilfreich zur Seite stehen. Als Azubis durchliefen wir alle Bereiche der Anlage. Jede hatte so ihren Reiz. Aber am liebsten arbeitete ich im FGM (Fischgrätenmelkstand). Da bekleidete ich wegen Arbeitskräftemangels schon im 2. Halbjahr des 2. Lehrjahres die Meisterstelle und hatte die Verantwortung in jeglicher Hinsicht über 265 Kühe.

Auch das Improvisieren lernten wir schon sehr früh. Das Gestänge der Stände im FGM, an dem die Gummimatten befestigt waren, musste auch nach einer gewissen Zeit entrostet und neu gestrichen werden. Es war ja jeden Tag 2-mal dem Wasser ausgesetzt. Da es keine Pinsel gab, schnitten wir den Kühen die ohnehin nutzlosen und immer mit Kot behafteten Schwanzquasten ab, reinigten sie und befestigten sie an im Wald gesammelten Stöcken. Wir stellten uns so die benötigten Pinsel her. Zwar hielten die nicht sehr lange, aber sie erfüllten ihren Zweck.

Aber auch in der theoretischen Ausbildung lernten wir viel über Melktechnik, Mathematik in der Landwirtschaft, Rinderzucht, Veterinär-Kunde und natürlich Marxismus/Leninismus.

Unsere Exkursionen führten uns in andere Anlagen mit anderen Konzepten und Schwerpunkten, nach Dummerstorf ins Forschungsinstitut, wo bei am Kopf verkabelten Kühen die Wiederkaubewegungen und das Fressverhalten gemessen und erforscht wurden. In der Forschungseinrichtung konnten wir an präparierten Tieren in einer anderen Abteilung auch in deren Pansen einen Blick werfen, um die Verdauungsvorgänge darin mal zu sehen. Die Kühe waren operativ präpariert worden mit einer Öffnung und einer Verschlusseinrichtung, die man entfernen konnte, ohne den Tieren Schmerzen zu bereiten. Mit den Tieren wurden dann Versuche zum Thema Fütterung betrieben.

Aber auch der Schlachthofbesuch blieb uns nicht erspart. Da musste ich passen und den Raum fluchtartig verlassen. Die Rinder wurden ja noch human getötet mit einem Bolzenschussgerät, aber die Schweinetötung war das reinste Gemetzel. Zusammengetrieben in Buchten lief einer mit einem Elektroschockgerät und versuchte, die Schweine damit hinter den Ohren zu berühren. Das gelang dann ganz gut, wenn die Bucht randvoll war und die Tiere nicht so viele Bewegungsmöglichkeiten hatten. Die Letzten traf er aber nicht immer, sodass sie dann lebendig in den Brühapparat getaucht wurden, aufgehängt am Haken an der Achillessehne. Der Krach und die Todesschreie der Tiere waren ohrenbetäubend. Die Tiere, die als Nächstes an der Reihe waren, bekamen das natürlich alles mit und schrien genauso ohrenbetäubend schon im Vorraum. Die Schlachter-Lehrlinge bewarfen uns dann auch noch so zum Spaß mit abgetrennten Ohren und

Augen. Das war dann zu viel für mich, ich musste den Raum verlassen und mich draußen übergeben. In der Wurstverarbeitung stank es widerlich, überall floss das Blut. Seitdem hab ich mein Leben lang keine Wurst mehr gegessen.

Aber auch in der Besamungsstation für Rinder war es ganz interessant. Da standen die Riesenbullen, die „abgesamt" wurden und mit deren verschickten Sperma unsere Kühe dann vom Besamungs-Techniker künstlich besamt wurden. Auch eine örtliche Molkerei besuchten wir und bestaunten die Technik, welche die Milch durchlaufen muss, bis sie in die Läden zum Verbraucher gelangt.

Wir stellten fest, dass die Kühe Musik liebten und dann auch die Milchleistung stieg. Am liebsten hatten sie klassische Musik. Aber auch für unsere Bedürfnisse spielte immer ein Radio während des Melkens. Imposant war, wenn es Nachrichten gab und alle Kühe die Köpfe hoben, als hörten sie zu.

1mal pro Monat war Milchkontrolle. Da wurden von jeder Kuh der Fett- und Eiweißgehalt in der Milch und die Milchmenge gemessen in Milchproben. Dazu mussten die Kühe, die alle Nummern hatten an den Halsbändern, aufgeschrieben werden. Ich hatte ein sehr gutes Zahlengedächtnis und konnte schon anhand der Euter sagen, wer, wer war. Das erleichterte die Sache ungemein, da man dann nicht mehr den engen Gang hinter den Futtertrögen gehen und jede Kuh zum Kopfheben animieren musste, um die Nummer zu sehen. Das sparte viel Zeit. Nach Auswertung der Proben wurden dann die Tiere wieder neu zusammengestellt nach Leistung, neue Futterpläne erstellt und die Tiere herausgesucht, die trockengestellt werden mussten, da ihr Kalbetermin in 8 Wochen dran war. Eine Exkursion in eine Molkerei war, wie schon erwähnt, auch Bestandteil, unserer theoretischen Ausbildung. Wir sollten erfahren, was alles aus der Milch hergestellt werden konnte und welche Rolle die Milchqualität dabei spielte.

Es wurden natürlich auch Wettbewerbe im Leistungsmelken durchgeführt, Prüfungen in Fütterung, Auseinander- und Zusammenbau von Melkzeugen und Wartung der Technik durchgeführt. Hand und Maschinen-Melken waren weitere Prüfungen. Ebenso waren natürlich auch theoretische Fragen Teil der Prüfungen. Auf Kreis- und später auch Bezirksebene machte ich mich da sehr gut und erzeugte einen Teil meiner Aussteuer bei den Siegerehrungen. Geldpreise gab es nicht, nur Sachpreise, auf die ich heute noch stolz bin. Auch die Urkunden und Medaillen habe ich noch als Andenken behalten. Ich lernte bei den höheren Wettkämpfen auch andere Anlagen kennen, was sehr interessant war. Im 2. Lehrjahr wurde ich auf Bezirksebene auserwählt als bester Lehrling meiner Branche und erhielt als Auszeichnung eine Reise nach Leningrad für 8 Tage. Das war eine aufregende Sache. Mit dem Zug waren wir 2 Tage unterwegs. Als wir auf russischem Gebiet waren, mussten die Achsen unter dem Zug getauscht werden, da es in Russland nur Schmalspurgleise gab. Auch des Nachts schliefen wir im Zug. Ich hatte mich mit einem Mädchen aus Neubrandenburg angefreundet, die ich schon in Berlin auf dem Bahnhof kennengelernt hatte. Wir bewohnten dann auch in Leningrad im Hotel gemeinsam ein Zimmer und verstanden uns super. Wir bestaunten den Panzerkreuzer „Potemkin", besuchten die „Ermitage", die „Peter-Pauls-Festung", fuhren über den „Newski-Prospekt" bei der Stadtrundfahrt und besuchten den Friedhof der gefallenen Soldaten. In unserer Freizeit erkundeten wir die riesige überdachte Einkaufspassage. Dort kauften wir dann auch Andenken für unsere Familien und für uns. Es war ein beeindruckendes Erlebnis, was mir sehr lange in Erinnerung blieb. Den Heimweg in die DDR legten wir per Flugzeug zurück. Von Berlin aus ging es dann per Zug in den Heimatort. In der Schule hatten wir ja ab der 5. Klasse bis zur 10. Klasse Russisch-Unterricht. Wir kamen mit unseren Kenntnissen auch ganz gut voran in Leningrad, hauptsächlich beim privaten Einkauf. Ansonsten hatten wir Dolmetscher bei den Museumsführungen und bei der Stadtbesichtigung. Danach trennten sich unsere Wege wieder.

Der theoretische Berufsschulunterricht fand im Blockunterricht in der Stadt statt. Da konnten wir dann auch zu Hause wohnen.

Während der praktischen Ausbildung waren wir zu viert in Internatszimmern untergebracht. Im oberen Stockwerk alle Mädchen und unten die Jungs. Natürlich des Nachts waren alle Türen unter Verschluss.

Die Internatsleitung (Oma Johanna und Opa Gerhard genannt) achtete da sehr auf Zucht und Ordnung. Aber wir fanden trotzdem Wege, den Anordnungen entgegenzutreten. Dazu aber später.

Das Erlernen zum Führen von Landmaschinen stand eigentlich auf freiwilliger Basis auch im Lehrvertrag, Die theoretische Prüfung bestand ich spielend. Die Stunden dazu wurden im Kinosaal des Ausbildungsortes abgehalten.

Aber für die praktischen Übungsfahrten standen 2 „ZT 300 Schlepper" zur Verfügung.

Nun war ich ziemlich klein und gar nicht in der Lage, an die Pedale dieser großen Traktoren mit den Beinen heranzureichen. Ich hätte fast liegen müssen und damit wäre mein Blick aus der Frontscheibe unterbunden gewesen. Da führte kein Weg dran vorbei, denn der Sitz ging nicht für meine Größe einzustellen, dass ich vernünftig hätte fahren können. Andere Trecker gab es nicht. Also musste ich dieses Unterfangen leider aufgeben.

Das Weidetreiben war anfangs eine sehr beängstigende Angelegenheit während der Frühschicht. Nur bei Mond- oder Sternenlicht, mit meistens außer Funktion seienden Taschenlampen bewaffnet, mussten wir dann die Standorte der verschiedenen Herden erst mal anhand der Weidenamen kennenlernen. Ein Facharbeiter stand zu Beginn helfend zur Seite. Die Weiden nannten sich dann z. B. Erlenkoppel, Kastanienkoppel, aber auch Mordkoppel, Henkersweg u. a. Ich fragte meinen zukünftigen Schwiegervater nach der Herkunft dieser ominösen Namen. Aber der sagte, dass das mit der Nachkriegszeit zusammenhinge, als die Nazis vor den Russen auf der Flucht waren und an diesen Stellen dann manchmal erwischt und aufgehängt wurden. Seitdem haben sich die Namen der Koppeln auch gehalten.

Kühe verhalten sich auf der Weide sehr leise. Nun war es ja auf den Hauptwegen auch so manches Mal nötig, Drähte zu verändern, um den Herden den richtigen Weg zu weisen. Die Koppeln wurden von der Spätschicht abends immer offen gelassen, nur die Hauptwege wurden zugemacht, damit die Kühe nicht alleine in die Anlage gelangen konnten. Der Weidetreiber der Frühschicht musste dann die Zäune öffnen, um zu den Weiden zu gelangen. Aber bei den Hochleistungskühen drückte die Milch. So machten sich die Herden dann selber auf den Weg zur Anlage und standen schon an den Zäunen. Da bekam man einen gewaltigen Schreck, wenn mit einem Mal neben einem die Kühe aus dem Nichts auftauchten. Aber ich hatte keine Angst vor ihnen und so fand ich es dann auch recht angenehm, nicht erst noch über die ganze Koppel laufen zu müssen und sie zusammenzutreiben. Es war aber wichtig, die rangniedrigste Kuh zu kennen, um sicherzugehen, dass alle beisammen waren und man keine vergessen hatte. Bei Regen oder schlechtem Wetter kam einem diese Sache dann sehr zupass.

Wir Lehrlinge verstanden es natürlich auch, ausgiebig zu feiern. So brachte einer zu Silvester mal eine starke Früchtebowle mit. Obwohl wir Doppelschicht hatten an dem Wochenende, tranken wir alle etwas über den Durst. Unsere Chefs drückten beide Augen zu wegen des Restalkohols. Ich war dann zu dem Zeitpunkt als Treiber im Karussell eingeteilt. Da war es besonders wichtig, die erste und letzte Kuh einer Gruppe zu kennzeichnen (mit Kreide), damit die Gruppen nicht durcheinander gerieten. Denn es hatte keiner noch Lust zum Sortieren. Ich war so müde, hatte auch eine Weile nichts zu tun und setzte mich auf die Mauer. Ich nickte ein. Gott sei Dank stupste mich zufälligerweise die letzte Kuh der Gruppe an und bewahrte mich damit vor großem Ärger mit dem Meister. Die Gruppe wäre fast durcheinander geraten.

Als die Schicht dann zu Ende war, saßen wir noch ein bisschen zusammen. Ich löffelte die Früchte der Bowle. Diese hatten ordentlich Alkohol intus. Ich war Alkohol überhaupt nicht gewöhnt und völlig neben mir. Wie ich dann ins Internat gekommen war, weiß ich bis heute nicht. Die anderen Lehrlinge stellten mich aber unter die kalte Dusche, wo ich dann langsam ausnüchterte. Schließlich musste ich in vier Stunden die nächste Schicht antreten. Ich war noch nie so betrunken gewesen. Nächsten Tag war dann ein ausgewachsener Kater mein Begleiter. Aber seitdem war ich ein Gegner des Alkohols.

Meine Lehrzeit betrug 2 Jahre. Ich beendete die Lehre mit guten Ergebnissen und war dann weitere 2 Jahre als Jungfacharbeiter in meinem beliebten FGM eingesetzt.

In diesen Zeitraum fiel auch der Winter 1978/79. Das war ein Jahrhundertwinter. Für gutes Wetter und nicht allzu starker Kälte war der Vorzeigebetrieb ja geeignet. Die Kühe hatten in ihren Ställen, in denen sie in Laufstallhaltung gehalten wurden, nur ihre Futter- und Liegeplätze überdacht. Die Ausläufe waren frei.

Wegen des extremen Wintereinbruches kam alles zum Erliegen, so auch die Tierverkäufe und Umstellungen, sodass alle Stallungen überbelegt waren. Das Schleppschaufelsystem war eingefroren, sodass die Gülle nicht mehr ablaufen und weggepumpt werden konnte. Die Liegeplätze der Tiere waren nun auch noch verschmutzt durch über die Ränder laufende Gülle. Zudem war es furchtbar kalt. Wir konnten die Tiere nur noch mit Futter und Wasser versorgen, was aber auch schnell gefroren war. Etliche Tiere erfroren in den bitterkalten Nächten. Sie konnten sich nicht mehr hinlegen, und wenn, froren sie am Boden fest und starben qualvoll. Es war schlimm. Der Tierarzt war fast nur noch am Einschläfern der Kühe, deren Leiden er noch beenden konnte. Oft fiel der Strom aus, sodass wir auch mit der Hand melken mussten. Die Milchleistung der Tiere war zu dem Zeitpunkt sowieso sehr gering, da sie alle Energie in die Wärmegewinnung ihres Körpers stecken mussten. Die Euter waren auch stark unterkühlt, sodass die Tiere Schmerzen beim Melken hatten und sehr stark nach uns schlugen. Aber in den nächsten Tagen gab es wieder wärmere Temperaturen. Der viele Schnee und der klirrende Frost gehörten der Vergangenheit an.

Aber auch der Tierarzt hatte so sein Tun. In einer benachbarten Rinderanlage bekam eine Kuh nach dem Kalben Milchfieber. Da muss der Tierarzt schnell helfen, sonst stirbt die Kuh. Da mit Autos kein Durchkommen war auf den Straßen, nutzte er seinen Vorteil, dass er reiten konnte. Mit seiner Arzttasche auf dem Rücken borgte er sich aus dem Sportstall das größte Pferd und ritt dann durch den hohen Schnee zu der Anlage, um die Kuh zu retten. Es gelang ihm auch.

Meine Zeit als Jungfacharbeiter in der Anlage dauerte nach der Lehre noch 6 Jahre. Während meiner nachfolgenden Meistertätigkeit bildete ich dann auch viele neue Lehrlinge aus. Bei manchen machte es viel Spaß, mit denen zu arbeiten, andere taten sich schwerer, einige brachen die Ausbildung auch ganz ab, weil ihnen die Arbeit und das Schichtsystem zu anstrengend waren. Aber ich muss sagen, dass diese Jahre mit die schönsten in meinem bisherigen Leben waren und man auch mit Kühen eine wunderbare Zeit haben kann.

Im Mai 1985 verließ ich dann den Betrieb, ich hatte eine verantwortungsvollere Stelle in einer anderen Anlage angeboten bekommen. Auch aus privaten Gründen, die in den nächsten Kapiteln erläutert werden, verließ ich den Arbeitsplatz und auch meinen Wohnort. Aber dazu komme ich später.

Erste eigene Erfahrungen mit den Pferden

Ich bin ja hauptsächlich auf das Land gegangen der Tiere wegen. Und da in dem Ort, in dem ich meine Lehre begann, auch eine Reitsportgemeinschaft bestand, war das natürlich auch mein Ziel, da mitzumischen.

Reiten konnte ich nicht, ich musste es erst lernen. Der Reitstall war auf Military-Reitsport spezialisiert, also Gelände, Springen, Dressur.

Mit der Dressur konnte ich mich anfangs nicht so anfreunden. Auch wusste ich erst gar nicht, worauf es da eigentlich ankam. Trotzdem war ich oft in der vorherigen Zeit immer mit dem Rad auch auf nahe gelegenen Turnieren, um zu lernen. Ich schaute mir auch Dressurprüfungen an, um zu erfahren, was die

Richter zu den Teilnehmern zu sagen hatten in ihren Urteilen und Platzierungen. Viel las ich auch aus Büchern aus Bibliotheken über die Technik und die Hilfen beim Reiten.

Bei den Besuchen der Reitturniere mit meinen Eltern kam es mir auf die Springprüfungen an. Da sah man, ob die Stange fiel oder nicht und es wurde die Leistung danach bewertet.

Als wir mit der Lehre begannen, meldeten wir 9 Mädchen uns beim Reiten an. Da ging es darum, auf ein großes Reitpferd, Goldnixe hieß die Allround-Fuchsstute, ohne Sattel während des Galopps aufzuspringen. Wenn Goldnixe zum Fahren und Futterholen gebraucht wurde, arbeiteten wir mit dem Fuchswallach Elmsfeuer, welcher noch größer war. Nun war ich aber auch schon fast 20 Jahre alt und nicht mehr so gelenkig wie die kleineren Mitstreiter der Reitgruppe. Anfangs halfen wir uns gegenseitig im Schritttempo beim Aufspringen. Dann sollte es im Galopp klappen. Aber das war sehr schwierig. Dann, nachdem wir alle ein paar Mal heruntergefallen waren, hörten meine Mitlehrlinge alle auf, nur ich blieb bei der Stange. Der Futtermeister war ein älterer Herr und sehr freundlich. Bezahlen musste man damals den Reitunterricht noch nicht.

Aber man musste ihn abarbeiten.

Viele Wochenenden blieb ich im Internat und entschuldigte mich bei den Eltern, dass ich im Stall arbeiten müsse. Welchen Stall, verschwieg ich natürlich. Etwa ein Vierteljahr ging es nur darum, den Turnierreitern den Dreck hinterherzuräumen, den Stall zu fegen und das Sattelzeug zu pflegen. Dann kam endlich der Tag, an dem wir, die noch übrig geblieben waren und auch noch andere Mädchen aus dem Dorf, mit denen ich mich angefreundet hatte, die Pferde der Turnierreiter nach dem Training im Schritt trockenreiten durften. Einer der Turnierreiter, Jörg hieß er und war etwas jünger als ich, vermachte mir seine Reithose (wohl eine Pluderhose aus dem 2. Weltkrieg in grün) und seine Reitstiefel. (Sogenannte Knobelbecher) Aber ich war ganz stolz.

Da ich immer zur Stelle war und auch die dreckigsten Arbeiten ohne zu murren machte, freute das den Futtermeister natürlich sehr. Er hatte auch eine sehr brave eigene Stute mitgebracht. Auf der brachte er mir dann so nach und nach auch das Sitzen auf dem Pferd (ich nenne das Reiten für Anfänger) bei. Ebenso durfte ich das Pferd auch fahren, wenn wir gemeinsam für die Pferde heimlich aus der Anlage Futter klauen waren. Denn die Pferde bekamen nur das schlechteste Futter aus der Anlage. Das gute war immer für die Kühe. Der Sportpferdebestand gehörte mit zum VEG.

Nach einiger Zeit stand ein Dorffest in der Nachbarschaft an, bei dem auch ein Umzug mit kostümierten Reitern stattfinden sollte, es handelte sich um ein Jubiläum der Dorfgeschichte. Wir wurden gefragt. Das war das Highlight. Meine Eltern waren gerade im Urlaub im Harz. Sie hatten mit der Zeit schon mitbekommen, dass ich mich dem Reiten verschrieben hatte. Nun sollte ich in Turnierkleidung mitreiten. Das ging natürlich nicht in den Pluderhosen aus dem 2. Weltkrieg. Die Knobelbecher hatte ich vom Dorfschuster umgestalten lassen, sodass sie Reitstiefeln ähnlich sahen. Ich erzählte meinen Eltern von dem Vorhaben. Es gab in der ganzen Umgebung keine weißen Hosen, wie sie Turnierreiter tragen. Aber auch im Harz gab es so was nicht. Da wir ja im Improvisieren schon immer gut waren, brachten mir meine Eltern Maler Hosen mit. Die waren auch weiß und erfüllten somit erst mal ihren Zweck.

Meine Reitkünste wurden aufgrund des permanenten Trainings auch immer besser. Wir ritten auch viel ins Gelände, da wir nur einen Paddock hatten am Stall und den entfernten Reitplatz, zu dem man gelangte, wenn man das ganze Dorf durchquert hatte. Manchmal durften wir auch allein oder zu zweit zum Reitplatz reiten. Der Reitlehrer kam dann mit dem Rad nach. Da passierte mir eines Tages im November auch ein schrecklich blamables Malheur. Um zum Reitplatz zu kommen, musste man um einen See reiten. Der war wegen des Military-Sportes mit einem Wasser Ein- und Aus-Sprung ausgestattet. Man konnte an den flacheren Stellen aber auch drum herum reiten. Um die Beine der Pferde nach dem Training zu kühlen, nahmen wir die leichtere Variante gerne mit auf dem Heimweg.

Eines Tages nach dem Training wollte ich das auch machen. Ich hatte aber keine Gerte dabei und freute mich, dass mein Pferd mit den Vorderbeinen schön im Wasser planschte. Danach legte es sich dann plötzlich samt Sattel und mir in Wasser und wälzte sich genüsslich. Ich wusste bis dato nicht, dass das Planschen der Vorbote dazu war. Seitdem ritt ich nie wieder ohne Gerte mit einem Pferd ins tiefe Wasser. Meine Stiefel waren voll, die Uhr kaputt, ich klatschnass und fror wie ein Schneider. Und nun musste ich auch noch durch das ganze Dorf reiten, das Pferd trockenreiben und den Sattel trockenföhnen und fetten. Da war ich bedient für den Tag. Ebenso bei einem Geländeritt, der Reitlehrer hatte noch einen Anfänger am Führzügel. Er ritt auch ein Pferd. Eine weitere fortgeschrittene Reitschülerin und ich durften alleine frei reiten. Der Weg führte über eine belebte Straße in ein Waldgebiet. Es war herrliches Wetter und wir durften die beiden Araber reiten. Ich hatte einen Fuchs, meine Kollegin einen Schwarzbraunen. Beide Tiere galten als sehr temperamentvoll. Als wir dann gegen spätem Nachmittag, es dämmerte schon, den Heimweg antreten wollten, überholte mich in rasendem Tempo der dunkle Abu. Mein Fuchs-Abu nahm das als Einladung zum Wettrennen wahr, buckelte wie verrückt und schoss hinterher. (Beide Pferde hatten den Namen „Abu") Der Weg führte aber nicht auf gewohntem Pfad, wie wir gekommen waren, denn die Pferde kannten von früher eine Abkürzung. Deren Weg führte zwischen zugewuchertem Geäst und Dickicht frontal auf die viel befahrene Straße zu. Meine Kollegin war schon runtergefallen und lag im Dickicht. Ich raste auf einen Baum zu, deren tief hängender Ast nur dem Pferd, aber nicht dem Reiter Platz bot. So musste ich auch runter, egal wie. Seitlich war kein Platz. So ließ ich mich vornüberfallen, gelangte zwischen die Vorderhufe und sah mein Ende kommen. Aber der Abu streifte mich nur ganz leicht, ohne seinen Vorderfuß zu belasten, unter dem Schlüsselbein und galoppierte dann von dannen. Unserem Reitlehrer blieb fast das Herz stehen, als er das alles sah. Aber er konnte ja nicht eingreifen, da er den Führzügel-Reiter noch an der Hand hatte. Uns war nichts passiert außer ein paar Schrammen und Abschürfungen. Wir mussten dann zu Fuß zum Stall gehen. Unsere größte Sorge aber war, wie waren die Pferde angekommen. Die Straße hatten sie ohne Verletzungen überquert, das hätten wir sonst gehört. Aber beide waren weiß wie Schimmel vom Schweiß bedeckt im Stall angekommen. Es waren Turnierpferde und jeden Moment sollte das Training mit den Turnierreitern beginnen. Als unser Stallmeister dem Trainer sagte, was passiert war, bekamen wir dann auch noch eine Standpauke zu hören und 3 Wochen Reitverbot.

Da war dann erst mal wieder nur Zuschauen und Arbeiten angesagt.

Als es dann wieder losging, bekam ich zur Dressur auf dem Paddock den Fuchs – Abu – zugeteilt. Ich hatte aber panische Angst vor ihm und traute mich noch nicht mal in seinen Ständer zum Putzen. Da sagte der Chef, es gibt zwei Möglichkeiten, entweder ich reite ihn hier und jetzt auf dem Paddock 2 Runden im Schritt oder ich brauche nie mehr wiederzukommen. Mehr sollte ich gar nicht machen. Ich sollte nur die Angst verlieren. Nach langem Hin und Her überwand ich mich und ritt das Pferd. Ich kam gut mit ihm zurecht. Aber seitdem habe ich immer Angst, ins Gelände zu reiten.

Dann hatten wir noch einen jungen Apfelschimmel. Mit ihm ritt ich mein erstes Turnier. Ich machte bei einer leichten Dressurprüfung mit und belegte gleich den 4. Platz von 15 Teilnehmern. Ich war ganz stolz.

Als ein Highlight galt es, das weltbeste Pferd zu reiten, welches die Piaffe (Traben auf der Stelle) zu der Zeit beherrschte. Der braune Oldenburger Wallach war 20 Jahre alt und unter einem berühmten Dressurreiter 1968 in Mexiko bei der Olympiade erfolgreich geritten worden. Der war so feinfühlig und man konnte viel von ihm lernen. Das Pferd hatte im Stall eine der wenigen vorhandenen Boxen. Eines Tages bekam er eine schlimme Kolik, von der er sich auch nicht mehr erholte. Der Tierarzt konnte ihm nicht helfen, für eine Not-OP war er zu alt. Tag und Nacht führten wir ihn, damit er sich nicht wälzen kann. Aber er hat es doch geschafft und ist somit an einer Darmverschlingung qualvoll in meinen Armen verendet.

Die Box war sehr verwinkelt im Stall angelegt. Es war Winter und das Pferd musste aus dem Stall entfernt werden, damit es vom Abdecker abgeholt werden konnte. Mit dem Traktor kamen wir nicht rein in den Stall. Das Pferd wog ca. 750 kg. Mit Menschenkraft war das auch nicht möglich. Also spannten wir unsere 2 Wagenpferde an und zogen den toten Körper so aus dem Stall. Das war eine sehr schwere Aufgabe, denn die Pferde wollten nicht ziehen. Die anderen in Ständern stehenden Pferde mussten auch aus dem Stall gebracht werden, da sie sehr aufgeregt waren. Aber schließlich schafften wir es dann doch.

Als wir Anfänger dann schon etwas sattelfester waren, durften wir auch mal die Turnierreiter begleiten, als das Training zur Turniervorbereitung für die Pferde auf einem anderen Platz stattfinden sollte. Der war ca. 1,5 Stunden per Ritt von unserem Stall entfernt. Auch mussten wir da durch ein Wäldchen reiten, welches für das Training von Military-Pferden schon ein bisschen hergerichtet war. Es waren sandige „Berge" aufgeschüttet und auch einige Bäume in den Weg gelegt worden, wo die Pferde dann überspringen mussten. Die „Berge" waren nicht ohne. Man musste schon etwas Mut beweisen beim bergabreiten, wenn das Pferd sich dabei fast auf den Hintern setzen musste, um nicht kopfüber abzustürzen. Beim bergaufreiten ging es dann im Galopp. Das machte aber auch sehr viel Spaß. Auf dem Platz ritten dann die Turnierreiter die Pferde über den Parcours. Es war ein erlebnisreicher Tag, der noch lange in Erinnerung blieb.

Im Nachbardorf stand eine 750 Jahrfeier an. Unser Verein wurde gefragt, ob wir an einem Umzug teilnehmen wollten. Natürlich waren wir dabei. Unser Reitlehrer trug eine Standarte und ritt auch mit. Wir hatten die Pferde sehr schön herausgeputzt und geschmückt. Das Wetter spielte den Tag auch mit. Ganz stolz ritten wir die Dorfstraße entlang, gefolgt von Erntewagen, welche auch bunt herausgeputzt waren. An beiden Seiten der Straße standen die Dorfbewohner und winkten uns zu. Es war auch ein schöner Tag geworden, als wir dann nach dem Heimritt die Pferde wieder versorgten und alles wieder nach dem Alltagstrott ging.

4. Kapitel
Endlich erwachsen

Wo junge Leute zusammen sind und es auch in den Dörfern noch junge Menschen gab, sind auch die Zusammenkünfte vorprogrammiert. Es gab einmal in der Woche eine Kinovorstellung. Dafür verfügte das Dorf neben dem Kultursaal auch über einen Kinosaal. Der Kinovorführer kam dann mit seinem ganzen Zubehör von der Bezirksstadt und führte einen Film vor. Der Saal war immer gut besucht.

Aber auch eine Disko gab es jeden Monat einmal. Da waren die Lehrlinge aller Fachrichtungen und die Dorfjugend anwesend. Auch aus den Nachbardörfern fanden sich Jungen und Mädchen großer Zahl ein.

Der Kneiper machte dann auch ganz guten Umsatz mit Getränken und kleinen Snacks.

Auf dieses Ereignis freuten wir uns natürlich auch sehr. Wir durften bis 22.00 Uhr bleiben. Danach mussten wir uns wieder im Internat zur Nachtruhe einfinden. Schließlich musste die Frühschicht bereits um 01.30 Uhr wieder aufstehen.

So lernte ich auch beim Tanzen meinen späteren Ehemann kennen. Wir waren fast gleichaltrig, ich war 2 Monate älter, aber das tat nichts zur Sache.

Mein Beuteschema war eigentlich dunkler Typ, schlank und nicht zu groß.

Er war nun aber blond, etwas größer als ich, aber ich konnte noch hohe Schuhe anziehen ohne ihn zu überragen. Er hieß Frank und wohnte im Dorf. Er machte eine Ausbildung zum Tischler. Seine praktische Ausbildung fand in der VEG-eigenen Tischlerei im Ort statt und für den theoretischen Unterricht musste er 80 km in eine andere Stadt fahren.

Er hatte bereits die Fahrerlaubnis für Moped gemacht und fuhr damit auch immer zum Unterricht, welcher alle 14 Tage stattfand.

Unser theoretischer Unterricht fand zur gleichen Zeit statt, sodass wir uns dann immer nur alle 14 Tage sahen, weil ich während des Theorieunterrichtes zu Hause bleiben konnte und nicht ins Internat musste.

Aber während der praktischen Zeit besuchte er mich jeden Abend beim Internat, und wir gingen viel spazieren und lernten uns so ganz gut kennen. Er rauchte, ich ebenfalls. Er hatte noch 2 jüngere Schwestern, er war der Älteste von 3 Kindern. Auch sein Cousin wohnte im Dorf und kam auch immer mit zum Internat. Aber der interessierte sich nicht für ein Mädchen. Er erlernte den Beruf eines Tischlers. An meinem 18. Geburtstag verlobten wir uns. Er kam mit dem Zug zu mir nach Hause. Meine Eltern kannten ihn noch nicht. Da sie sehr konventionell waren, wollten wir mit dem gegenseitigen Vorstellen noch etwas warten. Wir trafen uns an der Bushaltestelle.

Wir hatten uns eine angesagte Disko in der Innenstadt auserkoren und wollten da einen Tanzabend verbringen. Die Disko war rappelvoll, nirgends ein bekanntes Gesicht. So wollten wir es. Wir wollten ganz unter uns sein. Zumal wir sowieso nicht bis zum Ende bleiben konnten, da der letzte Zug um 22.30 Uhr fuhr. Wir stießen mit Sekt an, tanzten viel und amüsierten uns. Es war ein sehr schöner Abend, bis wir dann feststellten, dass der letzte Zug weg war.

Trotz des Sommers konnte ich ihn ja nun auch nicht auf der Straße übernachten lassen. Im Improvisieren war ich ja damals schon sehr geübt.

Nächsten Tag hatte ich mit der Singgruppe einen Auftritt. Mein Gitarrenspiel war noch nicht so toll, dass ich damit auch öffentlich auftreten konnte. So hatten wir Titel mit Akkordeon eingeübt, die wir vorführen wollten.

Mein Vater hatte mir aus Puppenwagengestänge einen Zugwagen für das schwere Instrument gebaut, sodass ich es hinterherziehen konnte und nicht dauernd tragen musste.

Das Oberteil des Puppenwagens war noch im Keller, samt den Kissen und Decken.

Ich hatte den Plan, dass Frank im Keller übernachten sollte. In der Frühe sollte er dann schnell mit dem Bus zum Bahnhof fahren und nach Hause. Da es noch kein Telefon gab, würden seine Eltern sich zwar Sorgen machen und es würde ein Donnerwetter geben, aber da musste er durch. Was Besseres fiel mir auch nicht ein. Es war bereits Mitternacht, als wir bei mir zu Hause ankamen. Ich hoffte nur, dass meine Eltern bereits fest schliefen, denn sie durften von dieser Aktion natürlich nichts erfahren.

Ich schlich mich leise nach oben in den 4. Stock, organisierte noch ein halbes Brötchen für Frank, nahm den Kellerschlüssel und rannte wieder runter.

Dann baute ich die „Schlafgelegenheit" auf aus Kissen, Decken und dem Oberteil des Puppenwagens. Alles arrangierte ich auf dem kahlen Kellerboden. Als ich Frank so liegen sah, musste ich mir das Lachen verkneifen. Dann schloss ich ihn im Keller ein. Hoffentlich musste er nicht pinkeln, denn er hatte doch ganz schön Bier getrunken.

Nächsten Morgen nach dem Frühstück wollte ich ganz schnell los zum Bus. Mein Vater bot mir an, das Akkordeon die Treppe runterzutragen und auf den Wagen zu schnallen. Das fehlte mir noch. Dann wäre ja die ganze Sache mit dem blinden Passagier im Keller aufgeflogen. Das dufte nicht geschehen.

Ich ging schnell mit dem schweren Akkordeon runter, befreite Frank aus dem Keller. Dem drückte die Blase wer weiß wie und er konnte sich kaum rühren, solchen Muskelkater hatte er vom harten Kellerboden. Ich riet ihm, sich schnell in die Büsche hinter dem Haus zu begeben, falls mein Vater doch noch runterkommen sollte.

Sofort flüchtete er. An der Bushaltestelle trafen wir uns dann wieder. Wir lachten über den gelungenen Coup. Später würden wir noch oft an diese Begebenheit zurückdenken.

Da wir uns sehr mochten und auch zusammenbleiben wollten, wurde ich dann auch mit 18 Jahren, noch während der Lehrausbildung, schwanger.

Während eines Kinobesuches bekam ich starke Blutungen und wahnsinnige Bauchschmerzen. Frank brachte mich schnell ins Internat, wo ich dann auf der Toilette eine Fehlgeburt erlitt. Unsere Eltern wussten nichts davon.

Später hatte ich bei einem Kaffeekränzchen Frank mittlerweile auch schon meinen Eltern vorgestellt. Als ich dann des Abend noch mit einem Krankenwagen in die Klinik gebracht wurde wegen einer Ausschabung, bekamen unsere Eltern die Misere doch mit. Obwohl ich Franks Eltern schon eine Weile kannte und sie auch ganz nett fand, waren sie wegen dieser Sache sehr empört und warfen Frank raus. Meine Eltern hatten da mehr Verständnis, zumal ich sehr traumatisiert war wegen der Fehlgeburt.

Frank übernachtete dann erst mal bei seiner Tante, die ja auch im Dorf wohnte. Einige Zeit später durfte er auch wieder in sein Elternhaus einziehen. Seine Eltern hatten sich wieder eingekriegt.

Zum Ende der Lehrzeit mussten wir ausziehen aus dem Internat.

Vorher hatten wir noch ein ganz spezielles Date, Frank und ich. Gegenüber befand sich der sogenannte „Speicher". Das war ein vom VEG zu Wohnungen ausgebautes Gebäude für Mitarbeiter. Dort wohnten auch schon ehemalige Zootechniker, die aber noch keine eigene Wohnung hatten. Ein ehemaliger Lehrling ein Lehrjahr über mir, der schon ausgelernt hatte, bewohnte dort auch ein Zimmer. Er war als Charmeur bekannt, spannte auch so manchem Jungen dessen Freundin aus.

Er sah gut aus, war recht schlagfertig und hatte auch immer Chancen bei den Mädchen. Nun waren während der Ausbildungszeit die Treffen mit der Dorfjugend nach 22.00 Uhr immer sehr riskant. Aber bei unserem Zimmer verlief die Feuerleiter. Die nutzten wir des Öfteren für unsere nächtlichen geheimen Stelldichein.

So war es auch diesmal wieder. Mit noch einem Kumpel wollten wir uns in seiner Bude zum Skatspiel treffen.

Das taten wir auch. Ich kletterte die Feuerleiter runter, die Jungs standen Schmiere. In seinem Zimmer spielten wir dann einige Zeit. Dann meinte er, er wollte uns „Turteltäubchen" mal alleine lassen und eine rauchen gehen. Er ging auch, aber er schloss uns ein. Ich bekam Panik, musste ich doch pünktlich zur Frühschicht da sein.

Nach kurzer Zeit kam er aber wieder und dachte, uns dann in einer bestimmten Position vorzufinden. Aber wir hatten den Braten schon gerochen und uns nur unterhalten. Er war enttäuscht und erntete von Frank erst mal eine ordentliche Standpauke.

Nach unserer Verlobung, wir waren nun schon beide 18 Jahre alt, wollten wir gemeinsam in den Urlaub fahren. Wir suchten uns Güstrow aus. Dort gab es einen sehr schönen Badesee. Ich schrieb meiner Tante, ob wir bei ihr übernachten könnten und dann Güstrow kennenlernen. Das Barlachmuseum und das Güstrower Schloss waren auch sehr interessante Sehenswürdigkeiten.

Sie sagte zu. Wir fuhren mit seinem Moped nach Güstrow. Viel Gepäck brauchten wir nicht, denn es war ja Sommer und sehr warm.

Nicht schlecht staunten wir dann, als meine Tante uns getrennte Schlafplätze zuwies. Wir wären ja nicht verheiratet und vorher schickt sich so was nicht. In welchem Jahrhundert lebte sie???

Na, wir hatten trotzdem eine schöne Zeit in der Barlachstadt.

Die Fahrerlaubnis

Meine erste „Wohnung" nach meinem Auszug aus dem Internat und meinem Lehrende bekam ich im sogenannten „Schweizerhaus". Es war auch eine Dienstwohnung.

Ich zog dann mit Frank zusammen. Das Zimmer war ca. 20 qm groß und im Dachgeschoss. Es lebten noch mehrere Melker in dem Haus. Toilette und Bad/Dusche waren zur gemeinsamen Benutzung auf dem Flur. Ein Nutzungsplan teilte Zeit für die Körperpflege ein. Für die Reinigung der Flure und der sanitären Anlagen war jeder einmal an der Reihe. Die Wege zum Pferdestall und auch zum VEG waren nicht weit.

Ich hatte mich nun für die Fahrerlaubnis angemeldet. Dafür musste ich dann immer mit dem Rad 16 km in die nächste Stadt fahren. Nach 2 Jahren Jungfacharbeiter wurde ich vom Direktor des VEG zum Meisterlehrgang vorgeschlagen. Da ich sowieso schon lange eine Meisterstelle im FGM bekleidete, wäre es fair, dass ich dafür auch die angemessene Bezahlung erhielt. Die Ausbildung würde 2 Jahre in Anspruch nehmen und an der „Akademie für Landwirtschaften", ca. 20 km von meiner Wohnstatt, stattfinden, 3 Tage pro Woche. Für die Zeit wäre ich dann von der Arbeit befreit. Das VEG übernahm die Kosten. Ich musste mich aber schriftlich für 3 Jahre nach dem Abschluss zum Arbeiten im VEG verpflichten, ansonsten müsste ich die Kosten ersetzen. Das war ein guter Deal. Und so fing eine sehr schwere Zeit für mich an. Die theoretische Fahrprüfung bestand ich auf Anhieb. Danach kam dann das Fahren im Fahrsimulator. So etwas kannte ich nun gar nicht. Man saß auf einem Fahrersitz, neben sich die Knüppelschaltung, vor sich alle Armaturen wie in einem richtigen Pkw und auch die Handschaltung. Dann lief ein Film vor einem ab, man kam sich vor wie im richtigen Straßenverkehr und musste dann reagieren wie im richtigen Verkehr. Im Anschluss fand auch hier eine Prüfung statt. Hatte man diese bestanden, ging es auf die sogenannte „Idioten-Wiese". Ein durch Zäune abgeteiltes Gelände von ca. 600 qm war mit Schildern und Kettenständern ausgefüllt. Geübt wurde hier mit ausrangierten Trabanten, die eine Metallumrandung, ähnlich denen von Ranger-Fahrzeugen, hatten.

Es wurde Fahren nach Vorfahrtsregeln, synchrones Anfahren und Halten, Einparken in jeglicher Richtung geübt. Sobald die Ketten sich bewegten, wäre es im wahren Verkehr ein Crash gewesen. Auch da musste eine Abschlussprüfung absolviert werden, bevor es dann in den „echten" Straßenverkehr mit einem Fahrschulwagen ging. Nun war das Problem, dass auf der „Idioten-Wiese" nur mit Trabanten geübt wurde. Im Straßenverkehr wurde mit 353 Wartburg gefahren. Da war zwar auch Handschaltung, aber entgegengesetzt zur Trabant-Schaltung. Das war schon eine Umstellung. Nach einigen Fahrstunden kam dann die Abschlussprüfung. Am Freitag dem 13.01.1981 saß ich im Wartburg 353. Zuvor hatte es mächtig geschneit. Die Räumfahrzeuge hatten den Schnee zu großen Haufen an die Straßenränder geschoben.

Ich war ja schon immer abergläubisch, was den 13. Anging, und hatte an dem Tag auch ein schlechtes Gefühl. Als dann auch noch der „Gewitterregen" von „Karat" im Radio spielte, bekam ich schon kalte Füße. Und so musste es dann auch kommen. Kurz vor dem Ende geriet ich in eine Schneewehe am Straßenrand. Ich versuchte noch, gegenzulenken, aber der Spiegel verabschiedete sich am Absperrgeländer. Um dann einen weiteren Abstand zu den Geländern zu halten, schnitt ich die nächste Kurve, die dann kam. Gott sei Dank kam mir keiner entgegen. Aber der Prüfer nahm mir das sehr übel. Und er ließ mich durchfallen. Der Fahrlehrer machte mich am Ende dann wegen des kaputten Spiegels noch total runter. Und das war's dann. Völlig deprimiert und in Tränen aufgelöst kam ich nach Hause. Aber die Nachprüfung bestand ich dann mit Bravour. Da war ich dann sehr glücklich.

Zur Meisterschule nahm mich ab und zu immer mal ein Kollege mit dem Motorrad mit. Frank und ich trugen uns mit dem Gedanken eines Autokaufes. Die Fahrpraxis zu verbessern, ist ein großes Muss, wenn man die Fahrerlaubnis bestanden hat. Auch wollte ich dann auch allein zum Meisterlehrgang fahren.

Wir hatten gerade einen Umzug in eine etwas bessere Wohnung hinter uns gebracht.

Den Speicher kannte ich ja schon aus der Lehrlings-Zeit. Nun bekam ich mit einer Kollegin, die in der Gegenschicht arbeitete, eine Wohnung. Wir teilten uns eine Küchennische und eine Toilette. Auf dem Flur gab es Nasszellen, in denen man Duschen und Wäschewaschen konnte. Das war dann pro Person, also jeder hatte so eine Zelle für sich privat. Mit dem Schlafen war es etwas schwierig, da sie ein großer Freund des Feierns war und es dann so manchen Abend etwas laut zuging, was unserem Verhältnis nicht gerade zugetan war. Auch hatte sie so ihre eigene Vorstellung von Sauberkeit und Hygiene. Wenn sie am Wochenende nach Hause zu ihren Eltern fuhr, kam mir so manches Mal der Schimmel aus den Töpfen unter dem Deckel vor. Ekelhaft. Wenn ich sie darauf hinwies, dass auch ich die kleine Küche benutzen musste, erntete ich nur hämisches Lächeln. Aber ich hatte schon Aussicht auf eine baldige bessere Wohnung. Darum schluckte ich alles runter und regte mich nicht auf.

Das erste Auto

Wir suchten die Zeitungsinserate nach einem billigen Trabant. Frank hatte während seiner Armeezeit auch die Möglichkeit gehabt, die Fahrerlaubnis zu erwerben. Nun waren wir also beide in der Lage, ein Auto zu fahren. In einem Dorf, ca. 10 km von unserem entfernt, wurden wir fündig. Ein blauer Trabant 600 Modell für 2500,– Mark war da zu verkaufen. Wir wollten noch kein neues Auto, da ich annahm, dass ich noch viele Fehler machen würde, was dann Motor und Getriebe bestimmt nicht überleben würden.

Da ich nun gar keine Ahnung hatte, wie man einen Zustand eines Autos beurteilt, nahm ich Frank und dessen Onkel als kompetente Verstärkung mit. Wir fuhren in dem Auto seines Onkels hin.

In dem Dorf wohnten vielleicht 5 Familien, es gab eine etwas bergige Straße.

Wir fanden auch gleich die Familie, die das Auto verkaufen wollte. Das Auto gehörte einem Mann, der gerade seinen Armeedienst absolvierte und nicht vor Ort war. Seine Frau sollte das alles regeln. Sie sagte, das Auto stehe seit einem halben Jahr in der Garage und wurde nicht gefahren. Das hieß schon mal, dass die Batterie leer war. Nun hatte die Garage kein Licht. Im Dunkeln mit der Taschenlampe schauten Frank und sein Onkel unters Auto und drum herum. Sie befanden das Auto dann als probierwürdig.

Also schoben wir mit vereinten Kräften das Auto auf den höchsten Punkt der Straße.

Sofort schauten alle Dorfbewohner aus ihren Häusern heraus.

Frank sagte dann, ich solle den 2. Gang einlegen, die Kupplung loslassen und die Zündung einschalten. Das alles tat ich. Man konnte einen Trabant anschmeißen, indem man ihn anschob, wenn die Batterie leer war. Diese sollte sich dann während der Fahrt durch die Lichtmaschine wieder aufladen. Was Frank mir nicht sagte, dass ich auch die Handbremse lösen müsste. Ich hatte so ein Manöver noch nie gemacht, darum kam ich auch nicht alleine darauf. Der Wagen sprang aber nicht an, da er trotz des Anschiebens und der Bergabfahrt nicht genug Tempo entwickelte. Bis Frank dann mitbekam, dass die Handbremse fest war, schoben der Onkel und er den Trabant noch 2-mal den Berg hoch und runter unter mächtiger Kraftanstrengung. Dann schaute er in den Innenraum, warum der Trabant nicht schneller fuhr, und entdeckte die festgestellte Handbremse. Als wir die dann losmachten, bekamen wir den Motor in Gang.

Schnell wurde der Papierkram erledigt. Wir konnten dann losfahren Richtung Heimat.

Damit der Motor nicht abgewürgt werden sollte, fuhr Frank den Wagen.

Ich hatte mich schon die ganze Zeit gewundert, was die Haken unter den inneren Türgriffen wohl zu bedeuten hätten. Aber das sollte ich schnell erfahren.

Wir mussten über eine Bahnschiene fahren. Diese forderte dem Auto aufgrund ihrer Bauweise einen kleinen Sprung ab, wenn man nicht ganz langsam fuhr.

Frank fuhr dann wohl doch etwas zu schnell, jedenfalls sprangen auf beiden Seiten plötzlich die Türen auf und gingen auch nicht wieder zu, da die Schlösser klemmten.

Sofort hielten wir an. Anschnallgurte waren damals noch nicht installiert und wurden auch erst später zur Pflicht. Aber in den Seitentaschen der Beifahrertür erblickten wir ein Seil. Nun verstand ich auch, was die Haken an den Türen betraf. Die Türen waren wohl schon öfter aufgesprungen und dann mussten sie zugebunden werden. Ich fragte mich, was dann wohl die Polizei dazu bei einer Kontrolle sagen würde.

Frank wollte sich zu Hause gleich um diese Sachen kümmern.

Am Wochenende kamen dann meine Eltern zu Besuch. Wir wollten unsere neue Errungenschaft meinem Vater zeigen. Als der das Auto sah, schlug er die Hände über dem Kopf zusammen.

„Was habt ihr euch denn da andrehen lassen? Und dann zu dem Preis??? Seht bloß zu, dass ihr das Ding bald wieder loswerdet. Der kommt nicht mehr durch den TÜV. Den hält ja nur noch der Rost zusammen und dann könnt ihr bald mitlaufen, so ist der Unterboden verrostet." Wir standen wie die begossenen Pudel da. Mein Vater übernahm dann den Part und verkaufte das Auto als Ersatzteilgewinnung für 800,– Mark. Wir hatten 1700,– Mark Miese gemacht. Aber aus Schaden wird man bekanntlich klug.

Ich übte dann zwischendurch mit Franks Moped, einer „Schwalbe", zu fahren. Die durfte ich anhand meiner bestandenen Fahrerlaubnis auch fahren.

Anfangs hatte ich enorme Gleichgewichtsprobleme und die „Schwalbe" fuhr eher mit mir als ich mit ihr. Als ich dann einmal in einer Hecke landete und nicht wieder zurückkam, fragte ich auch nach dem Rückwärtsgang, was wieder mächtiges Gelächter zur Folge hatte über meine dumme Frage. Dann kam ich im Sandboden ins Schleudern und das Moped kippte um und brach mir mit dem Lenker den großen Zeh. Ich ging aber nicht zum Arzt, das heilte auch so, nur hatte ich bei der Arbeit mit dem Tragen der Gummistiefel Probleme. Aber auch das ging vorbei.

Die Katastrophenhochzeit

Mein Vater hatte sich vor einiger Zeit einen Trabant 601 bestellt. Bis dato fuhr er auch ein 600er Modell. Der Zustelltermin des Autos näherte sich. Mein Vater bot mir an, den 600er Trabant zu übernehmen. Er hatte ihn sehr gut in Schuss gehalten. Oft habe ich ja auch als Kind mitgeholfen. Er überließ ihn mir kostenlos, legte mir aber ans Herz, wenn mal was sein sollte, sollte ich mich bei ihm melden. Er hatte den Wagen bereits 17 Jahre gefahren. 4-mal hatte der Trabant die Farben gewechselt aufgrund von Unfällen, bei denen aber nie mein Vater der Verursacher war. So zahlten die verschiedenen Farben immer die Versicherungen der Unfallverursacher. Einmal sogar die Straßenbahnversicherung.

Unter seiner Aufsicht machte ich mich mit den Gegebenheiten des Autos vertraut. Da er viel umgebaut hatte, war natürlich mit der mitgelieferten Gebrauchsanweisung des Werkes nicht mehr viel anzufangen. Meine Eltern waren mit dem Auto mehrfach ins Ausland gefahren (Polen, CSSR, Ungarn). Da hatte er eine Alarmanlage eingebaut. Ich war mal in der Stadt zum Einkaufen und brach den Schlüssel ab. So musste ich das Auto unverschlossen auf dem Parkplatz stehen lassen. Wenn man das Auto ordnungsgemäß zu- und aufgeschlossen hätte, wäre die Alarmanlage nicht angesprungen. Ich sah zu meinem Unglück auch noch 2 Polizisten auf Streife gehen. Da ich es eilig hatte, musste ich ins Auto. Natürlich ging die Alarmanlage (lautes ununterbrochenes Hupen) los. Zünd- und Türschlüssel waren bei den damaligen Autos nicht ein und derselbe. Schnell waren die Polizisten bei mir. Gott sei Dank war der Zündschlüssel schnell bei der Hand, sodass ich dem ein Ende machen konnte. Trotzdem musste ich mich ausweisen bei den Polizisten, da sie einen Diebstahl vermuteten. Ein anderes Mal wollte ich mit dem Auto zur Arbeit fahren und kam nicht weiter als 200 m. Dann ging der Motor aus, mitten auf der Straße. Da meine Schwiegermutter in einer Telefonzentrale arbeitete, rief ich meinen Vater in der Werft an. Er musste erst aus einer Versammlung geholt werden. Ich schilderte ihm dann das Problem und er fragte als Erstes, ob ich denn auch den Benzinhahn geöffnet hätte. Natürlich nicht. Aber mit Luft und Liebe fährt ein Auto nun mal nicht.

Meine Großeinkäufe machte ich immer einmal pro Woche in den größeren Städten mit dem Auto. Bei einem 600er Trabant konnte nur durch Ziehen eines Handhebels im Fahrgastraum der Kofferraum geöffnet werden. Auf- und abgeschlossen wurden die Türen von außen. Der Kofferraum konnte von außen nicht geöffnet werden.

Da es ein schöner Sommertag war, hatte ich ein leichtes Sommerkleid ohne Taschen an. Größere Taschen für den Einkauf standen im geräumigen Kofferraum. Alle Schlüssel, einschließlich Autoschlüssel, befanden sich auch im Kofferraum, nachdem ich die Klappe zugemacht hatte und, nur mit meiner Geldbörse bewaffnet, den Einkaufskorb holen wollte. Ich kaufte dann auch ganz unbefangen meine Sachen, die auf dem Zettel standen ein und kam dann mit dem Korb zum Auto zurück. Da erst wurde mir das Dilemma bewusst. Ich hatte mich ausgesperrt. In 2 Stunden begann meine Spätschicht. Was nun? Alle Fenster waren zu, die Türen natürlich auch. Ich hatte keine Chance, in das Auto zu kommen ohne Schlüssel. Der Ersatzschlüssel war zu Hause, aber ich hatte auch keinen Haustür- und Wohnungsschlüssel, alles im Kofferraum. Ich war den Tränen nah. Nun sah ich, dass auf dem Parkplatz neben meinem Auto auch ein 600er Trabant stand. Obwohl ich es als total unwahrscheinlich einstufte, wartete ich auf die Fahrerin, um sie zu fragen, ob ihr Autoschlüssel eventuell auch bei meinem Auto passen könnte.

Ich hatte nur ein kleines Fünkchen Hoffnung, aber diese seltsame Eingebung. Sie kam dann auch, sah mich da völlig fertig und den Tränen nah stehen und fragte, ob sie mir helfen könne. Ich schilderte ihr meine Misere und fragte dann wirklich nach dem Schlüssel. Ich war total fassungslos, als er wirklich passte. Die Tür ging auf. Ich öffnete den Kofferraum und holte als Erstes mein Schlüsselbund heraus. Dann packte ich meine Einkäufe ein. Ich bedankte mich ausgiebig bei der Frau. Dass sie mir sehr geholfen hatte, konnte ich gar nicht oft genug betonen. Sie freute sich auch sehr, denn sie hatte auch nicht daran geglaubt, dass der Schlüssel passen könnte. Ich fuhr dann schnell nach Hause und kam doch noch pünktlich zur Arbeit.

Das Auto hatte im Besitz meiner Eltern und auch in meinem in 27 Jahren insgesamt 200 000 km hinter sich. Immer noch mit dem ersten Motor, war das eine Sache, die auf guter Pflege und gutem Umgang beruhte. Aber eines Tages an einer Kreuzung mitten in der Stadt, streikte der Motor dann doch. Die Zylinderkopfdichtung gab den Geist auf. Das wäre für eine Reparatur eine teure Angelegenheit geworden.

Mein Vater hatte sich einen Lada „Samara" bestellt und dessen Liefertermin war demnächst fällig. So verschrotteten wir dann den „600" und ich bekam den „601".

Nach einer gewissenhaften Einweisung durch meinen Vater übernahm ich für die nächsten 10 Jahre dann den Trabant 601. Der hatte uns auch lange gute Dienste geleistet. Trotzdem der Kofferraum erheblich kleiner war, transportierten wir neben Tierfutter und Kartoffelsäcken, auch Tiere. Von besagten Hunden über Ferkel, Kälber, Enten und Gänsen war da alles möglich.

Im Oktober 1978 stellte ich fest, dass ich erneut ein Baby erwartete. Meine Fahrerlaubnis hatte ich, die Meisterprüfung hatte ich auch mit Bravour bestanden, und nun war es an der Zeit, eine Familie zu gründen. Da ich schon eine Fehlgeburt hatte, war ich als Risiko-Schwangere eingestuft worden. Das hieß, dass ich häufigere Kontrolluntersuchungen hatte. Im November wurde ich dann auf eine Kur geschickt auf die Insel Rügen. Da hatte ich Mitstreiterinnen, die auch schon so einiges durchhatten in puncto Kinderkriegen. Wir waren in einem Sanatorium direkt an der Ostsee untergebracht. Essen, Betreuung und Unterkunft waren hervorragend. Als wir uns dann untereinander näher kennengelernt hatten, war es etwas langweilig. Das Wetter war zu dieser Jahreszeit natürlich auch nicht so besonders. Aber so manchem Strandspaziergang tat das keinen Abbruch. Anhand unserer Innenhandlinien pendelten wir aus, ob wir einen Jungen oder ein Mädchen bekommen würden. Eine Frau war da etwas esoterisch angehaucht und glaubte an so etwas. Mit dem Ultraschall im 3. Monat konnte man das Geschlecht des Babys noch nicht erkennen. Bei mir stimmten die Orakel sogar, ich bekam auch einen Jungen, wie es das Pendel angezeigt hatte. Aber dazu später.

Frank war zu diesem Zeitpunkt gleich nach der Lehre zur Armee eingezogen worden.

Ich übermittelte ihm die Neuigkeit per Brief. Wir freuten uns wahnsinnig auf das Baby und ich schonte mich sehr, damit es nicht wieder in einem Abort endete. Wir hatten schon einen Hochzeitstermin festgemacht, der 16.02.1979 sollte es sein. In der damaligen DDR bekam man vom Staat einen Kredit für eine Eheschließung, der zusätzlich für jedes in der Ehe geborenen Kindes um 1000,– Mark aufgestockt wurde und nicht zurückgezahlt werden musste. Das wollten wir uns nicht entgehen lassen. Auch war dann die Aussicht auf eine entsprechende Wohnung wahrscheinlicher. Frank war in der Armee an die Westgrenze in Herrenburg kurz vor Lübeck beordert worden. Da musste rechtzeitig der Urlaub beantragt werden, denn keiner wusste, was der „Klassenfeind" so plante und wann Einsätze zur Verteidigung des Vaterlandes notwendig werden würden.

Oft genug wurde abrupt der Urlaub gestrichen, weil sich ein Reh oder ein Hirsch im Grenzzaun verfangen und so einen Alarm ausgelöst hatte. Dann mussten alle ausrücken und kampfbereit sein.

Andererseits stand er aber auch spontan in der Tür und sagte: „Es ist alles ruhig an der Grenze. Ich kann dann mal Urlaub machen." Dann war die Freude auf beiden Seiten groß. Aber man konnte keine großen Pläne machen, weil man darauf nicht vorbereitet war.

Mit meiner Mutter hatte ich mir dann aber schon mal ein wunderschönes Hochzeitskleid ausgesucht. Ebenso Schuhe und weiteres Zubehör an Kleidung und Accessoires.

Die Kur dauerte 6 Wochen. Danach bekam ich dann den Schonplatz als Treiber, ich brauchte nicht mehr zu melken.

Winter 1978/79

Keiner konnte wissen, dass es dieses Jahr einen Jahrhundertwinter geben würde.

Schon Anfang Dezember zeichnete sich eine Wetterabweichung ab. Weihnachten und Silvester war es frühlingshaft warm. Zur gleichen Zeit tobte in den USA ein Schneesturm besonderen Ausmaßes. Stündlich wurde von Todesopfern, Verschütteten und Katastrophen in den Nachrichten berichtet.

Dann wurde der Februar, als ich wieder arbeitete, auch in unseren Gefilden sehr kalt. Wie ich schon in den vorigen Kapiteln erwähnte, war im Kuhstall die Hölle los. Schnee war noch nicht so das Thema, aber extremer Frost brachte vieles zum Erliegen.

Melken mussten wir ja weiter, auch unter extremen Umständen. Die Kühe gaben jetzt sowieso nicht mehr viel Milch, Färsen und Kälber hatten arg mit der Kälte zu tun, zumal starke Stürme die Temperaturen noch tiefer erscheinen ließen.

Ich musste für die beiden FGMs treiben. Warm genug angezogen war ich und es klappte auch ganz gut. Dann wollte der Fütterer mit dem Futterwagen von einem Stall zum anderen fahren. Dazu musste ich ein doppelflügeliges Schwenktor öffnen und wieder schließen, damit die Kühe nicht wegliefen oder durcheinander gerieten. Das Tor hing etwas schief in den Angeln, sodass ich eine Seite etwas anheben musste. Ich hatte eiskalte Hände trotz Handschuhen. Ich beobachtete die Kühe und achtete nicht darauf, wo ich meine Finger hatte. Der rechte kleine Finger war im Torgelenk. Aufgrund der kalten Hände merkte ich das nicht. Mit der linken Hand zog ich dann schwungvoll den anderen Torflügel zu mir. Und dann hörte ich nur noch ein Knacken, und eine Blutfontäne spritzte hoch. Ich hatte mir über den Hebel den kleinen Finger in der Mitte durchgebrochen. Das letzte Glied hing nur noch an einem Hautfetzenund ich nahm schnell ein Taschentuch und band den Finger ab wegen des Blutverlustes. Dann setzte der Schmerz ein und verursachte fast eine Ohnmacht.

Schnell wurde der Schichtleiter benachrichtigt. Der zu der Zeit gerade Dienst habende Anlagenleiter packte mich ins Auto, mir war derzeit schon gewaltig schlecht vor Schmerz. Eine Spucktüte vervollständigte meine Habseligkeiten. Wir fuhren schnellstens in die Klinik in die Stadt zur Notaufnahme.

Das Ganze passierte nachmittags in der Spätschicht, ich war bereits im 7. Monat schwanger.

In der Klinik musste ich lange warten, bis ich an der Reihe war. Ich musste operiert werden, die Ärzte waren sich aber nicht im Klaren, wie das mit der Betäubung gehen sollte, da das Baby nicht belastet werden sollte, weil ich ja eine Risiko-Schwangere war.

Gegen 22.00 Uhr entschloss sich ein Arzt, die OP unter örtlicher Betäubung zu wagen. Ich hatte immer noch mein Kuhstall-Outfit an, auch die Gummistiefel.

Der Schmerz war nun schon fast unerträglich, und ich hätte die Wände angehen können. Ich wollte nur noch Erlösung. Zunächst fragte mich der Arzt, ob er das letzte Fingerglied amputieren oder wieder annähen solle. Ich entschied mich fürs Annähen. Ich hatte Angst, meinen Beruf an den Nagel hängen zu müssen, wenn ich nicht mehr melken könnte. Ich bekam dann eine örtliche Betäubung in die Hand, die auch wirkte, und schaute dann bei der OP zu. Nach 20 Minuten war ich fertig. Er sagte, der Finger müsse täglich gebadet werden. Ein täglicher Verbandswechsel müsse auch durchgeführt werden, um eine Wundinfektion zu verhindern. Das Tor war ja auch sehr verrostet. So waren unzählige Keime in die Wunde gelangt, die dann auch zu einer Blutvergiftung und auch zum Tod führen könnten.

Die Hand wurde dann noch in eine Schiene gelegt, Gips ging nicht, da ja täglich alles gewechselt werden musste und zudem die Hand stark anschwoll.

In einem der Urlaubstage von Frank hatten wir uns auch schon Eheringe gekauft, von denen meiner dann wohl nicht passen würde.

Der Unfall passierte genau am 05.02.1979. Am 16.02.1979 war die Hochzeit anberaumt.

Täglich fuhr mein Vater mich dann zum Arzt zur Behandlung des Fingers. Die Verbandsabnahme war jeden Tag eine Tortur. Alles war verklebt, da immer wieder die Blutung aufflammte, nachdem der Schorf abgerissen war.

Ich fragte mich langsam, wie ich mit der Schiene in mein Hochzeitskleid, welches lange Ärmel hatte, passen sollte. Aber die Frage erübrigte sich, wie ich gleich berichten werde. Das Wetter dümpelte so vor sich hin, es war Winter.

Die Hochzeitsvorbereitungen liefen, das Taxi war bestellt, Getränke waren geordert, die dann in das Lokal, in dem wir feiern wollten, mitgebracht werden sollten, ebenso die Speisen, Kuchen und Torten. Die Gäste waren auch alle eingeladen und freuten sich schon auf die bevorstehende Feier. Aber dann kam alles anders. Ab dem 15.02.1979 verkündeten auch bei uns die Nachrichtensender eine Wetterkatastrophe. Heftige Schneefälle und Wind sollten in den nächsten Tagen alles lahmlegen. Ich erinnerte mich an die Bilder aus den USA.

Ich schaute aus dem Fenster und sah, dass es immer so vor sich hin fusselte. Aber Kleinvieh macht auch Mist. So wurden aus den Fusseln immer größere Flocken und auch der Wind nahm stündlich zu. Unwetterwarnungen kamen in immer kürzeren Abständen durch den Äther. Ich befand mich zu der Zeit bei meinen Eltern.

Wir hatten bereits tagsüber die ganzen Speisen und Platten zu Hause. Getränke mit und ohne Alkohol befanden sich bei meinen Schwiegereltern.

Keiner wusste, ob Frank rechtzeitig kommen würde, denn er war auch noch nicht da.

Eine telefonische Verbindung gab es nicht.

So langsam neigte sich der 15.02.79 dem Abend zu. Das Lokal, in dem wir feiern wollten, schickte einen Boten vorbei, der die Sache absagte. Auch ein Taxi kam vorbei, klingelte von unten und sagte ab. Telegramme meiner entfernten Verwandten verkündeten die Absagen.

Dass die Gäste nicht kommen würden, dachten wir uns bereits. Nun galt es, Schadensbegrenzung zu betreiben. Meine Oma war auch bei meinen Eltern, sie wollten sie dann morgen mitnehmen. Die Trauung sollte in einem ländlichen Standesamt stattfinden, welches 2 km entfernt vom Wohnort meiner Schwiegereltern und meines zukünftigen Mannes lag.

In der Nacht wütete das Wetter noch stärker. Die Armee wurde bereits mit schwerer Technik angeheuert zum Schneeschaufeln. Ländliche Orte konnten nicht mehr mit Lebensmitteln versorgt werden, da Schneeverwehungen auf den Straßen für meterhohe Wälle sorgten. Panzer und schweres Gerät kamen zum Einsatz, da die Räumfahrzeuge nicht mehr hinterherkamen. An den Straßen stehende Fahrzeuge waren eingeschneit und wurden nicht gesehen, öffentliche Verkehrsmittel fuhren nicht mehr. Viele Menschen saßen fest und kamen nicht mehr nach Hause. Sie mussten in Notunterkünften und Turnhallen übernachten und wurden vom DRK versorgt. Keiner wusste, wann das ein Ende haben würde. Sogar Babys wurden im Panzer geboren. Bei meinem Sohn war auch ein Mitschüler in der Klasse, der im Panzer geboren worden war. Hubschrauber waren im Einsatz. Dazu kamen immer häufigere Stromausfälle, sodass dann Taschenlampen, Kerzen und Zündhölzer angesagt waren.

Am nächsten Tag trafen wir dann die Entscheidung. Meine Oma hatte bei meinen Eltern mit übernachtet. Sie besserte zurzeit ihre Rente etwas auf und arbeitete als Telefonistin in der Deutschen Post (genau in der, bei der ich damals im Orchester gespielt hatte). Da die Bäcker 7 Torten nicht mehr zurücknehmen wollten, mussten wir die irgendwie verticken. Es waren alles Sahnetorten und mir wurde schon schlecht bei dem Ausblick, täglich diese fetten Torten essen zu müssen. Wir hatten schon genug zu tun, später auch die Platten mit den belegten Broten und Salaten zu verwerten. Meine Oma hatte dann den Einfall, die Torten in der Post zu verkaufen. Da war ein zahlenmäßig größeres Personal trotz der Katastrophe noch am Arbeiten. Viele versuchten, bei der Post zu telefonieren und so Nachrichten zu ihren Angehörigen zu versenden. Es klappte.

Gesagt, getan, wir luden alle Torten in den Trabant und fuhren auf den Parkplatz der Post. Mein Vater überließ meiner Oma dann die Autoschlüssel. Kalt genug war es ja, sodass meine Oma keinen Kühlschrank zum Aufbewahren der Torten brauchte. Mein Vater und ich wollten uns dann zu Fuß durchschlagen zum Rest der Familie aufs Land, um erst mal zu sehen, was da los war und wo mein zukünftiger Mann steckte.

Meine Schwiegermutter arbeitete beim Kartoffelinstitut in der Pförtnerloge (mit Telefon) und ich kannte die Nummer. Als wir noch in der Post meine Oma ablieferten, rief ich die Nummer auf Verdacht an, in der Hoffnung, dass meine Schwiegermutter auch am Telefon war.

Und ich hatte Glück. Ich erreichte sie sofort. Wir schilderten unsere Situationen. Frank war abends am 15.02.79 mit einem Armeeauto völlig durchgefroren, seit 1,5 Tagen auf Tour, im Ort angekommen. Er machte sich große Sorgen um mich und das Baby. Ich sagte, dass mein Vater und ich nun auf dem Weg zu ihnen seien, zu Fuß.

Sie wollte dann die Trauung von 10.00 Uhr auf 15.00 Uhr verschieben lassen.

Dann zogen mein Vater und ich los.

An eine Hochzeit mit Kleid usw. war natürlich unter diesen Umständen nicht zu denken. In Umstandskleidung, mit Winterstiefeln und der Witterung gemäß dick angezogen, froren wir nicht. Der Weg war sowieso recht schwierig. Links und rechts war der Schnee meterhoch zusammengeschoben worden. Nur in der Mitte der Fahrbahn hielten Armeefahrzeuge eine Spur frei. Jedes Mal, wenn ein Fahrzeug hinter oder vor uns war, sprangen wir in die Schneewehen und mussten wie die Pinguine Gleichgewicht halten, um nicht zu versinken. Dann ging es weiter.

Hinter uns kam dann ein Transporter, der aus einem Dorf, welches auf unserem Weg lag, Kartoffeln holen sollte. Der Fahrer hielt an und wir konnten per Anhalter auf der Ladefläche mitfahren ein Stück. Er hatte schon eine Menge Leute eingesammelt, sodass für mich ein Platz auf dem Ersatzreifen frei war. Aber besser als Laufen, sagte ich mir, hatte aber doch etwas Angst um mein Baby. Aber es ging alles glatt.

Als wir dann den Rest des Weges zu Fuß weitergingen, schloss sich uns eine Frau an, die denselben Weg hatte wie wir, aber nicht alleine gehen wollte. So gingen wir zu dritt. Unsere Situation hatte sich im Dorf mittlerweile herumgesprochen. Es musste Brot für den Dorfkonsum besorgt werden. Ein Schneepflug wurde losgeschickt. Der Fahrer kannte uns natürlich nicht, und wir wussten nichts von dem Unterfangen. Der Fahrer sollte uns mitnehmen. Meine Schwiegermutter hatte das in die Wege geleitet. Er sollte auf einen Mann und eine schwangere Frau auf dem Weg ins Dorf achten und diese dann einsammeln. Nun waren wir aber zu dritt, was der Fahrer wiederum nicht wusste. So ging die Aktion aneinander vorbei. Ich hatte den Schneepflug schon bemerkt. Aber ich wusste ja nicht, dass der Fahrer uns mitnehmen sollte.

Irgendwann um die Mittagszeit kamen wir dann im Dorf an. Frank kam schon bis an die Straße gelaufen und empfing uns. Wir fielen uns um den Hals und waren froh, dass jeder gesund war. Dann begaben wir uns nach Hause. Meine Schwiegermutter hatte schon ein notdürftiges Mittag vorbereitet. Es war ja alles anders geplant.

Das nächste Problem war die Anzugs-Ordnung. Frank hatte keinen Hochzeitsanzug. Bei mir war es sowieso egal, was ich anhatte, wegen der Schwangerschaft.

Ich durfte zwar die Schiene für den heutigen Tag ablassen von meiner Hand, aber sie war trotzdem noch stark geschwollen, sodass mein Ring nicht passte.

Da sagte mein Schwiegervater: „Versuch doch mal meinen Ring. Es ist doch eigentlich egal, mit welchem Ring du heiratest." Der passte zwar, aber auch nach der Trauung hatten wir arge Probleme, ihn wieder ab zu bekommen. Es stand schon auf der Kippe, ihn zerteilen zu müssen. Aber mit Seife und viel Geduld schafften wir es.

Frank war während der Armeezeit sehr dünn geworden. Nach langem Hin und Her zog er dann über dicker Winterunterwäsche seinen Jugendweihe-Anzug an. Aber auch der war noch zu groß. Auf die Idee, Hosenträger zu benutzen, kam er nicht. Als wir dann während der Hochzeitszeremonie aufstehen mussten, rutschte ihm die Hose Stück für Stück runter. Ich konnte mir das Lachen nicht verkneifen und machte ihn heimlich darauf aufmerksam. Er stoppte das totale Chaos dann noch schnell mit den Händen.

Die Standesbeamtin warf mir deshalb einen bösen Blick zu.

Ab Mittag hatte das Wetter sich etwas beruhigt und die Räumfahrzeuge bekamen die Straßen frei. Die gesamte Familie von Frank wohnte mit im Dorf. Sein Onkel fuhr uns dann zur Trauung per Shuttle ins nächste Dorf, in dem die Trauung dann stattfand. Die Rücktour wurde genauso abgehandelt.

Ein paar Kekse und etwas selbst gebackener Kuchen waren dann unser Hochzeitsessen. Zu Trinken war aber reichlich vorhanden. Meine Schwiegereltern hatten eine 2,5-Zimmerwohnung. Zur Nacht mussten dann die Betten auf die Leute aufgeteilt werden. So verbrachten wir die Hochzeitsnacht mit 6 Personen im kleinen Kinderzimmer.

Am nächsten Tag war der Wetterspuk vorbei. Die Züge fuhren zwar noch nicht, aber per Taxi fuhren dann mein Vater, Frank und ich wieder nach Hause, da ja meine Fingerbehandlungen weitergehen mussten. Meine Oma hatte alle Torten gewinnbringend verkauft, und die Postangestellten hatten sich sehr über diese Aktion gefreut.

Frank musste den Abend wieder einrücken. Wir brachten ihn zum Bahnhof. Nun fuhr er als verheirateter Mann wieder zur Armee.

Diese Hochzeit war so spektakulär, dass wir sie nie vergessen würden. Nach meiner Entbindung im Mai, als ich wieder eine normale Figur hatte, das Kleid und auch der Ring passte, holten wir in kleinem Kreis die Feier nach und machten auch die Hochzeitsfotos.

Mein kleiner Finger war zwar noch sehr empfindlich bei Berührung, aber ganz gut abgeheilt. Nur hatte der Arzt mein Gelenk festgenäht, sodass der Finger steif blieb. Aber das wird dann eine weitere interessante Geschichte.

In einer seiner Urlaubszeiten, wir waren schon einige Zeit verheiratet, wollte ich mich dann auch mal als Hausfrau nützlich machen. Zwar hatte ich nie so den Hang zum Kochen, aber nun wollte ich es mal versuchen. Meine Schwester hatte gerade Schulferien und war auch zu Hause. Zuerst ging ich einkaufen. Es sollte Bratklops geben. Im Fleischerladen in der damaligen Laden-Straße war eine überschaubare Schlange. Es wurde mit 2 Verkäufern bedient. Ich hatte mich zwar vorher noch bei meiner Mutter über den Werdegang der Herstellung dieses Gerichtes unterhalten, brachte dann aber letztendlich doch alles durcheinander.

Kurz, ich kam dann an die Reihe und die Verkäuferin fragte, was ich haben möchte.

Ganz stolz sagte ich: „50 Gramm Gehacktes." Ich wunderte mich über den fragenden Blick der Verkäuferin, checkte aber noch nicht die Lage. Die Verkäuferin warf einen Blick zu ihrer Kollegin, aber keine sagt ein Wort. Dann fiel mir ein, was ich vergessen hatte und ich fügte hinzu: „halb und halb". Die anderen Wartenden hinter mir fingen an zu tuscheln und die Verkäuferin legte einen ganz kleinen Klops auf die Waage. Wahrscheinlich kam sie sich verarscht von mir vor. Ich guckte auch erst mal ganz dumm aus der Wäsche und fügte hinzu: „Davon sollten eigentlich 3 Erwachsene satt werden." Da brach ein großes Gelächter im ganzen Schlachterladen aus. Ich lief rot an vor Scham. „Haben Sie da nicht eine Null vergessen? Mit 500 Gramm halb und halb kämen Sie da eher hin." Was hatte ich mich blamiert. So schnell war ich noch nie aus einem Geschäft gelaufen. Ich hatte dann 500 Gramm gekauft. Mit der Zubereitung gab es dann Gott sei Dank keine Pannen mehr. Nächsten Tag sollte es „Senfeier" für uns drei geben. Nochmals fragte ich meine Mutter um Rat, um nicht wieder so ein Desaster zu erleben. Aber auch da passierte es wieder. Ich kochte die Eier zu lange, sie waren blau. Die Kartoffeln waren dann zu früh abgegossen worden und sie waren noch hart. Bei der Soße vergaß ich, Wasser hinzuzufügen, und kochte sie nur aus Butter und Senf. Man konnte sie in Scheiben schneiden. Aber weder meine Schwester noch mein Mann muckten herum. Sie würgten sich das Essen runter, behielten aber einen Kommentar wegen des Geschmackes für sich. Ich bekam bald das Würgen, denn ich mag dieses Gericht eigentlich sehr gerne. Es hatte aber überhaupt keine Ähnlichkeit mit den Gerichten, die meine Oma oder meine Mutter sonst auf den Tisch brachte.

Nach diesen Erlebnissen legte ich mir erst mal Kochbücher zu und schaute auch mal hinein. Aber ich hatte Glück, Frank war ein Hobbykoch, und er übernahm dann künftig diesen Part. Ich grub dann währenddessen auch lieber den Garten um.

5. Kapitel
Hündin „Asta" und die Geburt meines Sohnes

Während des 2. Jahres meiner Meisterausbildung lernte ich im Zuge der theoretischen Ausbildung einen Mann kennen aus meiner Klasse, der Hunde züchtete, Deutsche Schäferhunde. Diese Rasse war sowieso meine bevorzugte Rasse bei den Hunden. Ich zog nicht nur des Berufes und der Pferde wegen aufs Land, sondern ich wollte auch schon immer einen Hund haben. Alle Hunde unter 50 cm Körpergröße stufte ich als „Taschenwärmer" ein. Mit einem Deutschen Schäferhund, kurz DSH, wollte ich trainieren, arbeiten. Wir kamen zufälligerweise ins Gespräch in einer Pause. Er hatte gerade einen Wurf junger DSH. Ich interessierte mich sehr für eine Hündin, denn später hatte ich auch vor zu züchten. Nur eine einzige Hündin gab es in dem Wurf, und sie war noch nicht vergeben. Die anderen 3 Rüden aus diesem Gespann waren alle schon verkauft. Da hatte ich ja Glück.

Da ich nach der Geburt meines Sohnes nicht gleich wieder arbeiten gehen wollte, konnte ich mich um einen Welpen kümmern.

Als die Hündin dann 12 Wochen alt war, konnte ich sie abholen. Frank war zu der Zeit noch bei der Armee, sodass ich ihn beim nächsten Urlaub damit überraschen konnte.

Mit der Geburt meines Sohnes war das auch so eine Sache.

Ich nahm den regulären Schwangerschaftsurlaub 10 Wochen vor dem Entbindungstermin. Ab dem 6. Monat hatten sich Komplikationen ergeben bei den Untersuchungen. Ich nahm ab, das Baby nahm nicht zu und mein Blutdruck war immer viel zu hoch. Auch hatte ich extrem viel Wassereinlagerungen im Gewebe. Keine Schuhe passten mehr, ich konnte kaum noch aus den Augen gucken, so war mein Gesicht aufgequollen. Ich wurde in die Klinik eingewiesen und sollte den Rest der Schwangerschaft unter ärztlicher Beobachtung verbringen.

Einen Monat hielt ich das dann durch. Um den Körper zu entwässern, bekam ich nur noch Haferschleim und Reis mit wenig Obst zu essen. Auch zu trinken gab es nicht viel. Aber es half alles nichts. Mein Blutdruck ging nicht runter. Das Osterfest nahte. Karfreitag fiel auf einen 13. Abends um 21.00 Uhr setzten die Wehen ein. Ich war einen Monat zu früh dran. Ich hatte dann schon Flimmern vor den Augen und schwebte in höchster Lebensgefahr.

Die Ärzte wollten immer noch den Geburtstermin hinauszögern bis zum errechneten Termin. Aber mir ging es immer schlechter.

Dann entschieden die Ärzte sich zur Kaiserschnittentbindung, um mein und des Babys Leben zu retten. Als sie mir das mitteilten, bekam ich das gar nicht mehr so voll mit.

Ich bat den Arzt nur: „Ich bin so abergläubisch, Herr Doktor, können Sie die Geburt meines Kindes auf den 14.04. hinausschieben? Sonst gibt es bestimmt nur Unglück in seinem Leben." Der Arzt erwiderte: „Wir werden versuchen, was sich machen lässt. Aber versprechen kann ich nichts." Mein Sohn wurde dann als Frühchen mit 8 Monaten um 0.30 Uhr am 14.04.1979 per Kaiserschnitt geboren. Ich merkte nichts davon. Ich sah ihn auch nicht. Da seine Organe nicht alleine arbeiteten, wurde er sofort in die Kinderklinik, in der ich als Kind auch schon lag, in einen Inkubator gebracht und dort intensiv versorgt. Als ich morgens aufwachte, erklärte mir der Arzt die Sachlage und dass wir beide, mein Sohn und ich, in Lebensgefahr geschwebt hatten. Jahre später erfuhr ich dann bei einer Routineuntersuchung, dass ich nur 1 Niere hatte. Da war ich schon über 40 Jahre. Da konnte ich mir dann auch denken, warum mein Körper ab einer bestimmten Zeit keine 2 Lebewesen mehr versorgen konnte. Denn auch der 2. Sohn starb in meinem Körper im 7. Schwangerschaftsmonat wegen Unterversorgung ab dem 6. Schwangerschaftsmonat. Marcel war auch ein Wunschkind, er sollte Marius' Brüderchen werden. 3 Tage dauerte es, bevor die Ärzte die Geburt einleiteten und nach 36 Stunden dann endlich eine Geburt auf normalem Wege stattfand. Das war die schlimmste Zeit meines Lebens. Solchen Wehenschmerz und die Gewissheit, das Baby ist bereits tot. Seine Organe waren so schwach entwickelt, dass er auch mit einer Notentbindung nicht hätte gerettet werden können. Ich hatte lange psychisch damit zu tun. Der Arzt sagte mir dann auch, dass ich kurz vor einem Nierenkollaps stand vor dem Kaiserschnitt von Marius` Geburt. Aber aufgrund des schnellen Eingriffes ging alles gut. Ein Kinderarzt informierte mich täglich, wie es meinem Kind ging. Auch ein Klinikseelsorger unterhielt sich mit mir, denn ich hatte hart zu kämpfen, zuzusehen, wie die anderen Mütter ihre Babys stillten, wickelten und mit ihnen umgingen. Ich musste die Milch abpumpen. Sie wurde täglich abgeholt und mein Sohn bekam sie dann mit der Flasche. Die Kaiserschnittnarbe heilte nicht gut ab. Später fand ich heraus, dass mein Körper allergisch auf das Nahtmaterial reagierte und es abstieß. Das führte zu Eiterungen, Entzündung und hohem Fieber.

Zudem durfte ich nicht aufstehen und mich waschen. Der Geruch beim Lüften der Bettdecke war unerträglich. Endlich nach 7 Tagen wurde der Verband gewechselt, nach 10 Tagen wurden die Fäden gezogen. Dann durfte ich auch Wasser an die Narbe lassen. Es war eine Erholung. Ich war sehr geschwächt. Aber dann ging das Fieber auch endlich runter. Ich sah Licht am Ende des Tunnels. Die Entlassung rückte näher, und ich würde bald zu meinem Baby können.

Einen Vorteil hatte dieser Klinikaufenthalt aber auch. Mein kleiner Finger der rechten Hand war ja immer noch steif. Ich sah, dass das Gelenk mit angenäht worden war. So nach und nach löste sich auch der Faden, ich zog ihn selbst, Zeit hatte ich ja genug, und siehe da, ich konnte auch den Finger ganz wieder bewegen und alle Glieder beugen. Probleme bereitete mir aber zeitlebens das Schneiden des Fingernagels, denn er war geteilt und wuchs auch in 2 Richtungen. Das schmerzte dann immer ziemlich stark, wenn ich dann überall hängenblieb mit dem Nagel.

Nach meiner Entlassung fuhr ich sofort in die Kinderklinik. Meine Eltern begleiteten mich. Meine Mutter und ich durften in voller OP-Montur durch eine Glasscheibe in der Frühchen-Abteilung meinen Sohn Marius das erste Mal sehen. Die Schwester hielt ihn auf dem Arm. Er schlief. Seine Werte waren bei der Geburt 1800 Gramm Gewicht und 51 cm Länge. Er war schon nicht mehr verkabelt, alle Organe arbeiteten alleine. Aber erst mit 2,5 kg konnte er entlassen werden. Alles andere wäre zu gefährlich.

Ich wohnte ja noch im „Speicher". Da hatten Frank und ich auch ein Kinderbettchen aufgebaut, welches zum Schlafen und zum Spielen gedacht war. Wir hatten ja nur das eine Zimmer, in dem sich dann alles abspielte. Die erste Zeit lebte ich bei meinen Eltern. Ein Kumpel von Frank hatte uns zur Hochzeit eine selbst gezimmerte Babywiege geschenkt. Die hatten wir dann auch zur Wohnung meiner Eltern mitgenommen.

Am 1. Juni 1979 war es dann so weit. Vorher durfte ich täglich eine Stunde mit Marius in der Kinderklinik verbringen, um das Mutter-Kind-Verhältnis zu stärken. Das war immer ein Highlight. Ich konnte ihn füttern mit der Flasche und ihn beobachten. Ich war so stolz auf ihn. Er hatte dunkles Haar, welches dann später blond wurde. Aber meine dunkelblauen Augen hatte er jedenfalls geerbt.

Meine Schwester kam zur Unterstützung mit. Ich war so aufgeregt. Er wurde noch mal gefüttert und gewickelt. Als dann die ganzen Papiere und weiteren Untersuchungstermine besprochen waren, konnte ich ihn in den mitgebrachten braunen Kinderwagen legen. Er schlief da gleich weiter. Ganz stolz fuhren wir erst mal was essen und dann mit dem Bus zur Wohnung meiner Eltern.

Aber als er sich dann bemerkbar machte und ich vermutete, dass er neu gewickelt werden musste, bekam ich doch etwas Panik. Ich hatte das noch nie gemacht. Aus Angst, ihm weh zu tun oder die Knochen zu brechen, wagte ich mich nicht an das Windeln wechseln. Meine Mutter war auf Arbeit. So fragte ich unsere Nachbarin, ob sie helfen könne. Sie hatte 3 Kinder großgezogen und die entsprechende Erfahrung auch mit so kleinen Babys.

Sie zeigte mir das dann alles und versicherte, dass Kinder so gelenkig seien, dass man ihnen nichts brechen könne. Ich sollte nur immer aufpassen, dass er nicht vom Tisch rollt. Das kann dann gefährlich werden. Danach war ich dann auch ein bisschen selbstbewusster in Sachen Babypflege. Nach einiger Zeit bekam ich auch Routine in der Versorgung meines Sohnes und zog wieder zu mir nach Hause aufs Land.

Als Frank auf Urlaub kam, was ich nicht wusste, lief er im Hausflur an mir vorbei. Ich hatte Marius gerade gefüttert und wollte ihn wieder hinausbringen in den Kinderwagen. Zu den Zeiten konnte man das noch machen, heute kann man keine Kinder mehr unbeaufsichtigt irgendwo stehen lassen. Immer muss man ein Kidnapping befürchten.

Ich hatte nach der Entbindung 15 kg abgenommen und Frank hatte mich gar nicht erkannt. Erst als ich ihn ansprach, wo er denn hinwolle, erkannte er mich. Hatte er mich doch als Letztes als Hochschwangere gesehen. Ich drehte um, und er erfreute sich an seinem Sohn. Bald war dann auch sein Armeedienst zu Ende. Wir wurden eine schöne kleine Familie.

Es kam die Zeit, dass ich den Welpen abholen konnte. Die Hündin, „Asta" hieß sie inzwischen, da es ein A-Wurf (also der erste Wurf der Mutterhündin) war, kannte schon Leine und Halsband. Sie war auch schon etwas an die Leine gewöhnt.

So fuhren wir mit dem Zug auf unser Dorf. Da der Winter nahte, hielten wir sie erst mal in der Wohnung. Eine Hundehütte und ein stabiler Zwinger waren in Arbeit in unserem neu erworbenem Garten. Den hatten wir gemeinsam mit der Schwiegermutter gekauft. Mein Schwiegervater war vor kurzem mit 40 Jahren verstorben wegen einer Fehldiagnose. Ein unerkannter Blinddarmdurchbruch wurde mit einer Nierenkolik verwechselt und dann auch nicht schnell genug operiert. Erst als der Notarzt zum 2. Mal kam und meinen Schwiegervater dann in die Klinik einweisen ließ, war es bereits zu spät. Die Not-OP zeigte das total verseuchte Bauchfell und die damit sichere Todesursache. Meine Schwiegermutter, ihre 2 Töchter und ich konnten uns nur noch von dem Sterbenden verabschieden. Die Nacht überlebte er nicht mehr. Dem Arzt, welcher ihn falsch behandelt hatte, passierte außer einer Versetzung in ein anderes Dorf nichts weiter. Frank kam gerade noch rechtzeitig zur Beerdigung seines Vaters. Verabschieden konnte er sich aufgrund des Armeedienstes nicht.

Der Garten sollte meine Schwiegermutter etwas ablenken von der Trauer um ihren Mann. Ich lernte dann auch viel in der Gartenarbeit, was mir sehr viel Spaß machte.

Als Frank von der Armee entlassen wurde, konnte er wieder in seinem Ausbildungsbetrieb anfangen, was uns sehr zupass kam. Keine langen Arbeitswege, immer erreichbar.

Der Garten nahm dann Gestalt an. Wir bauten die Laube aus, beförderten die Hütte, die Frank gebaut hatte, in den neu erbauten Zwinger. Asta musste nun ausziehen aus der Wohnung. Sie wurde zu groß.

Nun hatten wir aber auch täglich 2-mal ihre Fütterung im Garten zu erledigen, bei jedem Wetter. Oft nutzten wir dazu einen Spaziergang mit Marius im Wagen.

Der Zwinger wurde gereinigt, Asta wurde bewegt und gefüttert. Aber der Abschied fiel allen sehr schwer. Lange noch hörten wir ihr Heulen, wenn wir den Heimweg antraten.

Aber so langsam gewöhnte sie sich daran. Wusste sie ja, dass wir immer wieder zurückkommen. Sie lernte dann so nach und nach die Grundbefehle „Sitz", „Platz", „Bleib", „bei Fuß".

Auch Fressen auf Kommando und Gehen in Freifolge (ohne Leine) lernte sie. Sooft ich konnte, nahm ich sie mit nach Hause und brachte sie dann nur für die Nacht wieder in den Garten.

Wir hatten eine sehr feste Bindung. Auch am Rad konnte sie schon gut mitlaufen und im Wald über Baumstubben springen auf Kommando. Am liebsten aber apportierte sie Gegenstände. Aus Unwissenheit ließ ich sie leider auch Steine apportieren, was ihren Zähnen nicht guttat.

Marius wuchs heran und lernte Laufen. Los ging es in der Küche. Er konnte sich schon an den Schränken hochziehen, aber traute sich noch nicht ganz loszulassen.

Frank und ich setzten uns auf den Boden und ließen Marius Spielzeug von einem zum anderen bringen. Er sollte „Bitte" und „Danke" lernen. Wir hielten ihn abwechselnd fest beim Laufen. Dann wurde er immer sicherer. Wir ließen los, sicherten aber, falls er fallen sollte. Er fiel nicht. Wir vergrößerten

den Abstand und unser Sohn lernte an dem Tag das selbstständige Laufen. Wir hatten nun wieder eine größere Wohnung im
Dorf bekommen. Im Neubaublock in einer 2,5 Raumwohnung
war jetzt unsere neue Bleibe. Marius hatte nun auch sein eigenes Zimmer. Wir wohnten im 2. Stock, meine Schwiegermutter und die 2 Schwestern meines Mannes wohnten ganz unten.
So konnte meine Schwiegermutter auch immer mal einspringen
mit der Beaufsichtigung von Marius, wenn wir mal weggehen
wollten oder anderweitig nicht konnten. Marius hatte ein sehr
gutes Verhältnis zu Oma und Tanten.

Der Neubau stand an einer Hauptstraße des Dorfes. Wenn
Asta bei uns war, wurde sie draußen an einem Baum angebunden, wenn wir uns in der Wohnung aufhielten. Waren wir mit
draußen, durfte sie sich frei bewegen.

Ohne, dass ich ihr das beigebracht hätte, verhinderte sie immer mit ihrem Körper, dass Marius sich bei seinen Laufübungen
zu sehr der Straße näherte. Sie stellte sich dann vor ihm hin, und
er drehte wieder um. Da war ich ganz stolz drüber, dass sie unsere Familie so schön beschützte aus eigenem Antrieb.

Nun wollte ich gerne mal mit ihr züchten. Ich wartete die
nächste Läufigkeit ab, machte aber den Fehler, mit ihr am Rad
zum Einkaufen zu fahren. Ich hatte natürlich einen DSH als
Deckrüden beabsichtigt. Aber es lief uns während der Fahrt ein
Dokö (Dorfköter) hinterher und interessierte sich sehr für Asta.
Das gefiel mir gar nicht. Aber ich wurde den Dokö (Dorfköter)
auch nicht wieder los. Im sicheren Abstand folgte er uns und ließ
sich nicht ablenken. Mir war dann klar, wenn ich nicht uner-
wünschten Nachwuchs haben wollte, konnte ich meine Hündin
nicht unbeschwert draußen anbinden und einkaufen gehen. Also
drehte ich wieder um, nahm meine Hündin dann erst mal mit
in die Wohnung, damit nicht sie sich auf ein Rendezvous ein-
lassen konnte. Aber wie ich später erfahren musste, hatte dieses
Erlebnis einen bleibenden Eindruck bei meiner Hündin hinter-
lassen. Sie war der Meinung, dass ich es nicht wünschte, dass sie
sich paarte, und ließ zeitlebens keinen Rüden mehr an sich ran.
Das war es dann mit dem Züchten.

Frank und ich entschlossen uns dann, einem Hundesportverein beizutreten. Ein Dorf weiter war gerade einer im Gründungsprozess. Überall wurde dafür Werbung um Mitglieder gemacht. Wir fuhren erst mal ohne Hund zur Gründungsversammlung. Wir wollten Erfahrungen und Informationen sammeln, wie so etwas funktionierte.

Beim Reiten war ich ja, sobald es nach der Entbindung möglich war, auch immer noch präsent. Marius verbrachte so manchen Tag im Kinderwagen am Pferdestall.

Aber das Training mit den Hunden fand nur an den Wochenenden statt.

Der Hundesportverein pachtete einen Platz, der in Eigenleistung umzäunt wurde. Wir bauten Hütten, bauten das Vereinshaus aus und dann ging es los mit dem Training.

Einer erklärte sich bereit, den „Scheintäter" zu machen. Wir wollten unsere Hunde im Schutzdienst und als Fährtenhunde ausbilden und dann später auch an Prüfungen teilnehmen. Unsere Mitglieder hatten allesamt Dienst- und Gebrauchshunde, wie DSH, Dobermann, Rottweiler, Riesenschnauzer, Boxer und Airedale Terrier.

Mit ½ jährigen Welpen konnte man mit diesen entsprechenden Hunderassen dem Verein beitreten und sie ausbilden. In den Fächern Unterordnung (Sitz, Platz, Bleib, Steh, Vorsitz und Fuß) mit und ohne Sicht des Hundeführers, Bringen von Hölzern, Überspringen der 1 m-Wand und der 1,80 m-Wand, Balancieren über den Schwebebalken mussten die Hunde blinden Gehorsam leisten. Dann kamen noch Fährten-Arbeit mit unterschiedlichen Schwierigkeitsgraden und Schutzdienst, Finden eines Verbrechers, diesen stellen und verbellen und die Mutprobe, Fangen eines Verbrechers und Beißen in den Beißarm dazu. Das Loslassen des Beißarmes musste auch auf Befehl erfolgen, was am schwierigsten beizubringen war. Ein Absuchen nach dem Scheintäter in 8 verschiedenen Hütten durch den Hund wurde dann „Revieren" genannt.

Alle Ausbilder absolvierten im Voraus eine Schulung mit anstehender Prüfung. Ich war 8 Jahre Mitglied dieses Vereins, was mir sehr viel Freude bereitete. Wir verbrachten viele gemeinsame Stunden mit unseren Hunden. Auch nahmen einige an Prüfungen der Schutz- und Fährtenhunde erfolgreich teil.

3 Jahre war ich selbst Ausbildungswart des Vereins. Da trainierten wir aber Gebrauchshunde aller Rassen.

Der Wille zum DSH-Züchten war immer noch unterschwellig bei mir vorhanden. Ich greife dazu mal ein bisschen vor. Wir waren Jahre später in ein anderes Dorf gezogen, wo ich in der 800 Milchviehanlage den Posten des Schichtleiters übernommen hatte.

Wir wohnten dort in einem 4-Familienhaus mit Stall und Garten.

Die Wohnungen waren Dienstwohnungen. Es wurden die 2,5 Zimmer mit

Zentralheizung vom Bad aus beheizt. Die Zimmer waren schön groß und hell. Der Garten war gegenüber dem Haus. So konnten die Hunde nah am Haus sein.

Wir hatten uns aus „Sellin" von der Insel Rügen eine weitere DSH-Hündin gekauft.

Sie stammte vom Züchter, war aber nicht für die professionelle Zucht zugelassen, da sie „HD leicht" hatte. (Hüftgelenksdysplasie, eine unheilbare Hüfterkrankung, die auch erblich sein kann.) Ich sagte, dass wir nur für den Eigengebrauch einmal züchten wollten. Die Hündin hatte noch keine Jungen. Sie war sehr schüchtern und charakterschwach. Die Zusammenführung war deshalb auch nicht so leicht, da Asta etwas territorial war und Uta, wie die Hündin hieß, das nicht akzeptieren wollte. Aber mit der Zeit klappte das denn auch. Dann wurden sie ein Herz und eine Seele. Ich fuhr sehr häufig in die nächste Stadt mit dem Rad zum Einkaufen. Da der Weg einen sehr langen Berg beinhaltete, nahm ich eine Hündin mit. Die zog mich dann, mit einem Zuggeschirr versehen, den Berg hoch. Nicht immer konnte ich mit dem Auto fahren. Das Geld für Benzin reichte meistens nicht bis Monatsende. Asta hatte ich als Zughund ausgebildet. Sie zog mich im Handwagen, mit dem Rad oder mit dem Schlitten. Als Uta dann mehrfach einfach über den Zaun des Zwingers kletterte, weil sie mitwollte, nahm ich sie dann später auch beide mit zu den Fahrten. Mittlerweile vertrugen die beiden Hündinnen sich gut. Oft fuhr ich im Winter per Schlitten zum Einkaufen im Dorfkonsum oder zur Nachtschicht auch zur Arbeit. Später ließ ich mich dann von beiden Hündinnen überall hinziehen. Zum Hundesport nahmen wir Uta nicht mit. Sie erwies sich als ziemlich unbegabt für diesen Sport. Dann musste sie im Stall bleiben. Ein Kollege von mir hatte einen sehr charakterstarken bildhübschen DSH-Rüden. Er traute sich selbst nicht an den Hund ran. Der große DSH sollte ein Grenzhund gewesen sein und darum auch ziemlich bissig. Der Hund verbrachte sein ganzes bisheriges Leben an der Kette. Als Uta dann wieder läufig war, führte ich sie zu diesem Hund zum Decken. Beide kamen schnell zur Sache. Nach 65 Tagen warf Uta dann am 22.10.1987 in einer eigens dafür neu gebauten Wurfhütte 10 Junge. Die Geburten dauerten die ganze Nacht an. Bis Mitternacht beobachteten wir das Geschehen. Sie kümmerte sich rührend um ihre Kleinen, leckte sie ab, durchbiss die Nabelschnur und fraß diese dann auch gleich auf. Sie ließ die Kleinen auch gleich saugen. Das ist auch nicht immer so selbstverständlich bei Erstgebärenden. Mit so einem starken Wurf hatten wir natürlich beim ersten Mal nicht gerechnet und dachten, nach 5 Welpen wäre Schluss. Am nächsten Morgen sahen wir dann die Bescherung. Von den 10 Welpen waren 7 tot. Darunter auch alle 3 Weibchen, von denen ich eigentlich eines selbst behalten wollte. So waren 3 Rüden das Resultat. Wir hatten nun 5 Hunde.

Wir hatten immer die Möglichkeit vom Notschlachter Rindfleisch für die Hunde billig zu kaufen. Auch wenn es in der Anlage schwache Kälber oder Frühchen gab, wurden die als Hundekälber vom Tierarzt freigegeben. Die konnten wir dann mit nach Hause nehmen und aufpäppeln oder selbst zu Hundefutter verarbeiten. Schlachten konnte ich natürlich selbst nicht. Unser Nachbar übernahm den Part. Ausnehmen taten Frank und ich die Kälber, die sonst qualvoll verendet wären, selbst. Einen ausrangierten, aber noch funktionstüchtigen Kühlschrank hatten wir für das Hundefleisch in der Garage stehen.

Amigo

Uta hatte ihre 3 Jungen ganz gut aufgezogen. Verschiedene Charaktere bildeten sich heraus. Nun kam die Zeit, wo wir uns von Hunden trennen mussten, denn alle konnten wir nicht behalten. Uta verkaufte ich an eine Tierversuchsstation. Mit ihr wurden unterschiedliche Futterarten und deren Auswirkungen auf die Gesundheit ausprobiert. Da hatte sie ein schönes Leben und wurde nicht für qualvolle Tierversuche missbraucht. Das war meine Bedingung, sonst hätte ich sie nicht dahin gegeben.

Als allerdings der Zeitpunkt anstand, wo die Welpen zugefüttert wurden, mussten wir Uta von den Welpen trennen. Sie war so futterneidisch, dass sie einem ihrer Welpen den Ohrknorpel durchbiss und sich daraus ein Blutohr entwickelte, welches sich lebenslang nicht aufstellte. Das bemerkten wir leider zu spät. Aber das Gehör war dadurch nicht beeinträchtigt, wie uns der Tierarzt sagte, es wird ein Schönheitsfleck bleiben.

Astor hieß der kräftigste der 3 Rüden. Ich verkaufte ihn an den Schäfer, den ich gut kannte. Nachdem er erst mal 5 Schafe gerissen hatte (er hatte das Wesen des Vatersgeerbt), wurde er ein sehr guter Halben- und Beihund. Auf vielen Wettbewerben in der Schäferei glänzte er mit Superleistungen.

Anjo wurde an eine Familie im Norden Deutschlands verkauft. Von ihm hörte ich nichts mehr. Er hatte das Wesen der Mutter geerbt und war auch immer sehr zurückhaltend.

Amigo behielt ich selbst. Wegen seines Ohres wollte ihn keiner haben.

Anfangs tat Amigo sich schwer in der Ausbildung. Im Schutzdienst hauten wir ihm solange die Sackwurst um die Ohren, bis er endlich zubiss. (Dabei wird ein Jutesack zu einer Wurst mit Band umwickelt.) Später durchbiss er dann Beißarm + Wattejacke + Ledermanschette. Selbst dann sah man noch die Zahnabdrücke auf dem nackten Arm des Scheintäters. Selbst im Ernstfall, den der Scheintäter und ich mal im Wald ausprobierten, beschützte Amigo mich zuverlässig.

Im Jahre 1990 bestand er seine erste Begleithundeprüfung. Ein Jahr zuvor war er durch einen dummen Zufall durch die Schutzhund-Prüfung gefallen. Unterordnung und Fährte hatte er brav gemeistert mit guten Ergebnissen. Bei der letzten Prüfung, dem Stellen eines Scheintäters in der sogenannten „Mutprobe", da läuft der Scheintäter vor dem Hund davon, reizt ihn aber. Dann wird auf ein Kommando der Hund hinterher geschickt. In dem Moment dreht sich der Scheintäter um und greift den Hund an. Der darf dann nicht zurückweichen, sondern muss den Scheintäter anspringen und sich in den Beißarm verbeißen und so lange festhalten, bis vom Besitzer das Kommando „aus" kommt. Dann muss der Hund loslassen und sich neben dem Besitzer hinsetzen.

Zu DDR-Zeiten war diese Prüfung anders. Während der Scheintäter weglief, wurde der Hund schon hinterher geschickt und sprang den Scheintäter dann von hinten an und verbiss sich in den Beißarm. Nun mussten alle Hunde auf westdeutsche Prüfungsanforderungen „umgeschult" werden. Wenn der Scheintäter nun auf den Hund zukommt, flößt das so manchem Hund Angst ein und er kehrt um. Dann ist er durchgefallen.

Amigo drehte auch um. Aber nicht aus Angst, sondern weil er sich beim Ansprung an den Beißarm den Hinterlauf verletzt und Schmerzen hatte. Aber das galt auch als „nicht bestanden". Er lahmte dann noch ein paar Tage, bis sich die Zerrung wieder gab.

Er wurde ein zuverlässiger Fährtenhund und auch im Kuhstall konnte ich ihn zum Kühetreiben gut nutzen. Er bellte zwar, biss aber nie eine Kuh, was die Voraussetzung für seinen Einsatz gewesen war.

Später, als Marius etwas größer und älter war, nahm ich ihn mit zum Hundeplatz. Ich konditionierte die in die Jahre gekommene Asta auf ihn und übernahm Amigos Ausbildung selbst. Amigo bestand mit Bravour eine Begleithundeprüfung. Asta wurde 9 Jahre alt. Sie konnte sich nie abgewöhnen, mit Steinen zu spielen. Irgendwann ließ sie sich einen Stein auf die Pfote fallen, was eine starke Entzündung mit einer starken Phlegmone (starke Schwellung des Untergewebes bis zum Ellenbogen hoch) zur Folge hatte. Sie lief nur noch auf 3 Beinen und hatte hohes Fieber. Ich brachte sie zu einem Tierarzt. Asta war nie eine gute Patientin beim Tierarzt gewesen. Nur mit Maulkorb und viel Zuspruch ließ sie Behandlungen und Impfungen über sich ergehen. Auch fuhr sie nie gerne Auto. Nur im geschlossenen Kofferraum ging das geräuschlos. Den Tag war sie apathisch und unbeteiligt. Sie ließ sich ins Auto tragen und war auch beim Tierarzt teilnahmslos. Die Spritze und der Verband bewirkten leider gar nichts.

Am nächsten Morgen war der Verband abgefressen und die Wunde verschmutzt. Der gesamte Vorderlauf war stark geschwollen. Trotzdem kam sie auf 3 Beinen so temperamentvoll wie immer zu mir, als ich die Tür des Hundezwingers öffnete. So konnte es nicht weitergehen. Marius und ich entschlossen uns schweren Herzens, den letzten Schritt mit ihr zu gehen. Wir fuhren in die Tierklinik. Eine OP wäre wegen ihres Alters unwirksam und ob die Lahmheit danach weg wäre, konnte kein Tierarzt sagen. Also beschlossen wir, sie auf Anraten des Tierarztes einschläfern zu lassen. Danach im Auto weinten wir beide und lagen uns in den Armen. Aber das Leben geht weiter. Wir wollten keine Tierquälerei betreiben und die Hündin leiden lassen.

Asta rettete mir sogar einmal das Leben. Zu der Zeit, als ich in der LPG arbeitete, war es Pflicht, dass jeder 2. Morgen Rüben zu pflegen hatte.

Da musste man dann 3-mal über den Acker, wo das andere Reihenende nicht zu sehen war.

Die Rüben mussten als Erstes verzogen, also auf Abstand gebracht werden, per Hand.

Beim 2. Durchgang wurde das Unkraut gehackt. Und beim 3. Durchgang musste dann per Hand die schnell wachsende Melde zwischen den Reihen der Rüben herausgezogen werden, damit diese möglichst großes Blattwerk und Körpermasse entwickeln konnten.

Marius war auf dem Rübenacker als Hilfe nicht zu gebrauchen, da er meistens anstatt des Unkrautes die jungen Rübenpflänzchen weghackte. Die musste ich dann wieder per Hand einpflanzen, da es sonst bei den Kontrollen Ärger gab.

Das ganze fand immer in der Zeit von Mai/Juni/Juli statt. Nun war Pfingsten. Ich hatte weiter nichts zu tun, wollte das Nützliche mit dem Angenehmen verbinden, schnappte mir Rad und Asta und fuhr zum Rübenacker. Da ich ganz alleine auf weiter Flur war, hatte ich mir einen Bikini angezogen und wollte gleichzeitig bei der Arbeit etwas Farbe bekommen. Wir waren erst vor kurzer Zeit in das neue Dorf gezogen, da kannten wir noch nicht viele Leute. Und so hatte ich auch keine Kenntnis von einem gewissen Heiko, welcher bis dato im Gefängnis war wegen sittlicher Delikte. Er musste sich jeden Morgen vom LPG-Vorsitzenden eine Tablette holen, damit er seine sexuell geprägten Triebe unter Kontrolle halten konnte. In der DDR waren bestimmte Betriebe verpflichtet, entlassenen Häftlingen eine Arbeitsmöglichkeit zu geben. Die wurden dann von bestimmten Bewährungshelfern weiter beobachtet, ob sie sozialisierungsfähig waren. Das eine Ende des Morgens war ca. 300 Meter vom anderen Ende entfernt. Ich konnte Heiko mit seinem Rad am Ende meiner Reihe immer hin und her schieben sehen. Genau konnte ich aber nicht erkennen, wer das war. Irgendwann musste ich auch mal an dem Ende ankommen.

Asta kümmerte sich eigentlich nie um Menschen in solcher Entfernung. Schon gar nicht griff sie Menschen an, (auch nicht beim Schutzdienst ohne Kommando, denn sie war ja ausgebildet). Aber plötzlich sträubte sie ihr Fell und rannte auf den Heiko los. Ich konnte sie nur mit Mühe zurückhalten. Aber sie gehorchte. Heiko verschwand dann schnell von der Bildfläche. Abends in der Schichtpause erzählte ich den Vorfall meinen Kollegen. Die klärten mich erst mal auf, wer Heiko war und was es mit ihm auf sich hatte. Mehrere Vergewaltigungen, Frauen- und Kindermisshandlungen und sexuelle Übergriffe waren auf seinem Konto, weswegen er im Knast saß. Und dass meine Hündin aus so großer Entfernung auf ihn reagierte, zeigte, dass sie irgendeine Untat auf mich von seiner Seite gespürt haben muss. Sie wollte mich dann verteidigen. So ein Verhalten hatte sie niemals vorher und auch danach wieder gezeigt.

Unsere Ehe verlief die ersten 5 Jahre sehr harmonisch. Wir unternahmen viel mit unserem Sohn, fuhren in den Urlaub, zelteten auch, besuchten weitere Verwandtschaft, hatten unsere Arbeit und unsere Hobbys. Doch als wir dann auf unseren 2. Sohn, auch ein Wunschkind, warteten und die ganze Sache sich dann, wie vorhergehend beschrieben, entwickelte, veränderte Frank sich sehr. Er fing an, verstärkt zu trinken. Seine Mutter fand das natürlich auch nicht gut und war auf meiner Seite. Oft kam es wegen Banalitäten zu heftigen Streitereien, gelegentlich auch mit körperlichem Einsatz. Ich versuchte, das zu verbergen, und erfand allerlei Gründe, um die blauen Flecke und andere Blessuren zu erklären. Ich hatte nie was dagegen, wenn Frank sein Bierchen trank, aber als ich dann montags nicht nur 3 oder 4 leere Flaschen zum Konsum brachte, sondern die Anzahl der Flaschen bereits einen vollen Kasten füllte, war es mir dann doch zu viel.

Ich stellte ihn deshalb zur Rede und der nächste Zoff war entfacht.

Ich schrubbte Überstunden und Sonderschichten, da die Trinkerei und damit auch der verstärkte Zigarettenkonsum stark unsere Finanzen schmälerte.

Aber umsonst. Später bekam ich häufig Anrufe im Betrieb, dass keiner meinen Sohn vom Kindergarten abgeholt hatte. Ich schickte dann Asta in die Spur und gabelte ihn in der Kneipe auf. Geld hatte er nicht, er ließ anschreiben. Der Wirt präsentierte mir dann eine Summe, die nicht nur von einem Tag stammen konnte, und fragte, wann der Betrag denn beglichen werde. Ich lief nach Hause, holte Geld und zahlte die Zeche. Ich bekniete den Wirt, dass er nicht mehr anschreiben solle, wenn Frank kein Geld dabei hatte. Er sagte, dass er das nicht dürfe.

Zu Hause gab es dann ein mächtiges Donnerwetter, weil ich ihn in der Kneipe vor allen zum Deppen gemacht hätte. Die Wohnung war bitterkalt, da er nicht geheizt hatte. Mein Sohn konnte die Nacht bei der Oma verbringen, sodass er das alles Gott sei Dank nicht mitbekam.

Mir reichte es nun. Die 2. Geburt, der Stress im Betrieb und die Sache mit Frank waren einfach zu viel für mich. Ich rauchte stark und aß wenig. Öfter war ich auch schon im Betrieb zusammengebrochen. Auch hatte ich stark abgenommen.

Ich reichte die Scheidung ein. Meine Schwiegermutter wollte noch mal schlichten und nahm sich ihren Sohn zur Brust. Aber das ging gerade 4 Wochen gut, dann kam der nächste Fall. Der Alkohol hatte ihn bereits im Griff, sodass ich nun auch schon versteckte Wodkaflaschen fand.

Ich hatte Phasen, wo ich so am Ende meiner Kräfte war und keinen Ausweg mehr sah. So machte ich eines Tages in der Küche den Gasherd an und legte mich davor. Ich wollte nur noch sterben. Marius, den ich zu der Zeit in sein Zimmer zum Spielen geschickt hatte, er war vielleicht 5 Jahre alt, erschien mit einem Mal in der Küche und fragte: „Mama, warum schläfst du auf dem Boden? Warum riecht das hier so komisch?"

Da stand ich auf, machte den Gasherd aus und öffnete das Fenster. Mein Verstand setzte dann auch wieder ein und ich fragte mich, wenn ich tot gewesen wäre, wer kümmerte sich um Marius und die Tiere? Es musste einen anderen Weg geben aus dieser Situation. Und dann musste alles besser werden. Marius hatte meine Absicht zu diesem Zeitpunkt noch nicht verstehen können aufgrund seines Alters. Aber er hatte mir durch sein rechtzeitiges Erscheinen vielleicht das Leben gerettet.

Damals hatte ich aber noch keine Ahnung von Suchterkrankungen, dachte immer, alle Säufer sind Asoziale und die brauchten keine Unterstützung. Die sollten mal selbst mit dem Saufen aufhören, dann geht es ihnen auch wieder besser. Auch waren Suchtkrankheiten noch nicht anerkannt von der Krankenkasse.

Nach mehreren Auseinandersetzungen mit seiner Mutter, Frank wohnte kurz bei ihr, da ich ihn Marius' wegen rausgeschmissen hatte, fing er sich noch einmal und bat um eine Aussprache.

Ich gab nach. Da ich in meiner Tätigkeit auch Lehrlinge ausbildete, kamen ein Lehrling und ich so ins Gespräch. Sie hatte eine Empfehlung erhalten, in welchem Betrieb sie nach der Lehre beginnen könnte. Das war eine LPG, eine 800 Rinder-Anlage. Dort wurde Milchproduktion, Bullenmast und Kälberaufzucht betrieben im 3-Schichtsystem. Die Führungsposition hatte gerade gewechselt, da der vorherige Vorsitzende verstorben war. Die suchten auch in anderen Führungspositionen noch Personal.

Da keimte die Idee eines weiteren Umzugs, diesmal aber in ein anderes Dorf, in mir auf. Wenn Frank seine immer helfende Mutter vielleicht nicht immer in seiner Gegenwart hätte, müsste er mehr Verantwortung übernehmen und würde das Trinken vielleicht einschränken.

Wir besprachen auch diese Option. Seine Mutter war schnell dafür zu begeistern, was mich sehr wunderte. Aber der Ort war nicht aus der Welt, ca. 10 km Entfernung waren mit Zug oder Auto oder Bus schnell zu überwinden.

Der Lehrling sprach mit dem neuen LPG-Vorsitzenden und der schrieb mir eine Einladung zu einem Gespräch.

Dann kam der Tag der Entscheidung. Frank kam auch mit, und wir waren sehr aufgeregt. Der Vorsitzende hatte starke Ähnlichkeit mit dem Schauspieler Bud Spencer, war aber sehr nett. Er wollte sogar die nötigen Beträge für meine Meisterausbildung an das VEG zahlen, denn ich hatte noch 1 Jahr nach von den 3 vereinbarten Jahren. Es war eine totale Abwerbung. Frank konnte in der Baubrigade anfangen, wo auch ein Tischler oder Kraftfahrer gebraucht wurde.

Die LPG suchte Personal, da der Vorsitzende alle Säufer und Asozialen zuvor entlassen hatte und ganz neu beginnen wollte. Die LPG stand tief in den roten Zahlen. Auch eine Wohnung in einem 4-Familienhaus konnten wir uns schon mal ansehen. Die Wohnung hatte 2,5 Zimmer, wurde zentral vom Bad aus beheizt, ein großes Bad und eine große Küche.

Dazu kamen ein Kohlenschuppen, 1 Stall und 3 Flächen, wo man gärtnern konnte. Man erhielt sogenannte Naturalien in Form von Schweinefutter (Silokartoffeln und Schrot). Man konnte im Stall ein Rind mästen oder Schweine halten. (Silokartoffeln sind gedämpfte, gekochte Kartoffeln für die Schweine.)

Das hörte sich alles sehr gut an, im Nachbardorf gab es auch einen Kindergarten.

Auch war geplant, eine Reitsportgemeinschaft zu gründen, denn der Vorsitzende war früher, 50 kg leichter, selbst Springreiter gewesen. In der weiteren Personalannahme hatte er erfahren, dass noch mehr Reitsportfreunde außer mir anfangen wollten.

Wir sagten zu. Kürzlich hatte ich im VEG einen Verbesserungsvorschlag in puncto Milchhygiene eingereicht. Dieser sollte zur weiteren Verbesserung der Milchqualität führen. Der Direktor war sehr angetan davon. So trat er mir lächelnd entgegen, als ich ihm die Kündigung von mir und Frank und die Wohnungsaufgabe entgegenhielt. Als er dann den Brief öffnete, war das Lächeln erloschen. Er fragte, ob ich das Anliegen ernst meinte. Ich erzählte ihm dann von meinen privaten Problemen mit Frank und von einem Neuanfang als letztes Mittel. Da verstand er mich und wünschte mir alles Gute für die Zukunft.

Es folgten die Umzugsvorbereitungen, auch unsere Tiere fanden im „Tiergarten" eine Bleibe. Zur Verbesserung unserer Finanzen hatten wir mit dem Kaninchenzüchten begonnen. „Weiße Riesen", „Holländer" und „Blaue Wiener" waren unsere bevorzugten Rassen. Marius hatten wir als Kind ein Zwergkaninchen gekauft, „Flori" hieß der weiße Bock und wurde in der Wohnung gehalten. Für die großen Rassen bauten wir einen ausrangierten Kleiderschrank zu einem Kaninchenstall um und platzierten diesen dann im „Tiergarten". Später bauten wir noch einen Hundezwinger mit 2 Abteilungen, bevor wir dann besagte „Uta" kauften.

Als wir uns dann eingerichtet hatten, bauten wir im Stall auch die Schweinebuchten, ließen uns Silokartoffeln anliefern und kauften uns dann erst mal zum Anfang 2 weibliche Ferkel. Im Herbst fuhren wir mit dem Trabant auf den Acker, um für die Schweine Kartoffeln nach zu sammeln, die wir dann auch selbst in einem Dämpfer kochten und zu Silokartoffeln verarbeiteten. Mit den Schweinen hatten wir auch viel Spaß. Als ich einmal die Buchte ausmisten wollte, erschrak ein Schwein und rannte wie wild in der engen Buchte herum. Dabei geriet es auch zwischen meine Beine und beförderte mich, rücklings auf dem Schwein sitzend, ein paar Runden mit. Marius lachte sich kaputt über den Anblick. Da wogen die Schweine erst ca. 90 kg. Sie wuchsen heran und in 4 Monaten waren sie schlachtreif. Ein Transporter holte dann aus dem Dorf alle schlachtreifen Schweine ab zum Schlachthof. Dort wurden sie verarbeitet und wir bekamen das Geld dafür, was zu der Zeit nicht unbeträchtlich war.

Als wir uns dann eingearbeitet hatten mit der Schweinemast, kauften wir auch männliche, kastrierte Ferkel. So besserten wir unsere Finanzen mit den Tieren etwas auf, was uns sehr viel Spaß machte. Später hielten wir uns ein Schwein für den Selbstverbrauch. Wir brachten es zum Notschlachter, von dem wir auch das Hundefleisch erhielten, und bekamen es portioniert zurück. Das Fleisch reichte dann bis zu einem halben Jahr für unser Mittagessen.

Der Umzug und der Beginn eines neuen Lebens?

Einige Erlebnisse möchte ich nach unserem Umzug in ein anderes Dorf noch erwähnen.

Frank hatte sich wieder besonnen mit dem Trinken. Wir hatten dann wieder ein paar schöne Jahre. Marius wuchs heran, kam dann auch bald zur Schule. Oft fuhren wir mit den Hunden und der ganzen Familie auch an die Ostsee. Die Hunde waren im Kofferraum, (Amigo und Asta). Auf der Rückfahrt mussten wir tanken. Damals gab es noch einen Tankwart, der die Autos betankte. Als er dann abkassieren wollte, blickte er ins Auto. Die Hunde bekamen das mit, die Rückbank war nicht eingehakt und ließ sich vorschieben. Marius war da keine große Bremse. Die Hunde schoben die Rückbank vor und der Tankwart bekam vor Schreck bald einen Herzanfall. Natürlich konnte nichts passieren, denn ich griff sofort ein. Aber gelacht haben wir auf der Weiterfahrt ganz schön bei der Vorstellung, wie sich der Tankwart wohl gefühlt haben musste, als er mit einem Mal die Hunde sah. Noch ein Beispiel aus Marius' Kleinkinderzeit und von unserem früheren Wohnort:

Asta konnte ja einen Schlitten ziehen, nur auf Zuruf, was die Richtung anging.

Als Marius noch klein war, unternahmen wir auch Schlittenfahrten in Familie in den nahen Winterwald. Ich hatte dazu das Oberteil der Sportkarre auf dem Schlitten befestigt und in Decken gehüllt setzten wir Marius in das Gestell. Asta war vorgespannt. Auf der Straße hatte ich Asta an der Leine. Den Waldweg jedoch ließ ich sie von der Leine und befahl ihr, vorauszulaufen. Das tat sie auch. Marius fand das ganz toll und jauchzte aus vollem Halse. Dann entfernte sich Asta samt Schlitten aber doch etwas zu schnell und zu weit von uns, und ich wollte sie stoppen. Mit einer rasanten Kehrtwendung folgte sie meinem Befehl und kam ohne Marius samt Schlitten zurück. Durch den Schwung der Wendung war Marius aus dem Schlitten geschleudert worden und steckte kopfüber in einer Schneewehe. Dann ging das Heulen los. Schnell liefen wir zu ihm hin und stellten ihn wieder auf die Beine. Das Bild, was sich uns darbot, war aber so komisch, dass ich einen totalen Lachanfall bekam, von dem ich mich nur schwer erholte. Später, als mein Sohn größer war und sich die Sache in den Alben ansah, wir hatten natürlich den Fotoapparat dabei, musste er auch herzlich über sich selbst lachen. Später erfuhr ich dann aber auch, dass ich in puncto Alkohol vom Regen in die Traufe gefallen war. Lange konnte Frank es vor mir geheim halten dass er wieder trank. Aber dann wurde es auch wieder mehr, und er war auch wieder häufiger betrunken. Die Gewaltdelikte nahmen wieder zu, nur war da jetzt keine Oma, die Marius vorm Zuschauen bewahrte. Er bekam alles live mit.

Ich reichte wieder die Scheidung ein, die ich damals zurückgezogen hatte, weil ich es noch mal versuchen wollte, schon wegen unseres Sohnes.

Auch die Einschulung von Marius war während dieser Zeit vonstattengegangen. Er musste immer mit dem Bus zur Schule fahren, da diese in der nächsten Kleinstadt war. Im Dorf befand sich keine Schule.

Er ging gerne zur Schule, hatte auch gute schulische Leistungen. Selbst im Winter, wenn wegen der Schneeverwehungen keine Busse fuhren und die Kinder zu Hause bleiben sollten, stand er an der Bushaltestelle und wartete. Ich holte ihn dann nach Hause und sagte, dass die Schule des Wetters wegen ausfiel.

Reiterlebnisse mit den LPG-Pferden

Die Reitsportgemeinschaft nahm auch an Fahrt auf. Ich hatte mich mit den anderen reitenden Kollegen angefreundet. Wir hatten den Auftrag erhalten vom LPG Vorsitzenden, uns nach Reitpferden umzusehen, die die LPG dann kaufen wollte. Wir fingen schon mal mit den vorhandenen Wagenpferden an, diese auf Reitqualitäten zu prüfen.

Die gut geputzten schwarzbraunen Stuten „Ingrid" und „Renate" wurden erst mal als Longenpferde von uns ausprobiert. Kammdeckel vom Fahrgeschirr und Scheuklappenzaum wurden unsere ersten improvisierten Reitausrüstungen. Eine Peitsche gab es schon und als Longe musste eine Einspännerleine herhalten.

Ich war dann die erste Probandin. Da „Ingrid" keine Longen-Kommandos kannte, rannte sie nach der ersten Peitschenbewegung gleich los. Ich war darauf gar nicht gefasst, flog linksseitig runter und brach mir das linke Schlüsselbein.

Der Schmerz war unerträglich. Mir wurde schlecht und ich musste auch aufs Klo.

Ich konnte mir noch nicht mal die Hosen hochziehen, eine andere Reitschülerin musste mir helfen. Das war wieder mal sehr peinlich.

Einer lief dann los, um Frank zu holen. Es war nachmittags, und der hatte schonFeierabend, musste also zu Hause sein.

Er kam dann mit dem Auto, lud mich und mein Fahrrad ein. Ich wusch mich schnell, zog mich um, soweit das alles möglich war trotz der Schmerzen und der Bewegungseinschränkung. Dann brachte er mich zum Notarzt. Da bekam ich einen „Rucksackverband". 6 Wochen musste ich damit herumlaufen und fand des Nachts kaum Schlaf vor Schmerzen.

Das Schlüsselbein wuchs aber trotzdem schief zusammen, und ich hatte zeitlebens eine hängende Schulter.

Als ich wieder einsatzfähig war, absolvierte ich in Dummerstorf einen Übungsleiterlehrgang für den Pferdesport, damit ich dann auch mit anderen Reitern arbeiten durfte. Selbst verbesserte ich unter der Anleitung meiner Kollegen, die eine Ausbildung während des Studiums in der Pferdebranche hatten, meine Reitfähigkeiten. Ich hatte mich auch 2-mal in Zierow zum Agraringenieurstudium beworben, war auch angenommen worden, hatte dann aber wegen Familiengründung selbst wieder abgesagt. Ich hätte da auch eine Zusatzausbildung in der Pferdebranche machen können. Aber ich hätte dann wegen des Lernens sehr viel Zeit für mich gebraucht, und das ging natürlich nicht mit Familie und Kleinkind. Der Meistertitel reichte mir auch, und diese Ausbildung war schon schwer genug in meinem Alter.

Wir machten viele Ausritte. Es fanden sich auch in der Dorfjugend viele Interessenten für das Reiten, sodass unser Verein immer mehr Mitglieder bekam.

Einmal bat der Vorsitzende die Reitgruppe um Hilfe. Eine Herde von Färsen sollte von einem Dorf in ein anderes auf eine neue Koppel getrieben werden. Die gesamte Belegschaft sollte helfen, da er die Tiere nicht fahren lassen wollte. Es waren keine Hohlwege oder Umzäunungen vorhanden, und die Tiere mussten von allen Seiten begleitet und abgeschirmt werden, sollten sie nicht ausbrechen.

Das war doch mal eine Aufgabe, Cowboy spielen. Aber es sollte sich als sehr schwierig herausstellen. Mit Mopeds und Peitschen begleiteten der Vorsitzende und sein Stellvertreter die Herde. Das Büropersonal sollte zu Fuß die Seiten abdecken. Ich hatte da bei der Leibesfülle so mancher Kolleginnen so meine Bedenken, ob sie das Tempo, welches so ein Rind entwickeln kann, auch mithalten können. Ich hatte da so meine Erfahrungen.

Wir Reiter, 6 an der Zahl, sollten dann auch in allen Richtungen die Herde einrahmen.

Zuerst wurde der Weg, den wir nehmen wollten, besprochen. Als wir dann die Koppel öffneten, von der es losgehen sollte, sprinteten die Färsen schon los.

Vorsitzender und Stellvertreter hasteten mit den Mopeds halsbrecherisch vorbei und drehten die Herde wieder um. Das klappte auch, aber dann im langsameren Tempo und etwas orientierungslos. Wir Reiter kamen dann von der Seite und versuchten, die Rinder wieder in die richtige Richtung zu bringen. Gott sei

Dank hatten die Pferde keine Angst vor den Färsen. Das Fuß-volk war, wie erwartet, zu langsam und hatte gar keine Chance, einzugreifen. Aber die Färsen begriffen nicht, was sie sollten, und drehten sich ständig im Kreis. Dann fiel eine Reiterin vom Pferd. Sie tat sich wohl sehr weh, denn sie humpelte, hatte aber ihr Pferd noch am Zügel. Sie ging dann zu Fuß los. Und wir staunten nicht schlecht, die Färsen folgten im ruhigen Schritt dem Reiter/Pferde-Paar. Das Fußvolk erreichte uns dann auch wieder und sicherte die Seiten ab. Die Mopedfahrer fuhren jetzt zum Schluss. Wir restlichen Reiter sicherten auch die Seiten ab. Alles im ruhigen gesitteten Schritt. So kamen wir ohne weitere Zwischenfälle gut auf der künftigen Koppel an, auf der die Färsen dann wieder im gestreckten Galopp Gas gaben. Später erfuhren wir, warum wir die Tiere zu Fuß treiben mussten. Kurze Zeit zuvor war ein Kraftfahrer mit einem voll beladenen Viehhänger auf dem Weg in die Anlage in der Kurve umgekippt. Einige Tiere hatten Knochenbrüche und mussten gleich zur Notschlachtung, aber der Viehhänger war erst mal hin. Die Reparatur zog sich hin und so hatten wir gar keine andere Wahl, als diese Aktion zu starten.

Unsere privaten Verhältnisse hatten sich wegen Franks Trinkerei nun schon so weit verhärtet, dass ich die Scheidung dieses Mal durchzuziehen gedachte. Doch dazu mussten wir erst einmal 1 Jahr getrennt leben. So war mein Domizil das Schlafzimmer, Marius hatte sein eigenes Kinderzimmer, und Frank war dann ins Wohnzimmer eingezogen. Bad und Küche mussten wir uns ja nun teilen. Im Kühlschrank wurden die Lebensmittel gekennzeichnet. Ein Konto hatte sowieso schon jeder für sich, sodass ich mit meinem Geld alleine wirtschaften konnte.

Der Herbst war ins Land gekommen. Es fanden die jährlichen Fuchsjagden statt. Mein Wunsch war es immer schon, an einer Kreisfuchsjagd teilzunehmen und dann zum Ritter geschlagen zu werden. Das ist so eine Sitte bei fortgeschrittenen Reitern. Im Jahre 1987 sollte der Wunsch Wirklichkeit werden. Mit 4 Teilnehmern meldete unser Verein sich an bei der Fuchsjagd des „Elmenhorster Reitvereins" nahe der Stadt an der Ostsee, der die diesjährige Kreisjagd ausrichtete. Unser Pferdebestand war mittlerweile auf 6 Pferde gewachsen. „Asterix", ein kleiner Fuchswallach, „Orchidee", eine kleine Schimmelstute, „Grunus", der schwarze Wallach und „Rektor" ein stabiler Fuchswallach mit recht eigentümlichem Charakter und auch „Jugendzeit", eine riesige Fuchsstute, waren hinzugekauft worden.

Wir wollten die Pferde „Jugendzeit", „Renate", ja schon bekannt als Fahrpferd, jetzt aber mit guten Reitqualitäten, „Rektor" und „Orchidee", sie sollte mein Reitpferd für diesen Zweck sein, für die Jagd mitnehmen. Die kleine zierliche Stute mit sehr gutem Charakter ritt ich schon eine ganze Weile und konnte sie auch gut einschätzen.

Trecker und Hänger wurden von der LPG gestellt. Reitzeug war geputzt und gewienert. Wir waren sehr aufgeregt, die Pferde auch.

Ich sollte die Reiter mit dem Trabant fahren, einer der anderen Reiter fuhr den Trecker. Die Pferde sollten in dem wieder instandgesetzten Viehhänger fahren.

Frohen Mutes trafen wir sehr früh im Stall ein. Wir hatten vorher schon mal das Verladen geübt. Außer „Rektor" gingen die Stuten recht zügig und ohne Probleme auf den Hänger rauf und wieder runter.

Mit „Rektor" hatten wir geschlagene 2 Stunden zu kämpfen. Er streckte jedes Mal den Kopf nach oben und sah dann über den Hänger, bekam dann Panik, setzte zum Steigen an und ging rückwärts wieder runter vom Hänger. Derjenige, der ihn in dem Moment am Strick hatte, musste dann schnell mit runter, um nicht zu stürzen. Dann wäre auch „Rektor" weg. Da wir nun kein Ersatzpferd hatten, musste er irgendwie auf den Hänger. So hatten wir schon mal einen Eindruck, wie viel Zeit wir am Tag des Geschehens brauchen würden in etwa.

Und auch an dem Tag klappte es natürlich nicht besser. Mit „Rektor „ hatten wir wieder so ein Theater.

Langsam wurde die Zeit knapp, denn der Ort Elmenhorst war keinen Katzensprung von unserem Standort entfernt.

Meinen Sohn hatte ich bei meinen Eltern gelassen, denn zu Frank hatte ich kein Vertrauen mehr, dass Marius da gut aufgehoben wäre. Auch konnte ich den Verlauf des Tages nicht einschätzen.

Endlich war es uns gelungen, „Rektor" auf den Hänger zu bringen. Schnell wurde die Klappe geschlossen, und wir fuhren los. In Elmenhorst angekommen, fuhren wir zum Stellplatz und einer meldete uns an.

Wir bekamen dann unsere Startnummern und bereiteten uns vor. Auf einem Sammelplatz waren wir aufgestiegen und ritten unsere Pferde warm. Nebenbei wurden die Regeln erklärt. Hindernisse brauchten nicht übersprungen zu werden, durften dann aber auch nicht angeritten werden.

Die Tour führte durch den mir bekannten, nun aber präparierten „Gespensterwald", direkt neben der Steilküste zur Ostsee.

Ein Pulk von ca. 30 Reitern startete. Der „Master" durfte nicht überholt werden und dem „Lumpensammler" durfte man nicht hinterherreiten.

Die „Polizisten" waren auch mit Armbinden gekennzeichnet und kontrollierten den Ritt, registrierten „Strafen" und waren überall und nirgends.

Der „Master" wechselte sehr oft abrupt die Gangarten und ließ sich dann überholen.

Das kostete die Reiter viele Strafpunkte.

Die Jagd dauerte ca. 1 Stunde. Die sogenannte „Endjagd", wo dem „Master" dann der Fuchsschwanz von der Schulter gerissen werden musste im gestreckten Galopp, machte ich nicht mit. Dafür fühlte ich mich nicht gut genug.

Der Reiter, der den Fuchsschwanz hatte, wurde dann im nächsten Jahr der neue „Master" in einer Kreisjagd und musste bei der obligatorischen Feier und Auswertung eine Getränkerunde für alle geben.

Das Wetter hielt sich noch so in Grenzen. Aber zum Ende hin wurde es sehr nasskalt und leichter Nieselregen machte es uns sehr unangenehm.

Die Auswertung zog sich hin. Als „Erstmitreiter" einer Kreisjagd wurde ich dann auch zum Ritter geschlagen und bekam auch die Urkunde dafür. Das Blöde war, dass mir zur „Taufe" Bier in die Stiefel gekippt wurde. Die erzeugten Blasen, einen fiesen Gestank und ein sehr ekliges Gefühl.

Danach wollten wir noch einen Ritt über die Stoppelfelder machen.

Zuvor floss bei den Männern reichlich der Alkohol, was sie etwas hemmungslos machte. Der Acker war durch den Nieselregen schmierig und rutschig geworden. Im gestreckten Galopp donnerten wir darüber hinweg.

Einige Reiter/Pferd-Paare waren schon gestürzt und rappelten sich gerade wieder auf.

Meine Kollegen mussten abwenden, um nicht auch zu stürzen. Ich wäre noch gut an der Seite vorbeigekommen mit „Orchidee", aber sie folgte ihren Artgenossen, worauf ich nicht gefasst war. So hing ich an der Seite, kam nicht aus dem Steigbügel heraus und drohte, bei dem rasenden Tempo im Bügel mitgeschleift zu werden. Meine

Kraft schwand, meine Angst wuchs, und in voller Panik rief ich meinem Mitreiter zu, er solle die Richtung wechseln, damit ich wieder in den Sattel kommen könnte.

Er drehte sich kurz um und registrierte meine missliche Lage. Sofort drehte er ab. Ich hatte „Orchidee" überhaupt nicht mehr unter Kontrolle. Aber sie drehte auch und folgte dann ihrem Artgenossen, und durch den Schwung kam ich wieder in den Sattel, übernahm die Kontrolle und ritt hinter meinen Stallgefährten hinterher. Das alles passierte in rasendem Galopp. Als es vorbei war, war ich froh, noch am Leben zu sein. Zugleich schwor ich mir, dass dies meine erste und zugleich letzte Kreisjagd oder Fuchsjagd überhaupt zu Pferd gewesen war.

Danach wurden die Pferde wieder verladen und der Tag neigte sich dem Ende zu. Auch besserte sich das Wetter nicht.

Wie es kommen sollte, weigerte sich „Rektor" erneut, den Hänger zu betreten. Dasselbe wie am Morgen. Zureden, Schieben und Ziehen, alles war vergeblich. Ich erwog schon, ihn einfach am Hänger anzubinden und die Strecke zu Fuß laufen zu lassen. Aber dann hätten wir mächtigen Ärger mit der Polizei bekommen, und auch der Vorsitzende hätte mir die Hölle heiß gemacht.

Als letztes Mittel drückte ich einem der Mitreiter eine Peitsche in die Hand und sagte, dass er ordentlich zuhauen solle, wenn ich es ihm sage.

Ein paar klägliche letzte Grashalme fand ich in einer Ecke des Parkplatzes. Die pflückte ich ab und hielt sie „Rektor" unter die Nase. Er ging ja die Rampe des Hängers hoch, aber den Kopf musste er vor dem Eingang nach unten nehmen, und das tat er nicht. So stellte ich mich in seinen Weg vor den Eingang und hielt ihm das Gasbüschel unten hin. Und siehe da, er nahm den Kopf nach unten. Ich sprang schnell zur Seite und dann erfolgte ein leichter Peitschenhieb durch die Luft und „Rektor" war endlich nach wiederum einer Stunde im Hänger.

Dann fuhren wir so schnell es ging Richtung Stall, luden die Pferde ab, versorgten sie, luden alles aus und besprachen noch mal den Tag und unsere Eindrücke.

Ich fuhr dann die Reiter nach Hause und begab mich auch zu meinen Eltern, um meinen Sohn abzuholen und endlich aus den Stiefeln herauszukommen.

Auch meine Eltern freuten sich nach meinem Erzählen, dass alles ohne Unfälle abgegangen war.

Mein Unfall mit kuriosen Folgen

„Grunus" zeigte seine guten Talente in der Dressur. Da ich mich sowieso nicht so für den Springsport interessierte, bekam ich ihn zugeteilt.

Er war leicht zu reiten, man konnte viel mit ihm anfangen. Inzwischen hatte ich mich über weitere Dressurkenntnisse ausgiebig informiert. Die wollte ich auf ihm ausprobieren. Ich machte auch eine gute Figur auf ihm. Er wurde mein Liebling. Der einzige Makel, den er hatte, war, dass er sehr faul war und sich immer lange bitten ließ. So besorgte ich mir ein paar Sporen.

Marius war das Wochenende bei meinen Eltern und meine Schwester war bei mir im Austausch zu Besuch. Sie wollte gerne die Pferde mal sehen, mit denen ich so umging. Wir fuhren mit dem Trabant zum Reitstall. Dort führte ich ihr meine Reitkünste auf „Grunus" vor. Sie war beeindruckt. Als ich aber fertig war und absteigen wollte, trafen meine Sporen unbeabsichtigt etwas stark seinen Bauch, und er bockte. Im hohen Bogen flog ich über ihn rüber und landete sehr schmerzvoll auf dem Beton. Noch in der Schockphase stieg ich wieder auf, vorher hatte ich die Sporen abgeschnallt. Hatte ich doch irgendwo gelesen, dass man schnell wieder aufsteigen sollte nach einem Unfall. Macht man das nicht, kann es passieren, dass man ewig Angst entwickelt vor dem Reiten. Das ging auch noch ganz gut. Ich ritt noch ca. 5 Minuten Dressur und wollte die Sache dann beenden. Aber ich kam nicht mehr runter vom Pferd. Der Schmerz im Beckenbereich war wahnsinnig. Während meine Schwester das Pferd dann festhielt, ließ ich mich wie ein nasser Sack vom Pferd rutschen. Auf dem Boden angekommen, fing sie mich auf und stellte mich an die Wand des Stalles, an der ich mich dann selbst abstützen konnte.

Da wir alleine waren, meine Schwester aber keine Fahrerlaubnis hatte, musste ich den Trabant irgendwie nach Hause kriegen. Ich gab ihr helfende Anweisungen, das Pferd abzuzäumen, abzusatteln, alles zu verstauen und das Pferd auf die Koppel zu bringen.

Dann setzte ich mich unter großen Schmerzen ins Auto. Mein rechtes Bein konnte ich gar nicht mehr bewegen. Ganz langsam im ersten Gang fuhren wir los. Wir mussten 2 Dörfer durchqueren bis zu meiner Wohnung.

Auf Frank wollte ich nicht bauen, dafür war ich zu stolz. So musste meine Schwester in die Bresche springen.

Ich erwog langsam den Gedanken, dass ich es ohne ärztliche Hilfe wohl nicht schaffen würde. Wie es der Zufall wollte, trafen wir im nächsten Ort auf einen Krankenwagen. Der Arzt war gerade bei einer häuslichen Patientenbehandlung. Der Fahrer wartete am Wagen.

Ich sagte zu meiner Schwester, dass sie unbedingt den Fahrer und auch den Arzt fragen sollte, ob er mich untersuchen könne, ob ich mir etwas gebrochen oder angebrochen habe. Die Schmerzen wurden immer schlimmer. Ich konnte mich nicht mehr bewegen.

Das tat sie dann auch. Der Arzt kam und fragte, was mir passiert war. Er erklärte sich bereit, mich zu untersuchen, aber nicht hier auf der Straße.

Ich sagte ihm, dass ich ein Dorf weiter meine Wohnung hatte. Ich würde dann vorfahren, der Krankenwagen sollte mir folgen. So machten wir es denn auch. Auf dem Hof traf ich meinen Nachbarn, den ich bat, meine Schweine, die Kaninchen und die Hunde zu füttern und mein Auto in die Garage zu fahren.

Der Arzt half mir langsam aus dem Auto, sie luden mich auf die Trage und brachten mich in meine Wohnung. Auf dem Hof waren alle neugierig aus ihren Wohnungen gekommen und fragten sich, was mir wohl passiert war.

Der Arzt vermutete einen Beckenanbruch oder eine schwere Beckenprellung. Eine Röntgenuntersuchung war aber unausweichlich und danach eine eventuelle OP. Meine Schwester konnte im Krankenwagen mitfahren, mit dem sie mich dann in die Klinik brachten. Sie machte auch die ganze Anmeldung und den Papierkram für mich klar. Ich hatte wahnsinnige Schmerzen. Zudem drückte auch noch meine Blase. Ich saß im Rollstuhl. Sie brachte mich dann auf die Toilette. Aber der Rollstuhl passte nicht durch die Türen, laufen konnte ich nicht, so musste ich weiter anhalten.

Nach unvorstellbar langer Zeit stellte sich heraus, dass es doch nur eine schwere Beckenprellung und kein Bruch war. Ich war erleichtert. Mit einem Taxi ließen wir uns dann zu meinen Eltern fahren. Diese mussten noch das Taxi bezahlen, da wir nicht viel Geld dabei hatten. Mein Vater fuhr Marius und mich dann nach Hause. Ich musste mich ja um meine Tiere kümmern und konnte nicht wegbleiben von zu Hause.

Mein Sohn war Gott sei Dank mit den Hunden schon so vertraut, dass er auch allein mit ihnen umgehen konnte und sie ihm auch ohne mich gehorchten. Mit dem Versorgen der Schweine war es schon schwieriger. Ich stand mit der Forke auf einem Bein in der Buchte, die Schubkarre stand im Gang. Wie ein Kran beförderte ich dann peu à peu den Mist in die Karre mit einer leichten Drehbewegung meines Körpers. Schwankte ich, konnte ich mich schnell an den Wänden festhalten, um nicht umzukippen.

War die Karre dann halbvoll, brachte Marius sie zum Misthaufen und kippte sie aus. Beim Füttern der Schweine half mir mein Nachbar, denn Marius konnte noch keine Silokartoffeln aus der Miete herbeischaffen. Das war dann doch zu schwer für sein Alter. Aber er half mir, wo er nur konnte, und kam sich schon sehr groß dabei vor. Ich war stolz auf ihn.

Die endgültige Trennung nach fast 10 Jahren Ehe

Das Verhältnis zwischen Frank und mir wurde immer schlechter. Ich hatte eine gute Rechtsanwältin und bevor noch das Trennungsjahr zu Ende war, drängten wir auf eine Scheidung aufgrund eines Härtefalles.

Da ich die Kosten nicht tragen konnte als Kläger, beantragte ich Prozesskostenhilfe. Diese wurde mir gewährt.

Der Scheidungstermin rückte näher. Frank hatte schon Ermahnungen vom Betrieb erhalten wegen Restalkohol am Arbeitsplatz.

Eines Tages sagte er zu mir, dass er von einem Kollegen, der eine Hausschlachtung gemacht hatte, Schweineohren erhalten könnte. Ob er die für die Hunde mitbringen solle.

Da ich finanziell schon mächtig klamm war und das Hundefutter auch ganz schön ins Budget schnitt, sagte ich zu.

Ich hatte den Abend Nachtschicht, die von 19.00 Uhr bis 05.00 Uhr dauerte.

Als Schichtleiterin hatte ich das Kalben der Kühe zu betreuen, kranke Kühe und Kolostralkühe zu melken, Kälber zu tränken und die Technik zu bedienen.

Frank war vor meinem Weggehen nach Hause gekommen, wie immer alkoholisiert.

Er wollte dann die Schweineohren kochen, damit sie nächsten Tag an die Hunde verfüttert werden könnten. Marius lag in seinem Zimmer schon im Bett. Ich sah noch, wie Frank einen Topf mit Wasser und den Schweineohren auf den Gasherd stellte. Er verschwand im Wohnzimmer, ich ging zur Arbeit.

Ich hatte den ganzen Abend ein unheimliches Gefühl und war gar nicht so recht bei der Sache. Dann versagte auch noch eine Vakuumpumpe und alle Melkzeuge fielen ab. Als ich dann die Hebelstellung verwechselte und die Milch nicht in die Milchleitung, sondern in die Vakuumleitung lief, verlor ich fast die Nerven. Im Pumpenraum waren dann die Ausgleichbehälter aufgegangen und der Pumpenraum stand 3 cm unter Milch-Sägespänen-Gemisch. Dazu war auch noch das gesamte Öl der Pumpe ausgelaufen. Ich war fix und fertig, denn die Sauerei war auch nicht so schnell zu beseitigen. Und ein großer Teil der Kühe musste noch gemolken werden. Dann kamen mir zum Glück die Kollegen zu Hilfe und halfen mit, alles wieder in Gang zu bringen, dass die Arbeit dann auch weitergehen konnte.

Gegen 01.00 Uhr bekamen die Kühe Stroh und dann war Ruhezeit in dem Stall.

Als ich in der LPG anfing, musste ich auch das Führen von verschiedenen Traktoren lernen. Denn der Schichtleiter musste öfter mal als Traktorfahrer einspringen.

Ich lernte „Universal", einen kleinen, nicht überdachten rumänischen Traktor fahren, „Zetor", ein tschechisches Modell, das rundherum verglast und überdacht war, und den „MTS 50", auch wegen seiner russischen Herkunft „Belorus 50" genannt.

Das war das Hauptgefährt, mit dem ich zu tun hatte. Der wurde zum Mistschieben und Füttern und zum Hängerziehen eingesetzt. Die Stallungen waren alle mit einer Rohrmelkanlage ausgerüstet und die Kühe standen in Anbindehaltung nebeneinander. Die Bullen waren in einem Extrastall auch in Anbindehaltung untergebracht. Auf dem Futtergang fuhr man dann mit dem Trecker lang und das Stroh wurde vom Hänger abgeladen und die Bänder aufgeschnitten vom Personal. Dieser Traktor hatte immer eine sogenannte „Molle" vorne angebracht. Das war ein Schiebeschild, mit dem auch der Mist hinter den Kühen aus dem Stall geschoben wurde. Um den Mist auch aufsetzen zu können, war die „Molle" mittels seitlichen Hubarmen höhenverstellbar. Da ich den Abend sowieso neben der Spur war, vergaß ich vor dem Hineinfahren in den Stall den Hubarm zu senken.

Ein großer Knall versetzte mir einen ordentlichen Schrecken, als ich mit der erhobenen „Molle" den Toreingang aus Beton zum Einsturz gebracht hatte. Einige Betonteile flogen auf das Dach des Traktors. Gott sei Dank war meinen Kollegen auf dem Hänger nichts passiert. Schnell besorgten meine Kollegen Teile zum Abstützen der Toreinfahrt, bevor diese ganz zusammenbrach, denn der Trecker hatte sich auch ganz schön verkantet in der Einfahrt und hielt teilweise den Torsturz ab vor dem Absturz. Mit gemeinsamen Kräften konnten wir den Trecker jedoch befreien. Ich war den Tränen nah.

Nächsten Tag beichtete ich mein Pech dem Vorsitzenden und rechnete ganz stark mit einer Kündigung.

Aber er verzieh mir mein Verhalten, und ich kam mit einer Geldstrafe davon. Die Baubrigade der LPG baute den Torsturz dann wieder auf am nächsten Tag, sodass er keine Einsturzgefahr mehr darstellte für Mensch und Tier.

Aber dass mein Gefühl mich trotzdem nicht trog, stellte sich denselben Abend oder besser den frühen Morgen des nächsten Tages noch heraus.

Ich hatte keine Ruhe mehr und machte um 03.00 Uhr Feierabend. Es war Januar und ziemlich kalt. Schnell fuhr ich mit dem Auto nach Hause, nachdem ich meinen Stellvertreter mit den verbleibenden Aufgaben betraut hatte. Alle hatten Verständnis für mein Vorhaben.

Im Hausflur empfing mich ein ungewöhnlicher brenzliger Geruch. Einer Eingebung zufolge machte ich kein Licht an. Ich schloss die Wohnungstür auf und erstarrte.

Die Schweineohren kochten noch, die Gasflamme brannte auch noch, nur war kein Wasser mehr im Topf und der war schwarz. Daher kam auch dieser furchtbare Geruch.

Ich machte den Herd aus, riss das Fenster auf und warf den Topf samt den angebrannten Schweineohren aus dem Fenster. Dann sah ich nach Marius. Weil die Tür zum Kinderzimmer dicht war, hatte sich der Geruch dahin noch nicht verbreitet.

Dann schaute ich ins Wohnzimmer. Sofort kam mir eine Wodkaflasche entgegengerollt. Frank lag volltrunken unter dem Tisch und schlief seinen Rausch aus. Meine Wut kannte keine Grenzen. Wäre die Gasflamme ausgegangen oder hätte jemand einen Lichtschalter oder die Klingel betätigt, wäre das ganze Haus in die Luft geflogen.

Wir hatten wahnsinniges Glück.

Der Gestank hatte sich in der ganzen Wohnung verbreitet, selbst die Klamotten und die Wäsche in den Schränken hatten den Geruch angenommen. Ich konnte alles waschen. In voller Montur aßen Marius und ich im Bad unser Essen bei offenem Fenster und minus 6 Grad Kälte. In der gesamten Wohnung hatte ich die Heizungen abgedreht und Tag und Nacht die Fenster auf. Im Bad wurde mit einem Badeofen geheizt, der ein wenig Wärme spendete. So langsam verflüchtigte sich dann der beißende Geruch aus der Wohnung und ein Heizen war wieder möglich.

Frank war dann aus der Wohnung für einige Zeit ausgezogen und hielt sich nachts bei einem Kumpel auf. Aber er hatte mir unbemerkt den Autoschlüssel geklaut und fuhr mit dem Auto durch die Gegend. Ich fand dann schnell seinen Aufenthaltsort, nahm ihm im unbemerkten Zeitpunkt den Schlüssel wieder ab und versteckte ihn dann vor ihm. Noch hatte er ja einen Schlüssel für die Wohnung und ich durfte ihn eigentlich nicht rausschmeißen. Darum war ich dann auch froh, je öfter er von alleine ging.

Das Auto war Gott sei Dank noch heil. Ich hatte ja angenommen, dass er auch im betrunkenen Zustand damit fahren und dann noch einen Unfall bauen würde zur Krönung. Aber das geschah Gott sei Dank nicht.

Die Scheidung verlief dann sehr schmutzig. Ich wurde beschuldigt, meinen Sohn nicht gut genug zu betreuen, hätte mehr die Pferde und meine Arbeit im Kopf. Schichtarbeit wurde mir als Negativum vorgehalten. Als ich dann die Sache mit den Schweineohren schilderte, wurde das heruntergespielt. Ich hatte den Eindruck, die Richterin war eine Frauenhasserin. Sie war mehr auf der Seite meines Mannes, als dass sie zu mir hielt.

Meine Anwältin war auch dabei und auch fassungslos über den Ablauf der Verhandlung.

Marius verkraftete die ganze Angelegenheit nicht so gut. Er war zu dem Zeitpunkt 9 Jahre alt. Er wurde wieder unsauber, und in der Schule war er nicht bei der Sache. Seine schulischen Leistungen verschlechterten sich enorm.

Er kam für 2 Wochen in eine psychiatrische Klinik. Sein Zustand besserte sich dann aber schnell, als er die nächsten Ferien bei seiner Oma verbringen durfte.

Darüber war ich auch sehr froh. Noch lange hielt ich Kontakt zu meiner Schwiegermutter, mit der ich mich ja immer gut verstanden hatte.

Aber irgendwann fiel ihr ein, dass Frank das Sorgerecht für Marius beantragen solle. Ich gewährte ihm das Aufenthaltsrecht mit Marius freiwillig. Ich wusste ja, dass Marius dann die meiste Zeit bei seiner Oma bzw. seinen Tanten verbringen würde. Dagegen hatte ich nichts. Alle 14 Tage konnte er ihn abholen und abends am nächsten Tag zurückbringen. Das klappte ganz gut.

Ich kämpfte aber wie eine Löwin um meinen Sohn, als dann auch gerichtlich über das Sorgerecht verhandelt wurde. Zum Glück setzte sich der Betrieb für mich ein. Ich war eine vorbildliche und fleißige Arbeiterin, und das wussten sie zu schätzen. Der Betrieb wurde vom Gericht um Beurteilungen von mir und Frank gebeten. Diese fiel zu meinen Gunsten aus, und ich bekam das Sorgerecht allein zugesprochen.

Der Betrieb half auch bei der Wohnungssuche für Frank. Dass wir zusammenwohnen mussten, wurde immer unerträglicher. Er bemühte sich überhaupt nicht. Dann bekam er von der Gemeinde im Ort eine Einraumwohnung zugewiesen und infolge eines gerichtlichen Beschlusses musste er sich endlich um den Auszug kümmern. Mir fiel ein Stein vom Herzen. Endlich konnten nach fast 10 Jahren wieder normale Verhältnisse einziehen. Und ich konnte auch zur Ruhe kommen.

Frank zog dann später in die Stadt ins Neubauviertel, „Ghetto" genannt. Er hatte noch eine weitere Beziehung lange nach unserer Scheidung.

Da Marius ihn ab und an noch besuchen wollte, brachte ich ihn hin und holte ihn auch wieder ab. So lernte ich auch seine Freundin kennen. Er war total verwahrlost, hatte strähnige, ungewaschene Haare, einen ungepflegten Vollbart, war schon lange arbeitslos und trank immer noch viel Alkohol. Die Freundin schien auch so einen Lebenswandel zu haben. Überall standen Flaschen herum und der Aschenbecher quoll über, da beide starke Raucher waren.

Im Jahr 2014 erzählte Marius mir, dass sein Vater gestorben sei. Lange hatte er sich nicht bei seiner Mutter und seinen Schwestern gemeldet, sodass die mal nachgehakt haben. Er wurde dann leblos inmitten vieler Alkoholflaschen in seiner Wohnung gefunden, wahrscheinlich schon seit einer Woche tot, wie die Obduktion ergab. Die Beerdigung fand dann auf dem Friedhof auf einer Streuwiese statt. Seine Asche wurde in einer Urne beigesetzt. Seine Familie erkannte ich kaum wieder. Sie traten mir alle sehr reserviert gegenüber. Ich entfernte mich nach der Beisetzung auch sofort. Marius bedankte sich aber, dass ich dabei war.

Sein Erbe schlug er aus und ließ die Wohnungsräumung und den ganzen Papierkram von einer Firma erledigen.

Autotour mit kuriosen Folgen

Um mich abzulenken in dieser schweren Zeit während des Trennungsjahres, blieb ich die meiste Zeit auch bei meinen Eltern, wenn sich das einrichten ließ. Meine Nachbarn verstanden meine Situation sehr gut und versorgten dann meine Tiere.

So kamen meine Schwester und ich eines Wochenendes auf die Idee, einen Ausritt zu machen. Wir hatten einen kleinen Reiterhof ausfindig gemacht, den weder ich kannte, noch kannten die mich.

Dort wurde Pferdegespann-Verleih angeboten. Das machte mich schon ein wenig stutzig, aber wir wollten ein Abenteuer erleben. Reitpferde wurden auch verliehen. Es regnete wie aus Eimern. Schon überlegten wir, das Unterfangen abzublasen. Aber dann hörte der Regen auf. Wir fassten neuen Mut. Reitermäßig ausgerüstet, suchten wir erst einmal die Besitzer. Eine ältere Frau öffnete dann auf unser Rufen hin eine Tür und fragte, was wir wollten. Dann gingen wir drei auf eine nahe Koppel und fingen 2 Haflinger Stuten ein.

Die Frau zeigte uns Putz- und Sattelzeug. Nachdem wir die Pferde fertig gemacht hatten, fragten wir, wohin man reiten könne. Ich kannte mich in der Gegend auch nicht aus. Sie beschrieb uns einen Weg. In einer Stunde sollten wir wieder auf dem Hof sein. Die Tiere seien sehr brav und gehorsam, rief sie uns noch hinterher. Mit Reitkappen und einer Gerte bewaffnet, erklommen wir die Kleinpferde und machten uns auf den Weg. Inzwischen war auch die Sonne herausgekommen und es war sehr schön. Unser Weg führte uns einen Ackerweg entlang. Es ging immer geradeaus. Wir konnten auch einen kleinen Trab wagen. Unfallfrei und pünktlich erreichten wir nach besagter Stunde den Hof wieder. Sogleich verabschiedete sich auch die Sonne, und es fing wieder an zu regnen. Aber nicht so stark wie zu Beginn der Aktion. Wir waren mit dem Trabant da. Ich stellte fest, dass ich tanken müsste. Da es zur Wendezeit war, hatten die Tankstellen benötigtes Benzin/Öl- Gemisch nicht mehr vorrätig. Noch im Rausch des schön verbrachten Nachmittags schwärmten wir von dem Ritt.

So bemerkte ich zu spät, dass ich den Trabant mit Benzin pur betankt hatte. Das wäre das Aus für den Motor gewesen. Aber ich merkte es erst, als nach ca. 3 km der Motor ein Röcheln von sich gab und dann ganz den Geist aufgab. Da erst ahnte ich meinen Irrtum. Noch die Worte meines Vaters im Ohr, wenn mit dem Motor was ist, auf keinen Fall weiterfahren, hielt ich sofort am Straßenrand an. Es nieselte wieder. Es hielt dann nach einiger Zeit ein Fahrer eines Mercedes an und fragte, was wir für ein Problem hätten. Ich schilderte ihm das Dilemma und fragte, ob er uns abschleppen könne. Er meinte, dass er uns ein Stück mitnehmen könne, da er den gleichen Weg hätte wie wir. Ich hatte ein Abschleppseil im Kofferraum. Um das Seil am Mercedes zu befestigen, fehlte uns aber der Splint. Der Fahrer hatte gar kein Seil bei sich. Wir halfen uns dann mit einem Schraubenschlüssel. Da ich noch nie als Abgeschleppte ein Auto gefahren hatte, fehlte mir völlige Erfahrung. Ich war nur immer froh, bei jeder Bremsung nicht aufzufahren. Beim Anfahren fiel des Öfteren der Schraubenschlüssel heraus oder ich war mit einem Rad auf dem Seil, sodass es riss. Wir knoteten es dann zusammen, bis ich nur noch 50 cm Abstand hatte. Ich schwitzte Blut und Wasser. Gott sei Dank gab es auf der Tour nicht allzu viele Ampeln. Das Anfahren bei „Grün" war dann immer eine Glückssache. Dann teilten sich unsere Strecken. Ich glaube, der Mercedes-Fahrer war auch froh, mich wieder los zu sein. Wir wollten dann eine Abkürzung nehmen und das Auto nach Hause schieben. Marius hatten wir von zu Hause auch wieder abgeholt.

Da der Weg auch einen Berg hatte, wurde das Unternehmen kräftemäßig recht anstrengend. Ich setzte Marius an das Steuer und erklärte ihm, was er machen sollte, nämlich das Lenkrad festhalten. Meine Schwester und ich wollten dann schieben.

Es ging auch recht zügig los. Dann, fast oben auf dem Berg, musste sie pinkeln. Zuvor hatte Marius noch gefragt, ob er sich auch anschnallen müsse. Aber ich versicherte ihm, dass er das nicht brauche, da wir nicht schneller als 120 km/h schieben würden. Das erzeugte schon den ersten Lacher bei uns, weil mir das so spontan einfiel.

Aber alleine konnte ich das Auto auf dem Berg nicht halten. So zeigte ich Marius, wo die Handbremse war, und wie er sie betätigen sollte. Meine Schwester schlug sich in die Büsche. Später löste Marius die Bremse dann wieder, und wir schoben weiter.

Dann kamen uns mein Nachbar und seine Familie mit deren Auto entgegen. Sie wollten an den Badesee. Erstaunt fragten sie, nachdem sie uns erkannt hatten, was wir trieben. Ich erzählte unser Dilemma. Er bot sich an, uns nach Hause zu schleppen. Ich sagte auch, dass mein Abschleppseil nicht mehr zu gebrauchen war. Er hatte selbst eins dabei, was wir dann nahmen. So spannten wir an und fuhren nach Hause. Dort schoben wir mit vereinten Kräften den Trabant in die Garage.

Ich fand noch ein Honigglas, legte mich unter das Auto und ließ dann das Benzin immer ins Honigglas ablaufen und leerte es dann in einen bereitgestellten Kanister.

Das dauerte so eine Weile. Ein weiterer Nachbar schaute neugierig in die Garage und fragte, was ich da mache. Ich sagte es ihm. Er war Schlosser auf der LPG und kannte sich auch mit Autos gut aus. Er fragte dann, warum ich nicht eine Flasche Öl gekauft habe, dies in den Tank gegossen und umgerührt hätte. Dann hätte ich auch ein Gemisch gehabt. Darauf bin ich nun nicht gekommen. Ich hatte nun auch schon fast den ganzen Tank geleert. Er erbot sich dann, zur nächsten Tankstelle zu fahren und Öl zu kaufen. Ich goss das ganze Benzin wieder in den Tank hinein. Als er dann mit dem Öl kam, goss er es auch hinzu. Dann sagte er, ich solle mal die Garage verlassen, er wolle versuchen, den Motor wieder in Gang zu setzen. Das werde sich im ersten Moment nicht sehr schön anhören. Dann bekam ich fast einen Herzschlag. Da das Benzin im Vergaser noch nicht gemischt war, röhrte der Motor los und stockte und röchelte. Dann besann er sich und nahm die gewohnten Geräusche wieder an.

Ich dachte, nun ist alles in Ordnung. Aber bei der nächsten Fahrt war dann doch klar, dass die Zylinderkopfdichtung diese Aktion nicht überstanden hatte. Der Motor war hin.

Das Auto war somit schrottreif, denn keiner reparierte zu diesem Zeitpunkt noch Trabanten. So schaute ich in Zeitungsinseraten dann nach einem billigen „Westwagen". Das nächste Auto besichtigte ich mit meinem Vater gemeinsam. Es war ein blauer VW „Polo Fox" aus zweiter Hand.

6. Kapitel
Neue Liebe neues Glück???

Im Januar 1988 war dann nach fast 10 Jahren Ehe endlich unsere Scheidung durch. Frank erhielt ein Besuchsrecht mit Marius an jedem 2. Wochenende.

Er holte ihn dann ab und brachte ihn auch pünktlich zurück. Was mir an der Sache nicht so sehr gefiel, dass er ihn mit Geschenken überhäufte, was ich nicht konnte.

Wie die meisten Menschen hatte er sich nach der Wende auch gleich einen „Westwagen", einen „VW Golf" gekauft. Das war natürlich was anderes als das Fahren mit Fahrrad oder Trabant, den ich zu dem Zeitpunkt damals noch hatte.

Zu Beginn zahlte er auch noch Alimente, was dann aber nach einem Vierteljahr nach der Scheidung nachließ.

Ich klagte dagegen, bekam auch Recht und erst mal finanziellen Zuschuss vom Jugendamt. Das ging aber nur bis zum 12. Lebensjahr von Marius. Danach konnte ich das wiederum einklagen, was aber keinen Erfolg ergab.

Wenn ich nicht die Unterstützung meiner Eltern gehabt hätte, wäre ich wohl unter der Brücke gelandet und Marius im Kinderheim.

Zudem war ich auch Opfer der Politik, die eine gewaltige Veränderung hervorbrachte.

Historischer Rückblick: Die Wende und der Untergang der DDR

Die wirtschaftliche Situation in der DDR wurde immer dramatischer. Ersatzteile in jeglicher Hinsicht wurden immer knapper, auch die Lebensmittelversorgung ließ immer mehr zu wünschen übrig. Wer Tomaten oder Gemüse haben wollte, musste stundenlang anstehen. Bei Südfrüchten war es noch drastischer. Bananen,

Ananas oder gar Apfelsinen gab es nur zur Weihnachtszeit. Die Mengen wurden auf die Personen begrenzt. Selbst Bettwäsche wurde knapp. Die Stasi verfolgte unschuldige Menschen, nachdem sie unbemerkt von Kollegen, Freunden oder selbst Familienmitgliedern bespitzelt wurden. Grund dafür war die Angst des Staates, dass Menschen, die eine gute fundierte Ausbildung in der DDR in allen möglichen Branchen genossen hatten, einfach gen Westen abhauten. Eine bessere Bezahlung und auch bessere Karrieremöglichkeiten lockten tausende Ärzte, Ingenieure, Menschen aus der Kulturbranche in den Westen. Ins kapitalistische Ausland zu reisen, war sowieso nur privilegierten Menschen gestattet. So nutzten aber auch viele Sportler, Künstler und Reisende ihre Auslandseinsätze zur Landesflucht und kamen nicht mehr zurück. Ein Dorn im Auge war der Regierung schon immer, dass Familien, die beim Mauerbau 1961 getrennt wurden, sich treffen wollten. Da war auch die Angst der Republikflucht bei der Regierung groß. Selbst bei Hochzeiten, Beerdigungen, Familienzuwächsen oder anderen Jubiläen und anderen Ereignissen wurde mit langwierigen Antragstellungen und Ablehnungen den Besuchen entgegengewirkt. Das brachte die Bevölkerung natürlich immer mehr in Rage, weshalb Demonstrationen immer mehr zunahmen. Knackpunkt war dann ein Konzert von Udo Lindenberg, das auf der Westberliner Seite hinter dem Brandenburger Tor stattfinden sollte. Viele Ostberliner Menschen, Jung und Alt, wollten auf der Ostseite mithören. Die Umgegend des Brandenburger Tores war absolutes Sperrgebiet und wurde von der Volkspolizei streng bewacht. Die Ostberliner Zuhörer wurden auseinandergetrieben und es gab viele Verletzte. Die Polizei griff hart durch. Zuvor hatte es in der Jugendbewegung hauptsächlich in Leipzig und Dresden, aber auch in anderen Bezirken der DDR sogenannte „Montagdemos" gegeben, auf denen friedlich gegen die Missstände und vor allem gegen das Reiseverbot in kapitalistische Länder demonstriert wurde. Diese Demos hatten immer mehr Zuwachs an Demonstranten. Die Polizei löste dann auch mit immer härteren Maßnahmen, wie Luftschüsse, Einsatz von Hundertschaften und Wasserwerfern die Versammlungen auf. Viele Verhaftungen fanden auch in anderen Teilen der Republik statt.

Im Vorfeld war auch in recht vielfältiger Weise einigen Menschen die Flucht in den Westen gelungen. Manche schwammen durch das Wasser, andere flogen in Ballons. Aber auch in Bussen oder LKWs, heimlich versteckt, gelang dem einen oder anderen das lebensgefährliche Unterfangen. Aber es fielen auch Menschen der Selbstschussanlage an den Grenzen zum Opfer. Die Grenzsoldaten drohten zwar zu schießen, wenn sie Flüchtlinge stellten, taten es aber zum Glück nicht.

Zu lange brodelte es schon in der Bevölkerung der DDR und es herrschte überall eine gefühlte Spannung.

In das sozialistische Ausland waren Reisen erlaubt. Aber die Menschen hatten sich bereits organisiert, sodass sie die Botschaften stürmten und erreichten, dass sie von Ungarn nach Österreich und von dort aus dann in die BRD kommen konnten.

Der Regierung entging diese Situation natürlich auch nicht. Haarscharf entgingen wir dem Dritten Weltkrieg. Auch die UdSSR, deren Regierungschef zu der Zeit Michael Gorbatschow war, mischte bei dieser Sache entscheidend mit.

In der DDR sollte am 7. Oktober der 40. Jahrestag der DDR gefeiert werden, bei deren Feier auch Repräsentanten aus der UdSSR anwesend sein sollten.

Die Anzahl der Demonstranten nahm immer mehr zu, was auch den sowjetischen Gästen nicht entging. Erich Honecker, seit 18 Jahren regierender Staats- und Parteichef, war immer noch der Meinung, dass das alles nur eine zeitweise Rebellion sei, deren man bald durch Gewalt Herr zu werden gedachte. Aber seine Mitglieder des Politbüros sahen die Sache schon etwas realer und verließen durch Rücktritte das „sinkende Schiff". Günter Mittag und Joachim Herrmann traten am 18.10.1989 zurück. Erich Honecker wurde kurze Zeit später abgesetzt. Seinen Job übernahm dann kurzfristig Egon Krenz. Dieser war in meiner Jungpionierzeit in der Schule mal zu einem Pionier-Nachmittag bei uns eingeladen worden. Ich habe noch ein Autogramm von ihm persönlich in mein Poesiealbum bekommen, worauf ich damals

ganz stolz war. Er appellierte noch am 27.10.89 an die Flüchtlinge, die über das sozialistische Ausland geflüchtet waren, zur
Rückkehr in die DDR. Täglich geschah etwas Neues.

Michael Gorbatschow riet dann Egon Krenz zum gesamten
Rücktritt der DDR-Regierung, bevor die Sache zum Krieg es-
kalieren würde. Die Sowjetunion wollte die Sache nicht durch
Krieg regeln. Am 2.11.89 verloren dann Harry Tisch, Hein-
rich Homann und Gerald Götting, alles hohe Parteivorsitzen-
de, ihre Ämter.

Am 3.11.89 kündigte Egon Krenz die Rücktritte der gesamten DDR-Regierungsgarde an. Ihre Mitglieder waren dann Günter Mittag, Erich Mielke und noch einige andere. Alle Männer
waren im Alter zwischen 73 und 81 Jahren. Legal wurden die
Grenzen zur Tschechoslowakei und Polen, die während des ganzen Tumultes zeitweise geschlossen wurden, wieder geöffnet.

Am 6.11.89 wurde ein Entwurf des Reisegesetzes für DDR-
Bürger veröffentlicht, welches aber noch allerlei Stolpersteine
und Bedingungen zur Erschwernis des Reisens enthielt. Dagegen wurde wieder enorm demonstriert. Auch Reformen wurden
gefordert. Korruptionen der Regierungsmitglieder traten zutage und sollten geprüft und bestraft werden. Der Ministerrat
unter der Leitung von Willi Stoph, welcher 22 Jahre den Vorsitz
innehatte, lehnte das Reisegesetz ab. Dann trat der gesamte Ministerrat geschlossen zurück. Hans Modrow wurde neuer Vorsitzender des Ministerrates.

Am Abend des 9.11.89 gab dann das Politbüromitglied Günter Schabowski die Öffnung aller Grenzen in das kapitalistische
Ausland und die Vereinigung von Ost- und Westberlin zu einem Berlin bekannt.

Der Jubel der DDR-Bürger kannte keine Grenzen. Überall wurden die Sperrungen geöffnet, die Mauer in Berlin wurde durchbrochen mit schwerer Technik. Auch an den anderen
Grenzen überschritten die DDR-Bürger an den Polizisten vorbei die Grenze zum Westen. Das alles geschah in der Nacht. Im
westlichen Bereich wurden die Menschen herzlich empfangen,
mit Geschenken überschüttet und lagen sich lachend und zu-

gleich weinend in den Armen. Teilweise kannten sich die Menschen gar nicht.

Korsos von Trabanten, Wartburgs, Skodas und Moskwitschs überfuhren, in langen Staus steckend, jubelnd und hupend die Grenzen.

Presse, Fernsehen und Rundfunk übertrugen die teils spektakulären Geschichten die ganze Nacht hindurch.

Die Berliner Mauer war für die DDR ein „antifaschistischer Schutzwall", in den Augen der Welt aber 28 Jahre lang ein Symbol für Unfreiheit und Unterdrückung.

Die Familien fanden wieder zusammen und jeder DDR-Bürger konnte nun reisen, wohin er wollte.

Später wurde dann der 3.10. jährlich als der Tag der „Deutschen Einheit" gefeiert. Für die DDR war es das Todesurteil, den Staat gab es seitdem nicht mehr. Wir wurden dann alle Bundesbürger, was auch im neu erworbenen Personalausweis vermerkt wurde.

Im Juni 1990 wurde dann eine Währungsreform durchgeführt, die DDR-Mark wurde abgeschafft und es gab dann nur noch die harte Währung, die D-Mark (DM).

Kurz nach der Vereinigung erhielt jeder DDR Bürger das sogenannte „Begrüßungsgeld" von 100,– DM. Damit konnte man dann in den „Westen" fahren und einkaufen, was das Herz begehrte und solange das Geld reichte. Um die Städte verkehrsmäßig nicht zu überlasten, wurden Shuttlebusse an der ehemaligen Grenze eingesetzt, die die DDR-Bürger dann in die Städte fuhren. Keiner wollte auch die stinkenden Auspuffgase der Trabanten in den Städten haben. Die Busfahrten waren für die DDR-Bürger kostenlos.

Jeder merkte dann aber auch in den überfüllten Fahrzeugen, wer „Ossi" und wer „Wessi" war. Trotzdem wir alle Deutsche waren, hatten wir doch generationenübergreifend eine völlig unterschiedliche Entwicklung genommen. Und das war auch am Verhalten der Menschen festzustellen, ohne dass sie sich zu erkennen gaben. Diese Titel etablierten sich dann auch seit der Zusammenführung beider deutscher Staaten für die weitere Zukunft. Sie waren dann aber nicht abfällig gemeint. Im Laufe der

Entwicklung dieser Tage und Wochen wurden dann erst mal alle volkseigenen Betriebe und Einrichtungen abgeschafft. Das finanzielle Vermögen war durch die Währungsreform halbiert worden. Viele SED-Gelder waren spurlos verschwunden. (Sind auch bis heute noch nicht wieder aufgetaucht.) Einige der ehemaligen SED-Genossen verschwanden ins Ausland, Honecker zog später, nachdem er in der UdSSR Asyl bekommen hatte, mit seiner Familie nach Chile, wo er dann in den späten 90er-Jahren an Krebs verstarb. Die noch vorhandenen Gelder wurden von sogenannten Treuhandgesellschaften übernommen. Das waren dann auch teilweise inkompetente Menschen, die vieles in die eigenen Taschen wirtschafteten und Betriebe ausbluten ließen, bzw. ganze Großbetriebe für 1,- DM verkauften. Die Betriebe waren auch zum Teil sehr marode und für die Marktwirtschaft im Westen nicht konkurrenzfähig. Eine Riesenwelle der Arbeitslosigkeit kam auf den Osten zu. Aber die Standorte der Betriebe wuchsen enorm in ihrem Wert. So wurden sie billig von den Westinvestoren aufgekauft, ausgebaut und entweder sehr gewinnbringend selber bewirtschaftet oder teuer weiterverkauft. So stiegen die Gewinne in Millionenhöhen.

Auch sämtliche Landschaften wurden neu eingeteilt, so entstanden dann 13 Bundesländer und 3 Stadtstaaten, Hamburg, Bremen und Berlin, was dann später auch, anstatt von ehemals Bonn, die Hauptstadt der BRD wurde.

Die Führungen dieser Länder wurden dann auch erst mal von bundesdeutschen Ministern bekleidet.

In den Betrieben regierten auch nach dem Prinzip der Marktwirtschaft hauptsächlich Wessis.

Uns Ossis tat sich dann die Meinung auf, dass die Wessis arrogant seien, uns nichts zutrauen würden und alles besser wüssten. So toll es mit der Vereinigung der beiden deutschen Staaten auch für einige Menschen gewesen sein mochte, es musste dann ein hoher Preis dafür gezahlt werden, was diese Menschen wohl nicht so geahnt hatten.

Arbeitslosigkeit, hohe Wohnungsmieten, Ausverkauf der Wirtschaft und sogar Obdachlosigkeit, verbunden mit erhöhter

Kriminalität waren die Kehrseite der Deutschen Einheit, die die Verlierer heftig traf. Sogar viele Berufsabschlüsse wurden nach der Wende gar nicht mehr anerkannt und man fing dann irgendwo als Hilfsarbeiter an, obwohl man in seinem Beruf einen guten Abschluss hatte. Dafür sollte man dann die Prüfungen nach bundesdeutschem Recht wiederholen. Teilweise bekam man dann seine Qualifikationen sogar aberkannt.

Aber es gab auch noch gute Seiten. Fassaden und Häuser wurden renoviert, der Straßenbau boomte und die Städte und Landschaften verloren ihr tristes graues Aussehen und erstrahlten hell in neuen bunten Farben. Wohnungsgesellschaften gründeten sich und brachten die Wohnungen und Blöcke auf Vordermann.

Allerdings brachten die Firmen ihre eigenen Arbeiter mit und die Arbeitslosigkeit nahm zu. Das förderte den Zusammenhalt dann natürlich auch nicht. Diese Spaltung sollte später noch über 30 Jahre anhalten, was die Forscher auch nicht erwartet hatten. Die nahmen an, dass die Menschen in Ost und West innerhalb einen Jahres zu einer Einheit zusammengefunden hätten, was aber nicht geschah. Aber so mit der Zeit gewöhnte man sich an die neuen Zustände und versuchte dann auch, eigenen Nutzen daraus zu ziehen und das Beste daraus zu machen.

Die Wende in meinem Leben

Wirtschaftlich kam ein großes Desaster. Im Meisterlehrgang immer auf den „Klassenkampf" und den „kalten Krieg" hingewiesen und dass der „Sozialismus" siegen werde usw., hatte ich erst mal große Angst und Panik vor der Zukunft. Nach der Scheidung arbeitete ich in der LPG nicht mehr in Schichten als Schichtleiter, sondern war im Büro als Zwischenglied zwischen Dokumentation und Kennzeichnung der Tiere und den ausführenden Aufgaben in den verschiedenen Ställen der LPG eingesetzt.

Ich musste Trockensteher, Schlachtkühe und Verkaufskälber bestimmen, war im Ein- und Verkauf der Tiere zugegen, musste

Ohrmarken überprüfen und Futterpläne erstellen. Zum selben Zeitpunkt war eine Forschungsgruppe von Tierärzten, Laborantinnen und Helfern aus dem Forschungsinstitut Dummerstorf in unserer LPG zugegen und forschte auf dem Gebiet des „Embryotransfer" bei den Kühen. Da war auch viel Dokumentationsarbeit zu erledigen. Wir hantierten bis dato ja noch mit Karteikarten für jedes Tier herum. Es ging aber in das Zeitalter der Digitalisierung. Ich erlernte den Umgang mit Computern. Zuerst waren nur Eingaben von Daten durch mich erforderlich. Aber so nach und nach kamen dann auch noch andere Nutzungsmöglichkeiten der Computer hinzu, welche ich auch mit Marius` Hilfe erlernte. Er hatte bereits EDV in der Schule als Fach und konnte mir dann auch viel beibringen.

Interessant bei diesen Versuchen war dann nach 9 Monaten die Austragung der Zwillinge, wo jedes Kalb eigene Eltern hatte, sie aber von einer Kuh ausgetragen wurden. Das war für die Kühe nicht immer leicht. Um die Zwillingspärchen den Eltern zuordnen zu können, wurden für die eingepflanzten Embryonen Fleischrinderrassen genommen, sogenannte „Weißköpfe". Bei den schwarzbunten Rinderrassen gab es keine „Weißköpfe".

Das Problem bestand dann darin, dass es immer öfter zu Schwergeburten und auch Todesfällen kam, da die Fleischrinder ein deutlich höheres Geburtsgewicht hatten und auch größer als der eigene Zwilling der austragenden Kuh waren.

Bei Färsen wurden diese Versuche dann nicht mehr durchgeführt, weil es schon an Tierquälerei grenzte, wenn der Tierarzt immer häufiger die toten Kälber im Mutterleib zersägen musste und die Kuh danach nicht mehr zum Züchten geeignet war.

Auch bei Kühen, die von Natur aus schon eigene Zwillinge auf normalem Weg zur Welt gebracht hatten, konnte man diese Versuche nicht mehr durchführen, weil von den erzeugten Drillingen oder sogar Vierlingen dann alle starben im frühen Entwicklungsstadium.

Immer öfter hatten wir Versammlungen, in denen wir mit der kapitalistischen Wirtschaft vertraut gemacht wurden. Da hagelten dann Begriffe, wie „Marktwirtschaft", „Mehrwertsteuer", „Angebot und Nachfrage", „Gewinn", „Profit" auf uns herab. Auch Aussichten auf Mieterhöhungen, Entlassungen und Arbeitslosigkeit verstärkten meine Angst vor der Zukunft. Und dann war es auch so weit. So viele Mitarbeiter in der LPG wurden nicht mehr gebraucht. Auch wurde die LPG erheblich verkleinert. Waren wir zu DDR-Zeiten um die 300 Mitglieder, schrumpfte die Anzahl auf 20 Mitarbeiter. Die Arbeitskraft war ein teurer Wirtschaftspunkt. Die Arbeit wurde für die paar Arbeiter deutlich mehr, obwohl die Anzahl der Rinder auch rigoros minimiert wurde. Die Milch der Kühe der LPG wurde hauptsächlich in der Molkerei zu Tierfutter verarbeitet, da sie qualitativ nicht sehr hochwertig war.

Milchproduktion lohnte sich also gar nicht mehr. So wurden alle Milchkühe, egal, in welcher Milchphase sie gerade waren, abgeschlachtet. Die Anlage sollte umgestaltet werden zur Fleischproduktionsanlage, die wesentlich mehr Gewinn versprechen sollte.

Dazu sollte dann mit den ersten Hybridkühen (Fleischrind x Schwarzbuntes Rind) eine Mutterkuhherde aufgebaut werden. Nebenbei sollte ein Stall auch eine Bullenmast beinhalten. Besonders aggressive Jungbullen sollten schnellstens kastriert werden wegen ihrer Gefährlichkeit auch den Menschen gegenüber. Wir probten die Laufstallhaltung mit Jungbullen. Da sie das nun gar nicht kannten und ihr Sexualtrieb enorm war, dass sie sich gegenseitig zu decken versuchten, fanden wir am nächsten Tag die ersten toten Bullen, die sich nicht wehren konnten und unter 3-4 deckwütigen größeren Artgenossen zu Tode getrampelt wurden. Dann wurden im Frühjahr 100 einjährige Bullen gekauft. Sie wurden gleich auf eine große Koppel gebracht, die schon gut mit Gras bewachsen war. Täglich wurden sie kontrolliert auf ihren Gesundheitszustand und ob sie genug Futter und Wasser hatten.

Aber im Hochsommer nahmen die Bullen merklich an Gewicht ab. Bei den Kontrollen liefen sie uns bald um, wo sie doch vorher so scheu waren. Es stellte sich heraus, dass die Tiere halb- bzw. voll blind waren. Kriebelmücken sind eine sehr angriffslustige Mückenart. Diese hatten sich in den Augen der Tiere eingenistet und ihre Larven fraßen die Augen von innen her auf. Nun fanden die Tiere auf der großen Koppel die Wasserstellen nicht mehr. Uns blieb nichts anderes übrig, als die Tiere einzustallen und diejenigen, die völlig blind und abgemagert waren, notzuschlachten.

Das war erst mal eine sehr schwierige Angelegenheit, denn die Tiere hatten sonst mit Menschen wenig Kontakt gehabt und waren dementsprechend scheu.

Im Stall war es dann auch nicht besser. Die Bullen kannten keine Selbsttränken und hatten große Angst, wenn das Wasser in den Tränken rauschte. Auch wussten sie zu Beginn die Tränken gar nicht zu bedienen. So musste ich helfen. Mit einem langen Stock bewaffnet, drückte ich die Deckel der Tränken herunter, damit das Wasser in die Schalen fließen konnte. Nun hatten immer 2 Bullen eine Tränke. Beide wollten dann zugleich trinken, denn sie hatten gewaltigen Durst. Da konnte man nicht mit den Händen zwischen, denn die Bullen hatten schon recht ausgeprägte Hörner, die sie dann auch gegeneinander einsetzten. Aber nach einer Woche hatten alle Bullen gelernt, die Tränken zu bedienen. Sie nahmen auch an Gewicht zu und ein großer Teil der Tiere konnte vor dem Tod gerettet werden. Später wurde dann in der Tschechei ein Impfstoff gegen diese Mücken erfunden. Alle Weidetiere wurden dann im Frühjahr vorsorglich geimpft, damit so etwas nicht wieder passieren konnte.

Aber auch bei den ersten geborenen Kälbern gab es Probleme. Die Hybridmütter hatten gar keinen Mutterinstinkt mehr und griffen ihre eigenen Kälber nach der Geburt mit den Hörnern an. Wir hatten mit Stroh ausgelegte große Boxen für jede kalbende Kuh gebaut und erwarteten, dass sie dann ihr Kalb ablecken, mütterlich betreuen und saugen lassen würde. Bei manchen klappte das auch, aber häufig mussten wir eingreifen, um das Leben des Kalbes vor der eigenen Mutter zu retten. Diese Mütter waren dann für die Mutterkuhhaltung auch nicht mehr zu gebrauchen, gingen in die Mast und danach auch ganz jung zur Schlachtung.

Als die Mutterkuhherden dann aufgestallt wurden, verbrachten sie ein Dreivierteljahr auf der Weide. Sie bekamen auch ihre

Kälber auf der Weide. Da die Kühe nun schon Hybriden in erster Generation waren, hatten sie einen größeren Körperbau und hatten mit den Geburten ihrer Kälber keine Schwierigkeiten mehr. Im Herbst wurden sie dann in den Stall getrieben. Die männlichen Kälber sollten in die Mast und die weiblichen zur weiteren Zucht genutzt werden. Sie mussten getrennt und sortiert werden nach Geschlechtern. Das war sehr schwierig, da sie sich gar nicht anfassen ließen und zum Teil auch recht aggressiv wurden. Die Aktion dauerte den ganzen Tag. Wir hatten ca. 1,50 Meter hohe Gitter zur Abtrennung aufgestellt. Zum Ende hin übersprangen 1 Kuhkalb und 2 Bullenkälber aus dem Stand diese Höhe und flüchteten, noch ein paar niedrigere Abgrenzungen überspringend, auf die Koppel. Alle 3 Tiere ließen sich bis zum Winter nicht einfangen, da sie bereits flüchteten, wenn sie den Menschen aus 150 Meter Entfernung sahen.

Als es auf den Weiden dann kein Futter mehr gab, kamen sie des Nachts ins Dorf und fraßen von den Futtersilos. Bei einer Familie schauten sie dann des Nachts bei Vollmond mal durch das Schlafzimmerfenster. Die Frau bekam fast einen Herzinfarkt vor Schreck und musste ärztlich behandelt werden. Auch in der nächsten Kleinstadt wurden sie gesichtet. Sie waren mit fast einem Jahr ziemlich ausgewachsen und hatten eine beachtliche Größe. Da sie nun total verwildert waren und dementsprechend auch gefährlich, wurden sie für die Jäger zum Abschuss freigegeben. Das geschah dann auch.

Alle 3 Tiere wurden erschossen, als sie des Nachts wieder bei den Silos waren.

Es tat einem in der Seele weh, was wir mit den Tieren veranstalteten.

Aber auch mit uns wurde nicht anders verfahren. Die ersten Entlassungen standen an.

Büropersonal, wie auch mich, und die Frauen, die nur Normalschicht und nicht vielseitig einsetzbar waren, traf es als Erstes.

Nun hatten die Verantwortlichen sich aber eine Auffangmöglichkeit einfallen lassen. ABM (Arbeitsbeschaffungsmaßnahmen) war das Zauberwort.

Das beinhaltete die Einteilung in Gruppen zu 10 Personen, Männer und Frauen gemischt. Zu erledigen waren Arbeiten zur Dorfverschönerung und allerlei anderer liegen gebliebener Arbeiten in der Landschaft.

Es wurden Vorarbeiter für diese Gruppen bestimmt, deren Anweisungen wir zu folgen hatten mit der Drohung, ansonsten keine finanziellen Unterstützungen mehr zu bekommen oder die sofortige Kündigung zu riskieren. Sämtliche Kollegen, die eine führende Tätigkeit in der LPG zu DDR-Zeiten innehatten, durften nicht als Vorarbeiter eingesetzt werden.

Meiner Gruppe wurde eine etwa 50-jährige resolute Frau aus einer Wäscherei zugeteilt. Diese gab dann auch gleich die Richtung vor. Von Landwirtschaft hatte sie überhaupt keine Ahnung. Einige Beispiele dazu:

Wir hatten im Dorfpark von den Wegen das restliche Laub entfernt. Das war ja noch einigermaßen sinnvoll, aber der Wind machte unsere Arbeiten sowieso bald wieder zunichte. Als wir dann aber zu früh mit der Arbeit fertig waren, kam sie zur Kontrolle, dass wir auch unsere Arbeitszeit bis zum Ende ausnutzten und nicht herumstanden, vorbei. Erst mal bekamen wir deswegen sofort eine Abmahnung. Dann meinte sie, wir hätten in Formation auf den Knien über den Rasen des Fußballfeldes kriechen und dem Löwenzahn die Köpfe abreißen können, damit er künftig in Form von Pusteblumen keine Samen mehr verteilen könne. Uns blieb der Mund offen stehen über so einen Blödsinn.

Als Nächstes bauten wir einen Kinderspielplatz, auch sehr sinnvoll, wenn es kaum noch Kinder in der Gegend gab. Aber beim Mähen der Gräben mit der Sense kam dann der Supergau. Sensen bekamen wir gestellt. Sensenstreicher zum Schärfen der Sensenblätter nicht. Wir hackten dann mehr das Gras ab, welches sich danach wieder aufstellte. Als wir dann nach einem Sensenstreicher fragten, mussten wir erst mal die Funktion erklären. Sie versprach, für 3 mähende Gruppen alle 3 Wochen mal einen vorbeizubringen.

Unsere männlichen Kollegen waren alles erfahrene Mäher und konnten mit einer guten Sense einen englischen Rasen herstellen. Die waren über so viel Blödsinn total von der Rolle und brachten dann ihre eigenen Sensen mit, da das „Abhacken" auch ganz schön auf die Muskeln ging.

Wir hatten zur Abgrenzung eines schmalen Weges zur Straße einen Grenzzaun aus Holz gebaut. Dieser sollte gestrichen werden, damit er wettertauglich ist. So weit, so gut. Mit 5 Frauen schlugen wir mit Zaunstreichen die Arbeitszeit tot. Dann gab es bald keine Arbeit in dem Revier mehr. So strichen wir dann letztendlich 7 Mal denselben Zaun.

Im Sommer war es lange Zeit sehr heiß, dass die Wasserversorgung in den Dörfern in Not geriet. Es wurden Maßnahmen angeordnet, denen auch wir uns zu unterziehen hatten. Autowaschen, Blumen- und Pflanzengießen wurde verboten. Wäsche durfte nur noch begrenzt gewaschen werden privat.

Alle Wasserreserven wurden zur Versorgung der Menschen und Tiere gebraucht.

Zu diesem Zeitpunkt fiel der ABM-Leitung ein, Feldbegrenzungen zu pflanzen.Es wurden Sträucher und junge Eichen gekauft (Stück 250,– DM).

Mit Pickhacke und Spaten mussten wir dann in die total harten und ausgetrockneten Böden Löcher für die Bäume und Sträucher graben. Gießen durften wir die Pflanzen und Bäume nicht wegen des Wassermangels. Was da wohl anwachsen sollte?

4 Wochen später kam eine Regenzeit. Viele der von uns gepflanzten Bäume und Sträucher waren schon vertrocknet und eingegangen.

Dann kam der Auftrag, die Pflanzen und Sträucher zu gießen (bei Starkregen).

Ein Traktor mit einem Wasserwagen fuhr vor uns her, wir entnahmen Wasser und gossen dann. Oft musste das Gespann aber mit noch einem zusätzlichen Traktor gezogen werden, weil es in den Furchen und bei dem Matsch kein eigenes Fortkommen mehr gab. Der Ackerboden sah danach entsprechend aus.

Trotz dieser ganzen Idioten-Arbeit gab es das Ganze aber relativ gut bezahlt. Wir hatten aber immer die Möglichkeit, uns selbst nach Arbeit umzusehen und dann von heute auf morgen ohne Kündigungszeit anzufangen. Was viele dann auch wahrnahmen. So nach und nach gab es dann auch bald keine Arbeiten für ABM mehr und das ganze Projekt wurde pro Person auf 1 Jahr begrenzt. Hatte man das Jahr um, ging man in die Arbeitslosigkeit. Später schlief dann auch das Projekt „ABM" wieder ein und die gesamte, manchmal sogar sinnvolle Arbeit, war auch dem Verfall preisgegeben.

Während dieser ganzen Zeit hatte ich natürlich immer noch wahnsinnige Zukunftsängste. Auch war die Vorstellung, alleine ohne Mann alt werden zu müssen, eine weitere Horrorvorstellung. Meine Eltern waren weit ab von uns, meine Mutter hatte selbst mit der Wende und der Arbeitslosigkeit zu tun und verfiel in eine tiefe Depression. Sie war immer ein „Arbeitstier" gewesen und kam sich nun so verraten vor.

Mein Vater wurde auf der Werft noch etwas länger beschäftigt.

Ich gab bei der Zeitung eine Annonce auf, dass ich einen Mann kennenlernen wollte.

Nach ca. 2 Wochen bekam ich einen ganzen Packen Antwortbriefe.

Ich las sie alle durch und sortierte sie. Einem jungen Mann schlug ich dann vor, dass wir uns in einem Café treffen wollten zum ersten Beschnuppern. Er kam auch, aber mit seinem Vater. Ich kam mir wie auf einer Fleischbeschau vor.

Mit dem Sohn kam ich gar nicht ins Gespräch. Der Vater bemutterte ihn wie einen Säugling. Das war mir natürlich total zuwider. Der konnte wohl noch nicht mal einen Nagel in die Wand hauen und war ohne Vati total hilflos.

Schnell beendete ich das Treffen. Der Vater fand das nicht so toll und schrieb mir noch viele Drohbriefe wegen Diskriminierung usw., die ich alle unbeantwortet ließ. Dann schlief Gott sei Dank auch das ein.

Inzwischen hatte ich auf einen weiteren Brief, der mich ansprach, geantwortet.

Auch mit dem Mann, der dann tatsächlich später auch mein 2. Ehemann werden sollte, traf ich mich auf neutralem Boden. Er war dunkelhaarig, sehr schlank, etwas größer als ich und hatte eine bewegende Vergangenheit. Als ich ihn auf die ganzen (erst mal sichtbaren) Tätowierungen ansprach, gestand er mir, was für eine schwere Kindheit er mit dem Alkohol zugewandten und gewalttätigen Stiefvater und seinen 3 Voll- und 4 Halbgeschwistern hatte. Seine Mutter war total überfordert mit den 7 Kindern und dem gewalttätigen Mann.

Da kam es mit seinem Bruder auch zu kriminellen Delikten, wie Auto- undLadendiebstählen, die einen 3-jährigen Gefängnisaufenthalt zur Folge hatten. Da war ich erst mal geschockt. Er kam mir eigentlich eher schüchtern vor. Er sagte mir dann auch, dass er im Vollzug seine 8. Klasse nachgeholt und einen Facharbeiter als „Steinsetzer" gemacht hätte.

Das fand ich wiederum toll. Nach etwas Bedenkzeit, die er mir auch gewährte, fand ich dann, dass man ihm eine 2. Chance geben sollte. An Hochzeit dachte ich da natürlich noch nicht.

Wir trafen uns noch eine ganze Weile auf neutralem Boden, bis ich ihn dann meinem Sohn und meinen Tieren vorstellte. Auf die Zusammenkunft mit den Tieren war ich sehr gespannt, vertraute ich sehr dem Gespür meines Hundes Amigo.

Wir verstanden uns immer besser. Ich fragte, ob er in der LPG als ungelernter Mitarbeiter anfangen könne. Es war die Zeit während der Wende. Da wurden in den LPGs auch Arbeitskräfte gesucht. So hatten wir Glück.

Er wurde dann in einem Außenstall bei Färsen als Tierpfleger eingesetzt. Er konnte sehr gut mit den Tieren umgehen, und der Vorsitzende war mit seiner Arbeit sehr zufrieden. Er war auch pünktlich, zuverlässig und auch Marius ein guter Ersatzpapa.

Marius fragte sogar von sich aus, ob er zu ihm „Papa" sagen darf. Das machte uns beide ganz stolz. Schnell machte er dann auch die Fahrerlaubnis. Ich half ihm bei den theoretischen Fragen, und er bestand auch die Prüfungen auf Anhieb.

Unser Familienleben schien perfekt. Wir unternahmen viel und waren glücklich.

Im Oktober 1989 ließen wir uns dann zusammenschreiben. Meine Familie war von ihm nicht so gut angetan aufgrund seiner Vergangenheit. Aber sie ließen sich das nie anmerken. Ich spürte es aber immer bei unseren Familientreffen.

An einem Wochenende unternahmen wir eine Dampferfahrt nach „Swinemünde". Es war ein polnischer Dampfer. Da mein Mann Marius nicht adoptiert hatte, hatten Marius und ich verschiedene Nachnamen. Auf dem Schiff mussten wir unsere Dokumente vorzeigen. Auf der Hinfahrt verlief alles reibungslos und wir wurden durchgewunken. Marius stand in meinem kürzlich neu erworbenen Personalausweis nicht mehr mit drin. Auf der Rückfahrt aber wurden die polnischen Polizisten darauf aufmerksam, dass mein Sohn nirgends erfasst war dokumentarisch. Sie ließen meinen Mann passieren und holten Marius und mich raus aus der Schlange. Marius bekam schon Ängste, dass er nun in Polen bleiben müsse, weil ich nicht bezeugen konnte, dass er mein Sohn ist. Aber ich beruhigte ihn. Gott sei Dank hatte ich zur Vorsicht noch meinen alten, aber ungültigen Reisepass eingesteckt, in dem Marius auch noch erwähnt war. Alles klärte sich auf und wir konnten per Schiff wieder heimreisen. Eine Umbenennung zu meinem alten Namen nach der 2. Scheidung hätte zu dem Zeitpunkt 200,– DM gekostet, die ich zu dem Zeitpunkt nicht aufbringen konnte.

Seine Familie stellte mein Mann mir dann auch nach geraumer Zeit vor. Sein Stiefvater stieß mich gleich emotional ab. Er hatte die Mutter meines Mannes total unter der Fuchtel und war schon mittags sehr stark alkoholisiert. Da mein Mann fuhr, lehnte er das Alkoholangebot strikt ab. Das fand der Stiefvater schon nicht gut und fragte, ob er bei mir unter dem Pantoffel stünde. Mein Mann trank vielleicht in der Woche 1 Bier und mit mir zusammen im Monat mal 1 Glas Wein. Sonst hatte er keinen Hang zum Alkohol. Das war ein ganz starker Pluspunkt für ihn. Wir beendeten das Treffen dann auch ganz schnell. Ich fühlte mich total unwohl. Ich kam nicht mal zu einem Gespräch mit seiner Mutter. Sie wurde immer gleich wieder von ihrem dominanten Mann in die Küche geschickt, als sie sich einen Moment zu uns setzen wollte. Sie tat mir total leid.

Mein 2. Mann war ein ambitionierter Freizeitangler. Ich wollte nun auch sehen, wie sich der Umgang zwischen ihm und Marius gestalten würde. In der Nähe unseres Wohnortes gab es ein Gewässer, was sich der „Lange See" nannte. Er war zum Baden für jeden, der schwimmen konnte, aber auch zum Angeln geeignet. Wir verabredeten uns an einem freien Samstag und fuhren alle 3 zu diesem See. Ich hatte mir ein Buch zum Lesen mitgebracht. Marius und mein Lebensgefährte bereiteten alles zum Angeln vor. Baden wollten wir nicht. Bei meinem Lebensgefährten biss dann auch bald ein Fisch an. Bei Marius dauerte es etwas länger. Aber auch da tat sich nach geraumer Zeit etwas. Allerdings war das ein sehr kleiner Fisch. Trotzdem war Marius stolz, dass er überhaupt was gefangen hatte. Der Fisch wurde aus mehreren Perspektiven fotografiert. Später erzählte er dann meinen Eltern, er hätte 3 Fische gefangen. Ich löste die Situation auf. Alles lachte dann herzlich darüber.

Marius war jetzt 10 Jahre alt. Wir beschlossen, uns Nachwuchs anzuschaffen. Ich wurde auch bald darauf schwanger. Ich bekam eines Tages wieder die bekannten Bauchschmerzen während der Arbeit. Wir waren beim Zäunestreichen.

Als ich dann in die Klinik gebracht wurde, wollten die Ärzte mir den Blinddarm entfernen. Aber die Schmerzen strahlten nach links aus und der Blinddarm ist bekanntlich rechts. Auch fehlten weitere Symptome wie Übelkeit, Durchfall und Fieber. Ich feilschte mit den Ärzten, dass sie auf Schwangerschaft untersuchen sollten. Ich wähnte mich im 3. Monat.

Erst als ich auf der Toilette einen Blutsturz erlitt und mein Kind in der Toilette verlor, brach ich zusammen und die Ärzte glaubten mir. Schnell wurde ich auf die Gynäkologie verlegt. Eine ausländische Ärztin untersuchte mich dann genauer. Sie stellte eine Eileiterschwangerschaft im 3. Monat fest. Der Eileiter war geplatzt und musste operativ entfernt werden. Ich war schon im 3. Monat schwanger gewesen und der Embryo war bereits 3 cm im Durchmesser entwickelt. Nur hatte er sich nicht in der Gebärmutter eingenistet. Dadurch war es dann zu der Bauchhöh-

lenschwangerschaft gekommen. Sofort wurde eine Not-OP eingeleitet. Dazu wurde die bereits bestehende Kaiserschnittnarbe
wieder geöffnet und der Eileiter entnommen. Meinen Blinddarm habe ich heute noch.

Nach ca. einer Woche Klinikaufenthalt wurde ich dann entlassen.

Mein Mann hatte sich derweil rührend um meinen Sohn ge-
kümmert, wofür ich ihm sehr dankbar war.

7. Kapitel
Zweites Eheende in meinem Leben

Aber als dann die Wende mit dem Stellenabbau auch den Arbeitsplatz meines Mannes wegen Reduzierung der Tierbestände betraf, änderte sich alles.

Er nahm wieder Kontakt mit seinem kriminellen Bruder auf, was ich überhaupt nicht begrüßte.

Mit anderen, nun auch arbeitslosen Kollegen, pflegte er einen zunehmend schlechten Umgang, wo dann auch der Alkoholkonsum und die Unzuverlässigkeit Fahrt aufnahmen.

Vertrauen, Liebe und harmonisches Familienleben litten darunter zusehends.

Aber es gab auch schöne Momente in unserer 3-jährigen Ehe.

Noch bevor ich meinen Mann persönlich kennenlernte und ich noch in derBriefbeantwortungsphase war, meldete ich mich beim Tierschutz an zur Betreuung und Ausbildung von Hunden.

Ein Schäferhund namens „Fritz" sollte als Wachhund ausgebildet werden für einen Autopark. Das Ehepaar brachte mir den Hund nach Hause. Die Schweinehaltung hatte ich aus Zeitgründen abgeschafft. In der Box wurde der Hund dann erst mal untergebracht. Als ich ihn dann beim ersten Mal anleinen wollte, biss er mich in die Hand. Das setzte gleich die erste Tracht Prügel. Danach nahm er mich ernst und wir verstanden uns sehr gut für die weitere Zeit.

Er lernte erst mal Grundgehorsam, Leinen-Führigkeit und „Bleiben".

Als er dann die Freifolge auch beherrschte, nahm ich ihn auch mit zum Hundeplatz. Als Schutz- oder Fährtenhund sollte er nicht ausgebildet werden, aber zur Bewachung brauchte ich da die Hilfe der anderen Vereinsmitglieder.

Nach 5 Wochen Training holte ich dann die Besitzer dazu. Ich zeigte ihnen, worauf es ankommt und wie sie mit ihm umgehen sollten. So einen DSH kann man nicht wie einen Schoßhund behandeln. Nach mehreren Übungseinheiten mit den Besitzern war die Ausbildung dann für mich beendet und sie nahmen ihn wieder mit nach Hause.

8 Wochen später bekam ich einen Brief über die gut gelungene Ausbildung und das Resultat. Aber ein Problem hatten die Besitzer mit ihm, dass er auf die zu bewachenden Autos den Freigänger Katzen hinterherstieg. Da der Lack der Autos dann beschädigt wurde durch die Krallen von Hund und Katze, fand die Familie das nicht mehr so toll und sie baten mich um Hilfe. Ich riet ihnen dann, den Hund an einer Laufleine zu halten und die Autos außerhalb der Leine und des Hundes abzustellen. Das schien dann wohl zu funktionieren, denn ich hörte danach nichts mehr von ihnen.

Dann hatte ich im Hochsommer noch von einer Familie eine 14-jährige Labradorhündin und einen 1-jährigen Pekinesenrüden in Urlaubsbetreuung für 2 Wochen.

Auch die wurden in den Schweinebuchten gehalten. Amigo hielt sowieso nichts von fremden Hunden in seinem Revier und hätte die Anwesenheit nicht so ohne Weiteres geduldet. Also durfte ich es nie zu einem Treffen der Hunde kommen lassen.

Als mein Mann und ich eines Tages mit den Gasthunden einen Spaziergang planten und sie anleinen wollten, war unglücklicherweise die Stalltür offen. Sofort nutzte der Pekinese die Situation, zwischen meinen Beinen hindurchzuhuschen und den Ausflug allein zu machen.

Er war auch ganz schnell weg.

Die Besitzer hatten uns aber versichert, dass der Pekinese sehr an der Hündin hing. So dachten wir, dass er dann auch bald alleine wieder auftauchen würde.

Wir ließen die Stalltür auf und verbrachten den weiteren Tagesablauf, ohne uns Sorgen zu machen.

Aber als der Pekinese dann über 4 Stunden fernblieb, machten wir uns doch schon Sorgen, zumal wir uns nicht erklären konnten, wo er sein könnte.

So schickte ich Amigo in die Spur, um ihn zu suchen. Viel versprach ich mir davon nicht, da Amigo noch nie Lebewesen gesucht hatte und nur auf Gegenstände trainiert war.

An der langen Schleppleine sauste er dann auch los mit mir die Straße entlang in den am Dorfausgang grenzenden Wald. Ich war nur in Kittelschürze und Pantoletten unterwegs.

Wir sausten mehrmals um Bäume durch Dornengestrüpp, wo der Pekinese dann wohl auch überall entlanggelaufen war. Dann sah ich ihn unter einem Busch liegen. Erwartungsvoll schaute er mich an. Meine nackten Beine waren von den Dornen total zerkratzt, bluteten teilweise und schmerzten sehr.

Nun musste ich verhindern, dass Amigo ihn zu fassen bekam, der hätte ihn gleich als Belohnung vertilgt.

Zum Glück kam mein Mann mit dem Auto und meinem Sohn gerade in meineGegend, um mich und Amigo zu suchen. Ich drückte ihm Amigo an kurzer Leine in die Hand und fing dann den Gott sei Dank total erschöpften Pekinesen ein.

Den luden wir ins Auto ein, Marius hielt ihn fest, und ich ging dann zu Fuß mit Amigo Richtung Heimat.

Nachdem ich Amigo gelobt und wieder in seinen Zwinger gebracht hatte, untersuchte ich den Pekinesen auf Verletzungen, die er zum Glück nicht hatte.

Am nächsten Tag kamen die Besitzer, um ihre Tiere wieder abzuholen. Ich berichtete von dem Vorfall am Vortag. Die lachten bloß und sagten, dass er das öfter mache, aber immer wieder zu seiner geliebten Hündin zurückkehre. Manchmal dauere das auch etwas länger. Ich war fassungslos. Die Besitzer schenkten mir als Dankeschön einen jungen „Bonsai". Mit den Jahren wuchs er bis zur Decke, sodass dann meine Wohnungen für den Baum zu klein wurden und ich ihn entsorgen musste. Aber so an die 10 Jahre war er in meiner Obhut. Er überlebte auch die noch folgenden Umzüge immer sehr gut.

Charlie, ein Freund fürs Leben

Mein Mann war auch einverstanden mit dem Vorhaben, dass wir uns ein eigenes Pferd anschaffen wollten. Gerade während meiner ABM-Zeit war ich häufig deprimiert und die Pferde der LPG waren im Zuge der Wende auch abgeschafft worden, alle. Unser Reitverein wurde aufgelöst.

Da mein Mann von Beruf Steinsetzer war, bauten wir mit seinen baulichenFähigkeiten und Kenntnissen die Schweinebuchten zu einem Pferdestall um.

Er pflasterte dann auch noch die Garageneinfahrt, die in regnerischen Zeiten recht glatt und rutschig war.

Beim Hundesport waren wir mit der ganzen Familie vertreten.

Wir kamen bei einem Trunk nach dem Training im Vereinsheim so auf das Thema „Pferd" zu sprechen. Es wäre auch gut, das Gras auf dem Hundesportplatz sinnvoll zu verwerten.

Da sagte einer der Hundeführer, dass sein Bruder in der Gegend von Neustrelitz einen Pferdehof betreibe. Er könne ja mal fragen, ob da eins zum Verkauf stünde.

Ich war Feuer und Flamme. Ich wünschte mir einen mittelgroßen dunklen 4–6-jährigen Wallach. Kein helles Pferd und keinen Hengst. Er sollte bis 2000,– DM kosten.

Er fragte nach. Nun kamen zu dieser Zeit Funktelefone und Handys auf, also die ersten tragbaren Telefone, die eine ständige Erreichbarkeit garantierten.

Das waren zu dem Zeitpunkt noch recht sperrige Dinger, aber sie erfüllten ihren Zweck. Die entsprechenden Funknetze wurden auch überall eingerichtet, und die Funkmasten schossen aus dem Boden wie Pilze.

Der Kollege hatte nun Kontakt mit seinem Bruder aufgenommen. Es gab tatsächlich ein Verkaufspferd, welches wir auch besichtigen konnten. Schnell war ein zeitnaher Termin vereinbart.

An einem Samstag holten wir dann den Kollegen ab und fuhren Richtung Neustrelitz zu besagtem Reiterhof. „Groß-Quassow" nannte sich der Ort, wo sich das Pferd befand.

Wir fuhren ca. 2,5 Stunden, ehe wir auf dem idyllischen Anwesen mit großer Reithalle, die aus einer umgebauten Scheune entstanden war, vielen Außenplätzen für die Pferde, Ferienhäusern und einer Gaststätte für Urlauber, ankamen. Eine unendliche Weite nahmen die riesigen Koppeln und abgesteckten Reitwege ein.

Das Wetter tat sein Übriges dazu, uns einen wunderbaren Eindruck zu vermitteln.

Dann zeigte uns der Bruder meines Hundesportfreundes den Stall.

Es standen 6 Pferde nebeneinander in Ständern. Alle drehten die Köpfe um, als sie uns bemerkten. Er stellte uns die Pferde vor und erzählte etwas zu ihrer Geschichte.

Der isabellfarbene, 1,55 m große dreijährige Hengst stand zum Verkauf für 3000,– DM.

Die „Isabell"-Farbe ist eine seltene schwer zu züchtende, gelbliche Fellfarbe mit weißem Behang (Mähne und Schweif). Sie kann bei Gangpferden, Ponys, Haflingern und Palominos vorkommen. Meine Hoffnung schwand, denn so viel Geld hatte ich nicht zur Verfügung. Wir wollten schon wieder gehen, aber da sagte Marius zu mir, dass er mit mir was besprechen wolle. Wir gingen hinaus. Beide hatten wir uns auf den ersten Blick in diesen Hengst mit der Isabell-Farbe verliebt.

Er sagte, dass er doch ein Sparbuch hätte, wo immer das geschenkte Geld von Omas und Tanten zu Weihnachten, Ostern und Geburtstagen gutgeschrieben wurde und zu dem ich als Einzige vor seinem 18. Geburtstag Zugang hätte. Ich bejahte. Was ich davon hielte, wenn wir 1000,– DM davon abheben würden und für den Kauf des Hengstes verwenden würden. Ich könne es ihm ja später zurückzahlen. Außerdem wolle Marius auch gerne auf dem Pferd reiten. Ich war so stolz über dieses Angebot, dass mir sofort die Tränen in die Augen stiegen. Ich umarmte Marius, und wir waren beide so glücklich.

Ich beteuerte dann weiteres Interesse an dem Pferd und wollte ihn gerne vorgeführt haben. Er sollte angeritten und eingefahren sein. Aber ich sah an der rechten Seite in der Gurtgegend ein großes Loch im Fell. Es konnte kein Sattel- oder Geschirrgurt befestigt werden. So wurde uns „Charlie", wie wir seinen Namen inzwischen herausbekommen hatten, ohne Sattel vorgeführt. Da er ziemlich harte Gänge hatte, ging das nur im Schritt und Trab. Aber ich hatte auch schon genügend Kenntnisse in der Tierausbildung und wollte dann die weitere Ausbildung selbst übernehmen. Bücher hatte ich mir schon genügend angeschafft.

Seine Rasse zählte zu den „Palominos", die erst seit wenigen Jahren als eigenständige Rasse anerkannt worden war. Die Rasse war noch recht selten.

Charlie sollte als Zuchthengst auf dem Reiterhof fungieren. Aber die Leute stuften ihn als deckfaul ein. Man merkte nicht, dass er überhaupt Hengst war. Für Stuten schien er sich auch nicht zu interessieren.

Wenn die wüssten …

Das Auto hatte auf der Hinfahrt etwas herumgezuckt, und wir befürchteten, dass es zur Heimfahrt nicht anspringen würde. Meistens lag das dann an den verkohlten Zündkerzen. Da mein Mann und ich beide Raucher waren, hatten wir natürlich auch Zigaretten dabei. Wir machten die Motorhaube auf, säuberten mit einem Schnipsel der Zigarettenschachtel die Zündkerzen. Marius schaute auch mit in den Motorraum hinein. Doch als mein Mann dann die Motorhaube zuknallte, schrie Marius auf. Er hatte Zeige- und Mittelfinger nicht rechtzeitig weggenommen und diese waren nun eingeklemmt. Hoffentlich nicht gebrochen. Schnell machten wir die Motorhaube wieder auf. Sofort schwollen die Finger an, wurden blau und verursachten starke Schmerzen. Schnell liefen wir in die Gaststätte, wo die Pferdeverkäufer bereits kühlende Umschläge um die Finger meines Sohnes wickelten. Eine Tablette sollte dann die Schmerzen eindämmen.

Wir regelten dann den Papierkram und das Finanzielle für den Pferdekauf.

Die restlichen 1000,– DM sollten wir im Nachhinein überweisen. Es wurde ein Schuldschein ausgeschrieben.

Die Verkäufer hatten noch in der Nähe unseres Wohnortes geschäftlich zu tun und boten uns an, „Charlie" zu uns nach Hause zu bringen. Wir hatten weder Pferdehänger noch Zugfahrzeug. Das kam uns sehr entgegen. Futter, Heu, Stroh und alles weitere, was nötig war, hatten wir im Vorfeld alles schon bereitgestellt.

Charlie verhielt sich sehr ruhig und vorbildlich während der Fahrt. Wir konnten das sehen, da ich die ganze Zeit hinterherfuhr. Als wir dann auf dem Hof ankamen, wurde es schon dunkel. Der Hengst nahm den Stall gut an und fraß auch gleich das bereitgestellte Futter.

Die nächste Zeit kümmerte ich mich dann um seine Ausbildung und Erziehung.

Er machte schnell Fortschritte. Marius lernte dann an der Longe auf ihm das Reiten.

Später ritt ich den Hengst auch selbst. Wir bauten einen kleinen Reitplatz, improvisierten auch ein paar Hindernisse zum Springen und hatten viel Spaß mit ihm. 5 Monate später, er war bereits kastriert worden, da er mir charakterlich auf die Dauer doch zu hormonell gesteuert wurde, erhielt ich eine Anfrage der ehemaligen Besitzer, ob er denn noch Hengst sei. Ich verneinte und fragte nach dem Grund der Frage.

Die Bedeckung der Schimmelstute hatte doch geklappt. Es war ein isabellfarbenes weibliches Fohlen geboren worden auf dem Hof. Er vererbte sogar seine seltene Farbe. Doch leider war er nun kein Hengst mehr. Sonst hätten sie ihn womöglich noch zurück gefordert.

Für die Kastration hatte ich eine Koppel, auf der sonst junge Kühe untergebracht sind und die mit Schleeten und Stacheldraht eingezäunt war, für einen Monat gepachtet von der LPG. Im Stall wäre die Infektionsgefahr der doch recht großen Kastrationswunde aufgrund des wenigen Platzes zu groß gewesen.

Bei strömendem Regen an einem 1. Mai kam dann auch der Tierarzt zur Koppel und kastrierte Charlie. Gefesselt zur Sicherheit, wurde der Hengst im Liegen kastriert.

Ich hatte keine Ahnung, welches Gewicht Charlie wohl haben könnte. Ich ging von dem Gewicht der Kühe gleicher Größe aus. Da die Knochen von Pferden aber wesentlich leichter sind als die von Rindern, verschätzte ich mich total. Charlie wurde mit einer enormen Überdosis an Betäubungsmittel narkotisiert. Dementsprechend lange dauerte es auch, bis er wieder aufwachte. Die Zeit betrug fast 2 Stunden, die ich bei ihm im strömenden Regen verbrachte. Als er dann aufstand, behielt er die Augen noch geschlossen. Der Tierarzt war schon wieder weg, und ich übernahm die Betreuung in der Aufwachphase.

Ich musste aufpassen, dass er nicht in den Stacheldraht lief. Er wanderte immerzu zwischen einem Baum und dem Zaun hin und her, wo ich ihn dann in die andere Richtung drehte.

Als er dann irgendwann anfing zu fressen, konnte ich nach Hause radeln. Er bekam noch einige Tage Schmerzmittel. Der Tierarzt kam noch mal zur Kontrolle. Alles war gut verheilt.

Dann stand als nächstes Hufpflege an. Was ich nicht wusste, war, dass Charlie nicht auf 3 Beinen stehen gelernt hatte. Ich bestellte einen Hufschmied, der die Hufe von Charlie nur ausschneiden sollte. Eisen brauchte er nicht, da er gesunde Hufe hatte. Im Stall ging das gar nicht wegen der Enge.

So gingen wir in den Hundezwinger. Es war die reinste Tortur. Der Schmied wurde schnell ungeduldig und schlug auf Charlie ein. Der wehrte sich und schlug hoch aus.

Wir holten eine Tierärztin hinzu, die ihn betäuben und ruhigstellen sollte medikamentös. Aber da er derart viel Adrenalin durch die Aufregung im Blut hatte, wurde alles nur noch schlimmer. Ich beendete dann das Martyrium. Charlie hatte inzwischen in seiner Panik einen 50x50x50 cm dicken Betonklotz, mit dem die Eckpfeiler des Hundezwingers eingegraben waren, mittels einer Eisenkette aus dem Boden gezogen und somit den ganzen Zwinger niedergewalzt. Seitdem hatte Charlie ein Problem mit Männern. Selbst meinen Vater hat er mal ganz böse gebissen als der ihn streicheln wollte. Ich besorgte mir Bücher, Hufmesser und Feile. Dann übte ich täglich mit Charlie Beine heben und stehen bleiben auf 3 Beinen für eine Weile. Charlie hatte sehr viel Vertrauen zu mir und machte gut mit. Gegen Marius hatte er auch nichts, den kannte er ja und sah ihn nicht als Mann an mit der Kinderstimme.

Dann bastelte ich Fußfesseln für die Beine von Charlie, die Marius festhalten sollte beim Hochhalten des zu bearbeitenden Beines, welches ich dann bearbeiten wollte. Da wir anfangs häufig absetzen mussten, zog sich die Hufpflege in der ersten Zeit bis zu 5 Stunden hin. Ich war dann immer fix und fertig. Aber es wurde immer besser. Später konnte Marius die Beine selbst aufhalten und Charlie hielt das meiste Gewicht allein. Mit Charlies Mitarbeit bei der Hufpflege wurde ich auch immer schneller und besser.

Dann fiel uns ein, dass Charlie für seinen Unterhalt auch etwas beisteuern könnte. Es war in unserem Dorf ein Fest in Planung. Ich steckte einen Teil des Fußballfeldes ab. Dann malten wir aus gefundener Pappe schnell ein Preisschild „Pony reiten – Runde 0,20 DM).“ So schnell schnallte das aber keiner. So musste Marius das vormachen. Ich führte ihn die Runde selbst. Dann kamen auch ein paar Kinder und fragten schüchtern, ob sie auch mal reiten dürften. Marius und ich wechselten uns dann immer ab mit Führen und kassieren. So konnten wir uns später kaum noch vor Bewerbern retten. Nach 2 Stunden hatten wir dann 20,– DM zusammenbekommen. Das waren schon mal 4 Hafersäcke für Charlie. Es hatte allen Beteiligten viel Spaß gemacht.

Da Charlie ja auch eingefahren sein sollte, wollten wir das auch testen.

Ich besorgte von meinem ehemaligen Reitlehrer ein Wagen-Geschirr. Das Verpassen und Umschnallen ließ mein Pferd anstandslos über sich ergehen.

Dann spannten wir ihn vor einen gekauften Bollerwagen. Unsere Nachbarn halfen uns. Links und rechts mit Zusatzleinen gesichert, liefen sie auf der verkehrsarmen Straße nebenher, während ich auf dem Bock saß und die Fahrleine hielt. Das ging alles reibungslos, Charlie zog den Wagen ruhig an und weiter, blieb stehen, als ich bremste und ihm das Kommando zum Halten gab. Auch blieb er eine Weile alleine stehen.

Bauchgurte verwendeten wir bei ihm am Sattel und auch am Geschirr nur aus Stoff oder mit Fellschoner. Es hatte sich eine Lederallergie bei ihm herausgestellt, deshalb auch das Loch im Bauch beim Kauf. Aber die Stelle war bald verheilt, und wir passten auf, dass sie sich nicht wieder entzündete.

Wir wollten es dann auch ohne Sicherung versuchen mit dem Fahren und gingen auf den unbestellten Acker hinter unser Haus. Nur fuhr mein Mann, der jetzt an den Leinen war, nicht längs, sondern quer zur Ackerfurche, was einen ordentlichen Lärm verursachte, da der ganze Wagen schepperte.Charlie erschrak und stürmte los. Dabei verabschiedeten sich die einzelnen Geschirrteile, bevor wir ihn wieder gestoppt und beruhigt kriegten.

Die Nachbarn und ich gingen, ihn immer wieder beruhigend, wieder auf die glatte Straße und sicherten wieder beiderseits. Dann spannten wir ihn aus. Hoffentlich hatte er das Ereignis nicht negativ verknüpft und war künftig nicht mehr fahrbar.

Amigo als fähiger Fährtenhund suchte uns alle verlorenen Geschirrteile wieder zusammen. Ich brachte sie zum Schuster, der wieder ein brauchbares Geschirr zusammennähte. Dann ritt ich erst mal ein halbes Jahr nur. Der Wallach sollte die Aktion vergessen.

Ich brachte ihm inzwischen das Mitlaufen am Rad bei. Ein Kollege hatte seine Schafe abgeschafft und mir seine Koppel am Haus zur Verfügung gestellt. Bis dahin mussten wir etwa eine 1 km lange Strecke zurücklegen. Das war mir zu Fuß etwas zeitaufwendig. Da die LPG auf dem Weg lag, brachte ich Charlie vor der Arbeit auf die Koppel und nahm ihn dann zum Feierabend wieder mit nach Hause. Das ging auch eine ganze Zeit gut. Aber dann kam uns morgens der Bus entgegen und machte mir nicht genug Platz auf der Straße. Da gelangte Charlie in die Radspeichen, und ich stürzte. Ich musste ihn loslassen, und er haute ab.

Den Weg zur Koppel kannte er ja, aber das Koppeltor war zu und daneben war gleich der Friedhof. Da ich noch nicht rechtzeitig da war, flüchtete er in Panik auf den Friedhof und tobte über die Gräber. Nun war der Friedhof glücklicherweise umzäunt

und ich konnte ihn einfangen und dann auf die Koppel bringen, wo er sich schnell beruhigte und zu fressen anfing.
Mit meiner Familie musste ich dann das ganze Wochenende die Gräber wieder in Ordnung bringen.

Einige Zeit später brauchten wir keinen Gemüsegarten am Haus mehr und ich säte Grünes auf der Fläche an für mein Pferd. In der Hoffnung, er kenne ja Stromlitze, umzäunte ich das Stück, als das Gras hoch genug zum Beweiden war, setzte den Zaun aber nicht unter Strom.
Meine Tiere bereiteten mir dann auch so manchen Stress mit den Nachbarn. Nachdem Amigo es sich bereits 1 Woche zuvor in deren mit offenen Türen zum Lüften geöffneten Auto auf dem Rücksitz mit den dreckigen Pfoten bequem gemacht hatte, hatte mein Pferd 1 Woche später herausgefunden, dass man den Zaun mit der Brust umlegen konnte und es sich dann in Nachbars Gärten an Salat, Porree und Kohlsorten gut gehen lassen konnte. Ein herzhaftes Wälzen auf dem Erdbeerbeet vervollkommnete die Sache und brachte mir gewaltigen Ärger ein. Schnell besorgte ich ein Stromgerät, schockte ihn damit und war froh, dass er den Strom für die Zukunft akzeptierte. Mit Marius hatten wir dann wochenlang zu tun, die Gärten wieder auf Vordermann zu bringen. Die Saat und die Pflanzen mussten wir natürlich auch ersetzen, um den Hoffrieden wiederherzustellen.
Einige Zeit später verschlechterte sich dann aber unser Eheleben. Die Zeit der schönen Erlebnisse war damit vorbei.

Während ich dann die Wochenenden arbeiten musste, hatte ich Charlie zu meinen Kollegen, die ein Dorf weiter eine große Koppel gepachtet hatten, gebracht. Sie hatten sich eigene Pferde angeschafft. Ich teilte ihnen mit, dass Charlie des Öfteren mal ausreißt. Mir ist dann lieber, wenn er unter fachkundiger Aufsicht ist während meiner Abwesenheit. Sie hatten nichts dagegen, ihn für ein Wochenende zu beherbergen.

Marius wollte gerne mitkommen, wenn ich ihn wieder abholen würde. So fuhren wir per Rad hin. Ich hatte Trense und Kammdeckel (als Gurt) mitgenommen und natürlich 2 Reitkappen. Dort angekommen, regelte ich erst mal das Finanzielle mit meiner Kollegin. Dann holten wir unser Pferd von der Koppel, machten es fertig. Meine Kollegin half uns dann beiden auf das Pferd. Marius saß hinter mir.

Im Schritt ging es die Straße entlang und dann über eine große weitere Koppel.

Ich dachte, da alles so gut klappte, konnten wir auch mal einen kleinen Trab einlegen.

Ich warnte Marius vor, dass er sich ordentlich an mir festhalten solle. Dann ging es los. Zu Beginn war es ganz toll. Aber dann trat Charlie mit einem Vorderbein in ein Rattenloch, was ich nicht gesehen hatte. Wir stürzten. Marius flog in hohem Bogen über mich rüber. Er tat sich aber zum Glück nichts. Gott sei Dank hatten wir beide eine Sturzkappe auf. Ich fiel seitlich vom Pferd herunter, nachdem ich meine Eingeweide ganz schlimm am Kammdeckel eingequetscht hatte. Ich hielt aber noch die Zügel in der Hand. Der Wallach hatte sich dann auch wieder aufgerappelt. Auch ihm war nichts passiert. Dieser Sturz hätte zu einem Beinbruch führen können und dann wäre es das gewesen. Jedenfalls fand ich auch wieder zu mir zurück, konnte aber keine Luft bekommen. Ich hatte einen sogenannten „Atemschock". Ich röchelte mit letzter Kraft Marius zu, dass er mir ganz doll auf den Rücken klopfen soll. Er weigerte sich erst, da er seine Mutti nicht „hauen" wollte. Ich verstärkte durch Gesten meinen Wunsch. Dann tat er es. Auf Schlag bekam ich wieder Luft. Ich erklärte ihm dann, was ich eben hatte. Warum ich nicht sprechen konnte und dass er in dem Moment meine letzte Rettung war. Das Gefühl ist einer Todesangst gleich, wenn man keine Luft bekommt. Wir suchten uns dann einen großen Stein, saßen wieder auf und ritten an der Straße im Schritt nach Hause. Dann fuhr ich mit dem Auto noch 2-mal zurück, um unsere Fahrräder noch zu holen. Ich war froh, dass das alles so glimpflich abgegangen ist. Aber da konnte man auch wieder sehen, wie charakterfest Charlie war. Er hätte ja auch panisch werden und abhauen können. Ich war sehr stolz auf mein Pferd und natürlich auch auf meinen Sohn.

Ein anderes Vorkommnis fällt mir gerade noch ein, was auch erwähnenswert ist:
Der Winter nahte und es mussten die Winterreifen aufgezogen werden. Das machten wir immer selbst. Einen Vormittag machte mein Mann sich an die Arbeit. Er meinte es dann aber sehr gut und fettete die etwas verrosteten Radmuttern ein. Ich musste 2 Wochen später mit Marius in die Stadt zum Arzt fahren. Zuvor hatte ich mir durch Zugluft eine Genickstarre zugezogen und konnte meinen Kopf nicht bewegen. Auf der Fahrt musste Marius in jeder Kurve die Übersicht der Straßen einschätzen und mir dann berichten. Das klappte auch ganz gut. Aber so nach und nach machte ein unbekanntes Klopfen auf sich aufmerksam. Ich hielt an, öffnete die Motorhaube, ließ den Motor laufen und versuchte, die Ursache zu ermitteln. Nicht möglich, keine Geräusche mehr. Sie waren nur beim Fahren zu hören.
Da das Geräusch immer lauter wurde, bekam ich allmählich Angst.
So hielt ich wieder am Straßenrand und versuchte, per Anhalter jemanden anzuhalten.
Es hielten kurz darauf 3 Autofahrer an. Ich schilderte mein Problem und jeder versuchte, sein Bestes zu geben. Aber kein Ergebnis. 2 fuhren dann aus Zeitgründen weiter. Der dritte rüttelte an den Vorderrädern und erschrak aufs Heftigste. Die Radmuttern beider Räder hatten sich durch das Fett gelöst und die Räder waren locker und erzeugten das Klopfgeräusch. Ich hatte nötiges Werkzeug an Bord und er zog alle Muttern nach. Auch hinten waren die Muttern nicht ganz fest.
Ich hätte mich totfahren können.

Sollte das ein Anschlag auf mich sein, schließlich hatten mein Mann und ich schon einigen Stress zu der Zeit. Aber das traute ich ihm dann doch nicht zu. Und er war genauso erschrocken, als ich ihn mit dem Vorfall konfrontierte.

Da er selten bei den Anwaltsterminen erschien, musste ich ihn häufig bei seinem Bruder, mit dem er sich dann doch wieder zusammengetan hatte, aufsuchen wegen etwaiger Unterschriften. Die Fronten waren dann auch schon so verhärtet, dass ich erneut die Scheidung eingereicht hatte nach 3 Jahren Ehe. Nach bundesdeutschem Recht, im Jahre 1992, wurde dann die Ehe auch wieder, härtefallbedingt, geschieden. Er war bereits wieder kriminell geworden. Diverse Diebstähle, Autodiebstähle, Raubzüge und Einbrüche gingen wieder auf sein Konto. Ich war geschockt. Alkohol spielte eine größere Rolle im Zusammensein mit seinem Bruder, dementsprechend größere Aggressivität und Hemmungslosigkeit. Aber auch ich wurde immer aggressiver. So kam es auch zu Schlägereien und Provokationen. Er hatte während seiner Inhaftierung das Boxen gelernt. Das wendete er einmal im Zuge einer Auseinandersetzung zwischen uns an und verletze mir die linke Augenbraue und das Auge. Wochenlang lief ich mit Sonnenbrille herum. Aber die Leute bekamen unser Verhältnis ja mit und waren entrüstet.

An ein Vertragen war nicht mehr zu denken. Ich bekam langsam Angst vor ihm. Nächtelang kam er nicht nach Hause und dann stand er plötzlich in der Tür und beleidigte mich.

Ich hatte während dieser Zeit per Zeitungsannonce eine Frau kennengelernt, mit der ich vorhatte, mich selbstständig zu machen. Wir wollten uns auf das therapeutische Reiten spezialisieren. Wir trafen uns einmal bei ihr zu Hause zu einem Gespräch.

Sie hatte in Hessen eine Institution ausfindig gemacht, bei der man Lehrgänge besuchen konnte. Auch arbeitete sie nahe der Großstadt auf einem Reiterhof.

Wir vereinbarten mit der Zeit, dass Charlie dorthin in Pension sollte. Ich wollte abhauen. Die Angst vor meinem Exmann wurde immer größer. Auch wollte ich Marius nicht weiter der Gefahr aussetzen, dass er uns was antun würde. Ich traute ihm in dem Moment alles zu.

8. Kapitel
Wieder musste ein Umzug sein

Ich unterhielt mich dann auch mit dem Reiterhofbesitzer, dass ich einen Job suchte. Er stellte mich ein. Ich bekam auch sogar eine Dienstwohnung gestellt.

Mein Pferd wurde eines Tages abgeholt und fand in dem Stall ein neues Zuhause.

Bei Nacht und Nebel verschwand ich dann auch.

Mein Exmann hatte sich längere Zeit nicht mehr sehen lassen. So wollte ich die Zeit nutzen, um zu flüchten. Keiner sollte wissen, wohin.

Die Wohnung, die Marius und ich dann etwas abseits der Großstadt, aber nahe am Reiterhof bezogen, hatte auch 2,5 Zimmer. Das Schlafzimmer war eher eine Kammer.

Mein Vater half mir bei der Renovierung. Als wir im Schlafzimmer mit der Tapetenentfernung begannen, fiel uns nach den 7 übereinanderliegenden Bahnen auch gleich die ganze Wand entgegen. Wir waren schon fast beim Nachbarn in derWohnung. Die Wand musste neu hochgezogen, verputzt und neu tapeziert werden. Nun auf die Schnelle einen Maurer zu besorgen, war auch nicht so leicht. Da es sehr feuchtes Wetter war, mussten wir die feuchten Wände mit Fön und Heizer trocknen, da sonst die Tapeten nicht haften würden.

Das nahm alles einige Wochen in Anspruch.

Zu der Zeit hatten meine Kollegin und ich uns in Hessen zu den Lehrgängen begeben. Die Lehrgänge fanden alle an Wochenenden von Donnerstag bis Sonntag statt, aber dazu später.

Nach der Probezeit auf dem Reiterhof stand dann fest, dass ich übernommen werden sollte. Nur wollte der Besitzer keine ungelernten Kräfte haben und fädelte mit dem Arbeitsamt eine Umschulung zum „Pferdewirt" ein. Dafür bekam er auch einenfinanziellen Zuschuss vom Staat. Aber das wird wieder eine ganz eigene Geschichte.

Nachdem Marius und ich ohne Zwischenfälle ganz vom Dorf weggezogen waren, besuchten wir unsere Nachbarn nach einiger Zeit mal wieder. Wir hatten uns immer gut verstanden und auch untereinander geholfen mit den Tieren, wenn mal Not am Mann war. Auch hatten wir viele Skatabende zusammen verbracht. Meine Nachbarin berichtete mir dann, dass mein Exmann kurz nach unserem Auszug total betrunken noch mal auf dem Hof war und nach mir gefragt hat. Da wir nach bundesdeutschem Recht geschieden wurden, werden dem Ehepartner, der während der Ehe weniger Einkommen hatte als der andere, bestimmte Rentenpunkte zugerechnet.

Und dementsprechend muss der Ehepartner mit dem Mehrverdienst einen entsprechenden Anteil an den anderen zahlen im Rentenalter.

Das hatte mein Exmann gar nicht verstanden. Er war jetzt derjenige mit dem minderen Gehalt, da er ja nur als Hilfsarbeiter eingestellt war und ich als Meister.

Aber den Betrag, um den es da gehen wird, bestimmt die Rentenkasse. Ich habe da gar keinen Einfluss drauf.

Nun verlangte er Geld von mir in Höhe von 2000,– DM. Wie er auch immer auf diesen Betrag gekommen ist. Als meine Nachbarin ihm dann aber sagte, dass Marius und ich dort gar nicht mehr wohnen, rastete er total aus, sodass sie die Polizei rufen mussten. Er drohte noch, dass ich mich „warm anziehen" solle, würde er mich jemals finden.

Das bereitete mir natürlich erst recht Angst. Ich litt schon unter Verfolgungswahn, ließ mich nirgends fotografieren, wich auch Zeitungsreportern später aus und bat jeden darum, nirgends meinen Namen zu erwähnen.

Die ersten 4 Jahre auf dem Reiterhof

Nachdem dann das Schlafzimmer renoviert war, hatten wir es eingerichtet. Auch die restlichen Zimmer waren hergerichtet. Mit den etwas älteren Nachbarn hatten wir uns bekannt gemacht. Kohlen waren bestellt zum Heizen für den Winter. Hier hatten wir Dauerbrandöfen, die dann die gesamte nicht isolierte Wohnung warm halten sollten.

Da es nach der Wende viele Menschen gab, die sich neu einrichteten, wurde viel Sperrmüll an den Straßen in der Stadt gelagert für die Abholung. Wenn es abends dunkel war, spannte mein Vater seinen Pkw-Anhänger an den Lada und wir luden uns alles ein, was aus Holz war. Mit der Motorsäge zerteilte mein Vater dann die Möbelteile ofengerecht. So konnte ich teure Kohlen sparen.

Da ich ja nun allein erziehend war, Marius' Vater nach wie vor keine Alimente zahlte, musste ich mit jedem Pfennig rechnen.

Auf dem Reiterhof absolvierte ich erst einmal eine Probezeit. Währenddessen regelte ich mit dem Arbeitsamt das Procedere mit der Umschulung. Anfangs machten sie Ärger, aber dann gaben sie doch nach. Ich konnte dann im September mit der 2-jährigen Umschulung für den Beruf „Pferdewirtin Zucht u. Haltung" beginnen. Die theoretische Ausbildung fand in der Agrarschule in Zierow statt. Es wurde im Blockunterricht (14 Tage Theorie, 14 Tage Praxis) verfahren.

Während der 14 Tage Theorie blieb ich im Internat in Zierow. Dann übernahm mein Vater die Aufsicht über Marius und regelte alles Nötige. Amigo war da öfter auf Abwegen, wenn er von der Leine gelöst wurde. Er suchte mich dann immer im Pferdestall, in den ich ihn immer mitnehmen durfte, wenn ich Dienst hatte. Aber er tat keinem was und konnte schnell wieder nach Hause gebracht werden vom Personal. Marius trainierte viel mit ihm in seiner Freizeit und brachte ihm auch allerhand Tricks bei. Vom Hundesportverein mussten wir uns leider trennen, da die Entfernung nun leider zu weit war und ich meistens auch an den Trainingszeiten arbeiten musste.

Während meiner praktischen Ausbildung lernte ich von meiner Kollegin sehr viel. Für die Prüfungen waren auch Praxisfächer wie Longieren, Dressurreiten und Springen an der Tagesordnung. Dazu kamen dann Pferdeausbildung und Erteilung von Reitunterricht im Sinne des Tourismus.

Das Longieren im Ausbildungssinne war natürlich etwas anderes als das normale Bewegungstraining des Pferdes an der Longe. Da tat ich mich anfangs etwas schwer. Aber später wurde ich der reinste Profi. Mit dem Dressurreiten freundete ich mich schnell an. Das Springen war dann nicht so mein Ding, da ich aufgrund meiner Rückenprobleme ein schlechtes Gleichgewichtsempfinden hatte.

Nun kommen mir auch noch einmal die Erinnerungen an mein erstes Turnier mit Charlie.

Ich hatte mir bis zu dem Zeitpunkt alles allein beigebracht und wollte nun mal eine Beurteilung meiner Reitkünste von einem Richter hören. Im nächsten Dorf war ein kleines Reitturnier geplant. Ich hatte mich da für eine Dressurprüfung angemeldet. Marius fuhr mit dem Rad hin, ich ritt hin. Nachdem mir der Ritt selbst ganz gut gelungen war, wollte ich bis zur Siegerehrung Charlie eine Verschnaufpause gönnen und sattelte ihn ab. Es waren insgesamt 40 Starter in dieser Prüfung. Dann kam die Siegerehrung. Ich hatte mein Pferd wieder gesattelt und wir wollten gerade den Heimweg antreten. Da sagte Marius zu mir: „Mutti, ich glaube, du wurdest zur Siegerehrung aufgerufen. Du musst noch mal auf den Platz reiten." Ich hatte da gar nicht drauf geachtet. Mein Motto war: „Dabei sein ist alles, Hauptsache ist, dass ich nicht Letzte wurde." Aber noch 2-mal wurde eindringlich um mein Erscheinen auf dem Platz gebeten.

Dann ritt ich hin. Zu meinem größten Erstaunen hatte ich in der Prüfung tatsächlich den 3. Platz belegt. Damals gab es noch keine Geldgeschenke, sondern materielle Geschenke. Ich bekam 6 Schnapsgläser mit Pferdekopfmotiven geschenkt. Die habe ich heute noch im Schrank zu stehen, weil dieses Geschenk einen hohen emotionalen Wert für mich darstellt. Den Beginn einer großen Reitkarriere.

In einem anderen Dorf hatte ich mich mit Charlie dann für ein kleines Springturnier angemeldet. Ich kam auch ganz gut in die Gänge. Als ich dann aber die ersten 3 Hindernisse übersprungen hatte, wurde ich disqualifiziert, da ich in der Aufregung nicht die Startlinie durchritten hatte. Auch bei meinem Versuch, das kupferne Reitabzeichen zu erlangen, scheiterte ich am Springen. Ich hatte in der Dressur und in der Theorie traumhafte Noten erlangt. Wir durften sogar vor der Prüfung den Parcours einmal durchspringen. Da klappte noch alles. Es war herrlicher Sonnenschein und die Prüfung fand draußen statt. Eine weiß lackierte Gartenbank, schön von der Sonne beschienen und somit für das Pferd sehr blendend beim Anreiten, empfand ich als schlimmstes Hindernis. Aber die übersprang der Wallach mit mir problemlos. Aber als er dann bei einem einfachen, noch nicht einmal sehr hohen Birken-Rick das 3. Mal verweigerte, war ich durchgefallen.

Ich hatte dann die Möglichkeit, bei der Zentralen Prüfungskommission für den

Pferdesport, deren Sitz sich in Warendorf befand, für die Zukunft eine Befreiung für das Springen in Form einer „Dispens" zu beantragen. Irgendwie musste ich ja auch meine Facharbeiterprüfung bestehen und da war auch eine Springprüfung gefordert.

Dann dürfte ich aber auf keinem Turnier je springen. Da hatte ich kein Problem mit.

Ich tat das dann auch und wurde bei jeder Prüfung für die Ausbildung vom Springen befreit.

Ich nahm dann noch an vielen kleinen Turnieren in meiner reiterlichen Laufbahn mit meinem Pferd und später auch mit anderen Pferden teil.

Ein Highlight war das Turnier in „Dummerstorf". Es regnete den ganzen Tag in Strömen. Charlie musste den ganzen Tag im Hänger verbringen zusammen mit „Bonne", einem 5-jährigen Friesen Wallach. Die beiden vertrugen sich anfangs überhaupt nicht. Ich nahm den Friesen dann unter meine Fittiche und bildete ihn aus. Er hatte keine Bezugsperson und war ein Fehlkauf gewesen. Er sollte als Wagenpferd fungieren. Wir hatten aber keinen 2. Friesen auf dem Hof. Dann sollte er als Reit- und Schulpferd arbeiten. Anfangs bei der Ausbildung wunderte ich mich, dass er überhaupt nicht meinen Befehlen folgte. Dann stellte ich fest, da er ja aus Holland kam, verstand er meine Sprache nicht. Ich fing dann mit der Ausbildung wie mit einem Fohlen an und in 2 Wochen hatte er alle Begriffe und deren Ausführungen gelernt. Zugeritten war er schon. Auch sonst hatte er einen sehr guten Charakter und war sehr gelehrig.

Wie gesagt, wir waren in Dummerstorf bei strömendem Regen angekommen. Ich hatte 2 Prüfungen gemeldet. Mit Charlie war ich nachmittags um 14.00 Uhr dran und mit Bonne um 10.00 Uhr. Nun hatte sich der Boden schon fast aufgelöst und es wurde eine reine Schlammschlacht. Man hatte beim Galoppieren schon Angst, dass die Pferde wegrutschen und stürzen würden. Einige Springprüfungen der höheren Klassen waren aus Sicherheitsgründen schon abgesagt worden. Da passierte auf dem Abreiteplatz ein Unfall. Die Reiterin war so schwer verletzt, dass ein Hubschrauber angefordert wurde. Der Prüfungsplatz befand sich in unmittelbarer Nähe des Abreiteplatzes. Ich war gerade mit der Prüfung dran und war am Grüßen, da hob der Hubschrauber mit mächtigem Getöse ab. Richter, Charlie und ich waren zu Salzsäulen erstarrt. Was würde passieren? Der Abstand war vielleicht 250 Meter. War ich nun der nächste Gast als Verletzte im Hubschrauber? Als der Hubschrauber dann weg war, bewegte sich alles weiter. Charly war stehen geblieben und hatte keinerlei Angst und Fluchtversuche gezeigt. Ich sprach ununterbrochen mit ihm und er vertraute mir. Auch bei diesem Turnier wurde ich wieder Siegerin. Die Richter betonten noch mal das Urvertrauen, was mein Pferd zu mir hat. Jedes andere Pferd wäre panisch geworden bei diesem Vorfall. Ich war ganz stolz. Selbst wenn ich zu der Zeit mit Bonne am Start gewesen wäre, wäre das wohl nicht gut abgegangen.

In meiner 2-jährigen Ausbildungszeit lernte ich viel hinzu und hatte auch so einige lustige Abenteuer, die dann im anschließenden Kapitel genannt werden sollen.

Meine Zwischenprüfung und auch die Abschlussprüfung absolvierte ich dann in Redefin mit Charlie mit guten Noten.

Nur beim „Mustern", wobei das Pferd vom Reiter im Schritt und Trab an der Hand vorgestellt werden musste, geschah mir dann doch noch ein Missgeschick. Aus Zeitgründen hatte die Prüfungskommission keine Dreiecksbahn aus Stangen gebaut. Als Reserve wurden 3 Eimer im Dreieck hingestellt, die dann umrundet werden mussten. Mein Pferd war sehr aufgeregt und unglaublich schnell im Trab. Da ich die Außenposition hatte beim Führen an der Hand, kam ich mit seinem Tempo nicht mit, stolperte über einen der Eimer und wurde dann auf dem Bauch hinterhergezogen. Ein allgemeines Gelächter war die Folge. Mir war das äußerst peinlich. Aber da der Betrieb auch nicht die nötigen Stangen hingelegt hatte, fiel ich nicht durch und die Aufgabe galt für mich als bestanden. Da war ich ja froh, denn das Wetter meinte es auch an dem Tag sehr gut mit uns und es war sehr warm.

Da ich sowieso immer 14 Tage am Stück in Zierow war, ritten wir Lehrlinge dort auch mal. Das fand in der großen Reithalle statt und mit Unterricht. Die Pferde waren auch sehr gut ausgebildet. Ich legte dann auch die Berittführer-Prüfung, die ich sowieso brauchte, wenn ich später mit Kunden ausreiten wollte, mit Erfolg in Zierow auf einem der Pferde dort, ab.

Kuriose Erlebnisse auf dem Reiterhof – Die Ferienkinderbetreuung

Gleich am ersten Arbeitstag wurde ich ins sogenannte „kalte Wasser" geworfen.

Ich kannte die Pferde noch nicht einmal. Meine Ausbilderin hatte Urlaub, so musste ich ihren Job übernehmen.

Es war Ferienzeit und es waren ca. 20 Kinder im Ferienlager. Sie waren in Bauwagen untergebracht zu je 4 Personen. Die Kinder waren im Alter zwischen 5 und 14 Jahren. Mehr Mädchen als Jungs. Unter anderem waren auch die beiden Söhne des Chefs dabei.

Das Wetter war sehr schön und wir wollten nach dem Frühstück einen Ausritt machen.

Einige gute Reitschüler meiner Kollegin hatten sich bereit erklärt, mich als Hilfskräfte zu unterstützen. Zuerst musste mal geklärt werden, wie gut die Reitkenntnisse der Kinder waren. Bis auf 8 Kinder, die gar keine reiterliche Erfahrung hatten, meinten alle anderen, diese zu beherrschen. Wir teilten dann die Ponys auf die einzelnen Kinder auf. Wer meinte, ganz gut reiten zu können, bekam Kleinpferde und meine Unterstützerinnen begleiteten uns auf den Großpferden. Da dann nicht genug Sättel vorhanden waren, opferte ich meinen Privatsattel für ein Schulpferd und ritt Charlie ohne Sattel, nur mit Gurt. Ich beherrschte ihn ja auch mit dieser Ausrüstung gut. So weit, so gut. Nach 1,5 Stunden hatten wir dann alle Pferde vorbereitet, dass wir starten konnten.

Die Nichtreiter wurden auf dem Planwagen, auch „Kremser" genannt, von unserem Lehrling Christin kutschiert.

Der Kremser wurde von dem Haflinger-/Kaltblut-Mix „Max" einspännig gezogen.

Max war sehr muskulös, aber auch sehr stur. Aber er hatte keine Probleme, den halb vollen Kremser auf der glatten Straße und auf den ebenen Waldwegen zu ziehen.

Der Ausflug sollte ca. 2 Stunden dauern. Als Proviant hatten die Kinder ihreRucksäcke mit Snacks und Getränken auf dem Kremser mitgenommen.

Wir kamen auch ganz gesittet los vom Hof. Der Kremser fuhr vorneweg und die Pferde gingen im Schritt paarweise hinterher. Ich ritt am Ende, damit ich alles im Blick hatte.

Eine verkehrsberuhigte Asphaltstraße, die links und rechts von Gräben und anschließendem Wald flankiert wurde, betraten wir zu Beginn des Ausflugs. Aber wie auf Kommando schossen mit einmal die Ponys am Wagen vorbei, die Kleinpferde folgten. Die Reiter flogen links und rechts in die Straßengräben und waren total geschockt. Die Betreuer ritten auch im Galopp hinter den Ausbrechern hinterher, um sie zu stoppen und wieder einzufangen. Die Straße endete auf einem großen bewachten Parkplatz einer Ausflugsgaststätte, bevor es auf die Waldwege ging.

Ich hatte Charlie noch halten können. Selbst Max folgte seinem Herdentrieb und ging samt Kremser und Besatzung auch zum Schluss noch durch und war nicht mehr zu bremsen. Ich konnte mir noch ein reiterbesetztes Pony greifen und es am Durchgehen hindern. Das Mädchen stand auch unter Schock und hatte Panik. Ich stieg ab von meinem Pferd, hielt es am Zügel fest und sagte dem Mädchen, dass es absteigen solle. Sie war völlig neben sich. Dann schrie ich sie an und da folgte sie dann meiner Aufforderung.

Alle Pferde waren dann auf dem Parkplatz von zufällig anwesenden Touristen und dem Parkplatzwächter eingefangen worden. Auch der Kremser stand wieder.

Ich sammelte alle Reiter ein, die aus den Gräben gekrochen waren. Wir erreichten dann zu Fuß unsere restliche Gruppe.

Nach Besichtigung der Schäden und Verletzungen wollten wir unseren Ausflug dann fortsetzen.

Außer ein paar Schrammen war nichts passiert. Alle waren mit dem Schrecken davongekommen. Die Kinder sollten dann wieder aufsitzen. Aber einige hatten ihre reiterlichen Fähigkeiten wohl doch überschätzt und weigerten sich, aufzusitzen.

Mir blieb weiter nichts übrig, als sie auf den Wagen zu setzen und die Pferde am Zügel hinten am Kremser anzubinden und sie dann so mitzunehmen.

Stricke hatten wir natürlich nicht mit. Dann setzten wir unsere Reise fort.

Das ging auch zu Beginn wieder ganz gut, da wir alles, was sich als Strick oder Seil verwenden ließ, nutzten, und als Führzügel umfunktionierten. Die „Ausbrecherponys" wurden dann somit an einer weiteren Aktion gehindert.

Dann passierte das nächste Malheur. Auf dem etwas volleren Planwagen packten die Kinder ihren Proviant aus. Die Plastiktüten flatterten im Wind. Die 2 am Wagen angebundenen Pferde zerrissen die Zügel und suchten panisch das Weite Richtung Stall.

Wir hatten alle Hände voll zu tun, die anderen an der Verfolgung zu hindern, was mit eigenem und Führpferd nicht so leicht war. Aber wir schafften es. Meine Unterstützer waren auch dieser Prüfung gut gewachsen.

Ich schwitzte Blut und Wasser und war froh, endlich wieder im Stall zu sein. Den Rest der Strecke hatten wir ohne Zwischenfälle gemeistert.

Dann gab es erst mal eine Standpauke von mir für die Kinder, die so vorlaut waren und es zu diesen Vorkommnissen überhaupt erst hatten kommen lassen.

Für mich war zeitlebens die Erfahrung „glaube nie einem Menschen, dass er reiten kann, bevor du es nicht gesehen hast in geschlossenem Terrain". Das sollte ich in meiner weiteren Laufbahn noch mehr als genug erleben.

Im weiteren Verlauf der Ferienzeit wurden dann alle „Nichtreiter" erst mal an die Longe genommen aus Sicherheitsgründen, was sie dann auch selber begrüßten.

Bei den nächsten Feriendurchgängen ging ich gleich von Beginn an anders vor. So etwas sollte mir nicht noch einmal passieren.

Der Porsche-Fahrer

Zu Beginn meiner Zeit auf dem Reiterhof wurden noch Pferde an die Kunden verliehen. Da wurde nicht groß nachgefragt, ob wer reiten konnte oder nicht.

Ich fragte mich bloß, wie der Chef das schaffte, dass die Versicherungen immer wieder die Unfälle bezahlten.

Wenn die Kunden nun gar keine Ortskenntnis hatten, schickten wir gegen einen Aufpreis eine reitende Begleitung mit.

Termine wurden im Voraus gebucht, wir hatten schon ein Telefon im Stall, dann wurden die Pferde von uns fertig gemacht und dann konnte es losgehen.

Eines schönen Sonntagvormittags hatte ein junger Mann einen Geländeritt mit Begleitung gebucht. Lucy, eine recht große stämmige braune Warmblutstute, wurde fertig gemacht für den Kunden. Als Begleitung sollte unser Lehrling Christin auf der etwas kleineren Fuchsstute Rosi reiten. Lucy war schon etwas älter und mit ihrem Charakter wirklich das absolute Anfängerpferd. Rosi war für ihre „Buckel-Touren" und ihre spontanen Richtungswechsel bekannt.

Da rauschte in rasantem Tempo ein Porsche Cabrio auf unseren Parkplatz. Ein junger Mann in weißem Hemd, mit engen Lederhosen und amerikanischen Boots stieg mit einem Fotoapparat um den Hals galant aus dem Auto.

„Hallo, Ladys, ich hatte einen Ritt gebucht, bin ich hier richtig?", waren seine ersten Worte. Wir sahen uns an und dachten alle dasselbe: „Typisch Wessi."

Dann stellten wir ihm sein Pferd und seine weibliche Begleitung mit deren Pferd vor.

Danach entbrannte eine Diskussion um das Tragen der Reitkappe. Er wollte ohne reiten. Das war aber nicht erlaubt, schon aus versicherungstechnischen Gründen.

Als wir dann darauf bestanden oder den Ritt unterbinden wollten, willigte er letztendlich doch ein und suchte sich eine Kappe aus.

Dann sollte es losgehen. Den Fotoapparat wollte er mitnehmen, wir hatten nichts dagegen. Es war nur schwierig für ihn, mit den engen Lederhosen auf die große Lucy zu kommen. Wir stellten einen Hocker als Aufstiegshilfe bereit.

Dann ritten die beiden los. Rosi war zu dem Zeitpunkt auch noch ganz ruhig.

Als sie außer Sicht waren, feixten wir schon, wie wohl die Rückkehr aussehen würde.

Und so kam es dann auch. Er war natürlich auch sehr von sich überzeugt, dass Reiten ein Kinderspiel sei, was jeder könne. Aber als Rosi dann um die Ecke Richtung Stall getänzelt kam im „Trippel-Trab" mit Christin, die puterrot im Gesicht war und vor Lachen sich kaum noch auf dem Pferd halten konnte, mussten auch wir losprusten.

Der Haarschopf total durcheinander, das Hemd und auch die Lederhose zerrissen, den Fotoapparat auf dem Rücken und die Reitkappe schief auf dem Kopf, kam wutentbrannt unser Porschefahrer auf Lucy hinterhergeschlendert. (Schlendern nennt man bei einem Pferd, wenn es im Schritt geht ohne reiterliche Hilfeneinwirkung. Der Reiter sitzt nur auf dem Pferd und läßt sich tragen. Er treibt nicht mit den Schenkeln und lenkt nicht mit den Zügeln. Das Pferd folgt dann seinem vorangehenden Artgenossen.) Wir fragten, was passiert sei. „Wenn ihr Eure Gäule nicht dahin dressiert, dass sie sich bücken, wenn die Äste der Bäume so tief hängen, könnt ihr sie eben nicht vermieten. Ich verlange Schadenersatz und werde den Preis heute natürlich nicht bezahlen." Meine Ausbilderin klärte ihn dann auf, dass man an den tiefhängenden Ästen vorbeireiten müsse. Was wäre geschehen, wenn er dann noch ohne Kappe geritten wäre.

Der Riss in der engen Lederhose resultierte aus der Muskelanspannung während der ersten Trabstrecke, sagte uns Christin im Nachhinein, als er mit quietschenden Reifen in seinem Porsche den Parkplatz wieder verlassen hatte.

Bezahlt hatte er den Preis dann aber doch noch. Zum Fotografieren war er nicht gekommen. Krampfhaft hielt er sich dann auf Lucy und der gesamte Ritt fand dann im Schritttempo statt. Eine Versicherungsentschädigung für seine Klamotten erhielt er natürlich auch nicht. Er war ja der Meinung, dass er reiten könne. Reitern passieren solche Sachbeschädigungen im Normalfall eigentlich nicht.

Wir hatten noch lange unseren Spaß, wenn wir diese Geschichte wieder erzählten.

Amorettchen

„Amorett" war eine total verwöhnte Friesen Stute bei uns in Pension. Ihre Besitzerin war auch eine etwa 50-jährige Dame, die aus dem Westen stammte. Wenn sie kam, roch man ihr Parfüm schon im Voraus durch den ganzen Stall. Auch ihr Outfit war etwas extrem. Sehr bunt gekleidet, aber immer mit weißen Reithosen und weißen Handschuhen ausgestattet, bekam Amorett erst mal kiloweise Möhren fürs Nichtstun. Die fraß sie schon gar nicht mehr spontan. Dann bekam sie die Tagesgeschichte ihrer Besitzerin zu hören und wurde geputzt.

Dann, nachdem die Stute auch sehr umständlich gesattelt wurde mit sehr teurem Sattelzeug, alles mit Glitzer, Perlen und sonstigem Schnick-Schnack versehen, ging die Besitzerin mit der Stute in die Reithalle. Dort wurde die Stute dann zum Ärger der anderen Reiter eine halbe Stunde nur geführt. 10 Minuten wurde sie dann tatsächlich geritten, „trocken"geritten. Dann ging es wieder in den Stall. Die Stute hatte nichts getan, bekam aber dann wieder viele Möhrchen und Leckerlis als Belohnung zugesteckt.

Ich sah mir das eine Weile mit an und fragte dann mal die Besitzerin, warum sie die Stute nicht reitet zu Beginn und wofür das Pferd dann belohnt würde.

Ich bekam zur Antwort, dass Amorett sich vor 3 Wochen gestoßen habe und wieder aufgebaut werden müsse.

Eine Verletzung oder eine Lahmheit war aber nirgends ersichtlich.

Irgendwann später setzte die Besitzerin sich dann doch zeitlich etwas früher auf ihr Pferd. Ins Gelände oder auf einen der Außenplätze ging sie nie. Später erzählte sie mir, dass sie im Gelände mal einen schweren Unfall hatte und Amorett im Gelände auch sehr wild war.

Dann gab ich ihr auf ihren Wunsch Reitunterricht. Wir lernten uns etwas näher kennen privat. Sie war geschieden und Amorett war so Art Kinder- und Partnerersatz für sie.

Nun hatte sie kürzlich einen Mann kennengelernt und wollte mit ihm nach Dänemark, wo dieser wohnte, in den Urlaub fahren. Sie bat mich, die Betreuung für ihr Pferd während der Zeit zu übernehmen gegen eine kleine Entlohnung. Ich sagte zu. Eine 2-seitige DIN A4- Gebrauchsanweisung erhielt ich dann den nächsten Tag vor ihrer Abreise, vervollkommnet mit einem 25 kg Sack Mohrrüben.

Dann war die Besitzerin abgereist. Nach meiner Arbeitszeit holte ich Amorett von der Koppel und machte erst einmal mit ihr an der Hand einen Waldspaziergang. Das ging ohne Probleme. Dann als Nächstes bereitete ich sie zum Reiten vor, ohne vorheriger Möhrchen, aber mit etwas deutlichen Ansagen, was das Benehmen anging.

In der Halle setzte ich mich gleich auf die Stute, ritt sie im Schritt warm und war sehr über ihren Ausbildungsstand erstaunt. Die Stute war total unterfordert. Selbst hohe Lektionen wie „Schenkelweichen" und „Traversalen" beherrschte sie spielend. (Das sind Elemente aus der Seitwärtsbewegung eines Pferdes mit Überkreuzen der Beinpaare.) Als nach einer halben Stunde dann die von der Besitzerin vorausgesagte Lahmheit begann, womit das Pferd das Ende der Übungsstunde wie gewohnt einleiten wollte, kam ich erst so richtig in Fahrt. Nach mehreren Seitengängen in den verschiedenen Gangarten lahmte das Pferd plötzlich nicht mehr und war zur weiteren Arbeit bereit. Das Pferd hatte seine Besitzerin mit der Lahmheit immer täuschen können, wenn es keine Lust zum Arbeiten mehr hatte. Die Besitzerin hatte das nie erkannt und immer nachgegeben. So war ein Lerneffekt entstanden bei der Stute.

Die Besitzerin zog nach ihrer Urlaubszeit dann zu ihrem neuen Partner nach Dänemark. Amorettchen konnte sogar am Haus gehalten werden und würde ein gutes Leben bei ihr verbringen für die Zukunft. Ich freute mich über die überdurchschnittliche Entlohnung für meine „Urlaubsvertretung" und die neuerliche Erziehung und Aufklärung der ominösen Lahmheit an der Stute.

Die Reithalle

Der Reiterhof war zu DDR-Zeiten eine Außenstelle für Jungrinder und auch eine Schweinemastanlage gewesen. 1990 übernahm der Chef die Anlage, pachtete die gesamten umliegenden Koppeln und baute so den Reitstall auf. Das war alles vor meiner Zeit.

Die Stallungen verfügten noch über wenig Boxen und viele Ständern für die Pferde. Haltung der Pferde in sogenannten Ständern wurde dann aus Tierschutzgründen im Jahre 2000 gänzlich verboten.

Eine große Halle, die früher zur Beherbergung von Heu, Stroh und Futter für die

Tiere diente, hatte die Maße von 45 m x 15 m und eignete sich als Reithalle.

Eine Bande musste gebaut werden und es musste LKW-weise Sand eingebracht werden als Bodenbelag.

Die Halle verfügte aber nicht über ein Betonfundament, sodass häufiger der Hallenboden geglättet, geebnet und alle 10 Jahre auch ausgetauscht werden musste.

Da auch ein großer Lehmanteil in dem Bodenbelag war, hatten wir im Winter häufig Schollen-Bildung und im Sommer eine große Staubbelastung, sodass der Hallenboden im Sommer täglich gewässert werden musste mit einem Schlauch. Das nahm immer viel Zeit in Anspruch und war nicht sehr beliebt.

Wenn die LKWs dann neuen Sand gebracht hatten, musste dieser verteilt werden. Das übernahm dann die Hoftechnik, aber in die Ecken musste der Sand mit Muskelkraft per Hand befördert werden. Danach war man zu nichts mehr zu gebrauchen.

Im ehemaligen Schweinestall, welcher ein ziemlich niedriger Flachstall war, waren Ponys, Ziegen und Schafe untergebracht, also hofeigene Tiere, da die Plätze im großen ehemaligen Rinderstall, der eine gute Belüftung hatte, an Pensionsgäste vermietet wurden. Später wurde er zum Laufstall für die Schulpferde umgebaut als Winterstall.

Der Hof hatte gerade neuen Sand bekommen und der sollte sich „setzen".

Ich dachte mir, dass da Stürze vom Pferd nicht so schmerzhaft wären.

Ich wollte mit der mir anvertrauten Reitgruppe das schon lange gewünschteSpringtraining beginnen. Ich wollte aus Sicherheitsgründen mit Fallübungen anfangen. Das hatte ich mir beim Judo-Training im Fernsehen abgeschaut.

Die Reitschüler besorgten mehrere große Matratzen. Ich gewöhnte 3 Pferde an den Anblick der Matratzen. Ein Pony, ein Kleinpferd und ein Großpferd sollten geführt werden an den Matratzen vorbei. Der Reiter sollte dann in alle 4 möglichen Richtungen vom Pferd fallen, sich abrollen und möglichst auf den Matratzen landen. Wir wollten das Herunterfallen vom Pferd mit möglichst wenigen Verletzungen üben.

Zuerst übten wir ohne Pferd die richtige Falltechnik. Ich führte es vor. Danach kamen die Reitschüler dran. Danach kamen dann die Fallübungen vom Pferd dran. Ponys waren bei den fortgeschrittenen Reitern nicht so beliebt als Reitpferde, da wollte jeder ein großes Pferd reiten. Aber bei mutwilligen Fallübungen wurde dann doch eher die Pony-Größe geschätzt. Es kostete viel Überwindung, sich bewusst fallen zu lassen. Ich sicherte dann die Kinder, damit sie den Pferden nicht zwischen die Beine rollten und getreten wurden. Es passierten keine Unfälle, die Pferde machten das sehr schön mit. Bei den ersten richtigen Springübungen konnten die Reiter dann von unseren vorherigen Fallübungen profitieren und es kam bei den Stürzen zu keinen Verletzungen. Blaue Flecken mussten sie aber doch schon hinnehmen, das gehört nun mal dazu. Aber da wurde nicht drüber geredet.

Die Hanse-Sail in Rostock

Nach der Wende veranstaltete die Stadt Rostock nach dem Vorbild der „Kieler Woche" in Schleswig Holstein auch ein mehrtägiges Volksfest, welches dann „Hanse- Sail" genannt wurde. Dazu kamen aus aller Welt Segelschiffe, Windjammer und andere berühmte Schiffe, wie auch die „Gorch Fock", die „Crusenstern", alte Schiffe aus Lübeck, Wismar usw. zu Besuch. Man konnte dann auf den Schiffen Segeltörns buchen auf der Ostsee. Wenn die Schiffe kamen, wurden sie von einem Moderator vorgestellt und etwas zu ihrer Geschichte und zu ihrem Alter erzählt. Das ging dann den ganzen Tag und wurde ein Riesenvolksfest. Viele Buden mit allerlei Waren und natürlich gastronomische Einrichtungen säumten dann den Stadthafen. Man konnte 4 Tage lang Schiffe aller Art besichtigen.

Im Jahre 1990 begann diese Veranstaltung. Um dafür Werbung zu machen, sollten wir mit den Pferden, die so etwas mitmachen würden, an einem Rundgang durch Rostock teilnehmen. Wir bekamen Kostüme vom Volkstheater und sollten das Leben im Mittelalter darstellen. Eine Kutsche mit „Grafen-Paar" stellte den Beginn unserer Gruppe dar. Dann folgten mehrere von privaten Pferden geführte Einspänner mit Leiterwagen. Im Anschluss folgten 4 als Ritter verkleidete Reiter, die dann auch noch eine Fahne zu tragen hatten. Mein Hut war mir zu groß, meine Nase juckte zudem grässlich. Ich konnte nicht kratzen, da ich mit der einen Hand die Fahne und mit der anderen Hand die Zügel von Charlie halten musste. Zur Sicherheit wurden alle Reitpferde geführt. Mit dem übergroßen Rittergewand hatten wir auch nicht allzu viel Bewegungsfreiheit auf dem Pferd.

Aber es klappte alles gut. Wir hatten viele Zuschauer und erregten viel Aufsehen mit unseren Tieren. Sogar unser 3-jähriges Maultier „Bubu", eine Kreuzung zwischen Pferdestute und Eselhengst, wurde, mit Säcken beladen, mitgeführt. Eine Ziege, die sich sehr gut führen ließ, ergänzte unsere Truppe.

Wir transportierten die Tiere alle mit unserem Viehhänger bis zu einem Platz, wo es eine Rasenfläche gab, auf der wir die Tiere abladen und uns fertig machen konnten.

Dann ging es durch die ganze Stadt, am „Steintor", einem Wahrzeichen von Rostock, vorbei bis zum „Rosengarten". Da konnten wir dann erst mal was essen. Von da aus ging es dann auch wieder zum Ausgangspunkt über einen anderen Weg zurück. Die Kutschen und Wagen wurden mit Traktor und Hänger zum Ort gebracht und auch wieder abgeholt. Es war ein sehr aufregendes Spektakel und wir freuten uns, dass die Pferde das trotz des Trubels alles so gut verkrafteten.

Am Film-Set in Warnemünde

Ein Filmteam wollte in Warnemünde einen Film drehen, in dem auch Pferde vorkommen sollten. Unser Chef sagte allem zu, was eine finanzielle Einnahme zur Folge hatte.

Nun wurde bei uns angefragt, ob wir Schauspieler ersetzen könnten für eine Filmszene. Natürlich sagten wir zu. Nun lag Warnemünde von uns aus gesehen am anderen Ende der Stadt. Eine Möglichkeit gab es aber, mit einer Fähre zu dem Ort überzusetzen.

Unser Haflinger-Gespann war eigentlich sehr sicher, aber mit einer Fähre war es auch noch nie gefahren.

Bis zum Anlegeplatz der Fähre war es „zu Fuß" ca. eine Dreiviertelstunde Fahrt.

Meine Ausbilderin nahm mich als Beifahrer mit.

Wir überlegten noch, den Planwagen auf die Fähre zu schieben und die Pferde in den Hänger zu bringen während der Überfahrt. Der Chef war schon vor Ort mit Auto und Hänger.

Wir wollten es so versuchen. Die Pferde sollten unter dem Überbau der Fähre stehen und von Autos eingekeilt sein. Die Autofahrer fanden das erst mal nicht so toll. Wer sollte die Schäden dann an den Autos bezahlen, wenn die Pferde durchgingen? Der Chef handelte derweil den Fahrpreis für das Gespann aus.

Wir fuhren mit Gespann auf die Fähre, vor und hinter uns Autos. Ich hatte genügend Futter zur Beruhigung mitgenommen. Das tat bei unseren verfressenen Hafis Wunder.

Alles lief gut. Die Pferde bekamen aber bei vorbeifahrenden anderen Schiffen doch schon große Augen, regten sich aber nicht auf.

Am anderen Ufer angekommen, fuhren wir ganz ruhig von der Fähre runter, während alle Autofahrer aufatmeten und auch mit heilen Autos die Fähre verlassen konnten.

Am „Alten Strom" erreichten wir dann die Filmcrew. Während ich das Gespann festhielt, wurde meine Ausbilderin eingekleidet. Sie sollte einen wohlgenährten Bauern spielen. Ich sollte neben den Pferden hergehen, aber nicht ins Bild geraten. Darum brauchte ich keine Verkleidung.

Der Kameramann malte Striche auf den Boden, wo wir halten sollten. Er wollte sehen, ob wir das Gespann am Punkt halten können, ohne seine teure Kamera dabei umzustoßen. Das klappte.

Dann wurden die Schauspieler, ein Kameramann sowie ein Tontechniker auf den Wagen gehievt samt ihrer Technik.

Wir mussten ca. 300 Meter fahren, während die Schauspieler ihre Rolle spielten auf dem Wagen. Am Ende des „Alten Stroms" mussten wir wenden. Das war nicht so einfach, denn es gab da noch keine Abgrenzung zum Wasser und „Max" stellte sich so stur an und drängelte mich immer näher zum Wasser hin.

Ich hatte voll zu tun, das ganze Gespann samt Kremser und Besatzung vor einem Absturz ins Wasser zu bewahren. Nach einem ordentlichen Ruck mit der Leine im Maul gehorchte er mir dann endlich. Die Szene wurde noch 2-mal geprobt und war dann im „Kasten". Dann wurden wir in einem Hotel zu einem Picknick eingeladen als Dankeschön. Nun kann man die Pferde ja nicht wie ein Auto am Straßenrand stehen lassen ohne Aufsicht. Jede Menge Passanten und natürlich viele Kinder wollten die Pferde streicheln, denn so etwas hatten sie nicht alle Tage. Also wechselten meine Ausbilderin und ich uns ab mit der Aufsicht und der andere ging zum Essen und Kaffeetrinken ins Hotel. Die Pferde standen ruhig derweil.

Unser Chef war nun mittlerweile mit Auto und Pferdehänger an einem Treffpunkt angekommen, an dem wir die Pferde einladen sollten. Den Kremser wollte er dann mit der 2. Fuhre mit einem Trailer abholen.

Wir mussten nun durch den Ort zu besagtem Platz fahren.

Was wir nicht bemerkten, war, dass die Pferde während der Pause ihre Köpfe aneinander gerieben hatten und „Moritz", der Spezialist für diese Übung war, dabei das Kopfstück so tief hatte, dass er kein Kandaren-Gebiss mehr im Maul hatte und auch kaum was sehen konnte.

Erst als wir an einer Ampel bei „Rot" halten mussten, sah ich das Dilemma.

Er war die ganze Zeit ohne Führung neben seinem Artgenossen hergelaufen. Es hätte sonst was passieren können, denn das ganze Gespann war für eine Rechtskurve nicht lenkbar. Gott sei Dank hatten wir nur eine Linkskurve und Geradeaus-Fahrten.

Aber das hätte gewaltig schiefgehen können, da wir uns im öffentlichen Straßenverkehr befanden. Mit dem sturen „Max" hätte das nicht passieren dürfen.

Fahrt mit den Wessis

Die Warmblutstute „Momo", welche meine Ausbilderin mit in den Stall gebracht hatte, war ein ehemaliges „Serum-Pferd" gewesen von der Insel Riems. Dort wurden Pferde gehalten, die mit TBC-Bakterien infiziert wurden. Das Pferd ist in der Lage, dagegen Antikörper zu produzieren, die dann nach der Blutentnahme beim Pferd zu Impfstoffen gegen TBC beim Menschen verarbeitet werden konnten. Das hatte der Forscher „Robert Koch" seinerzeit erkannt.

Diese Pferde wurden auf den weiten fruchtbaren Wiesen der Insel gehalten und hatten, abgesehen von den ständigen Spritzen, denen sie sich für diese Prozedur unterziehen mussten, ein schönes freies und artgerechtes Leben.

Um die Tiere von weiter Entfernung erkennen zu können, wurden ihnen große Nummern in die Fellseiten gebrannt.

So eine hässliche Nummer und eine energische Abscheu vor Spritzen und spitzen Gegenständen aller Art hatte Momo.

Aber Momo war in der Lage, ihre Augen auf ganz komische Weise zu verdrehen, wenn sie etwas genervt war. Das sah dann erschreckend aus.

Nun hatte ich eine Gruppe von Touristen, die eine Kutschfahrt gebucht hatten.

Wie so oft, stellten auch diese Leute so allerhand Fragen zu den Pferden, währenddessen ich die Kutschpferde vorbereitete.
Die Haflinger waren an der ersten Box angebunden, in der Momo stand. Sie sollte heute noch als Reitpferd einen Einsatz haben, darum stand sie zu der Zeit schon im Stall und nicht auf der Koppel.

Ein Tourist fragte mich, was Pferde denn so fressen. Ich gab ihm Antwort. Dann nahm er etwas Heu und wollte sie damit füttern.
Momo drehte sich um, nahm ihm das Futter nicht ab und verdrehte auf ihre Art die Augen. Im Anschluss gähnte sie.
Dass Momo nicht von jedem Futter annahm, hatte meine Ausbilderin ihr beigebracht.
Der Tourist erschrak und flüchtete schnell auf Abstand von der Box. Ich schaute nach, was los war. Er fragte mich dann ganz aufgeregt, was er da falsch gemacht hätte und ob dem Pferd nun schlecht sei und es gleich „kotzen" müsse. Die verdrehten Augen und das vom Gähnen aufgerissene Maul flößten ihm zusätzlich Angst ein. Ich lachte bloß und sagte, dass Pferde gar nicht „kotzen" können aufgrund ihrer Anatomie im Innern.
Das Augenverdrehen sei so eine Eigenart von ihr und das Gähnen zeugt von Langerweile. Dann war er ja beruhigt. Ich sagte auch, dass Momo auch besonders von ihrer Besitzerin abgerichtet sei. Viele Reiter versuchen die Pferde mit „sch" und Zungenschnalzen zu beruhigen, wenn etwas Aufregendes im Anzug sei.
Momo ist genau „verkehrt herum" dressiert und geht dann richtig los. Dann halten die Reiter beim nächsten Mal endlich den Mund und setzen Schenkel- und Gewichtshilfen ein. Mit dem Mund und mit der Sprache wird nur gelobt, oder ein Kutscher gibt per Sprache seine Befehle.
Da waren die Touristen erst einmal platt, was man so alles mit den Pferden machen kann, hielten sie die Tiere doch eigentlich total für dumme Viecher.
Inzwischen hatte ich die Wagenpferde fertig. Ich schirrte sie auf und spannte sie dann vor den Kremser. Die Leute stiegen auf und wir fuhren los.

Das Wetter zeigte sich von seiner besten Seite und alles war gut. Aber dann, wir waren schon eine halbe Stunde unterwegs, gab es einen fürchterlichen Knall und die Pferde sausten los. Schnell kriegte ich sie wieder eingefangen.

Einer der Reifen (die sowieso alle kein Profil mehr hatten) war geplatzt. Zum Glück hatte ich ein Funkgerät dabei und konnte den Chef anrufen.

Er wollte dann von einem anderen Wagen erst mal ein Rad abbauen und dann kommen. Das dauerte eine ganze Weile. So langsam wurden die nun abgestiegenen Touristen ungeduldig. Als sie dann die anderen 3 Räder begutachteten, die auch wenig bzw. gar kein Profil hatten, befürchteten sie eine Wiederholung des Dilemmas.

Ich konnte dazu nichts sagen.

Sie sollten sich deswegen dann mal mit dem Chef auseinander setzen.

Der Chef kam dann mit dem Dienst-Wartburg, in dessen offenem Kofferraum das Ersatzrad schaukelte, durch die Schlaglöcher des Weges angerauscht. Noch mit einem Lächeln auf den Lippen, was aber bald erstarb, da er den Wagenheber vergessen hatte.

Die Kunden halfen dann mit, brauchbare Steine zum Unterlegen aus der näheren Umgebung zu suchen. Die doch schon sehr verrosteten Muttern bekamen wir nach erheblichen Kraftanstrengungen ab und konnten so das neue Rad anbringen.

Verschmutzte Kleidung, verschwitzte Körper und total vertane Zeit machte die Laune der Touristen nicht besser. Der Chef erließ ihnen dann die Hälfte des Fahrpreises.

Aber eine bessere Ausrüstung der Wagen beschloss er auch für die Zukunft nicht, was wir dann noch oft genug zu spüren bekamen.

Weihnachtsfahrten mit Hindernissen

Jedes Jahr zu besonderen Anlässen in der Weihnachtszeit waren ja Fahrten mit dem Pferdeschlitten oder -wagen eine besondere Attraktion für die Kinder. In Ribnitz-Dammgarten, auch einer Kleinstadt an der Ostsee, sollte der Weihnachtsmarkt eröffnet werden, und der Weihnachtsmann sollte mit der Kutsche kommen. Der Hof hatte den Auftrag übernommen. Im Viehwagen befanden sich die Kutsche, ein alter aufgebauter Jagdwagen und die angebundenen Pferde.

Alles gut gesichert.

Schnee war das Jahr nicht gefallen zur Weihnachtszeit. Das Problem war, ich kannte mich in der Stadt nicht aus, und wir waren auf einen großen Parkplatz außerhalb der Stadt zum Be- und Entladen der Kutsche und der Pferde gefahren. Als wir dann angespannt hatten, ich hatte diesmal Christin mit als Beifahrerin, wussten wir beide nicht, wohin wir fahren sollten.

Auch gab es in der Stadt nicht so viele Wendemöglichkeiten für das Gespann.

Wir fuhren erst mal drauf los und landeten in einer engen Sackgasse.

Aber wir befanden uns schon in der Nähe des Marktplatzes und wurden per Mikrofon angekündigt. Das konnten wir schon hören.

Nun war guter Rat teuer und die Zeit knapp.

Ich stieg ab und gab Christin die Leinen in die Hand. Mit größter Kraftanstrengung drängte ich die Pferde rückwärts, um sie in eine Wendung zu bekommen. Sie gehorchten. Nur an der Kutsche knackte etwas sehr verdächtig durch den Druck.

Ich hoffte sehr, dass sie keinen größeren Schaden genommen habe. Wir bekamen das ganze Gespann auch gedreht und konnten dann den Weihnachtsmann mit etwas Verspätung in Empfang nehmen.

Die Einweihung eines neuen Einkaufszentrums

Bei den Ausbauten der Gewerbegebiete in den einzelnen Stadtteilen wurde auch gleichzeitig immer für eine gute Infrastruktur gesorgt nach der Wende.

Zu Weihnachten sollte unweit unseres Reiterhofes ein neues Einkaufszentrum eröffnet werden.

Der Veranstalter fragte wieder bei uns nach, ob wir die Weihnachtsfahrten übernehmen könnten.

Wir hatten zu der Zeit einen Mitarbeiter über ABM, ca. 60 Jahre alt und eine treue Seele von Mensch, aber sehr langsam im Denken und Handeln.

Der Mann hieß auch noch Arthur.

Wir schmückten einen Wagen weihnachtlich mit Kugeln und Grünzeug.

Dann machten wir uns auf den Weg mit dem Haflinger-Gespann. So weit war die Entfernung nicht und so hatten die Pferde bei der Ankunft nicht mehr so viel Energie.

Dort angekommen, besichtigten wir mit dem Veranstalter die Strecke, die gefahren werden sollte. Da Ostdeutschland so ziemlich überall erneuert wurde, Fassaden an den Häusern wurden bunter, Straßenbelege wurden erneuert und Schlaglöcher beseitigt, stand überall viel Technik herum. Beladene LKWs, Kräne, Bagger, Radlader. Ich registrierte das alles so nebenbei und machte einen Plan, wie da die Pferde vorbeigehen sollten.

Die Maschinen machten einen gewaltigen Lärm und bewegten sich auch.

Wir sollten uns dann aus gegebenem Anlass weihnachtlich verkleiden mit einem roten Mantel und einer Weihnachtsmann-Maske. Danach sah ich gar nichts mehr. Ich lehnte die Maske kategorisch aus Sicherheitsgründen ab. Es wurde mir gewährt.

Als wir dann noch einige Werbegeschenke für die Kinder erhielten, fuhren wir auf den Markt und erwarteten die ersten Mitfahrer.

Kindergartenkinder und Schulkinder waren die ersten Gäste. Arthur hatte die Maske auf, wir beide hatten die Mäntel an.

Wir begannen mit unserer ersten Runde. Alles klappte, es war auch nicht sehr kalt. Die Kinder hatten ihren Spaß und sangen Weihnachtslieder. An den Maschinenstandorten, die wir passieren mussten, war auch alles ruhig.

Es wurden Bodenarbeiten durchgeführt. Arthur verteilte während der Fahrt immer die Werbegeschenke an die Kinder. Die freuten sich sehr darüber.

Wir fuhren so 3 oder 4 Touren, alles ging glatt und die Kinder hatten ihren Spaß.

Es wurde langsam dämmrig und die 5. Tour stand an. Wir hatten den Wagen wieder voll mit Kindern. Aber von Weitem sah ich schon das Unheil kommen: Die Maschinen und der Kran waren in Aktion. Ich musste an ihnen vorbei.

Wieder keine andere Alternative als die Wendung in Aussicht.

Ich wusste aber, dass mein Kremser 2 unterschiedlich große Vorderräder hatte. Machte ich eine enge Rechtskurve, lag der Kasten auf dem Rad auf. Entweder das Rad blockierte und es bewegte sich nichts mehr, oder die Pferde kippten den Wagen um.

Aber um jetzt einer Gefahr durch den Kran zu entgehen, musste ich eine Rechtswendung machen.

Was tun? Die Straße war frei. Ich sagte zu Arthur, dass ich auf der Kreuzung eine groß angelegte Linkswendung machen würde um dann nach rechts zu kommen. Er fand das nun gar nicht so schlimm. Ich sagte, dass er aber aufpassen solle, dass kein Auto kommt. Kein Fahrer konnte mit so einer Aktion von mir rechnen.

Viel Sicht hatte ich durch den geschmückten Wagen und der dem Kutschbock sehr nahen Plane auch nicht. Ich verließ mich also nur auf Arthur. Zu spät bemerkte ich, dass er durch seine Maske nur durch die Sehschlitze geradeaus sehen konnte und da krachte es auch schon.

Ein Taxi war uns rechts in die Seite gefahren zwischen Pferde und Wagen und hatte die Wacht zerbrochen. Das Taxi war jetzt grün an der Seite, Kotflügel und Lampe waren hin.

Die Pferde waren Gott sei Dank ruhig geblieben und standen. Alle bekamen erst einmal einen gehörigen Schreck. Der Taxifahrer betitelte mich dann mit Kraftausdrücken und war voll wutentbrannt wegen meiner Aktion. Arthur nahm das alles ganz gelassen und meinte ganz ruhig: „Die Farbe kann man doch wieder überstreichen und das Licht und den Kotflügel erst mal mit „Thesa-Streifen" zusammenkleben. Das hält dann erst mal." Da wurde der Taxifahrer noch wütender. Ich schickte Arthur dann mit den Kindern, die wir ja auch noch auf dem Wagen hatten, über die Baustelle zu ihren Eltern. Dann versuchte ich den Chef anzurufen. Unterdessen traf ich zufälligerweise einen meiner fortgeschrittenen Reitschüler, dem ich die ausgespannten Pferde ich die Hand drücken konnte. Der Taxifahrer hatte seinen Chef und die Polizei informiert. Zugleich trafen die ein.

Ich hatte keinen Personalausweis dabei. Die Polizei wollte mich mit auf das Revier nehmen, um meine Identität zu prüfen. Nun konnte ich ja nicht das Gespann und den Wagen mitten auf der Straße stehen lassen. Das sahen sie dann auch ein. Der Taxifahrer war schon mit seinem Chef mit dem einen Polizisten wegen des Unfallherganges dabei, seine Version zu protokollieren. Der andere Polizist passte auf, dass ich nicht flüchtete. Ich musste lachen über so viel Blödheit.

Wohin sollte ich wohl flüchten.

Dann erreichte ich endlich meinen Chef per Funk und konnte ihm die Situation schildern. Er kam dann auch auf schnellstem Wege zu mir. Arthur, immer noch mit Maske, kam über die Baustelle auch wieder zum Unfallort zurück, nachdem er alle Kinder sicher abgeliefert hatte.

Mein Chef bestätigte dann meine Identität, sodass ich nicht mit aufs Revier musste, und begutachtete den Schaden.

Er erledigte dann alle nötigen Formalitäten mit der Polizei und dem Taxifahrer. Artur und ich besahen uns derweil die zerbrochene Wacht und überlegten, wie wir hier wegkommen könnten.

Als der Chef dann auch dazu kam, wollten wir die Wacht austauschen und dann die Fahrten weitermachen. Aber um die Wacht austauschen zu können, musste die Deichsel ausgebaut werden. Erst dann kam man an die zerbrochene Wacht heran.

Und das war das Problem. Das Ende der Deichsel steckte in einem eisernen Vierkant-Gehäuse, welches am Wagen ange- schweißt war. Die in dem Gehäuse steckende hölzerne Deichsel war stark aufgequollen, da die Kremser immer draußen standen. Der Chef fuhr zum Hof, holte eine neue Wacht, eine lan- ge Zeltstange und einen Vorschlaghammer. Unterdessen hatten sich schon viele Neugierige um uns versammelt, die die Pferde mal streicheln wollten oder fragten, ob sie was helfen könnten. Mein Reitschüler war unterdessen halb erfroren, er hatte nicht viel an und war für so eine Aufgabe auch nicht vorbereitet. Ich erlöste ihn. Aus den früheren Erfahrungen schlauer geworden, fuhr ich keine Fahrten mehr ohne Ersatzstricke für die Pferde.

Die holte ich nun aus dem Kremser heraus und band die Pfer- de damit am Laternenpfahl fest. Kleine Kinder konnten sie dann derweil betüddeln und sie somit ruhig halten.

Unterdessen kam der Chef mit besagten Utensilien zurück.

Er setzte die Zeltstange von hinten an das Ende der Deichsel an und Arthur hielt die Zeltstange in Position. Ich stand vorne an der Deichsel und sollte diese bewegen, damit sie leichter aus dem Vierkant kommen sollte. Der Chef selbst schlug mit dem Vorschlaghammer gegen die Verlängerung, die die Zeltstange nun darstellte.

Da ich so wütend war über diese ganze improvisierte Technik und auch fror wie sonst was, sagte ich nichts, als ich bemerkte, dass der Chef so nach und nach nicht mehr gegen die Zeltstange und Deichsel schlug, sondern die Zeltstange sich so verschoben hatte, dass sie gegen den Vierkant stieß. Der Chef verausgabte sich total. Ich ließ ihn einige Zeit als „Rache" gewähren. Dann machte ich dem Treiben ein Ende und sagte: „Die Deichsel hat- te sich noch keinen Zentimeter aus dem Vierkant bewegt. Das Holz ist derart aufgequollen, dass das heute nichts mehr wird." Ich machte den Vorschlag, die Kremser zu tauschen. Sonst wür- den wir um Mitternacht noch dasitzen. Das sah der Chef dann auch ein. Arthur und ich schmückten den Kremser ab, während er per Trailer einen anderen Kremser holte. Den defekten luden wir dann auf den Trailer und der Chef fuhr damit zum Hof. Wir spannten die Pferde vor den neuen Kremser und fuhren wieder zum Treffpunkt. Der Veranstalter empfing uns schon und fragte, was denn passiert sei. Wir schilderten ihm die Sache und er sagte, wir sollten Feierabend machen, es sei schon spät. Ich rief dann den Chef erneut an und er holte die Pferde und uns per Hänger und Auto ab.

Nächsten Tag lief alles unfallfrei ab.

Die Fahrten im Korso nach Graal-Müritz

Jedes Jahr zu Weihnachten und Silvester erwartete das „Grande Hotel" des Ostseebades „ Graal-Müritz" Gäste aus Berlin zum Fest und zum Jahreswechsel.

Um die Zeit zwischen Mittag und Kaffee auszulasten, sollten die Gäste per Kremser das schöne Seebad und den Strand kennenlernen.

Wir kamen mit 4 Kremsern zum Hotel. Schon die Fahrt dahin war recht abenteuerlich. Da es früh dunkel wurde, wollten wir nicht „zu Fuß" fahren.

Alle 8 Pferde wurden auf den großen Viehhänger geladen. Dahinter noch wurden an den Deichseln, nur mit Stricken angebunden, jeweils 2 Wagen gehängt. In jeder Kurve hätten die Kremser dann auch bald den Viehhänger überholt, denn sie waren nicht brems- oder lenkbar.

Das Ganze wurde von einem Traktor ohne TÜV gezogen. Ein Dorfbewohner hatte sich zu dieser „Straftat" bereiterklärt. Der Chef vermutete an den Feiertagen keine Polizeikontrollen.

Der Chef selbst zog einen Kremser per Trailer mit seinem Auto. Ich bekam den anderen Dienstwagen, der auch eine Zugvorrichtung für Anhänger hatte. Die Kutscherinnen beförderte ich im Auto, ebenso den letzten kleinsten Kremser auf meinem Trailer.

Als wir dann auf dem Parkplatz des Hotels alles entluden, staunten die Gäste nicht schlecht über unsere Arten der Beförderung. Gott sei Dank war keine Polizei unterwegs. Die Fahrerlaubnis wäre futsch gewesen. Wir wären bestimmt auch nie angekommen in Graal-Müritz.

Genügend Decken bekamen die Gäste vom Hotel mitgeliefert. Wir durften die dann später behalten für weitere Fahrten bei Kälte. Die Fahrten selbst verliefen unfallfrei und ohne Vorkommnisse. Dann ging es zur Rückfahrt. Man konnte durch die Heide eine Abkürzung zu unseren Hof befahren. Schnee gab es nicht, die Wege waren also frei.

Das Auto, welches ich auf der Hinfahrt fuhr, wurde jetzt von einer Kollegin mit Fahrerlaubnis übernommen. Ein Kollege fuhr den Viehhänger heim. Wir fuhren mit den 4 Kremsern durch den Wald zum Hof. Ein Stückchen Straße mussten wir aber doch fahren, bis wir zu der Waldeinfahrt gelangten. Das Problem war, wir hatten keine Beleuchtung an den Wagen, noch nicht mal Katzenaugen. Nun war auch noch Neumond und wir hatten nur das Sternenlicht. Wir waren sehr schlecht und spät für die Autofahrer erkennbar.

Auch ahnte keiner, der von hinten kam, dass wir mit 4 Wagen unterwegs waren.

Häufig wurden wir angehupt von den Fahrern wegen unserer Leichtsinnigkeit.

Und dann geschah es in einer Kurve. Wir wurden von einem Auto überholt, dessen Fahrer nicht einschätzen konnte, wie lang unser Korso war. Als er dann einem entgegenkommenden Wagen ausweichen wollte, verlor der Fahrer die Kontrolle über das Auto, weil er zu spät den vorderen Kremser bemerkte und nicht in die Pferde fahren wollte. Er überschlug sich mehrfach, landete dann im Graben und fuhr noch gegen einen Baum.

Das Ganze dauerte nur kurze Zeit. Uns rutschte das Herz in die Hose, waren wir doch alle Führerscheinbesitzer und beim Lenken eines Pferdegespannes kann man auch durch einen Unfall, den man verursacht hat, diese loswerden.

Erst mal hielten wir an und wollten nach dem verunfallten Auto sehen. Wir staunten nicht schlecht, dass 2 Personen aus dem

Auto sprangen und die Nummernschilder abbauten. Der dritte war am Kopf verletzt und blutete stark.

Die anderen 2 Personen riefen ihm was in ausländischer Sprache zu und verschwanden in den Wald.

Wir wollten ein Auto anhalten und Polizei und Rettungswagen rufen. Aber in gebrochenem Deutsch sagte der Verletzte immer wieder, dass er das auf keinen Fall wollte, auch keinen Arzt.

Da die Pferde nun schon unruhig wurden, es war stockdunkel, nur das Licht des verunglückten Autos brannte noch, mussten wir weiter. Wir wollten dann auf schnellstem Weg durch den Wald zum Hof und einer sollte dann meine Kollegin mit dem Auto und den Verletzten abholen. Meine Kollegin wollte dann solange bei dem Verletzten bleiben.

Es stellte sich später heraus, dass das Auto gestohlen war, die Mitfahrer waren allesamt Ausländer ohne Krankenversicherung und hatten auch keine gültige Fahrerlaubnis.

Durch den Wald gehend, mussten wir uns auf das Sehvermögen der Pferde verlassen. Wir hatten nur unsere Feuerzeuge dabei als Lichtquelle. Dann waren auch noch 2 der Fahrer nachtblind.

Mit beruhigenden Worten lief ich zu Fuß neben den Kremsern her, wobei mein Gespann führerlos lief währenddessen. Wir wurden dann nach ca. einer Stunde schon sehnsüchtig am Stall erwartet. Den Pferden und uns war so weit außer Schreckmomenten nichts weiter passiert.

Später wurden dann diese Fahrten auf legale Weise absolviert.

Die Männertags-Fahrten

Die Herrentage waren auch immer ein Abenteuer für uns.

Ein Jahr hatten meine Ausbilderin und ich eine ganz besondere Truppe an Bord.

Ich war noch in der Beifahrerposition.

Wir warteten mit unserem Gespann bereits einige Zeit auf die angemeldete Kundschaft. Mit Bierkästen, Akkordeon und

Gitarre bewaffnet, kamen dann 10 recht eigenartig aussehende Männer auf uns zu.

Die Kleidung recht bunt, im Gesicht geschminkt und ein sonderbares Gebaren miteinander ließ uns dann vermuten, dass wir es mit Schwulen zu tun hatten.

Ich war froh, dass ich nicht alleine war, denn die machten mir doch ein bisschen Angst. Hatte ich doch noch nie mit solchen Menschen zu tun und zu dem Zeitpunkt waren Schwule und Lesben noch ein Tabuthema.

Aber es stellte sich heraus, es waren Menschen wie du und ich. Sie tranken ihr Bierchen und dann fingen sie an zu singen. Einer war sogar Opernsänger von Beruf. Das hörte sich auch alles ganz gut an. Lachen mussten wir nur immer insgeheim über ihr Gebaren, die Liebeserklärungen und der Umgang miteinander. Aber sie waren nicht betrunken und akzeptierten uns auch voll als Kutscherinnen.

Als wir eine weitere Fahrt mit 3 Kremsern in einem anderen Jahr zum Herrentag in Angriff nahmen, waren die Männer schon gewaltig alkoholisiert bei der Ankunft. Wir standen mit 2 Zweispännern und einem Einspänner parat. Max sollte als Einspänner von meiner Kollegin gefahren werden. Da sich viele der Männer kannten, benahmen sie sich nicht so gut und der Wagen von Max war überfüllt. Wir wollten die Männer dann zahlenmäßig anders aufteilen.

Das bekam meine Kollegin aber nicht mit und sie fuhr an. In Anbetracht der Kraft, die ein Pferd beim Anziehen des Wagens aufbringen muss, legte Max sich in die Sielen.

Dann passierte alles zugleich. Er holte tief Luft und da riss der schon poröse Bauchgurt. Im gleichen Moment gab es durch den überfüllten Wagen einen lauten Knall und es platzte auch noch ein Reifen, der wohl über einen spitzen Stein gerollt war. Großes Gelächter der betrunkenen Männer trieb meine eh schon total genervte Kollegin zur Weißglut und sie schmiss alles hin und fuhr nach Hause mit ihrem Auto.

Der Chef war außer sich und sie bekam die Kündigung. Wir teilten dann die Wagenbesatzung auf die anderen 2 Wagen auf und machten dann die Fahrt, die auch ohne weitere Vorkommnisse ablief.

Sie klagte gegen die Kündigung und bekam Recht. Angefangen hatte sie aber nicht wieder auf dem Reiterhof.

Ein anderes Jahr sollten wir mit 3 Gespannen einen Pendelverkehr mit Gespannen für Fußgänger fahren, da die Straßen wegen des hohen Rad- und Fußgängerverkehrs für Autos gesperrt waren. Zu einem beliebten in der Nähe liegenden Ausflugsziel sollten die Menschen dann per Planwagen gefahren werden, um dann dort den Herrentag zu verleben. Wir hatten ein neues Pferd eingefahren, was den Tag zum Einsatz kommen sollte.

Es klappte auch alles wunderbar, das Pferd war zwar noch nicht zuverlässig, war aber so weit gut zu beherrschen. Wir fuhren mit 2 Kremsern hintereinander sodass der vordere Wagen notfalls als Prellbock dienen konnte, sollte das neue Pferd doch zu schnell und unberechenbar werden, Dann zog der Chef 2 Gespanne ab, da die Pferde zum Reiten eingesetzt werden sollten. Nur mein Gespann sollte noch eine Tour fahren. Jetzt hatte ich keinen „Prellbock" mehr.

Aus dem Grunde der Straßensperrung für Autos hatten sich die Besucher überall kreuz und quer in die Landwegeinfahrten gestellt und alles zugeparkt.

Wie zu erwarten, Gott sei Dank in einer Leerfahrt, ging mein Gespann durch. Ich hatte keine Gewalt mehr über die panisch in Richtung Heimat flüchtenden Pferde.

Mein Gedanke war nur noch „Fahr den Landweg, nicht die Straße". Im gestreckten Galopp rasten wir den unebenen Landweg entlang. Einem Wunder gleich kam uns keiner in die Quere. Trotzdem sahen wir aber auch rechts und links im Straßengraben zwischen Brennnesseln die Schnapsleichen samt ihren Fahrrädern liegen und ihren Rausch ausschlafen. Dann sah ich das Unheil auf uns zukommen. Zwischen 2 eng geparkten Autos war mit dem Gefährt kein Durchkommen möglich. Die Pferde waren endlich ausgepowert und gingen im Schritt. Mein Beifahrer stieg ab und wollte das neue Pferd führen. In dem Moment stieg der Wallach vor dem Wagen kerzengerade hoch und begrub meinen Beifahrer unter sich. Dann rasten die Pferde mit Karacho durch die Enge. Die Spiegel der Autos flogen ab, die Türgriffe sprangen, an großen Federn hängend, heraus, die Geschirre zerrissen, während der Kremser mit lautem Krach zwischen den Autos stecken blieb. Ich flog auch vom Wagen, verletzte mich aber nicht. Auch mein Beifahrer war glimpflich davongekommen und war von den Hufen des steigenden Pferdes nicht getroffen worden. Bis zum Stall war es nicht mehr weit. Mein Beifahrer sollte nun beim Wagen auf die Fahrer warten. Ich wollte den Chef holen, damit er das alles klären sollte. Denn ganz schuldlos an dieser Sache waren die Autofahrer auch nicht. Da die Fahrer der beiden Autos noch nicht gekommen waren, legten wir Zettel zwischen die Scheibenwischer. Wir zirkelten dann den Wagen zwischen den Autos durch und schoben ihn zum Stall. Der musste auch erst mal repariert werden, Die Pferde waren bereits versorgt worden. Bei solchen Einsätzen bekam keiner frei und alle mussten verfügbar sein.

Ein folgenschwerer Ausbruch

Während der DDR-Zeit war der Pferdestall ja ein Rinderstall gewesen. Da das umliegende Gelände sehr viel Grasland enthielt, wurde natürlich alles für den Koppelgang der Tiere genutzt. An der Straße befand sich am Dorfeingang auch so eine große Koppel. Auf der hatte man früher einen überdachten Melkstand für die Kühe gebaut, die schon gemolken wurden, da der Stall nicht über eine Melkanlage verfügte. Als dann nach der Wende alles zum Pferdestall umgebaut wurde, hatte man die Melkanlage aus dem überdachten Gebäude entfernt und einen Unterstand für die Pferde daraus werden lassen. Die Koppel wurde zur zusätzlichen Sicherheit mit Schleeten und 2-facher Stromlitze umzäunt.

Aber der Name der Koppel hieß immer noch „Melkstand-Koppel".

In der warmen Jahreszeit von April bis Oktober blieben die Schulpferde und auch Pensionspferde, deren Besitzer das wollten, Tag und Nacht draußen. In der Nacht hatten die Tiere nicht so stark mit den quälenden Insekten zu kämpfen und fanden auch mal Ruhe, um zu schlafen.

Es war aber auch bekannt, dass auch Wildschweine diese Koppel frequentierten. Darum wurde der Stromfluss in den Litzen um die gesamte Koppel täglich kontrolliert.

Ich wohnte zu der Zeit unweit des Stalles. Eines Morgens stand mit einem Mal ein Bauarbeiter vor meiner Tür. Gegen 7.00 Uhr klingelte es Sturm. Ich war noch im Schlafzeug und ging schauen, was los war. Er sagte, dass ich ganz schnell zur Straße kommen solle, da sei ein schlimmer Verkehrsunfall im Zusammenhang mit den Pferden passiert. Mehrere Autos seien verunfallt und die Pferde liefen dazwischen herum. Ich zog mich an, stieg auf mein Fahrrad und fuhr los. Als ich an der Straße ankam, stockte mir der Atem. 6 Autos waren ineinander gefahren. Kopflos und panisch rannten die Pferde dazwischen herum. Ein Stückchen weiter hielt ein Bauarbeiter an einem großen Strick „Susi" fest, die blutüberströmt an Kopf und Brust auf 3 Beinen stand.

Beide Spuren waren verstopft, denn es war der morgendliche Berufsverkehr im Gange.

Ich hatte zum Glück mein Telefon dabei und rief sofort den Chef an. Der kam dann auch bald.

Polizei und Krankenwagen, ebenso die Tierklinik waren auch schon angefordert worden. Mich musste der Bauarbeiter wohl vom Reitunterricht her kennen, da er wusste, wo ich wohnte. Sonst hätte wohl auch keiner die Benachrichtigung zu diesem Zeitpunkt bekommen.

Ich wunderte mich nur, warum denn nicht unser Tierarzt, der ein Dorf weiter wohnte, schneller angefordert worden war. Aber es war Vorschrift, die Tierklinik anzufordern.

Die mussten ja nun auch erst durch den Stau. Der Chef war dann auch angekommen und klärte die Sachen mit der Polizei. Eine Frau hatte ihr Baby verloren und wurde sofort in die Klinik gefahren. Die 6 Autos hatten Totalschaden.

Mit den Fahrern versuchte ich dann die Pferde wieder auf die Koppel zu bringen und diese notdürftig zu reparieren, um einen weiteren Ausbruch zu unterbinden.

Dann war auch die Tierklinik angekommen mit Hänger. Ein Tierarzt betäubte „Susi", die inzwischen umgefallen war, mitten in die Scherben und Autoteile. Sie stand total unter Schock. Auf einer Plane wurde sie dann von 6 Helfern in den Hänger getragen. Sie wog als Haflinger-Kaltblut-Mix auch nicht gerade wenig. Anschließend wurde sie dann in die Tierklinik gefahren. Der Chef und ich überlegten, wie es zu diesem Unglück hatte kommen können. Die Spuren besagten, dass eine Horde Wildschweine die Schleeten und den Stromzaun zerstört hatte. Susi war das Privatpferd eines Kutschers, der in Hochzeiten der Kundenanfragen mit der Stute bei uns ausgeholfen hatte. Er wohnte ein 1 Dorf weiter. Er spannte Susi dann immer vor einen Wagen und kam auf den Reiterhof zur „Pferde- und Fahreraushilfe". Susi kannte also den Weg nach Hause. Der Besitzer von Susi hatte aber zu dieser Zeit einen Unfall gehabt und war im Krankenhaus. Im Hof hatte man sich dann bereiterklärt, sein Pferd und den Hund während der Zeit in Pflege zu nehmen. Darum befand sich Susi zu dieser Zeit mit in der Herde. Als sie dann bemerkte, dass der Zaun defekt war, führte sie die Herde beim Ausbruch an.

Das alles war natürlich anhand der deutlichen Spuren nachzuvollziehen.

Denselben Tag kamen auch noch die Versicherungsagenten an und dokumentierten den Schaden und den Unfallhergang ganz genau, denn es waren Unmengen an Geldforderungen zu tätigen. Und hätte der Hof da nur ein Quäntchen Mitschuld gehabt, hätte die Versicherung nichts gezahlt und wir hätten dicht machen können.

So kam die Versicherung für alle Schäden auf.

Susi allerdings hat es nicht geschafft. Als sie wieder bei sich war, griff sie jeden Menschen an und konnte keiner medizinischen Behandlung unterzogen werden. Susi wäre sowieso nach diesem Geschehen nie mehr als Wagenpferd zu gebrauchen gewesen. Sie war bedingt zu reiten, da sie keine Ausbildung als Reitpferd hatte und auch schon 10 Jahre alt war. Aber wenn sie Menschen angriff, konnte man das Risiko nicht eingehen, dass sie Umgang mit Reitern hätte. So musste sie eingeschläfert werden. Für den Besitzer war das natürlich auch ein harter Schlag. Da er sich aber auch nicht mehr vollständig von seiner Unfall-verletzung erholte, zog er zu seiner Tochter. Da diese aber keine Tiere beherbergen konnte, blieb der Hund auch in der Obhut des Chefs. Da kann man mal wieder sehen, wie wichtig Tier-halter-Versicherungen sind. Tiere können noch so lieb sein, be-rechenbar ist kein Tier zu 100%.

9. Kapitel
Die Arbeit mit Behinderten

Ursprünglich war mein Plan ja mal gewesen, mit der Kollegin, die dann das Drama mit Max an besagtem Herrentag hatte, Reiten für Behinderte groß aufzubauen in Selbstständigkeit.

Bevor wir beide auf dem Reiterhof zusammen arbeiteten, organisierte sie für uns beide Teilnahmen an Kursen in der Nähe von Fulda, was im Bundesland Hessen liegt.

Da kamen Interessierte aus der ganzen Bundesrepublik zusammen. Wir waren ca. 15 Teilnehmer aus allen möglichen Branchen. Vom Orthopäden über Physiotherapeuten bis zu Reitlehrern war alles dabei.

Wir fuhren mit dem Zug hin. In Hamburg mussten wir einmal umsteigen und hatten kurz Aufenthalt. Ich war bis dato ja noch nie in den alten Bundesländern.

Am Bahnhof wurden wir dann mit einem Transporter in das kleine Dörfchen „Niedermoos" abgeholt. Da lernten wir bereits die ersten Mitstreiter kennen.

Der Kursleiter war ein Ende 60-jähriger Pastor. Er hatte den 2. Weltkrieg auch mitgemacht und hatte gegen Ende einen Kniedurchschuss erlitten, wonach sein Knie dann steif blieb. Daraufhin war er zu dieser Sache mit dem Behindertensport gekommen. Sein Anwesen umfasste eine große Rundhalle. 2 Außenplätze und moderne Stallanlagen für die Pferde vervollständigten die Anlage.

Seine ganze Familie hatte sich den Pferden verschrieben. Seine Frau arbeitete auch im Behindertensport mit, seine Tochter war im Dressursport bis Klasse S (schwere Klasse) unterwegs. Sie hatte den Beruf einer Physiotherapeutin mit hippologischer Ausbildung, durfte selbst in dieser Branche lehren und war im Pferdesport in ihrem Gebiet auch Turnierrichter auf höchstem Niveau.

Die ganze Familie war sehr freundlich, außerordentlich kompetent in allem, was sie tat. Neben theoretischen Abhandlungen besahen wir uns viele Videos über das Spektrum des Behindertensportes.

Kirchlich war der Kursleiter dann auch noch für 7 Pfarreien verantwortlich.

Weltweit bekannt war er für seine selbst entwickelten Hilfsmittel für den Behinderten-Reitsport. Da gab es für „Contagan"-geschädigte Reiter, welche Missbildungen jeglicher Art an den Gliedmaßen oder gar keine Gliedmaßen mehr hatten, speziell hergestellte Sättel, Zügel und sonstiges Zubehör. Ebenso stellte er für Querschnittsgelähmte Stützsättel und spezielle Aufstieg-Hilfen, die auch per Rollstuhl erreichbar waren, her.

Der Betrieb beschäftigte sich praktisch auch mit Suchtpatienten aus der Umgebung, mit sehr agilen Kindern, schwer erziehbaren Jugendlichen und natürlich mit sehr vielen Menschen, die unterschiedliche körperliche Behinderungen hatten.

Die Pferde dafür waren Rassen und Größen aller Art. Über so manche Tiere wusste er eine Geschichte zu erzählen. Da waren auch vorm Schlachter gerettete Tiere dabei oder Pferde, die nicht rittig waren und die keiner mehr haben wollte, weil sie nur noch ausrasteten. Sofern diese Tiere keine gesundheitlichen körperlichen Schäden hatten, „erzog" er sie sich mit seinem Team und bildete sie zu Behindertenreitpferden und Therapiepferden aus. Wir staunten nicht schlecht.

Hier erlernte ich für meinen späteren Reitunterricht sehr viel über Technik, Wesen der Pferde und wie man sie auch besser ausbilden kann.

Wir Kursteilnehmer wohnten in Pensionen bei privaten Einwohnern. Jeden Morgen trafen wir uns alle Punkt 7.00 Uhr zur Stallarbeit. Dann kamen die theoretischen Aspekte, die wir uns für den Tag vorgenommen hatten. Nach dem Mittagessen, welches wir dann alle zusammen einnahmen, kam der praktische Teil an die Reihe.

Wir mimten selbst Behinderte aller Art und lernten so, wie sie sich fühlten, wenn sie ihr Leben in fremde Hände gaben. Oder wir waren die Helfer und Therapeuten, die mit den Patienten umgehen sollten.

Beides kostete viel Überwindung.

Auch über finanzielle Aspekte wurde geredet. Teilweise mussten um einen Behinderten 5 Personen anwesend sein, um jedes Risiko der Verletzung oder eines Unfalls so weit wie möglich zu verhindern. Das ist natürlich sehr kostenintensiv. In den alten Bundesländern gab es viel Unterstützung in dieser Branche über die Kirchen und Diakonien oder auch über Spenden. Ein großer Teil musste aber auch privat gezahlt werden. Da kostete eine Reitstunde schon mal zwischen 50,– und 60,– DM.

Auch brauchte der Betrieb für seine Existenz noch weitere Standbeine. Das waren natürlich der Kauf nicht allzu teurer Pferde, die Herstellung von maßgerechter Ausrüstung für die Reiter, Kursangebote und auch die Haltung von Pensionspferden in einer begrenzten Anzahl.

Gute Beziehungen zur Futterbesorgung und Mist-Entsorgung waren natürlich eine weitere Bedingung, um so etwas zu bewerkstelligen.

Wir waren an jeweils 2 Wochenenden mit Unterbrechung für jeweils 4 Tage in den Kursen angemeldet. Zum Ende hin bekamen wir ein Zertifikat für unsere Teilnahme, welches uns berechtigte, mit Behinderten in Funktion eines Helfers zu arbeiten.Einen Geländeritt machte die Tochter dann zum Ende des 2. Lehrganges mit uns in die Rhön-Berge. Da ich die kleinste und leichteste Teilnehmerin war, bekam ich einen Shetland Wallach. Ich bewunderte die Trittsicherheit des Ponys, als wir die Berge hinauf ritten, um dann eine wunderschöne Aussicht auf das sich uns bietende Panorama der Berge zu haben. Auch bergab kamen wir unfallfrei. Als der Kursleiter mich dann fragte nach dem Ritt, ob ich mit dem Pony zufrieden war, lobte ich es in höchsten Tönen. „Aber vor einem Vierteljahr stand das Pferd als ‚Verbrecher' auf dem Schlachthof", sagte er dann lachend. Es biss und schlug nach den Menschen. Mir verschlug es die Sprache. Hätte er mir das zu Beginn des Ritts gesagt, wäre ich wohl nicht auf dem Pferd geritten.

Die Zeiten der Seminare vergingen immer wie im Fluge. Der Kursleiter konnte alles so interessant vortragen und mitteilen, dass die Zeit viel zu schnell verging. Und jedes Thema machte einen Riesenspaß.

Auch lernten wir durch Zufall die damalige Vizeweltmeisterin in Dressur im Behindertenreitsport, Angelika Kreuzbach, kennen. Sie hatte Probleme mit ihrem Sattel und brachte ihn zur Reparatur. Da sie nicht gleich um die Ecke wohnte, verbrachte sie mit ihrem Freund die Tage während der Reparatur ihres Sattels in einem Hotel.

Abends in der Gaststätte tranken wir noch eine Kleinigkeit, meine Kollegin und ich. Da kam sie dann auch und fragte, ob sie sich mit an unseren Tisch setzen dürfe. Wir kamen ins Gespräch. Sie war ca. 25 Jahre alt und „Contagan"-geschädigt. Sie hatte von Geburt an keine Beine. Der maßgefertigte Sattel besaß eine Art Sitzschale, damit sie nicht vom Pferd rutschen konnte.

Der Kursleiter und sie kannten sich schon seit ihrer Kindheit. Er hatte auch Videos von ihren Wettbewerben. Am nächsten Tag zeigte er uns eines dieser Videos von der Weltmeisterschaft. Wir waren sprachlos vor Bewunderung, wie sie das Pferd regierte.

Das war wirklich ein bleibender Eindruck. Gehen konnte sie mit ihren maßgefertigten Beinprothesen. Man konnte dann nicht vermuten, dass sie keine Beine hatte, so unauffällig ging sie. Sie war auch eine so aufgeweckte junge Frau, dass ich sie total bewunderte. Als wir Kontakt mit ihr hatten, studierte sie Jura. Sie wollte mal Anwältin werden.

Als dann nachmittags unser Zug fuhr, bestand sie darauf, meine Kollegin und mich in ihrem Auto zum Bahnhof zu bringen. Der Abschied fiel uns dann doch etwas schwer. Wir hatten uns sehr gefreut, eine solche lebenslustige Frau kennengelernt zu haben.

Auch durften wir während des Lehrgangs die verschiedenen Reitweisen kennenlernen.

Wir ritten auf breiten, schmalen Pferden, probierten Damensattel, spanischen Stocksattel, Rennsattel und Westernsattel einmal aus. Eine Untersuchung der Rückenprobleme konnte, wer wollte, auch geschehen lassen, von der Tochter des Kursleiters. Sie stellte dann dieselbe Diagnose wie meine Ärztin, denn schon im Alter von Anfang 30 musste ich zu Schmerztabletten greifen. Ich konnte mich dann aufgrund der erworbenen Kenntnisse von diesen Kursen eine ganze Zeit auch therapeutisch selbst behandeln, um der stärksten Rückenschmerzen Herr zu werden.

Wir kamen in unserer Freizeit auch privat ins Gespräch mit den Teammitgliedern der Institution. Geeignete Pferde suchten sie immer. Hatten sie einige Pferde ausgebildet, verkauften sie diese auch an Interessenten. Ein ganzes Leben konnte ein Therapiepferd diesen Job nicht machen. Sie mussten auch immer wieder korrigiert werden, da sie vom Reiten im Schritt total unterfordert waren.

So sagte man uns, dass es bei einem Therapiepferd auf den Charakter, die Gesundheit und die Größe ankäme im ersten Moment. Gute fundierte Ausbildung ist immer willkommen. Hengste kommen gar nicht zum Einsatz. Die Pferde sollten ein Alter von 5 bis 8 Jahren haben.

Noch hatten meine Kollegin und ich den Traum vom Therapiereiten bei uns nicht aufgegeben. Auf die Frage hin, ob wir unsere Pferde zur Ausbildung bringen dürften, waren die Teammitglieder voll begeistert. Sofort vereinbarten wir einen Termin. So eine Ausbildung würde 4 bis 8 Wochen dauern und ca. 800,– bis 1000,– DM kosten.

Auf unserem Reiterhof hatten wir vor kurzer Zeit eine Haflinger Stute namens „Cindy" gekauft. Sie erfüllte all diese Voraussetzungen. Und Charlie natürlich auch. Wieder zu Hause, berichteten wir dem Chef des Reiterhofes von unseren Erlebnissen und machten ihm den Vorschlag, auf dem Reiterhof auch das therapeutische Reiten anzubieten. So ein Angebot gab es in unserer Umgebung noch gar nicht, das wäre eine Marktlücke. Er war gleich davon angetan. Cindy und Charlie sollten dann in Hessen zu Therapiepferden ausgebildet werden.

Meine Kollegin fragte auch mal bei den Krankenkassen nach, inwieweit die Erstattung der Kosten für die Patienten für das therapeutische Reiten möglich ist. „Ohne Trainer S-Lizenz" gar nicht", war die knappe Antwort. „Ansonsten ist es von Krankenkasse zu Krankenkasse unterschiedlich und eine ‚Kann-Bestimmung'. Aber in den meisten Fällen ist das Risiko zu groß, eher keine Unterstützung", kam dann noch hinterher. Auch bekamen wir von den Versicherungen negative Feedbacks. Die behinderten Reiter waren bei Unfällen nicht unfallversichert.

So begruben wir unser Vorhaben mit der Selbstständigkeit im Behindertenreiten und versuchten, das Unterfangen mit in dem Angebot des Reiterhofes unterzubringen. Die „Trainer S-Lizenz" wäre zu erhalten in Münster oder Köln möglich bei 50.000,– bis 80.000,– DM Eigenanteilbezahlung mit einer Durchfallrate bei den Endprüfungen von 80 %. Das war für uns beide natürlich unerschwinglich.

Der Chef hatte Charlie und Cindy dann 4 Wochen später auf den Hänger geladen. An einem schönen Sommertag in aller Frühe begann dann die Fahrt nach Hessen.

Kurz vor Berlin hatten wir eine Panne. Das Zugfahrzeug verlor Öl, welches in großer Menge gegen den Pferdehänger spritzte. Auf der Beifahrerseite, auf der ich saß, konnte ich das entdecken. Dem Chef wäre das sonst gar nicht aufgefallen, denn das Auto fuhr noch ganz normal.

Schnell fanden wir eine Werkstatt. Wir hatten Glück, die Mitarbeiter erklärten sich bereit, den Schaden zu reparieren. Wir mussten dazu den Hänger abhängen. Wir stellten ihn sicher ab. Ich blieb bei den Pferden, während der Chef sich um die Reparatur kümmerte. Für die lange Fahrt hatten wir für die Pferde genügend Heu in Netzen im Hänger angebracht. Aber Cindy hatte ihr Netz leer gefressen und viel auf dem Boden verteilt, wo sie aufgrund ihrer Größe nicht mehr hinkam.

Charlie nahm dann immer ein Maul voll Heu vom Boden auf und hielt es ihr hin.

Cindy nahm es ihm ab und fraß es. So beschäftigten sich die beiden während der Fahrt. Ich staunte nicht schlecht, wo Charlie sonst sehr verfressen war. Auch ist es bei Pferden nicht üblich, dass sie teilen.

Bald war dann auch die Autoreparatur fertig, und wir konnten unsere Fahrt fortsetzten.

In „Niedermoos" lieferten wir dann die Pferde ab und übernachteten 1 Nacht dort.

Am nächsten Tag fuhren wir dann wieder nach Hause.
Nach 4 Wochen bekamen wir aus Hessen Post. Sie haben uns
einen Zwischenbericht der Pferdeausbildung zukommen lassen.
Charlie ging bereits zu einer Veranstaltung mit einem blinden
Mädchen. Und beide haben gewonnen. Nur über Zuruf der
Richter lenkte das Mädchen mein Pferd durch die Dressurauf-
gabe in allen 3 Gangarten.

Ich war total stolz. Cindy konnte mit ihrer Ruhe und Geduld
beim Reiten mit Querschnittsgelähmten punkten. Sie war im
Galopp etwas stürmisch und da war das alleinige Reiten auf ihr
doch etwas zu risikobehaftet. Mit Charlie betreute ich gelähmte
Reiter, querschnittsgelähmte Reiter, MS Patienten, Downsyn-
drom-Kinder und geistig behinderte Patienten. Alle freuten sich
immer, wenn sie ihn sahen. Er bekam viel Zuwendung.

Dann kam der Hammer. Im Abschlussbrief, als uns mitge-
teilt wurde, dass die Ausbildung nun beendet sei, wurde ich gefragt, was ich davon hielte, Charlie zu verkaufen an den Betrieb
in Hessen. 15.000,– DM wollten sie mir bieten. Für 3000,– DM
hatte ich ihn mal gekauft. Aber so einen Freund und so ein Pferd
findet man nur einmal im Leben. Ich verneinte. Mein Vater war
da sehr böse drüber. Mein Auto hatte in letzter Zeit häufig Probleme gemacht und Ersatzteile gingen nun auch schon ganz schön
ins Geld. Was für ein Auto bekäme ich für 15.000,– DM? Mein
Vater konnte meine Entscheidung gar nicht verstehen.

Aber meine berufliche Laufbahn hing in gewisser Weise auch
von Charlie mit ab. Ein gutes Auto nützte mir da gar nichts. Ich
musste in den Abschlussprüfungen zum Beruf „Pferdewirt" auch
reiten und das wollte ich auf Charlie. Schon in so manchen Turnieren hatte er mir in der E- und A-Klasse zu Siegen und Platzierungen verholfen. Wir hatten einen Namen und waren bekannt bei den Richtern und in der Turnierszene. Teilweise auch
gefürchtete Konkurrenten in der Dressur.

Also, ich entschied mich dann gegen ein Auto und gegen
den Verkauf von Charlie. War aber sehr geschmeichelt über so
einen Vorschlag und über seine Leistung und seine Wertschätzung in Hessen.

Viele behinderte Reiter hat Charlie glücklich gemacht, mir hat er gesundheitlich auch viel geholfen. Die Ausbildung zum „Therapiepferd" hatte sich gelohnt. Seine Laufbahn beendete ich dann 2006, als er 19 Jahre alt war. Das Alter machte sich bemerkbar. Charlie war ein Allrounder, er konnte alles. Sein Futter musste er sich lebenslang im Reitunterricht verdienen. Ich brauchte nie Pension für ihn zu bezahlen. Für unsichere und ängstliche Reitanfänger war er der Fels in der Brandung. Ich ritt ihn erfolgreich auf Turnieren, zur Facharbeiterprüfung, zu Shows und Vorstellungen. 2006 wurde ich in meiner Altersklasse Ü40 Vizekreismeister in der Dressur und erhielt den Pokal. Auch für das Sankt-Martins-Reiten in der Stadt für die Kirchen wurde ich 5 Jahre lang als „Sankt Martin"-Reiter mit ihm gebucht. Obwohl einmal bald sein Schweif Feuer fing durch ein Kind, welches zu dicht mit seiner Laterne kam, überstand er auch das sehr gut. Probleme machten dann nur das Blaulicht der Polizeiautos.

18 Jahre lang gingen Charlie und ich durch dick und dünn. Anspannen ließ er sich übrigens nach einem schlimmen Erlebnis, was wir noch im Dorf hatten, lebenslang nicht mehr.

Der Kollege, der mir seine Koppel damals zur Verfügung gestellt hatte, fragte mich eines Tages, ob ich Charlie mal für das Kartoffeln-Häufeln in seinem Garten einsetzen könnte.

Ich dachte so bei mir, wenn er Wagen zieht, wird er wohl auch einen Häufler ziehen.

Aber weit gefehlt, er kannte das nicht und das Gerät war sehr schwer. Er tobte dann mit dem Teil los, als er anziehen sollte. Ich kam nicht mehr mit. Dann fiel ihm das Ding auch noch in die Hinterbeine und verletzte ihn. Als wir ihn wieder eingefangen hatten, war keine Kartoffelreihe mehr zu erkennen. Alle Kartoffeln mussten noch mal in die Furche gelegt werden. Das ging dann total daneben.

Charlie war mein erstes eigenes Pferd. Den Beruf und die Kompetenz, mit einem Pferd richtig umzugehen, erlernte ich ja auch erst in der Umschulung. So blieb auch nicht aus, dass ich zu Beginn mit ihm auch viele Fehler machte. Zum Beispiel überforderte ich ihn in seinen jungen Jahren mehrfach. Da er alles anstandslos mitmachte, lief er so manches Mal 5 Stunden am Stück ohne Pause. Ich merkte seine Erschöpfung nicht.

Dann setzte ich auch in seinen jungen Jahren manchmal viel zu schwere Reiter auf seinen Rücken, was so nach und nach zur Entwicklung eines Senkrückens führte.

Erst später erfuhr ich, dass ein Pferd körperlich erst mit 6 bis 8 Jahren ausgewachsen ist und vorher eine zu hohe Belastung immer zu Rückenschäden führt.

Aber das merkte ich dann doch noch rechtzeitig, dass es nicht zum gefährlichen „Kissing-Spin" kam. Dabei ist die Wirbelsäule so weit durchgebogen, dass sich die Wirbel berühren und die Bandscheiben sich auflösen oder verrutschen. Das Tier hat dann immer unerträgliche Rückenschmerzen und ist nicht mehr zu reiten.

Mit viel Bodenarbeit zur Stärkung der Bauchmuskulatur bekam ich die „Oberlinie" dann wieder ein wenig aufgewölbt. Eine Chiropraktikerin für Pferde gab mir Übungen und Ratschläge, wie ich meinem Pferd helfen kann. Mit 21 Jahren war Charlie dann am Ende. Ich hatte ihn schon ins Rentnerdasein geschickt. Er wurde nur noch wenig geritten, wurde aber neben Koppelgang auch durch vieles Spazierengehen in Form gehalten.

Eines Abends rührte er sein Futter nicht mehr an und war total apathisch.

Selbst Leckerlis und Möhren wollte er nicht. Nächsten Morgen lag er dann in der Ecke. Das Stroh war nicht zerwühlt, was auf einen Todeskampf durch eine Kolik oder anderen qualvollen Schmerzen hingedeutet hätten. Er war einfach an Altersschwäche friedlich eingeschlafen. Der Tag war für mich Volkstrauertag. Ich bekam Urlaub, weinte nur noch und trauerte um mein Pferd. Das ganze Leben mit ihm ließ ich noch mal an mir vorbeilaufen. Wir waren 18 Jahre ein Team. Auch jetzt muss ich noch weinen, während ich dieses Thema niederschreibe.

Das Abholen des Kadavers durch den Abdecker veranlassten dann meine Kollegen. Das konnte ich nicht mit ansehen. Ich wollte ihn in Erinnerung behalten, wie er war, nicht wie er an den Hinterbeinen am Kran in einen Container gehievt wird. Ich kannte das schon von anderen Pferden, die ich abliefern musste.

Als Charlie auf dem Reiterhof ankam, musste ich mir auch einfallen lassen, wie das nun mit der Hufpflege weitergehen sollte. Es waren im Gelände sehr vieleSchotterwege vorhanden, die das Tragen von Eisen erforderlich machten.

Schon nach einem halben Jahr Arbeit nur auf Gras- oder Sandboden fing Charlie an, vorne zu lahmen. Ich fand keinen Grund, warum. Der Mann von der Kollegin, mit der ich mich selbstständig machen wollte, war ein kompetenter und sehr erfahrener Hufschmied. Er hatte auch die Befähigung, Pferde im Beisein vom Tierarzt im Hufbereich zu operieren. Nur spritzen und betäuben per Injektion durfte er nicht.

Ich sprach mit ihm und teilte ihm auch Charlies „Männerprobleme" mit aufgrund seiner ersten Erfahrung mit einem Schmied.

Das verstand der ruhige und tierliebende Schmied alles. In der Diele des Stalles hatte er sein Auto stehen. Dort gab es auch eine Anbindevorrichtung für Pferde. Ich brachte mein Pferd dahin und band ihn an. Ich stand noch dabei, als der Schmied sich ganz ruhig mit ihm bekannt machte. Nichts passierte, Charlie hatte die Ohren freundlich gespitzt nach vorne gerichtet. Dann schickte der Schmied mich weg. Ich ging in den Stall und beobachtete alles durch einen Türspalt. Charlie konnte mich nicht sehen. Der Schmied tat nichts, Charlie blieb auch ruhig. Dann sprach er in sein Ohr. Der Wallach schloss die Augen, ganz entspannt setzte er ein Hinterbein ab und hörte zu, was der Schmied ihm ins Ohr flüsterte.

Ich staunte nicht schlecht. War der Schmied ein „Hypnotiseur" oder „Pferdeflüsterer"? So hatte ich mein Pferd noch nie erlebt im Beisein einer männlichen Person.

Dann rief mich der Schmied wieder zu sich und sagte „So, jetzt kannst du dein Pferd aufhalten und wir können beginnen." Er verriet mir nicht, was er mit meinem Pferd gemacht hatte. „Das ist mein Geheimnis und das klappt immer", sagte er lachend.

Die Ursache der Lahmheit war dann eine sogenannte „Gelenkschale". Das ist eine Knochenwucherung des Krongelenkes, die einen Wulst aufbaut an der Oberseite des Vorderhufes. Der Schmied wollte neue Aluminiumeisen ausprobieren. Charlie sollte ein Testpferd werden. Die Aluminiumeisen können kalt aufgenagelt werden und es entsteht kein stinkender Rauch durch verbrennendes Horn. Davor haben die Pferde am meisten Angst. Das brauchten wir nicht. War nur fraglich, wie das Pferd das Nageln vertragen würde. Aber das ließ er gut mit sich machen. Auch beim Ausschneiden der Hinterhufe war er ganz brav. Am Ende der Prozedur sagte der Schmied: „So, nun ist es fraglich, wie er sich entwickeln wird. Die nächsten 2 Wochen spazieren führen ohne Reiter, dann Bodenarbeit im Sand. Wenn er in einer Woche nicht mehr lahmt, kann er mit dieser Krankheit, die unheilbar ist, aber lebenslang Eisen erfordert, 30 Jahre alt werden. Sonst muss er nach einer Woche eingeschläfert werden, dann ist ihm nicht mehr zu helfen und er wird lebenslang lahmen." Die Woche beobachtete ich ihn mit Argusaugen und befolgte die Anweisungen des Schmieds. Gott sei Dank trat dann die erste Version ein. Er duldete dann das Anbringen der Eisen immer besser, auch bei anderen Schmieden. Durch diesen Schmied und dessen Methoden hatte er sogar das Vertrauen zu Männern wiedergewonnen.

10. Kapitel
Hartmut

Da nach der Wendezeit sehr viele Eindrücke und auch Veränderungen auf mich zukamen, brauchte ich jemanden an meiner Seite. Es gab viel Gesprächsbedarf.

Marius war mittlerweile 15 Jahre alt und hatte im Jahr 1994 seine Jugendweihe.

Im Februar gab ich noch mal eine Zeitungsannonce auf in der Rubrik „Partnersuche".

Nach 14 Tagen bekam ich von der „Ostseezeitungsredaktion" einen ganzen Stapel Antwortbriefe zugeschickt.

Marius war nun schon so verständig für sein Alter, dass ich ihn bei der Auswahl mit hinzuzog. Einen ganzen Nachmittag lasen und beurteilten wir Briefe der Männer, die sich für mich interessierten.

Viele legten wir schnell beiseite, weil Größe, Alter oder Entfernung des Wohnortes nicht passten.

Aber ein Brief interessierte uns beide ganz besonders. Ich war zu der Zeit 35 Jahre alt. Der Absender des interessanten Briefes war 3 Jahre älter als ich, hatte 3 Schwestern, wovon 2 älter waren als er und die 3. seine Zwillingsschwester war. 2 wohnten im Berliner Umfeld, die älteste ca. 15 km entfernt. Da, wo er seine Wohnung hatte, hatte mich meine erste Autofahrt während der Fahrschulausbildung hingeführt. Ich kannte das Dorf unweit der Großstadt, in deren Nähe Marius und ich wohnten.

Der Schreiber hatte dunkle Haare, war Brillenträger, hatte einen kleinen Schnauzer und braune Augen. Von der Größe her nahmen wir uns nicht viel, höhere Schuhe konnte ich aber noch tragen, ohne größer zu sein, wenn wir mal ausgehen wollten.

Er arbeitete als Kraftfahrer, war auch geschieden und hatte eine Tochter. Mit seiner Ex und der Tochter hatte er aber keine Verbindung mehr, da die Frau wieder verheiratet war. Die Ex hatte übrigens denselben Vornamen wie ich.

Ich kündigte mein Interesse im Einvernehmen mit meinem Sohn brieflich an und wir vereinbarten dann ein Treffen auf neutralem Boden.

Ich wartete schon auf dem Parkplatz in meinem Polo und prüfte alle ankommenden Autos. Ich hatte mich nur durch mein Auto zu erkennen gegeben. Sollte der Interessent mir dann doch nicht gefallen, wollte ich schnell wegfahren können.

Zum vereinbarten Zeitpunkt kam er dann auch pünktlich in einem weißen Honda „Civic" angerauscht. Da ein Parkplatz neben mir frei war, erkannte er mein Auto sofort und stellte sich neben meins.

Dann stiegen wir beide aus und begrüßten uns ein wenig schüchtern. Er war genau mein „Beuteschema". Seine braunen Augen, die Grübchen an den Seiten sorgten für ein Aussehen, welches mir gleich den Anschein gab, ihn schon jahrelang zu kennen.

Was natürlich nicht der Fall war, denn ich hatte ihn noch nie vorher gesehen.

Wir gingen in ein Café, setzten uns in eine etwas abgelegene Nische und tranken einen Kaffee. Dann tauschten wir unsere Geschichten aus. Für mich war es sehr wichtig, dass der Mann an meiner Seite Verständnis für meinen Beruf und mein Hobby aufbringen konnte. Sonst hätte das alles keinen Zweck. Auch sollte er tier- und kinderlieb sein. Ich war ja zu dem Zeitpunkt noch in der Facharbeiterumschulung zum „Pferdewirt" und hatte dementsprechend im Moment noch etwas wenig Zeit für eine Beziehung. Das hieß, dass auch erst mal seltene Treffen und viel Geduld und Warten-Können angesagt waren. Er meinte, dass das für ihn kein Problem wäre. Er arbeitete als Kraftfahrer und da gäbe es auch mal weitere Touren, die nicht immer zu einem geregelten Feierabend führen würden, wofür er dann auch Verständnis von seiner Partnerin erwarte. Also kamen wir nach 3 Stunden Plauderei schnell auf einen Nenner, dass wir eine Beziehung beginnen wollten.

Kurze Zeit danach stellte ich ihm dann auch Marius, meine Arbeit und meine Tiere vor. Hartmut war begeistert und fügte sich schnell ein in unser Leben.

Dann rückten die Vorbereitungen der Jugendweihe in den Vordergrund.

Ein Anzug für Marius musste besorgt werden, passende Schuhe dazu und eine Fliege.

Das war Gott sei Dank nicht so mühevoll wie damals die Kleiderbesorgung zu meiner eigenen Jugendweihe. Marius war auch nicht so wählerisch wie ich, und wir kamen schnell zum Ziel.

Wir wollten die Feier so gestalten, dass wir mit meiner Familie und Hartmut, der ja nun schon dazugehörte, im „Ratskeller" zu Mittag essen wollten. Nachmittags sollte dann eine Kutschfahrt durch die Heide bis zum Kaffee stattfinden. Die Kaffee- und Abendbrotzeit wollten wir dann im „Waldblick", einer privaten Gaststätte gegenüber dem Pferdestall, mit Tanz, Unterhaltung und weiterem Kennenlernen der ganzen Familie verbringen.

Die Feierstunde fand im „Barocksaal" der Stadt statt. Selbst seinen Vater, der aber ein paar Stuhlreihen hinter uns Platz genommen hatte, hatte Marius eingeladen. Er grüßte uns nach der Feierstunde kurz, übergab Marius ein Geschenk und entfernte sich dann wieder. Fand ich ganz gut, dass er keinen Ärger mit Pöbeleien verbreitet hatte und vor allem, nüchtern erschienen war.

Im Ratskeller aßen wir alle zu Mittag. Nun wollten wir natürlich auch auf den Tag anstoßen mit einem Glas Sekt. Ich wunderte mich nur, warum Hartmut sich so zierte und ein Glas Wasser haben wollte. Er gab an, noch Auto zu fahren. Aber mein Vater fuhr auch noch Auto, ebenso meine Onkel.

Als meine Mutter und ich ihn dann gemeinsam überzeugten, 1 kleines Glas mitzutrinken, wurde er weich. Das war mit der fatalste Fehler meines Lebens. Er hatte mir nicht gesagt, dass er trockener Alkoholiker war. Ich konnte das nicht ahnen und hatte die Absagen gegen Alkohol seinerseits nicht ernst genommen. Später gab ich mir immer wieder die Schuld für seine ganzen Rückfälle, was natürlich Quatsch war. Aber das alles begriff ich erst viel später.

Als wir dann die Kutschfahrt machten, kam ich mir in der Kutsche mit ihm wie auf einer Hochzeitsfahrt vor, was ich natürlich nicht erwähnte.

Seine Familie war mittlerweile auch vollständig angereist und meine Mutter übernahm dann die Organisation der ganzen Angelegenheit mit dem Personal des „Waldblicks".

In der Zeit des Wartens lernten sich unsere Familien dann auch schon ein wenig näher kennen.

Aber auch, als wir beim Kaffee anstießen, verzichtete Hartmut auf Alkohol. Später verstand ich, er fühlte sich von seinen Schwestern, die natürlich Bescheid wussten, beobachtet.

Der Nachmittag verging wie im Fluge mit Unterhaltungen und Tanzeinlagen. Marius konnte dann auch seine Kenntnisse in Standardtänzen von der Tanzstunde zum Besten geben. Ich tanzte mit ihm einen wunderschönen Wiener Walzer.

Die Abendmahlzeit eröffneten wir mit einem Buffet. Lauter leckere Sachen luden zum Verzehr ein.

Gegen 22.00 Uhr mussten wir dann zusammenräumen, da die Gaststätte schließen wollte. Alle halfen mit beim Aufräumen und nahmen sich die Reste der Lebensmittel noch mit, da ich gar keinen Platz dafür in meiner kleinen Wohnung hatte und auch nicht in der Lage war, das alles in der nächsten Zeit aufzuessen.

Es war für alle ein wunderbares Erlebnis. Hartmut blieb dann auch die erste Nacht mit in meiner Wohnung, da wir am nächsten Tag noch einige Aufräumarbeiten erledigen wollten.

Polly und der Unfall mit bleibenden Folgen

Nach diesen Feierlichkeiten ging es dann auch wieder mit Arbeiten im Stall los. Die Theorie-Wochen waren vorbei, weshalb ich ja auch zur Jugendweihe ein freies Wochenende hatte. Das gab es in der Praxiswoche nur an einem Wochenende.

Der Schmied hatte sich angesagt und unsere Fohlen und Jährlinge aus eigener Zucht sollten ausgeschnitten werden an den Hufen.

Rosi hatte auch ein Fohlen bekommen im Frühjahr, welches nun mit einem Vierteljahr das erste Mal einem Schmied vorgestellt werden sollte. Ihre Geburt war auch so eine Sache. Wochenlang schoben wir Nachtwache und ließen Rosi nicht aus den Augen. Sie sollte zum ersten Mal ein Fohlen bekommen. In der Mittagspause aßen wir immer eine Kleinigkeit im „Waldblick". Stuten bringen ihre Fohlen in der Regel des Nachts zwischen 1.00 Uhr und 5.00 Uhr zur Welt. Tagsüber war das nicht so der Standard. Außerdem sind Stuten als Fluchttiere in der Lage, ihre Geburten um 4 Wochen vor oder nach dem Geburtstermin zu verlegen. Als wir dann nach einer Viertelstunde Essenszeit wieder im Stall nach ihr sahen, lag ein kleines nasses Fuchsfohlen im Stroh. Sie fraß gerade die Nachgeburt auf. Das Kleine versuchte sich schon an den ersten Aufstehversuchen. Wir staunten nicht schlecht. Rosi hat das alles alleine bewerkstelligt und in rasender Geschwindigkeit für eine Erstgeburt. Das Fohlen war zu unserer Freude weiblich.

Der Tierarzt kam dann auch bald nach unserem Anruf, um die erste Schutzimpfung gegen „Fohlenlähme", einer tödlichen Erkrankung junger Fohlen, zu geben und die Kontrolle der Reste der Nachgeburt bei Rosi sowie den Nabel beim Fohlen zu prüfen. Alles war zu seiner Zufriedenheit.

Polly hatten wir das Fohlen getauft. Es lief auch schon draußen ausgelassen neben seiner Mutter her bei schönem Wetter. Sie war der Anziehungspunkt vieler Reiterhofbesucher und Spaziergänger.

Nun sollte der Schmied das erste Mal ihre Hufe ausschneiden und kürzen. Meine Kollegin hielt sie vorne fest. Rosi hatten wir zur Beruhigung neben dem Fohlen angebunden stehen. Ich hob die Hufe an, der Hufschmied bearbeitete sie. Schon früh hatten wir mit Polly das Aufhalten geübt, damit sie das Gleichgewicht halten auf 3 Beinen lernte. Es war Ruhe und alles klappte hervorragend. Als dann aber das letzte Hinterbein dran war, zog ein Schwarm Schwäne über den Reiterhof. Durch den unbekannten lauten Flügelschlag der Tiere erschrak Polly, ich war nicht darauf gefasst und ihr Hinterbein landete auf meinen Fuß. Da die Stahlkappen an meinen Schuhen nur die Zehen schützten und nicht den Spann meines Fußes, kam es zu einer Fraktur.

Der Fuß war gebrochen. Schnell musste der Schuh und die Socke ausgezogen werden. Der Chef fuhr dann mit mir in die

Klinik, wo das Röntgenbild den Bruch bestätigte. Ich bekam einen Gips bis zum Kniegelenk angelegt und bewegte mich die nächsten 6 Wochen an 2 Krücken vorwärts.

Hartmut fuhr als Kraftfahrer für den Fischereihafen. Er beantragte Urlaub, bekam ihn auch und schmiss den Haushalt, fuhr Marius und mich überall zu den erforderlichen Orten hin. Als der Theorieunterricht in Zierow wieder losging, fuhr er mich jeden Tag zum Unterricht und wieder nach Hause. Es standen bald die Abschlussprüfungen an und da wollte ich nicht fehlen bei den letzten Vorbereitungen.

Abends humpelte ich dann mit den Krücken zum Stall, um mich ein bisschen abzulenken und mit den Kollegen zu quatschen.

Ich sollte das Bein immer hochlegen, um einen Blutstau zu verhindern. Das tat ich auch, kam aber mit der Wade auf die Kante der Bank auf der ich saß zu liegen. Das klemmte die Blutzufuhr zum Fuß ab und ich bekam eine schlimme Thrombose im Unterschenkel. Erst wusste ich gar nicht, wie mir geschah. Aber als Schmerzen und Schwellung des Beines ununterbrochen stärker wurden, suchten wir den Notarzt auf. Der Gips drohte auch schon zu bersten, so stark war das Bein angeschwollen. Ich wurde sofort in die Klinik gebracht und an den Tropf gehängt, dessen Inhalt mein Blut verdünnen sollte, bevor es zu einer Embolie, die dann tödlich gewesen wäre, kommen konnte. Ich hatte Glück im Unglück. Dann kam ich nach einer Woche wieder nach Hause, musste nun Thrombose-Strümpfe tragen und jahrelang Blutverdünner nehmen. Diese Medikamente vertrugen sich mit der Antibabypille nicht, die ich nahm. So musste ich die absetzen.

Hartmut hatte eine Tochter, die im gleichen Alter wie Marius war. Er hatte aber zu ihr keinen Kontakt. Die Scheidung zwischen ihm und seiner Exfrau war auch sehr schmutzig gewesen. Er erwähnte das mal kurz, ich fragte aber auch nicht mehr nach.

Ich wunderte mich aber sehr über seinen zunehmenden Alkoholkonsum. Er trank um 10.00 Uhr schon Wein, abends 3-4 Flaschen Bier …

Als ich meinen Gips los war, die Physiotherapie hinter mir hatte, selbst auch wieder Autofahren konnte, standen die praktischen Prüfungen an im Reiten und Umgang mit dem Pferd.

Diese fanden im Hengst-Depot Redefin statt. Meine Kollegin hatte mit mir zusammen die Umschulung gemacht. Wir konnten für die meisten Teilprüfungen unsere eigenen Pferde mitbringen und nutzen. Wir blieben über Nacht in Redefin und hatten uns da eine Gastwohnung gemietet. Die Pferde hatten wir auch schon dahin gebracht und in gemieteten Boxen untergestellt. Versorgen mussten wir sie mit eigenem Futter selbst.

Zu den Mahlzeiten konnten wir uns in einer nahe gelegenen Gaststätte versorgen.

Alle Prüfungen bestanden wir mit guten Ergebnissen. Die Urkunden und Zeugnisse bekamen wir am Tagesende überreicht.

Wieder zu Hause, wollte ich erst einmal eine Woche Urlaub nehmen. Marius hatte auch sein Schuljahr mit guten Ergebnissen bestanden und hatte auch schon sein Zeugnis bekommen.

Wir waren für die Woche bei seiner Schwester in der Berliner Gegend eingeladen worden. Hartmut wollte auch seine Zwillingsschwester mal wieder besuchen.

Beide Schwestern wohnten unweit entfernt voneinander.

Es war eine ruhige Gegend, die zum Erholen und Spazierengehen einlud. Der Schwager von Hartmut baute gerade an einem älteren Moped herum, um es wieder zum Fahren zu bringen. Marius schaute begeistert zu. Er durfte sogar am Ende ein paar Runden damit fahren. Es war eine ruhige Gegend, wie gesagt, und er befuhr auch nur die Wald- und Feldwege, keine öffentliche Straße. Abends war dann für alle Grillen angesagt. Die Zwillingsschwester brachte auch ihre 2 Kinder, ein Mädchen in Marius' Alter und einen 2 Jahre jüngeren Bruder mit. Ebenso ihren Mann. Jeder tat etwas dazu bei, den Abend so gemütlich wie möglich zu gestalten. Draußen wurden Tische und Stühle bereitgestellt, der Grill angefacht und die Salate herbeigeholt.

Seine Schwestern waren in der Küche im Haus beschäftigt. Hartmut bat mich, den Frauen Bescheid zu geben, was wer trinken wollte, zu besorgen. „Und für mich auch ein Bier", hörte ich noch, als ich die Treppe zum Haus hochging. Ich gab dann meine Bestellungen bekannt. Auch die Bierbestellung für Hartmut vergaß ich nicht. Dachte ich doch, dass er vielleicht eine besondere Marke wollte …

Beide Schwestern ließen alles das fallen, was sie gerade in den Händen hatten. „Dann weißt du sicher nicht, dass er keinen Tropfen Alkohol trinken darf lebenslang, da er alkoholkrank ist?" „Keine Praline und auch keinen Alkohol in Medikamenten darf er zu sich nehmen, will er keinen Rückfall in die Sucht riskieren." „Seine Ehe ist darum auseinander gegangen wegen der vielen Rückfälle. Er war nun 1 Jahr trocken seit der Entgiftung und der nachdem folgenden Langzeittherapie", ergänzte dann die andere Schwester. Ich fiel aus allen Wolken und musste mich erst mal setzen. Nun war ich also wieder an einen Alkoholiker geraten. Zog ich solche Menschen magisch an?

Warum nur hatte ich immer so ein Pech? Ich verstand es nicht. Ich bat Hartmut zu einem Spaziergang. Ich kam ja nun auch nicht von dem Ort weg, da wir mit dem Honda gefahren waren. Auch wollte ich den anderen den Tag nicht verderben. Noch vor 15 Minuten war ich total glücklich gewesen und hatte mich auch auf das Grillen gefreut. Das Fleisch brutzelte schon auf dem Grill, die Gläser waren gefüllt und es sollte losgehen. Und nun das? Ich war fix und fertig. Sofort fiel mir das Mittagessen bei der Jugendweihe im Ratskeller wieder ein, wo meine Mutter und ich Hartmut zum Sektanstoßen genötigt hatten. War das der Auslöser für einen Rückfall gewesen? Hatte ich 1 Jahr Trockenheit und Abstinenz verdorben zu einem guten Weg ohne Alkohol?

Wir gingen nebeneinander den Feldweg entlang. Die Schwestern hatten ihre Ehemänner ins Bild gebracht, was mit Hartmut und mir inzwischen passiert war, und warum wir erst mal allein sein mussten. Hartmut wollte meine Hand nehmen, aber ich entzog sie ihm. „Hast du mir etwas zu sagen?", fragte ich stattdessen. Erst druckste er herum um den Brei, aber dann fing er an, mir seine wahre Lebensgeschichte zu beichten.

Er war zur See gefahren als Lehrling im Zuge der Lehrlingsausbildung zum „Vollmatrosen der Hochseeschifffahrt". Unweit der Wohnung meiner Eltern in einem Internat wohnten sie derzeit, als sie an Land waren. Da waren wir uns früher schon mal begegnet. Ich konnte mich zwar nicht unbedingt an ihn erinnern, er sah früher auch ganz anders aus, aber meine Freundin und ich hatten da auch so einige Bekanntschaften mit Jungen, weil sie da in der Nähe des Internats wohnte. Aber vom Alter her der Jungs und seinem Alter zu der Zeit kam das alles genau hin. Aber das erzählte ich ihm natürlich nicht.

Da sein Onkel in den 70er-Jahren nach dem Westen abgehauen war, wurde ihm bei Ausbildungsende das Seefahrts-Buch entzogen wegen Fluchtgefahr und er konnte seinen Beruf nicht ausüben. Nun hatte er aber in der Ausbildungszeit sehr viel über Maschinen gelernt. Er fing deshalb in der LPG, die in seinem Wohnort ansässig war, als Schlosser an. Er wohnte mit seiner Mutter in einem Mehrfamilienhaus zusammen, aber beide in eigenen Wohnungen. So konnte seine Mutter für ihn waschen und kochen. Er war sehr vielfältig begabt. Es gab nichts, was er nicht konnte. Das ging beim Fliesenlegen los, über elektrische Belange bis zu Tischlerarbeiten. Auch mit Tieren konnte er umgehen, wie ich später feststellen konnte.

Aber wie das so war zu DDR-Zeiten, Ersatzteile gab es nicht immer und man musste viel improvisieren. Bezahlt wurde auf dem Bau dann immer mit Bier, Schnaps und Zigaretten. Zu der Zeit boomte der Eigenheimbau in der DDR.

Immer wurde Hartmut zu Hilfe gerufen, wenn etwas anstand. Und so entwickelte er das Alkoholsyndrom, was sich im Gehirn festsetzt und die Suchtkrankheit, die unheilbar ist, hervorruft.

Nur mit eisernem Willen kann man diese Krankheit in Schach halten, nämlich die völlige lebenslange Abstinenz jeglicher Formen von Alkohol. Von der Praline bis zum Schnaps.

Auch nach 10 und sogar 20 Jahren ist der Rückfall wieder da, wenn man dem Genuss wieder nachgibt.

Er hatte bereits mehrere Rückfälle, weil er auch etwas labil ist, wie er selber zugab.

Aber die endlich durchgestandene Scheidung, bei der er sich allein die Schuld gab, eine Entgiftung und eine vierteljährige Langzeittherapie, die er nach langem Ringen der Ärzte bekommen hatte, hatte er das Gefühl gehabt, es zu schaffen.

Ich machte mir die größten Vorwürfe wegen des Sektes auf der Jugendweihe-Feier. Aber er sagte, dass auch das seine Schuld gewesen sei, weil er mir nicht den Grund seiner Weigerung gesagt hatte.

Er hatte das mit dem Bierwunsch heute bewusst gesagt, um aus der ganzen Geheimniskrämerei herauszukommen, und er wusste auch, wie seine Schwestern reagieren würden. Aber er war zu feige gewesen, dass alles selber in die Hand zu nehmen.

Bei der Jugendweihe hatte er Angst, mir alles zu sagen, weil er dann dachte, ich mache Schluss. Da kannten wir uns ja noch nicht lange, und ich hatte ihm ja schon am ersten Tag unserer Begegnung von den Gründen meiner 2 Scheidungen erzählt. Das hatte ihm dann den Mut genommen, mir gleich die Tatsachen auf den Tisch zu legen. Da hatte er sich ja schon unsterblich in mich verliebt und er wollte mich nicht gleich wieder verlieren. Wahrscheinlich hätte ich ihm dann auch wirklich sofort den Laufpass gegeben.

Aber ich hatte mich auch sehr in ihn verliebt. Mich nahm seine Art und Weise, sein Wesen, seine Hilfsbereitschaft und auch sein Umgang mit Marius immer wieder auf's Neue gefangen. Ich konnte nun auch verstehen, warum er keine Kinder mehr wollte. Auch das war ein Thema schon in der Vergangenheit zwischen uns gewesen.

Er sagte, dass es möglich sei, dass der Hang zum Alkoholismus auch erblich sein könnte. Genau wüsste das keiner, aber die Ergebnisse vieler Forschungen auf diesem Gebiet deuteten darauf hin.

Ich ließ mich dann später auch aus diesem Grund, da ich ja schon sehr schlechte Erfahrungen hatte mit dem Kinderkriegen, sterilisieren. Dann konnte nichts mehr passieren. In dem Alter, in dem ich jetzt war, wäre ich sowieso Risiko-Schwangere und der Umstand, ein behindertes Kind auf die Welt zu bringen, glich in meinen Augen einem Horrorszenario. Hatte ich doch schon die unterschiedlichsten Schweregrade der Behinderungen an meinen Patienten kennengelernt und auch auf den Lehrgängen in Hessen hatten wir genug Anschauungsmaterial. Das war auch eine richtige Entscheidung, die ich nie bereut habe.

Wir beendeten dann unser Gespräch zum Ende des Spazierganges. Wir wollten uns beide einer Selbsthilfegruppe für anonyme Alkoholiker, die es in unserer Stadt gab, anschließen. Zudem wollte Hartmut sich zu einem sogenannten „kalten Entzug" entschließen, bei dem ich ihm helfen sollte. Ich war sowieso kein Freund vom Alkohol, sodass mir das nicht schwerfiel. Ein „kalter Entzug" ist ein Verzichten auf jegliche Art von Alkohol ohne helfende Medikamente, die man in der Entgiftung in der Klinik noch mit abnehmender Dosis zu Beginn bekommt. Er erfordert einen eisernen Willen zum Verzicht und ein langes Durchhaltevermögen. Dabei können Aggression und Stimmungsschwankungen gegen den geliebten Partner an der Tagesordnung sein, die man aber nicht persönlich nehmen darf. Der geliebte Mensch ist in so einer Situation nicht er selbst. Das musste ich alles wissen, weil ich sein Verhalten in der Zeit sonst doch persönlich genommen hätte und dann versagt hätte.

Aber was dann wirklich in unseren 8 Jahren Bekanntschaft noch auf mich zukam, entartet jeglicher Vorstellung. Aber dazu später.

11. Kapitel
Die Jugendweihe-Fahrt nach London

Anlässlich der Jugendweihe hatte sich die Schule, die Marius besuchte, dazu entschlossen, zusammen mit den Eltern für jugendliche Interessenten eine Sprachreise nach London zu organisieren für die Dauer von einer Woche. Ein Elternteil sollte mitkommen, der andere konnte mitkommen, musste aber alle Kosten selbst tragen.Mit dem Kreisbeauftragten und dem Direktor der Schule organisierten die Lehrer dann einen Bus, der uns befördern sollte. In London wurden Gastfamilien ausgesucht, die uns für die Zeiten beherbergen sollten. Im Gegenzug bot man deren Kindern auch einen Schüleraustausch in Deutschland an.

Die ganze Sache fand reges Interesse auf beiden Seiten. Im Mai 1994 sollte es dann losgehen. Mit dem Reisebus fuhren wir erst mal über Holland, Belgien und Luxemburg nach Frankreich. Von da ging es per Fähre von Calais über den Ärmelkanal nach Dover.

Dort angelangt, fuhren wir mit unserem Bus auf einen Sammelplatz, auf dem uns dann unsere Gastfamilien empfingen.

Wir waren bei einer jungen Familie untergebracht, die 4 Kinder hatte. Wir wurden sehr gut aufgenommen und bezogen dann unsere Gästezimmer. Ich hatte mir für den Ausflug extra neue Sachen gekauft. Und auch eine neue Frisur hatte ich mir zugelegt, Dauerwelle. Nie wieder, ich sah aus wie ein Mopp, da ich ja selbst schon Naturlocken hatte. Umso schlimmer war es dann noch mit der Dauerwelle. Die brauchte auch ca. 10 Wochen, bis die wieder herausgewachsen war und ich mir wieder vernünftige Frisuren mit etwas längeren Haaren machen konnte. Die Kinder trafen sich jeden Morgen auf einem vereinbarten Treffpunkt und unternahmen dann mit ihren Lehrern was. Danach war Freizeit für den restlichen Tag.

Wir lernten viele Sehenswürdigkeiten von London kennen und besuchten auch besondere Ausflugsziele.

Unter anderem fuhren wir mit den legendären Doppelstock-bussen, die oben offen waren, besichtigten das Universitätsgebäude, das Naturkundemuseum, den Buckingham Palast, den Tower, das große Kaufhaus im Victoria Stil, die Kirche, in der die Krönungen und Königshochzeiten stattfanden, den Hyde-Park mit seiner berittenen Polizei, die berühmte Tower Bridge, das Schloss Windsor, das Westminster und die Oxford Street. Wir besuchten das Wachsfigurenkabinett von Madame Tussauds, fotografierten uns da mit den verschiedenen ausgestellten Prominenten und Schauspielern, aber auch Geschichtspersonen, wie Edgar Wallace, Charlie Chaplin und sogar Adolf Hitler. Aber der stand im Glaskasten. Zu viel schlimmes Leid hatte der über die ganze Welt gebracht.

So vergingen die Tage wie im Fluge und dann ging es per Fähre auch schon wieder zurück in die Heimat.

Andere Länder, andere Sitten

Hartmut und ich konnten zu der Zeit kein Wort Englisch. Marius sprach schon sehr gut die Sprache und konnte sich auch sehr gut verständigen mit den Leuten.

Mit unserer Gastfamilie kamen wir gut zurecht mit Marius als Dolmetscher. Nachmittags am ersten Tag angekommen, wurden wir in ein Nebenzimmer zu Tisch gebeten. Auf dem Tisch standen für jeden ein Teller, Besteck, ein Glas. Dazu kamen auf den Tisch eine Schüssel mit Kartoffeln, eine Karaffe aus Glas mit Soße und eine mit klarem Wasser.

Ich kannte ja nun die Gepflogenheiten der englischen Tischsitten nicht. Da ich Soßen immer in Schalen oder Saucieren serviert kannte, sah ich die braune Flüssigkeit in der gläsernen Karaffe zuerst nicht als Soße an. Ich dachte, die wird schon noch kommen, da sonst Fleisch und Gemüse schon auf dem Tisch standen. Es kam dann auch keiner mehr von der Familie.

Nun hatte ich aber gehört, dass England ein Land ist, in dem viel Tee getrunken wird. Ich dachte dann an die „Teatime".

„Ich glaube, man muss sich hier wohl den Tee selbst zubereiten. Ich hielt die Gläser auch für Teegläser. Dann forderte ich Hartmut und Marius auf, sich die braune Flüssigkeit zur Hälfte in das Glas zu kippen und dann das Wasser (kaltes?) darüber. Sollte das denn Tee ergeben? Ich bezweifelte es auch. Aber die beiden folgten meiner Aufforderung. Mir wurde schon bei dem Anblick der fettigen Flüssigkeit (war ja auch wirklich warme Soße) in den Gläsern schlecht. Dann probierten die beiden den Trunk und stellten fest, dass es wirklich die Soße war, die man über die Kartoffeln hätte füllen sollen.

Ich hatte mich wahnsinnig geirrt. Die anderen beiden sagten aber auch nichts. Wir konnten uns das Lachen über so viel Dummheit nicht verkneifen. Um uns nun nicht vor der Gastfamilie zu blamieren, mussten die Gläser schnellstens gelehrt und einigermaßen wieder ausgespült werden. Dafür war dann aber keine Soße für die Kartoffeln mehr da, die dann ohne Soße gegessen werden mussten. Wir haben herzlich noch Jahre später über diesen Irrtum gelacht.

Dann machten wir einen Ausflug und kamen zu einem Mac Donalds. Diese Fastfoodkette kannten wir von uns auch schon. Wir beschlossen, dort zu Mittag zu essen.

In Deutschland war es gang und gäbe, dass man leere Eierbehälter gegen einen Pfandbetrag wieder abgeben konnte. Jeder bekam sein Essen, welches Marius auf Englisch geordert hatte. Das klappte dann auch alles sehr gut.

Dann wollten wir Marius veralbern. Wir lobten seine guten Englischkenntnisse in den höchsten Tönen und forderten ihn auf, zu erfragen, wie viel Pfand es auf die leeren Big Mac Packungen gäbe. Er solle die mal wieder abgeben und das Pfandgeld mitbringen.

Er zog dann auch los und fragte einen der Mitarbeiter. Beide verstanden sich aber nicht gut, da es in England gar kein Pfand auf die Behälter gab. Und so wusste der Mann gar nicht, was Marius von ihm wollte. Ich wusste das, aber Hartmut und ich machten uns einen Jux daraus, Marius so zu veralbern. Das fand er dann aber auch nicht mehr so toll und schmollte für den Rest des Tages.

Im Madame Tussauds Wachsfigurenkabinett konnte man teilweise nicht unterscheiden, wer von den Figuren echt ist und wer nicht. Einige Mitarbeiter hatten sich auch als Wachsfiguren verkleidet, verharrten eine ganze Zeit in Unbeweglichkeit und erschreckten dann die Leute, wenn sie genauer hinsahen und die Echtheit prüfen wollten. Das passierte uns auch. Darüber machte Marius sich total lustig. Unsere Sache in der Gaststätte war dann die Revanche dafür gewesen.

12. Kapitel
Der Alltag hat uns wieder zurück

Wieder zu Hause angelangt, beendete Marius seine 9. Klasse erfolgreich. Ich war mit den Facharbeiterprüfungen auch durch. Ein Ehepaar aus dem Westen hatte sich in der Zeit bei mir zum Reitunterricht angemeldet. Es waren nette Leute, die für jeden Spaß zu haben waren. Er war sehr groß und auch recht mutig, sie war eher klein und pummelig und auch ein bisschen ängstlich. Jedenfalls schickte sie bei jeder neuen Übung immer erst ihren Mann vor.

Ich konnte die beiden nicht auf Charlie setzen, sie war zu schwer und er zu groß.

Darum nahm ich dann Momo als Lehrpferd. Mit einer Satteldecke und einem Gurt ausgestattet, begann der Unterricht für die beiden. Für jeden hatte ich eine halbe Stunde angesetzt. Die kräftige Momo hielt das auch locker durch. Der Ort der Übungen fand draußen auf dem Sandplatz statt. Mit einer Aufstiegshilfe erklomm der Mann dann als Erster das große Pferd. Im Schritt ging alles reibungslos. Dann sollte er traben. Ich gab Momo den Befehl und sie trabte artig an. Er hielt sich krampfhaft am Gurt fest und verzog das Gesicht schmerzhaft.

Dann fragte er mich, ob seine Frau dann erst mal reiten könne, er müsse „gewisse Teile seines Körpers" sortieren. Er hätte für diesen Zweck heute nicht die richtigen Unterhosen an.

Seine Frau und ich brachen in schallendes Gelächter aus und ließen ihn absitzen.

Er verschwand dann kurze Zeit im Stall, um sich zu „sortieren". Seine Frau traute sich den Tag auch nur im Schritt zu reiten. Sie wollte lieber mit Sattel probieren. Ich ließ sie gewähren.

Bei den nächsten Reitstunden waren dann beide reitergemäß ausgerüstet. Enge Reithosen, weiße Handschuhe und neue Helme zeigten noch, dass alles zum ersten Mal benutzt wurde.

Wir kamen auch ins Gespräch während der Pausen. Beide waren aus dem Westen hergezogen und hatten eine Druckerei aufgebaut. Da Marius noch für das Ende des 9. Schuljahres einen Praktikumsplatz suchte, fragte ich den Reitschüler, ob er meinen Sohn nehmen würde.

Er sagte zu. Marius gefiel dieses Praktikum so gut, dass er nach der 10 Klasse diesen Beruf des Druckers im „Ostseedruck", der hiesigen Zeitungsdruckerei, erlernte.

Die beiden kauften sich dann nach ihren reiterlichen Fortschritten bald selber 2 Pferde. Im kleinen Pferdetransporter, angespannt an einen Wartburg, brachte der Verkäufer ihnen die gekauften Pferde auf den Reiterhof. Ich staunte, dass der Wartburg sich nicht vorne hochhob, denn das Pferd, was dann den Hänger rückwärts verließ, wollte längengemäß gar kein Ende nehmen. Mit einer Größe von 1,87 Metern und einem geschätzten Gewicht von 800 kg war es ein Riesenfuchs, der in eine extra große Box einquartiert werden musste, da er sich in den anderen 12 qm großen Boxen nicht mal hätte hinlegen können.

Das Pferd für die Frau war ein etwas kleinerer Glanzrappe. Beide Tiere waren Wallache, die aber ganz sanft waren im Charakter. Ich gab den Besitzern dann noch weiterhin Reitunterricht auf ihren eigenen Pferden und sie waren glücklich.

Im Frühjahr und im Herbst machen alle Pferde einen Fellwechsel durch, der sie hormonell ganz schön schlaucht. Dann wird auch ihr Immunsystem stark beansprucht und manche werden krank. Sehr stark vertreten sind dann, dank der häufigen Witterungsveränderungen, Erkrankungen der Atemwege. Die Pferde bekommen Husten, Nasenausfluss infolge von Schnupfen, manchmal begleitet von hohem Fieber. Das ganze kann bei zu später Behandlung chronisch werden und bis zur tödlichen Lungenentzündung ausufern. Wenn man aber die Trainingseinheiten ein bisschen zurückschraubt und die Tiere in solchen Zeiten etwas schont, kann man das gut in den Griff bekommen. Es weiß aber nicht jeder, wie dann zu verfahren ist. Eine gute Gegenmaßnahme ist das Inhalieren mit Naturkräutern. Das hat keine Nebenwirkungen und kann man auch ohne Tierarzt selber machen. Aber wie nun ein Pferd inhalieren lassen? Viele Pferde haben vor allen unbekannten Dingen Angst. Verfressen sind aber die meisten. Unsere Pferde standen zum größten Teil in Boxen mit Schiebetüren. Wir gewöhnten den Pferden mit viel Leckerlis und Möhrchen an, sich seitlich an der Boxen-Tür festbinden zu lassen, ohne wegzulaufen. Mit dem Körper standen sie dann in der Box, nur der Kopf guckte aus der Boxen-Tür. Standen sie still, gab es Futter. Dann stellten wir ihnen eine Waschmaschine aus DDR-Zeiten, eine sogenannte „WM 66" vor die Nase ohne Deckel und legten auf den Rand Leckerlis, die die Pferde nehmen durften.

Sie sollten keine Angst vor der Maschine haben. Dann füllten wir den Boden der Maschine mit etwas Wasser und stellten die Heizung an. Auch dafür gab es bei Duldung wieder Futter. Zum Schluss gaben wir in das Wasser Kräuter oder Inhalier-Tropfen vom Tierarzt. Der Geruch machte die Pferde dann so süchtig, dass sie teilweise den ganzen Kopf in die Maschine steckten. Sie inhalierten dann die Feuchtigkeit eine Zeitlang. Dann lief der feste Schleim aus der Nase und es ging ihnen besser. Selbst der Tierarzt staunte über unseren Einfall, wie man den Tieren zwangsfrei helfen konnte. Diese Maßnahme konnten wir dann auch bei den chronisch hustenden Pferden anwenden. Sie sahen sich das Inhalieren von ihren Artgenossen ab und ließen sich schneller darauf ein, das auch zu dulden.

Die Zeit verging. Nach Abschluss der Facharbeiterprüfungen wurden wir gefragt, ob wir eine Meisterausbildung anhängen wollten. Das Land Mecklenburg/Vorpommern war ja im Aufbau und es waren keine Ausbilder in unserer Berufsbranche ausreichend vorhanden. Das Land würde uns den 2-jährigen Ausbildungsweg, der auch in der theoretischen Abhandlung in Zierow weitergeführt werden würde, komplett bezahlen. Besser konnte es doch gar nicht sein. Ich hatte von anderen Berufsbranchen mal gelesen, wie teuer eine Meisterausbildung ist, wenn man sie selber bezahlen müsste. Sie wäre für mich unerschwinglich gewesen.

Ich sprach das mit Hartmut ab und er riet mir, das zu machen. Er würde mich dann unterstützen und auch Marius unter die Fittiche nehmen. Ich freute mich sehr darüber und sagte zu.

Meine Kollegin hatte sich auch bereit erklärt, weiterzumachen, und hatte mir auch den Vorschlag gemacht, bei ihr einzuziehen ins Obergeschoss ihres Hauses. Dann könnten wir immer in Fahrgemeinschaft abwechselnd nach Zierow fahren. Denn nun noch 2 Jahre im Internat zu leben, kam für uns nicht infrage. Sie hatte nun auch schon 2 schulpflichtige Kinder, ihr Mann, der Schmied, hatte auch keine geregelten Arbeitszeiten und da musste sie zu Hause täglich nach dem Rechten sehen.

Marius hatte mit 16, als er die Schule beendet hatte, den Moped-Führerschein gemacht. Ein Fahrlehrer wohnte gleich nebenan. Er bestand alle Prüfungen gleich auf Anhieb.Sein zusammengespartes Geld investierte er in ein gebrauchtes Moped und so konnte er damit dann auch immer selbst zur Arbeit fahren und war nicht von uns abhängig.

Während der letzten Zeit hatte der Chef eine neue Kollegin eingestellt, mit der er auch ein Techtelmechtel begann, obwohl er eine wunderbare Frau und 2 Söhne hatte. Das Ganze sollte eigentlich geheim bleiben. Aber im Zuge der Ferienlagerbetreuung auf dem Reiterhof, wo ich in der Zeit bei den Kindern auch übernachtete, hatte ich die beiden einmal eines Morgens ganz verschlafen aus dem Wohnwagen kommen sehen. Da konnte man an sich ja 1 und 1 zusammenrechnen. Ich behielt das Geschehnis aber für mich, da es mich ja auch nichts anging. Aber seit der Zeit fingen beide an, mich zu mobben. Ich durfte keinen Reitunterricht mehr geben, keinen Kundenkontakt mehr pflegen und musste ganz unsinnige Arbeiten verrichten, wie z. B. im Winter mit der Sichel auf den Knien im Schnee Zäune freimähen.

Das Ganze bei jedem Wetter. Aber als ich dann einmal zur Fütterungszeit in den Stall kam und sah, dass Charlie total im Dreck stand und nicht gemistet und eingestreut wurde und auch kein Kraftfutter erhielt, platzte mir dann doch der Kragen. Irgendeinen Frust an Tieren auszulassen, wenn sich die Menschen nicht grün waren, ging gar nicht.

Nächsten Tag bekam ich einen Brief, in dem ich aufgefordert wurde, für Charlie 250,– DM Pension zu zahlen für einen Ständer-Platz. Nicht mal für eine Box zahlten die anderen Besitzer so viel Pensionsgebühren. Ich machte mächtig Krach. Es wurde mir ein Auszug des Pferdes und die Kündigung in Aussicht gestellt, sollte ich mich nicht fügen.

Ich war platt. Ich wusste noch nicht einmal, warum der ganze Zauber überhaupt stattfand. Ich hatte mich keines Vergehens schuldig gemacht. Hartmut wohnte ja in einem Dorf am anderen Ende der Stadt. Auch da befand sich in der Nähe ein Reiterhof im Aufbau. Er war mit dem Besitzer, der ein paar Jahre jünger war als er, zusammen zur Schule gegangen und kannte ihn gut.

Hartmut wollte anfragen, ob er eine Pferdewirtschaftsmeisterin einstellen würde und deren Pferd unterstellen könne. Denn komme, was wolle, Charlie würde ich nie im Stich lassen oder ihn aus diesem Grunde nie verkaufen. Die Antwort des anderen Hofbesitzers war positiv. Ich solle mal zu einem Gespräch kommen. Schnell vereinbarten wir einen Termin. Ich wurde herzlich empfangen und mit einer Tasse Kaffee bewirtet. Hartmut war auch mitgekommen zu diesem Treffen. Wir sprachen über dies und das und dann erzählte ich ihm von meiner Situation auf dem anderen Reiterhof. Er war entsetzt. Bei Nacht und Nebel holten wir Charlie da weg. Keiner merkte etwas. Am nächsten Morgen dachten alle, einer hätte mein Pferd gestohlen. Ich bekam mächtigen Ärger, weil ich nicht gesagt hatte, dass ich ihn woandershin gebracht habe. Aber was geht die das an? Wenn mein Pferd nicht versorgt wird, obwohl er schon so viel eingebrachte als Ausbildungspferd, hat er ja wohl eine vernünftige kostenlose Versorgung verdient, und das war nicht mehr gewährleistet. Der bisherige Chef wollte mir dann klarmachen, dass er jetzt der Eigentümer des Pferdes wäre und ich es gestohlen hätte. Schließlich hätte ich jahrelang keine Pension für ihn gezahlt. Ich erwiderte, dass ich ihn niemals verkaufen würde und dass der Sachverhalt total erlogen war. Er wollte einen Rechtsanwalt einsetzten und mich dann vor Gericht zerren. Ich war so fertig, dass ich keine Nacht mehr schlief. Hartmut und ich organisierten auf schnellstem Wege den Umzug.

Frank, wie der künftige Chef hieß, erzählte die Sache seinem Rechtsanwalt, da ich keinen hatte und auch keinen kannte. Wir waren schon ganz schnell zum „Du" übergegangen. Der Anwalt beruhigte mich dann bei einem persönlichen Treffen und sagte, dass er mich vertreten würde, wenn es hart auf hart kommen würde. Aber der ehemalige Chef würde sich das alles noch mal ganz genau überlegen, da er überhaupt keine Chance hätte, den Prozess zu gewinnen. Der ganze Fall sei total haltlos. Da war ich erst mal wieder beruhigt.

Die Fronten glätteten sich dann auch wieder und es passierte nichts von den genannten Androhungen.

Meine Stammkunden bekamen ganz schnell auch ohne mein Zutun heraus, wohin mein Pferd und ich nun gegangen waren, und folgten mir. Der Reiterhof war dann ohne mich wegen mangelnder Reitkunden finanziell etwas zum Erliegen gekommen. Selbst einige seiner Pensionspferdeleute folgten mir zur Freude des neuen Reiterhofbesitzers mit ihren Pferden auf den neuen Reiterhof.

TEIL II

Nun möchte ich über die schönsten Jahre meiner Laufbahn als Reitlehrerin berichten. Auch während dieser Zeit gab es natürlich Höhen und Tiefen. Aber sie waren alle vertretbar. In der Zeit während der Anstellung auf dem Reiterhof war ich doch nicht so frei in meinen Entscheidungen, wie ich es mir gerne gewünscht hätte. Aber nun sollte alles besser werden.

13. Kapitel
Eine neue Lebensetappe beginnt

Mein neuer Lebensgefährte Hartmut hatte also meine Anstellung auf dem neuen Reiterhof angeschoben. Wir hatten uns, wie gesagt, bei einer Tasse Kaffee auf dem Hof kennengelernt, der Hofbesitzer und ich. Er war Doktor für Chemie- und Biowissenschaften und ein Jahr jünger als ich. Seine Gastfreundschaft, sein Wesen, aber auch seine Gründlichkeit hatten mir gleich einen guten Eindruck vermittelt. Ich stellte mich vor, erzählte von meinen Sorgen und dem Kündigungsvorhaben meiner Tätigkeit beim anderen Reiterhof. Besonders gefallen hatte ihm mein Meisterabschluss (ich war gerade damit fertig geworden). Da ich auch auf dem anderen Reiterhof bereits eine längere Tätigkeit als Reitlehrerin hinter mir hatte, wurde ich in dieser Branche natürlich besonders gebraucht, denn der Hof war ja gerade im Aufbau.

Mithilfe dänischer Handwerker wurde gerade eine große Reithalle gebaut, Bungalows für die Ferienkinder waren am Entstehen. Die Reithalle sollte auch mit 2 Wohnungen ausgestattet werden und einer Gaststätte, von der aus man in die Reithalle schauen konnte.

Aber zur Fertigstellung all dieser Projekte war noch viel Arbeit nötig.

Ich erzählte ihm auch von den persönlichen Problemen mit dem vorherigen Hofbesitzer und der Sache mit Charlie. Über die Lösung wollte er dann auch mit seinem Anwalt sprechen. Heraus kam dann, dass das Problem gar keins war, sondern nur eine Art „Angstmache". Der ehemalige Arbeitgeber unternahm gar nichts in der Hinsicht. Alles verlief im Sande.

Mir war es nur recht. Charlie konnte in den neuen Stall offiziell einziehen und sich auch dort unter meiner Aufsicht positiv einbringen.

Wir vereinbarten dann einen Termin für den Arbeitsbeginn, nachdem der Arbeitsvertrag unterschrieben war.

Besuch im Tierpark „Hagenbeck"

Zuerst war vom Verein, in dem ich auch Mitglied wurde, denn ich wollte auch weiterhin noch an Turnieren teilnehmen, an einem Wochenende ein Besuch im Tierpark „Hagenbeck" in Hamburg geplant. Hartmut und ich waren eingeladen, mitzufahren, was wir gerne taten.

Es wurde ein Bus gechartert und die Reise ging morgens früh mit ca. 20 Vereinsmitgliedern los. Schon während der Reise gratulierte mir der Vereinsvorsitzende, Herr Kenter, im Bus im Namen des Vereins zu meinem Meisterabschluss mit einem Blumenstrauß. Damit hatte ich nun gar nicht gerechnet. Ich wurde von den Vereinsmitgliedern sehr herzlich aufgenommen. Hartmut hatte ja auch nie Berührungsängste und fügte sich auch ganz schnell in das Kollektiv ein. In Hamburg angekommen, nahmen wir noch weitere Kontakte mit den anderen Vereinsmitgliedern und auch unserem Hofpersonal auf. Wir besuchten dann den Tierpark, ritten auf Elefanten, besuchten eine Seehund-Vorstellung und hatten den Tag sehr viel Spaß miteinander. Hartmut und mir kam es vor, als wären wir schon Jahre mit Vereinsmitgliedern und dem Hofpersonal bekannt. Es war ein sehr schönes Gefühl.

Der Alltag holt uns wieder ein

Viele Arbeiten beim Reithallenbau und auch beim Fertigstellen der Bungalows mussten in Eigenleistung vollbracht werden. Hartmut arbeitete zu der Zeit noch als Kraftfahrer bei einer Firma für Fischereibedarf. Aber nach Feierabend brachte er sich mit seinen handwerklichen Fähigkeiten bei den zu leistenden Arbeiten gerne mit ein. Da ich auch meistens nachmittags Reitunterricht hatte, ging es bei mir auch erst zu dieser Zeit richtig los.

Bei einem geringen Stundenlohn, mit dem ich aber einverstanden war, übernahm ich auch mit meinem Kollegen Torsten die Stallarbeit. Viele Pensionspferde waren noch nicht vorhanden, da der Hof noch nicht so viele Stallungen hatte. 4 Ponys und 2 Großpferde waren der Bestand des Hofbesitzers. Dann waren auch erst 10 Pensionspferde, die dem engeren Bekanntenkreis des Hofbesitzers gehörten, als „zahlende Kunden" vorhanden. Nach kurzer Zeit lernten wir auch die Mutter und den Bruder des Hofbesitzers sowie den alten „Knecht", wie er sich humorvoll nannte, Karl, kennen. Zu Beginn meiner Tätigkeit kannte ich ja noch nicht alle Namen der Schulpferde. So sah ich, dass eines Tages ein großer Fuchswallach auf der Koppel auf der Seite lag. Ich wusste, dass er schon ein recht altes Tier war. Darum vermutete ich eine Kolik. Da zählt jede Minute, sonst kann das Pferd sterben. Karl kam gerade vorbei und wollte die Hühner füttern. Er hatte wohl 5 Katzen an den Hacken „kleben", die ihm auf Schritt und Tritt überall hin folgten. Ich sagte zu ihm: „Auf der Koppel liegt ein großer Fuchs auf der Seite. Können Sie mal schauen, ob der eventuell krank ist? Er liegt schon eine ganze Weile so." Schnell drehte Karl sich um und rannte fast zum Wohnhaus zurück. Kurze Zeit später kam er mit einem Gewehr wieder und fragte mich, wo der Fuchs denn sei. Ich erschrak und fragte mich, ob hier alle Pferde gleich erschossen werden, wenn sie mal länger liegen. Karl dachte wohl, ich meinte einen echten Fuchs. Als er dann das Pferd liegen sah, lachte er. „Aldo ist schon alt und hat starke Arthrose in den Beinen. Der legt sich öfter mal hin. Da brauchen Sie sich keine Sorgen zu machen", war dann seine Antwort. So kann man sich in der Wortwahl irren. Aber nun wusste ich auch den Namen des Pferdes.

Der Hof war früher eine Bauernstelle gewesen. Er verfügte über ein großes Bauernhaus, welches das Wohnhaus der Familie war. Ein Rinder- und ein Schweinestall sowie eine große Scheune vervollständigten den Besitz. Große Weideflächen für die Tiere waren vorhanden.

In dem zum Pferdestall umgebauten ehemaligen Rinderstall gab es 12 Boxen und 4 Ständer. In den Ständern standen die hofeigenen Ponys und Kleinpferde. Für die Großpferde und die Pensionspferde waren die Boxen eingerichtet worden mit Schiebetüren und Selbsttränken.

Der Rest der Pferde stand in der Scheune in Laufstallhaltung.

Ein alter Trecker vom Typ „RS 09“, ein großer und ein kleinerer Kremser sowie ein Sulky waren die fahrbaren Teile des Hofes. Später kam dann noch ein moderner großer Traktor hinzu.

Ein umzäunter Reitplatz mit Sandbelag sowie ein Longierzirkel mit Grasboden waren dann die Außentrainingsmöglichkeiten für die Pferde. Zum Ausgleich gab es vielGeländemöglichkeiten für die Reitsportfreunde.

Ein Hohlweg unweit der Hauptstraße führte auf den etwas von der Stadt abgelegenen Reiterhof.

Hartmut und ich waren nun schon etwas näher an unsere Arbeitsstätte in eine neue Wohnung gezogen. Die Familie des Schmieds, mit dessen Frau ich ja schon zusammengearbeitet hatte, hatte ihr Haus im oberen Geschoß ausgebaut zu einer 2-Zimmerwohnung. Sie hatten mir nach dem Drama auf dem anderen Reiterhof diese ausgebaute Wohnung angeboten. Ich musste die Dienstwohnung ja sowieso räumen nach meiner Kündigung. Da passte das Angebot sehr gut. Aber es waren natürlich auch ein paar Unannehmlichkeiten vorhanden. Beim Duschen musste man sich vorher überlegen, wer alles duschen wollte, denn nach einer Person wurde das Wasser kalt. Der Badeofen, der von der unteren Wohnung der Besitzer aus bedient wurde, hatte nicht die Kapazität für alle Duschwilligen. Dann war die Wohnung an sich auch weit von der nächsten Einkaufsmöglichkeit entfernt. Das Dach über dem Schlafzimmer war auch etwas undicht, sodass wir bei Regen eine Schüssel an das Bettende stellen mussten. Wir hatten das Bett schon etwas verrückt, da es zuvor auch ins Bett geregnet hatte. Aber da konnte man nicht mit einer Schüssel schlafen. Die Straße, die an dem Haus vorbeiführte, hatte sogenannten „Katzenkopfbelag“.

Wenn die Straße dann von LKWs befahren wurde, klingelten in der Anbauwand im Wohnzimmer die Gläser im Schrank aufgrund der Vibration. Beim Geschirrspülen und auch beim Essen in der Küche konnte auch kein groß gewachsener Mensch geradestehen wegen der schrägen Wände. Aber zum Glück waren wir alle nicht so groß und gewöhnten uns recht schnell an die Verhältnisse. Dafür war die Miete aber auch recht niedrig. Wir wohnten ca. 2 Jahre mit in dem Haus. Dann konnten wir uns aufgrund guter Einnahmen eine bessere Wohnung leisten und zogen dann wieder um. Aber dazu später.

Der Unfall meines Sohnes Marius

Marius hatte seine 10 Schuljahre auch beendet und eine Lehre als „Drucker" im hiesigen „Ostseedruck", einer Zeitungsdruckfirma, begonnen. Mit 17 Jahren hatte er, wie gesagt, seine Moped-Prüfung bestanden und fuhr mit dem Moped immer zur Arbeit. Auch als Lehrling war er schon im Schichtbetrieb eingesetzt.

Da ging die Spätschicht auch schon mal bis in die Abendstunden. Gegen 19.00 Uhr war er aber immer zu Hause. Eines Tages, wir warteten mit dem Abendessen auf ihn, klingelte es, und es stand ein junger Mann mit dem Rucksack von Marius vor unserer Tür. Er teilte uns mit, dass Marius einen Unfall hatte und in der Klinik war. Wir sollten sofort hinkommen. Wir waren total geschockt. Mehr konnte uns der junge Mann, der ein Kollege von Marius war, auch nicht sagen. Schnell fuhren wir in die Uniklinik. Er war noch bei der Untersuchung. Ein Fahrschullehrer, ohne derzeitigen Fahrschüler, hatte ihm kurz vor unserer Wohnung bei einer Ausfahrt die Vorfahrt genommen. Zum Glück hatte Marius seinen Rucksack auf, denn es war Freitag und er hatte die Schmutzwäsche dabei. Der Fahrschullehrer war ihm voll in die Seite gefahren mit dem Auto. Marius war dann umgefallen mit seinem Moped und mit dem Rücken auf der Bordsteinkante gelandet. Sein Knöchel war mehrfach gebrochen und die Sehnen und Bänder gerissen. Der Rucksack hatte ihn vor einer Wirbelfraktur bewahrt, die zu einer Querschnittslähmung hätte führen können. Er musste aber trotzdem operiert werden. Die Polizei war auch in der Klinik anwesend wegen einer noch vorzunehmenden Alkoholprobe. Marius hatte natürlich nichts getrunken. Die gesamte Schuld trug also der Fahrschullehrer. Dessen Versicherung bezahlte in der nächsten Zukunft auch eine beträchtliche Schadens- und Schmerzensgeldsumme. Marius fiel ein halbes Jahr aus. Aber er konnte die Lehre nach 2 Jahren trotzdem erfolgreich abschließen. Einen körperlichen Schaden behielt er aufgrund des Unfalls aber doch. Sodass er nur eingeschränkt seinen Armeedienst ausüben konnte, der dem Abschluss der Lehre folgte.

Die Einweihung der neuen Reithalle

Unterdessen hatte ich bei meiner Arbeit auf dem Reiterhof auch schon ein paar sehr nette Pensionsleute über deren Pferde kennengelernt. Ich kam mit ihnen ins Gespräch, erzählte auch von meinen Erfahrungen vom vorherigen Reiterhof und machte auf deren Wunsch nun auch Termine für Reitunterrichtsstunden. Meine Unterrichtsgestaltung gefiel ihnen gut. Zunächst mussten wir ja bei jedem Wetter immer noch auf den Außenanlagen trainieren. Zum August sollte die Reithalle fertig werden. Die ersten Pferde sollten dann anschließend auch in die neuen Boxen umziehen.

Auch bei den Bungalows für die Feriengäste sollte noch einiges passieren. Wir halfen alle, wo wir konnten und wie es uns zeitlich möglich war.

Dann fragte mich der Hofbesitzer, ob wir die Eröffnung der Reithalle ganz groß aufziehen könnten mit einem großen Programm, alles um das Thema Reiten. Es sollte dann auch Kunden anlocken.

Ich überlegte mir ein Konzept, was wir alles machen könnten. Dann fragte ich 8 der Pensionsmitglieder, ob sie bereit wären, bei einer Quadrille mitzuwirken mit ihren Pferden.

Alle waren Feuer und Flamme. An den Wochenenden, an denen alle Zeit hatten und nicht arbeiten mussten, hängte ich paar Überstunden hinten dran, und wir probten zur Musik das „Abteilungsreiten". Da musste ich auch ganz von vorne beginnen. Alle Reiter hatten noch nie etwas von „Hufschlagfiguren" gehört. Die Bedeutung der Buchstaben im Dressurviereck waren auch „Böhmische Wälder". Also erklärte ich allen die Bedeutung und wo es bei welcher Hufschlagfigur entlangging. Das ging auch ganz gut. Dann wurde provisorisch ein Viereck 20 m x 40 m abgesteckt mit Kegeln, Buchstaben gemalt und an die entsprechenden Stellen hingestellt. Ein Mercedes wurde auf dem Hauptweg neben dem Reitplatz geparkt. Aus Ermangelung eines Stromanschlusses mussten wir auf das Radio des Autos zurückgreifen, in dessen Kassettenteil die Kassetten eingelegt und bei größter Lautstärke abgespielt wurden. Die Musik musste zum Gangwerk (Takt) der Pferde passen. Die Pferde mussten farblich und im Gangwerk auch zueinander passen, da eine Quadrille meistenteils paarig geritten wird. Wir wählten die leichtere Version und ritten die Quadrille im Trab. Dann schrieb ich eine Choreografie zu den Musiktiteln. Es waren ein klassischer, ein Pop-Titel und einer im Western-Stil zu reiten. Das dauerte sehr lange, bis das so klappte. Es mussten die Reiter auch immer mit dem Schlussakkord in Aufstellung stehen. Mal waren die Reiter zu schnell oder die Musik schon zu Ende. An jedem Wochenende mussten alle Reiter dann aber auch ihr Tempo wiederfinden, das wir mit der Musik einstudiert hatten. Die Choreografie musste jeder auswendig beherrschen.

Mit den Kindern, die schon gut bei mir im Training waren, studierte ich mit den Kleinpferden und Ponys ein „Pas de quart" (Reiten zu viert) ein. Denen sagte ich immer vor, wohin wer reiten sollte. Wir zeigten dann noch eine Rassen und Farben-Schau, die ich kommentierte. Die Pferde wurden dabei an der Hand geführt. Kleine Haustiere des Hofes, wie die Meerschweinchen und Kaninchen, wurden getragen, die Hofhündin „Senta" wurde an der Leine geführt und das Hängebauchschwein „Erna" wurde vom geführten Pony „Krümel" im Sulky, einem zweirädrigen Wagen, gezogen.

Es war eine Menge Arbeit für diese Vorstellung zu bewältigen.

Um das Programm dann noch zu vervollständigen, hatte ich 2 Reiter aus Redefin aus meiner Meisterklasse gefragt, ob sie mit ihren Hengsten unser Programm bereichern könnten. Sie sagten zu. Auch einen Bekannten vom Western-Reitsport sprach ich an. Er war ebenfalls bereit, einen Beitrag für unser Programm zu leisten mit seinem Team.

Eine meiner besten Reitschülerinnen vertraute ich „Bonne" an. Der Friese hatte einen enormen Schwung im Trab, den ich ganz schlecht sitzen konnte. Sie war größer als ich und konnte ihn gut ausbalanciert sitzen. Mit dem Programmpunkt „Black-and-White" ritten wir beide dann auf den Pferden „Bonne" und „Charlie" auch ein „Pas de deux". (Reiten zu zweit)Der August rückte heran. Die Reithalle war fertig. Die Generalprobe für unsere Programmpunkte konnten wir schon in der Reithalle durchführen. Letzte Vorbereitungen wurden noch an der Beschallung vorgenommen. Unser Tonmeister hatte den Auftrag, für die richtige Musik zum richtigen Programmpunkt zu sorgen. In der Gaststätte wurden auch noch letzte Vorbereitungen für den Zuschaueransturm getroffen.

Für die Außenanlage hatten sich aus den benachbarten Dörfern Bierwagen, Eisverkäufer, Bratwurstverkäufer, Betreiber von Handwerksvereinen (Töpfern, Keramik, Strickwaren u.s.w.) angesagt. Die sollten alle in den Bungalows untergebracht werden. Die Bungalows sollten auch zur Besichtigung für Urlauber und zum Kinderferienlager geöffnet werden.

Alles war geschmückt, mit Luftballons und Girlanden. Stallungen und Hofgelände waren auf Hochglanz gebracht worden.

Die Aufregung am Vorabend der Veranstaltung war groß. Die Pferde merkten diese Aufregung natürlich auch.

Dann kam der Tag. Der Hofbesitzer hielt die Ansprache und führte durch das Programm.

Ich beruhigte die Reiter, überprüfte alles zum 100. Mal. Die Besucherzahl war schon zu Beginn grandios. Hatte sich per „Buschfunk" schon alles herumgesprochen, wurde auch noch im Radio diese Veranstaltung bekannt gegeben und um Publikum geworben.

Alles klappte. Die Reiter der großen Quadrille waren so sehr aufgeregt, dass einige die Choreografie vergessen hatten. Ich sagte ihnen dann alles an. Nicht auszudenken wäre es, wenn da ein haltloses Durcheinander zustande gekommen wäre. Das fiel den Zuschauern aber nicht auf. Ein totales Chaos gab es dann aber, als bei dem „Black-and-White" Auftritt mit einem Mal der Strom ausfiel. Wir hatten keine Musik. Kein Kaffee und keine Bockwurst konnten zum Mittag gereicht werden. Es dauerte auch eine ganze Weile, bis wir unter den Zuschauern einen Elektriker fanden, der diesem Desaster ein Ende bereiten konnte. Das klappte dann aber auch, sodass nach der Mittagspause die Redefiner und die Western-Reiter ihre Darbietungen noch mit Musikbegleitung und Moderation vorführen konnten. Danach fand das Pony-Reiten für die Kinder statt. Die Eltern und Besucher freuten sich über diesen sehr gelungenen Tag bei bestem Wetter. Der Hofbesitzer konnte sich über die vielen Geschenke und Blumen zur Einweihung freuen. Auch ich wurde beglückwünscht für die Gestaltung des Programms, was mich sehr stolz machte. Schon sehr früh erfuhr ich eine große Wertschätzung meiner Arbeit.

„Charlie" und der Hengst „Morjan"

Eine nicht so schöne Begegnung meines Pferdes mit dem Hengst „Morjan" möchte ich noch beschreiben. „Morjan" war der Hengst (3 Jahre) des Hofes und sollte zum Decken der Großpferdestuten eingesetzt werden, um eigene Nachzucht von Schulpferden zu erzeugen.

Einige Ponys und Kleinpferde standen hier in Ständern. Der Hengst, der eigentlich eine sehr gute Erziehung hatte und so gar nicht in seinem Benehmen als „Hengst" wahrnehmbar war, stand in einer Box. Nun rossten einige Stuten. Eine Pflegerin hatte die Boxen-Tür des Nachts nicht richtig zugemacht, was der Hengst natürlich irgendwann merkte. Er schob sie dann ganz auf und konnte sich befreien. Für „Charly" war wegen des übereilten

Umzuges noch keine Box frei gewesen. Er stand auch in einem Ständer. Da er kastriert war, hatte er kein Interesse mehr an den Stuten. Aber er hatte sein männliches Verhalten anderen männlichen Pferden gegenüber beibehalten. Nun waren Charlie und Morjan Rivalen. Da Charlie sich aber nicht befreien konnte, war er gefangen an Halfter und Kette. Morjan biss und schlug mein Pferd so sehr, dass es am nächsten Morgen blutüberströmt und zitternd in seinem Ständer stand. Ich bekam fast einen Anfall, als ich ihn so sah. Sofort rief ich einen Tierarzt. Es war zum Glück nichts gebrochen. Es sah schlimmer aus, als es war. Die Bissstellen mussten nun gekühlt und gesalbt werden. Die erste Woche war er vor Schmerzen sehr ungnädig und ließ nicht mal mich an die schlimmsten Stellen. Er hatte große Schmerzen. Das Reiten stand für fast ein Vierteljahr außer Frage. Nur Spazierengehen war nun angesagt. Das genoss er aber dann sehr, da er auch keinen Koppelgang haben durfte. Langsam verheilten die Stellen und er konnte dann wieder angearbeitet werden.

Kuriose Reiter auch auf diesem Hof

Man erlebte doch immer wieder kuriose Sachen mit den Reitschülern. So auch auf diesem Hof. Es kamen 4 Polizistinnen, die Reiten lernen wollten. Einige Grundkenntnisse waren schon vorhanden, sodass ich darauf aufbauen konnte. Mit 4 Kleinpferden hatten sich die Frauen zwischen 25 und 30 Jahren dann in der Mitte der Reithalle aufgestellt. Ich hatte alles Notwendige erklärt und es sollte losgehen. Mein Kommando „Dann Zügel über den Kopf und aufsitzen" war dann wohl doch etwas falsch verstanden worden. Alle vier legte die Zügel über ihre eigenen Köpfe. Ich war erst mal perplex, dann fing ich an zu lachen und konnte mich kaum einkriegen. „Über die Köpfe der Pferde natürlich oder wie wollten Sie jetzt reiten?", war dann meine Frage, als ich wieder zu Atem kam. Dann lachten die Frauen selbst auch überihren Fehler und korrigierten sich. Das Reiten ging dann so leidlich. Ich war nur froh, dass die Pferde so viel Geduld hatten. Nicht immer liefen sie dahin, wo die Reiterinnen hinwollten.

Eines Tages kam ein Richter namens Herr Winkler zum Unterricht. Er kam ausgerüstet wie ein Profi und hatte eine „Fliege" um den Hals. Dann führte er laufend Selbstgespräche. Aber nicht nur mit sich und dem Pferd, sondern auch mit den Sätteln. Schnell hatte er den Spitznamen „Der mit den Sätteln spricht" weg. Jeder wusste dann, wer gemeint war. Er war auch kein einfacher Schüler.

Eine Reiterin, die eine sehr liebenswürdige Frau war, wuchs mir besonders ans Herz. Für sie war ich neben meinem Beruf auch noch so etwas wie eine Psychotherapeutin. Sie schüttete mir so manches Mal während unserer Geländeritte oder auch während der Reitstunden ihr Herz aus. Sie brachte mir auch viele Geschenke zu Ostern, Weihnachten und zum Geburtstag.

Sie hatte nun nicht gerade die ideale Reiterfigur und hatte auch mit leichtem Übergewicht zu kämpfen. Aber ich war dann immer froh, wenn der Unterricht vorbei war und sie das Reiten gesund und unfallfrei überlebt hatte. Sie war sich der Gefahren nicht immer so bewusst, aber ich hatte schon so manches Mal gewaltige Bauchschmerzen. Ab und an fiel sie auch vom Pferd, was dann lange Genesungspausen nach sich zog. Aber dann besuchte sie mich trotzdem und schaute zu, wenn ich andere Reitschüler hatte, um zu lernen.

Dann kam ein Theologe der Seemannsmission zum Reiten. Der hatte gar keine Skrupel, sich in meinem Büro umzuziehen und dann in Unterhosen dazustehen. Er kam immer von der Arbeit. Er hatte sich dann auch reitergemäß ausgerüstet und musste sich immer zumUnterricht l umziehen. Er ritt die Stute „Fantasia", die der Reiterhof kürzlich zugekauft hatte. Sie war ein umgängliches und ruhiges Pferd, allerdings ein notorischer Kopfschläger.

Als er auf dem Pferd saß, wollte ich die Länge der Steigbügelriemen kontrollieren. Ich stand dann aber zu dicht vor dem Pferd. Es schlug mit dem Kopf, traf mich im Gesicht und schlug mir die beiden oberen Frontzähne aus. Die Zahnknochen waren gebrochen. Sofort blutete es stark und der Unterricht konnte nicht stattfinden. Ich übergab dann einem Kollegen das Pferd zum Absatteln und Wegbringen. Ich fuhr sofort zum Zahnarzt. Die Zähne mussten gezogen werden und ich bekam für ein Vierteljahr ein „Provisorium". Da musste ich immer aufpassen, dass ich es beim Sprechen nicht verlor. Später bekam ich dann eine feste „Brücke" als Zahnersatz im Frontbereich. Als ich mich später dem Fahrsport zuwandte, bestellte der Theologe bei mir eine Planwagenfahrt mit indischen Seeleuten. Unsere Tour führte immer in den Wald. Das wurde immer sehr gut angenommen von den Kunden. In der Gruppe wurde nur Englisch gesprochen. Der Theologe übersetzte dann immer die Gespräche zwischen ihnen und uns. (Mein Lebensgefährte fuhr immer als Beifahrer mit.) Die staunten über jeden Baum und freuten sich riesig. Wir wunderten uns darüber. Dann sagte der Theologe, dass es in dem Teil von Indien, der Heimat der Kunden, keine Bäume, sondern nur Wüste und Steinlandschaften gab. Da verstanden wir dann deren Verhalten.

Ein paar Ärzte waren auch noch meine Reitkunden. Später kauften die sich dann selber Pferde. Aber sie schätzten immer meine Arbeit, dass ich ihnen in den Anfängen alles so gut beigebracht hatte. Viele Reiter, die heute teilweise auch im Turniersport erfolgreich sind, haben bei mir das kleine „ABC" gelernt. Ich freue mich auch immer, wenn ich Namen wiedererkenne, die mal als ganz kleine Kinder bei mir begonnen hatten. Ich unterrichtete zum Ende meiner Reitlehrertätigkeit bereits die 3. Generation mancher Kunden.

Zunehmende Bedeutung auch des Fahrsportes auf dem Hof

Auch der Fahrsport spielte eine große Rolle auf diesem Hof. Junge Pferde fuhren wir selbst ein. Diese Tiere waren dann sehr zuverlässig und gehorsam. Ich gestaltete auch für Kunden Wochenendlehrgänge für das Erlernen des Kutschierens. Ich hatte einige Pferde in verschiedenen Ausbildungsstadien. Die führte ich dann auch bei Vorstellungen und Shows vor. Die Zuschauer sollten mal sehen, dass es nicht so einfach ist, nur fix ein Pferd vor den Wagen zu spannen, und ab geht die Fahrt. Wie viel Vorarbeit überhaupt dazu nötig ist, bis ein Pferd straßensicher und zuverlässig ist, wissen die wenigsten. So hatte sich ein Einsteller eine 3-jährige Tinker-Stute gekauft, die er als Fahrpferd und als Reitpferd ausgebildet haben wollte.

Doch zuerst musste er mal selbst das Fahren erlernen. Der Hof hatte einen alten Jagdwagen mit Holzrädern. Den durfte ich nutzen, da man den ein- und zweispännig fahren konnte. Der Kunde war Tischler. Ich machte eine Zeichnung und er stellte mir aus Holz einen „Fahrtrainer" her. Das ist ein Gestell, an dem in „Trockenübung" von 6 Teilnehmen, also die verschiedenen Leinengriffe ohne Pferde erlernt werden können. Mit Haken ausgestattet, konnte man Zügel, an denen Steigbügel gehängt wurden, als Gewichte, die ungefähr dem Maulwiderstand eines Pferdes entsprachen, befestigen an dem Gestell.

Ich hatte diese Art „Trockenübung" in meiner Lehr- und Meisterausbildung gelernt.

Später lernten die Teilnehmer dann die Geschirrteile kennen und das „Aufschirren" und „Anspannen" eines Pferdes. Ich hatte im Vorfeld schon erfahren, dass es nicht egal ist, an welcher Seite man ein Pferd gehen lässt. Auch das müssen die Pferde lernen. Als ich die Pferde einmal „seitenverkehrt" anspannte, weil die Geschirre falsch angelegt waren, hätte ich mich bald totgefahren. Wenn mein Kollege da nicht eingegriffen hätte, wären die durchgehenden Pferde auf dem Reitplatz über den Zaun gesprungen in ihrer Panik. Das wäre es dann mit mir gewesen. Ich brachte den von mir eingefahrenen Pferden immer gleich beim Einfahren das Gehen an beiden Seiten vor dem Wagen bei. Dann konnte nichts mehr passieren. Ich fuhr dem Kunden dann sein Pferd ein. Später erlernte er in einem weiterführenden Fahrlehrgang auf einem Gestüt auch das Fahren mit einem „Vierspänner" und brachte seinem Pferd auch die „Rückarbeit" im Wald bei. Heute wird er häufig angefordert von den Forstbetrieben mit seinem Pferd für „Rücktätigkeiten" in den unwegsamen Waldgebieten. Pferde, die so etwas können, gibt es leider nicht mehr viele in der heutigen Welt.

Der Fall „Sissi"

Aber auch nicht so schöne Vorfälle gab es. Ein Pferd namens „Sissi", eine 5-jährige Fuchsstute, hatte eine Reitbeteiligung und war auch Pensionspferd auf dem Reiterhof. Der Besitzer war so ein Hallodri. Den hatte bisher noch niemand gesehen. Pensionsvertrag und weiteres Procedere wurden alles nur schriftlich vereinbart. Für 2 Jahre überwies er auch den Pensionsbeitrag. Dann kamen keine Überweisungen mehr. Das ging trotz Mahnungen und vielerlei Hinweise fast 2 weitere Jahre so. Die Reitbeteiligung wollte dann das Pferd selber kaufen, was der Besitzer aber nicht zuließ. Irgendwann kündigte er an, das Pferd abholen zu wollen und es auf einen anderen Hof zu bringen. Von den 2 Jahren Pensionsgebühren, die er noch zu zahlen hatte, war keine Rede. Nun wurde das Pferd aber weiterhin durch uns betreut. Es hatte Futter verbraucht, Tierarzt- und Schmied-Kosten verursacht. Rechnungen waren für alles vorhanden. Wir vermuteten, dass der Besitzer auch bei Nacht und Nebel das Pferd abholen würde, ohne eine Rechnung zu begleichen. Darum verschlossen wir die Box des Pferdes. Eines Nachmittags stand er dann auch mit Jeep und Hänger vor dem Stall und forderte sein Pferd. Dann entbrannte ein heftiger Streit, fast mit Polizeieinsatz. Denn der Mann hatte sich so ereifert, dass er den Hofbesitzer, der sich vor sein Auto gestellt hatte, fast überfahren hätte.

Der Hofbesitzer forderte die Begleichung sämtlicher Rechnungen sofort, dann könne er sein Pferd bekommen und den Hof verlassen. An eine spätere Begleichung der Beträge glaubte keiner, da der Pferdebesitzer auf keine der Mahnungen reagiert hatte. Es war ja nun auch schon eine beträchtliche Summe zustande gekommen, auf die der Hof nicht verzichten konnte. Auch auf Scheckzahlung ließ der Hofbesitzer sich nicht ein. Dann endlich, als wir dann unsererseits mit der Polizei drohten, fuhr der Pferdebesitzer zur Bank und holte den Betrag. Er zahlte und konnte dann losfahren mit dem Pferd. Das hätte er auch alles einfacher haben können. Die Reitbeteiligung war fix und fertig. Sie dachte immer nur an das Pferd.

Kutschen-Korso in Wismar Juni 2006

Es wurden auch immer wieder Kutschfahrten zu besonderen Anlässen gewünscht. Es sollte ein „Kutschen-Korso" in Wismar stattfinden. Dabei sollte der Rekord von der Stadt „Lingen", der derzeit noch aktuell war, gebrochen werden. 209 Kutschen in jeglicher Ausführung sollten an einem Tag aus der ganzen Republik zusammenkommen. Mein Lebensgefährte und ich hatten zugesagt, mit 3 Einspännern teilzunehmen.

Der Tag war zwar nicht so kalt, aber total verregnet. Der Tischler, dessen Pferd ich eingefahren hatte, nahm mit seinem Pferd vor seinem Marathonwagen teil. Wir hatten uns den Jagdwagen mit einer Haflinger Stute ausgesucht und eine private Pensionsinhaberin beteiligte sich auch mit ihrem Pferd und ihrem Wagen. Nun mussten Fahrzeuge und Hänger für den Transport der ganzen Pferde und Utensilien gefunden werden. Alle Autos, die einen Anhängerzug hatten, kamen zum Einsatz. Die Pferde wurden in die 2 Pferdehänger gebracht und die Trailer mit den Wagen und Geschirren an Privatautos gehängt. Dann ging es los. Der NDR betreute die ganze Sache den ganzen Tag und gab Kommentare. Als wir in Wismar ankamen, bekamen wir einen Stellplatz zugewiesen. Ich ging dann gleich zu dem Container, in dem die Anmeldung und die Vergabe der Startnummern stattfanden.

Die anderen Helfer spannten schon an. Um 10.00 Uhr sollte es dann losgehen vom Hof. In Wismar angekommen, ging es vom Stellplatz aus auf eine Hauptstraße, dann durch die ganze Altstadt (auf Kopfsteinpflaster) und dann zum Hafengelände. Dort wurden die Gespanne elektronisch gezählt. Etwa 30.000 Zuschauer während der Strecke begleiteten das Spektakel. Am Ziel war eine Tribüne aufgebaut worden. Selbst der Landwirtschaftsminister Till Backhaus und namhafte Fernsehmoderatoren waren anwesend. Gespanne in den unterschiedlichsten, teilweise auch kuriosen Ausführungen nahmen an der Veranstaltung teil.

Da die Teilnahme von mehr als 209 Gespannen dann ein Fall für das „Guinness-Buch der Rekorde" werden würde, war auch schon der Notar „Herr Kuchenbecker" anwesend.

Ich hatte „Stine", wie meine Haflinger Stute hieß, mit grünem „Mützchen" auf dem Kopf und grünen Bandagen an den Vorderbeinen ausgerüstet.

Wir starteten dann und entfernten uns vom Stellplatz in Richtung Hauptstraße, um uns dann auch in die Reihe einzugliedern. Beim Abbiegen mussten wir über einen kleinen Absatz fahren. Es gab einen Knall und ich wäre bald vom Wagen gefallen, da der Vorderwagen des Jagdwagens sich vom Rest des Wagens gelöst hatte. Der „Herzbolzen" war gebrochen, der Wagen war hin. Das Teil verband Vorder- und Hinterwagen miteinander. Die Vorder- und Hinterräder wurden somit auch „in Spur" gehalten.

Wir mussten ausspannen. Zum Glück hatte der Regen mit unserer Ankunft in Wismar aufgehört. Ich war fix und fertig und ging mit „Stine" zu den Hängern. Da begann ich zu weinen. Alles hatte so gut geklappt und nun das. Aber mein Lebensgefährte hatte eine Idee. Zum Gelächter aller an den Straßen stehenden Zuschauern zog er, in der „Schere" gehend, den Wagen zum Container der Anmeldung. Da fragte er nach dem

Veranstaltungsleiter. Der wurde von seiner Frau liebevoll „Mäuschen" genannt. Den richtigen Namen wussten wir nicht. Er ging dann, selbst den Wagen die Straße entlangziehend, laut nach „Mäuschen" rufend, bis zu den Versorgungskiosken. Da traf er „Mäuschen", einen gestandenen 50jährigen Mann, dann auch. Der schickte ihn mit dem Wagen zum Schmied. Der stand auch an der Hauptstraße. Wir brauchten jemanden, der schweißen konnte. Der Schmied hatte ein Schweißgerät dabei. Er schaute sich den Schaden an und ging dann auch gleich ans Werk. Als er dann sein Gerät an den Starkstrom anschloss, verbrauchte es so viel Strom, dass in allen Kiosken der Strom ausfiel. An Kaffeekochen und Bockwurst heiß machen war nicht mehr zu denken. Da brach erst mal ein Chaos aus. Der Schmied schweißte den „Herzbolzen" wieder an.

„Mäuschen" regelte das mit den Kioskbesitzern, dass es bald wieder Strom geben würde. Inzwischen fuhren die Redefiner Teilnehmer mit einem Vierspänner-Hengsten an der Kutsche auf der Hauptstraße vorbei. Trotz der Scheuklappen sahen die Pferde das Licht vom Schweißen und gingen durch. So schnell hatte der Redefiner Kutscher gar nicht mitbekommen, wovor sich die Pferde so erschrocken hatten. Aber das war aufgrund der enormen Menschenmassen an den Straßen natürlich auch nicht ganz ungefährlich. Aber er bekam die Pferde doch noch rechtzeitig in den Griff, sodass nichts passierte.

Dann rief mein Lebensgefährte mich an per Handy und sagte, ich solle mit „Stine" kommen und die Fahrt würde weitergehen. Der Wagen ist wieder heil. Ich freute mich wie ein Schneekönig. Schnell lief ich mit ihr zum Wagen, spannte sie an. Wir sortierten uns ein zweites Mal in den Korso ein. Wir waren nun schon nahe an den 209 Wagen heran und es sollte der Rekord nun auch bald gebrochen werden. Dann registrierte ich aus den Augenwinkeln, dass die seitliche Armbegrenzung des Wagens lose war. Ich hoffte nur, dass wir nicht der Wagen sind, der den Rekord bricht und die Fotografen mit den Kameras und die Moderatoren zu uns auf den Wagen stiegen. Die würden dann unweigerlich alle abstürzen, wenn die sich festhalten wollten. Aber der uns folgende Wagen war dann der Wagen, welcher den Rekord brach. Es war ein mit 6 Pferden angespannter Wagen aus Schleswig Holstein, der sogar persönlich von Till Backhaus gelenkt wurde. Da stiegen dann auch die Kameraleute und die Moderatoren auf. Aber der Wagen hinter uns hatte mich noch kurz vor der elektronischen Durchfahrt gewarnt, dass sich bei „Stine" eine Bandage zu lösen drohte. Sie hätte stürzen können, wäre sie darüber gestolpert. Das wäre dann der Supergau geworden. Schnell stieg mein Beifahrer ab und nahm die lose Bandage ab. Wir fuhren dann „einbeinig bewickelt" durch das Tor und so sah auch unser Zielfoto aus. Der „Guinness-Rekord" wurde gebrochen. Später bekamen wir noch die Urkunde aus London und eine CD vom NDR, auf der alles aufgezeichnet war, welche Kutschen und anderen Gefährte an dem Spektakel beteiligt gewesen waren.

Zum Ende der Veranstaltung packten wir alles wieder zusammen, verluden die Pferde und fuhren dann auch bei beginnendem Regen wieder Richtung Heimat. Noch lange haben wir uns über dieses Ereignis freuen können, was für mich bald zu einem Fiasko geworden wäre.

Der Tischler, dem ich seinerzeit das Kutschieren beigebracht hatte, hatte sich ja auch mit seiner Stute „Finola" am Kutschen-Korso beteiligt. Er hatte sie da noch nicht lange in seinem Besitz.

Wie er mir erzählte, war „Finola" ein „Wildfang". Sie stammte aus Irland und war dann in Deutschland als Verkaufspferd von einem Händler eingeführt worden. Sie hatte auch nur einen grünen Pferdepass. In den grünen Pferdepässen sind nur das ungefähre Geburtsdatum, der Name und die Abzeichen des Tieres vermerkt. Ebenso die Chipnummer des aus dem Ausland kommenden Tieres. Die Abstammung der Eltern des Tieres ist unbekannt.

Der Tischler und seine Frau waren Liebhaber von Hunden der Rasse „Dalmatiner". Das sind große weiße Hunde mit Schlappohren und schwarzen Punkten auf weißem Fell. Sie hatten zu der Zeit auch so einen Hund.

Was keiner ahnte, war, dass „Finola" tragend war. Wir wunderten uns immer, dass sie immer mehr zunahm an Gewicht. Wir trainierten sie härter und verringerten das Futter. Dann eines Tages sah mein Kollege zufällig, dass „Finola" ein Euter bekam und sogenannte „Harztropfen" an den Zitzen hatte. Das sind gelbe Tröpfchen, die eine unmittelbare Geburt des Fohlens zeitnah anzeigen. Da waren wir alle sehr überrascht, denn „Finola" war laut Papieren auch erst 3 Jahre alt. Aber nichts desto trotz. Zwei Tage später, mittags gegen 12.00 Uhr, wurde sie unruhig und bekam Wehen. Ich rief sofort die Besitzer an, die dann auch noch zur rechten Zeit auf dem Hof erschienen. „Finola" legte eine „Bilderbuchgeburt" hin. Alleine und ohne Hilfe gebar sie ein Stutfohlen mit der Farbe eines Dalmatiners. Das ließ vermuten, dass sie in ihrer Freiheit von einem „Knabstrupper-Hengst" mit 2 Jahren bereits gedeckt worden war. Die Tragzeit bei Stuten dauert 11 Monate. „Knabstrupper" Pferde sind eine dänische Rasse, deren Rasse-Kennzeichen diese „Dalmatiner-Färbung" ist. Die Besitzer konnten die gesamte Geburt per Video aufnehmen und haben somit immer eine bleibende Erinnerung. Wir waren zunächst auch sprachlos, dass „Finolas" Trächtigkeit so lange unbemerkt blieb. Denn als sie so immens zunahm, war sie bereits im 10. Monat ihrer Trächtigkeit. Da sehen manche Stuten schon wie die „Drang-Tonnen" aus. Das Fohlen wuchs gesund und munter heran, „Finola" war eine sehr gute Mutter. Wir bildeten ihre Tochter dann im Alter von 2,5 Jahren auch zum Reit- und Fahrpferd aus.

Lustige Veranstaltungen, die das Leben bereichern

Jedes Jahr zur Osterzeit wurde auf dem Reiterhof die Saison eingeleitet. Das begann mit einem zünftigen „Osterritt". Der große Planwagen wurde für Gäste und Nichtreiter genommen. Für 20 Personen war auf ihm Platz. Private Reiter ritten ihre Pferde, die Schulpferde wurden auf gute Reiterinnen verteilt, die sich im Unterricht besonders angestrengt hatten. Wir hatten wieder ein neues Pferd eingefahren, welches den Tag seine „Feuertaufe" haben sollte. „Moritz" hieß der etwas ungestüme 10-jährige Haflinger Wallach. Er passte von der Figur her gut zu „Stine". Einige Eltern der Kinder fuhren dann immer mit Autos voraus und versteckten für alle Kinder Ostereier im Wald, die sie dann suchen sollten, während alle anderen sich dem mitgebrachten Picknick widmeten. Das war schon zu einer schönen Tradition geworden.

Das Wetter war zwar noch recht frisch, aber es war trocken. Mit zusätzlichen Decken, dicken Anoraks und auch Handschuhen ausgerüstet, ging es dann Ostersamstag um 10.00 Uhr los. Die Hinfahrt verlief komplikationslos, „Moritz" machte seinen „Job" gut. Die Reiter ritten uns hinterher. Wir erreichten dann nach einer Stunde den Platz im Wald, wo uns die Vorhut schon erwartete.

Die Mitfahrer des Kremsers kümmerten sich ebenfalls um die Reitpferde, damit sich die Reiter auch stärken konnten.

Nachdem dann alle Ostergaben im Wald gefunden worden waren, brachen wir den Rückweg an. Wir mussten eine Straße überqueren, zu der es vorher etwas auf einem sandigen Boden bergauf ging. Meine Begleiter mit den Autos hatten die Straße rechts und links abgesperrt, da ich die Straße nicht einsehen konnte. Ich hielt den Wagen an und wartete auf das Kommando der Helfer zur Weiterfahrt. Dann ging es los. Ich weiß nicht, ob „Stine" das Kommando zum Losgehen nicht verstanden hatte. Jedenfalls zog „Moritz" alleine an. Er ahnte instinktiv, dass es aufgrund des Sandbodens und der kleinen Steigung schwer werden würde, und zog mit großer Kraft ruckartig an. In dem Moment rissen die Löcher der Stränge an seinem Geschirr aus. Dadurch, dass die Stränge nun durchhingen kam „Stine" mit einem Hinterbein in den Strang von Moritz. Sie zog dann auch an und klemmte sich eine Zitze ihres Euters ein. Durch den Schmerz total verwirrt, zog sie dann Moritz mit sich, der nur noch mit dem Halskoppel vorne mit dem Wagen verbunden war. Beide rasten dann über die Straße und den Waldweg entlang.

Auf dem Kremser schrien alle durcheinander. Der durchhängende Strang fiel dann irgendwann zu Boden und wurde mitgeschleift. So war „Stines" Euter wieder frei. Langsam bekam ich die Tiere zur Ruhe und konnte das Gespann anhalten. Alle stiegen ab. Zwei Personen stellten sich vor die Pferde, damit ich mir das Unheil ansehen konnte. Die Stränge waren nicht mehr zu gebrauchen, die Löcher waren total ausgerissen. Nun hatte ich ja schon von den vorhergehenden „Chaos-Fahrten" gelernt und hatte genügend Stricke eingepackt. Moritz wurde dann mit Stricken an den nun leeren Wagen gebunden. Die Wagenbesatzung wechselte auf die Autos zur Heimfahrt. Ich fuhr langsam mit meinem Lebensgefährten im Schritt Richtung Hof. Das ging dann auch problemlos.

Nachdem ich 1998 meine Turnierzeit mit „Charlie" beendete, widmete ich mich dem Fahrsport. Ich war in meiner Altersklasse Vizekreismeisterin im Dressurreiten der Klasse A geworden und das reichte mir. Natürlich ritt ich dann immer noch mal Privatpferde auf Turnieren, wenn deren Besitzer sich das nicht zutrauten. „Charlie" wurde dann vermehrt zu Reitertagen mit Nachwuchsreitern eingesetzt. Die hatten auch ihren Spaß, wenn sie Schleifen aufgrund guter Leistungen bekamen. Für den Wallach sprangen dabei immer Extraportionen Möhren raus.

Aber auch im Fahrsport nahm ich ab und zu an Turnieren der Klasse A im Fahrsport teil. Auch da wurde ich Vizekreismeisterin im Zweispänner-Fahren. Das waren auch meine größten Erfolge, über die ich sehr stolz bin.

Auch Shows für den Reiterhof, auf dem ich noch beschäftigt war, organisierte ich zu Weihnachten, zum Fasching mit den Kindern und auch mit den Privatreitern. Bei einer Faschingsfeier hatte sich ein Kind als Indianer verkleidet. Der Haflinger-Mix „Maximilian", eigentlich ein ruhiger und kinderfreundlicher Vertreter seiner Art, bekam so einen Schreck bei dem Anblick seiner Reiterin mit der langen Indianer-Schleppe, dass er sofort die Flucht ergriff.

Das Kind musste dann erst mal einen Helm von mir nehmen. Dann war wieder alles in Ordnung, und wir konnten unser Programm fortsetzen.

Bei einem Herbstfest verkleidete ich mich als „Oma". „Charlie" konnte ich ganz allein in der Halle stehen lassen. Ich hatte mir eine Moderatorin für die Show besorgt, die ein abgesprochenes Spiel mit mir spielte und kommentierte. Wir sprachen auf Plattdeutsch. Aber meine Körpersprache drückte mein Vorhaben für alle Anwesenden, auch wenn sie kein „Platt" verstanden, deutlich aus.

Die Geschichte war so: Ich stand so verkleidet, dass mich selbst meine eigenen Schüler nicht erkannten, unter den Zuschauern an der Bande der Reithalle. In der Arena fand dann eine andere Nummer statt. Eine Reitschülerin, die eingeweiht war, stellte „Charlie" in die Reithallenmitte und ging wieder.

Nach einer Weile fragte ich die Moderatorin, was das Pferd da in der Mitte sollte. Ich würde es gerne mal reiten. Sie fand das keine so gute Idee in meinem „Alter". Dann ging ich, gestützt von meiner Reitschülerin, meine Gerte als Krückstock benutzend, hinkend zu dem Pferd. Einen Hocker zum Aufsteigen hatte man mir schon hingestellt. Dann erklomm ich den Hocker, gab meine Brille der Reitschülerin und setzte mich zuerst verkehrt herum auf „Charlie". Alles lachte. Die Moderatorin machte mich auf die falsche Sitzrichtung aufmerksam. Dann stieg ich umständlich wieder ab und setzte mich dann in Fahrtrichtung auf das Pferd. Es stand wie ein Denkmal und machte das alles super.Ich gab der Moderatorin ein Zeichen und sie stellte die Musik an. Dann legte ich mit „Charlie" meine einstudierte Choreographie auf „L-Niveau" hin. Darin kamen viele Elemente der Seitenbewegungen in allen 3 Gangarten vor, was schon was hermachte. „Charlie" war immer voll dabei, wenn es darum ging, im Mittelpunkt zu stehen. Er zeigte seine beste Leistung. Der Beifall fand kein Ende. Immer wieder wurde eine Zugabe gefordert vom Publikum. Mir standen die Tränen in den Augen. So überwältigt war ich.

Über eine Kundin muss ich noch berichten. Der Hof hatte in der Scheune eine schwarze Stute zu stehen, deren Besitzer auch wieder keine Pension bezahlte. Die Stute war auch nicht haftpflichtversichert und zudem sehr schlecht erzogen und bissig. Sie hatte eine große Laufbox bekommen, da wir sie nicht auf die Koppel bringen konnten und sie uns auch nicht so gut gehorchte.

Die Verhandlungen zwischen dem Anwalt des Hofbesitzers und dem Besitzer des Pferdes waren im Gange, zogen sich aber sehr schleppend hin. Den Besitzer hatte von uns auch noch nie jemand zu Gesicht bekommen. Diese Stute hieß „Evita".

Eine Reitschülerin, die „von der Pieke" an diesen Sport begann, hatte sich zu einer weiteren Reitstunde bei mir angemeldet. Sie schnatterte mehr als dass sie meinen Anordnungen folgte. Sie war und wurde ein sehr schwieriger „Fall". Aber sie gab nicht auf.

Allerdings hatte sie wohl im Fernsehen zu viele Pferdefilme gesehen und sich das Reiten nicht als so schwer vorgestellt. Talent hatte sie überhaupt nicht. Und so quälten wir uns Stunde um Stunde und fingen immer wieder von vorne an. Ich war bloß immer froh, wenn die Stunde zu Ende war und sie den Hof verließ.

Irgendwann kam sie mal an ihrem freien Tag. Zuerst absolvierten wir wieder eine Reitstunde. Ich kümmerte mich dann um den nächsten Kunden. In einer Pause hörte ich Stimmen aus der Scheune, in der sich „Evita" befand. Mir stockte der Atem, als ich die Kundin, „Bianca Schur" hieß sie, in der Laufbox von „Evita" hocken sah. Das Pferd hatte sich ihr freundlich genähert. Ich komplimentierte sie dann vorsichtig und ruhig, um „Evita" nicht zu erschrecken, aus der Box und fragte, ob sie lebensmüde sei. In ihrem jugendlichen Leichtsinn, (sie war aber schon fast 30 Jahre), fragte sie, was mit der Stute sei und warum sie nicht auf der Koppel sei. Ich sagte ihr, was mit dem Pferd ist und dass sie nichts in dessen Box zu suchen hätte. Daraufhin unternahm sie Recherchen nach dem Besitzer des Pferdes, ohne unser aller Wissen. Sie wollte das Pferd kaufen und alle Kosten übernehmen. Als ich davon erfuhr, dachte ich, mich trifft der Schlag. Selbst nicht reiten können, keine Ahnung von Pferden überhaupt und dann so einen Verbrecher haben wollen. Das musste doch schiefgehen. Sie sprach dann mit dem Hofbesitzer über ihr Vorhaben. Es wusste ja bis zu diesem Moment noch nicht mal einmal, ob die Stute überhaupt schon zugeritten war, wie sie sich da benahm, und ob sie überhaupt zu reiten war. Einen Grund für das Verhalten des Pferdes musste es ja auch geben. Nach einer gewissen Zeit bekam sie es dann tatsächlich hin, sich mit dem Besitzer über einen Eigentumswechsel zu einigen. Sie wurde dann die Besitzerin des Pferdes. Alle Rechnungen waren beglichen, eine Versicherung wurde abgeschlossen, Evita wechselte in den großen Stall, bekam Koppelgang mit den anderen Pferden und wurde von Bianca behandelt wie ein Kuscheltier. Eine Weile machte die Stute das Ganze auch mit. Dann kam es zu den ersten Auseinandersetzungen. Sie hob die Hufe nicht mehr und schlug aus bei Berührung. Bianca fragte mich, ob ich mich um das Pferd mal kümmern würde gegen Bezahlung. Ich brachte dem Pferd dann erst mal Benehmen auf etwas unsanftere Art und Weise bei, nahm es in Ausbildung an die Longe, damit es ausgelastet wurde. Die Stute hatte aufgrund des Nichtstuns und der vielen Belohnungen ohne Grund ordentlich an Gewicht zugelegt und konnte das auch gezielt gegen den Menschen einsetzen, wenn ihr was nicht passte.

Eine Kollegin, die etwas jünger war und auch im „Einreiten von Pferden auf humane Art" Erfahrungen hatte, übernahm dann die nächsten Schritte der Ausbildung. Bianca setzte inzwischen ihre Reitausbildung auf Schulpferden bei mir fort. Sie investierte sehr viel Geld in die ganze Sache. Als sie dann auch schon alleine reiten konnte auf Schulpferden, wollte sie auch ihr eigenes Pferd reiten. Das lehnte ich ab. Ich hatte mitbekommen, wie oft meine Kollegin die Bocksprünge „Evitas" nicht hatte sitzen können und abgestürzt war. Durch gekonntes Fallen hatte sie sich bis dato aber noch nicht verletzt. Ich redete mit meiner Kollegin über den Wunsch und die sagte auch, dass ein Reiten der Stute von Bianca mit deren derzeitigem Können auf keinen Fall jetzt schon ginge. Aber vielleicht eine Runde im Schritt geführt wäre möglich. Das schlugen wir Bianca vor. Sie beobachtete dann immer mal die Ausbildung ihrer Stute durch meine Kollegin und setzte sich dann am Schluss auf ihr Pferd und wurde geführt. Damit schwebte sie schon im 7. Himmel.

Eines Tages sollte der Schmied kommen. Sie spielte mit ihrem Pferd im Stall herum, während mein Kollege und ich die Boxen richteten. Er sagte, dass ein Pferd in der Box so gewühlt hatte, als wenn es Eier legen wollte. Es hatte eine richtige Mulde gescharrt.

Bianca bekam da nur die Hälfte von dem Gespräch mit und fragte, ob wir in „Evitas" Box auch eine Mulde zum „Eierlegen" machen könnten. Mein Kollege und ich schauten uns an und brachen dann in schallendes Gelächter aus. „Ich habe noch nie gehört, dass Pferde auch Eier legen können", sagte er mit Lach-Tränen in den Augen. Ich sagte: „Ich frage mal nach, vielleicht ist „Evita" ja ein Wunderpferd". Das tat ich dann auch, mir krampfhaft das Lachen verkneifend, was nun wohl als Antwort käme. „Na, wir produzieren doch auch jeden Monat Eier, die dann, wenn sie befruchtet werden, zu Kindern werden. Da dachte ich, dass das bei Pferden auch geht. Die rossen doch jeden Monat, oder?" Sie sah mich so naiv an (als 30-jährige Frau), dass ich dachte: „Ist die wirklich geistesgestört oder tut die nur so." Dann erklärte ich ihr erst mal die Reproduktionsphase von Frauen und auch von Stuten. Sie hörte aufmerksam zu und schämte sich dann auch für ihr Unwissen. Mein Kollege und ich amüsierten uns noch lange Zeit über so viel Dummheit und Unkenntnis. Wenigstens vom Menschen hätte sie das doch wissen können. Das ist Unterrichtsstoff 5. Klasse. Der Schmied hatte dann auch so sein Tun mit „Evita". Aber der Sache nahm sich mein Kollege an.

Hartmuts Absturz nach einem sehr schönen Jahr

Während dieser ganzen Zeit auf diesem Reiterhof hatten Hartmut und ich, solange er über ABM auch als Hausmeister mitarbeiten konnte für 1 Jahr, eine sehr schöne Zeit. Ich hatte ihn immer unter Kontrolle. Und er hatte ein Jahr lang keinen Rückfall in den Alkoholkonsum.

Wir beteiligten uns auch, als es eines Tages hieß, dass der Verein eine Kreuzfahrt plante. Der Hofbesitzer hatte aus gesundheitlichen Gründen bei dem Kreuzfahrtunternehmen „Aida" angefangen. Den Reiterhof hatte er als Nebenbetrieb angemeldet. Ich übernahm als Geschäftsführerin seine Aufgaben und damit auch eine große Verantwortung. ABM-Kräfte übernahmen dann die Stallarbeit und alles Weitere, was noch so an Arbeiten auf einem Reiterhof anfällt, unter meiner Aufsicht.

Der Hofbesitzer organisierte dann eine 10-tägige Kreuzfahrt auf der Ostsee über sein Unternehmen mit verschiedenen Kreuzfahrtschiffen. Wir hatten Landgänge in Schweden, Finnland und Estland. Wir nahmen den Betriebstransporter mit. Eine Familie fuhr mit ihren beiden Kindern im eigenen „Opel".

Die Schiffe, auf denen wir fuhren, hießen: „Nils Holgersen", damit ging es nach Trelleborg in Schweden.

Mit der „Mariella" ging es nach Helsinki. Mit der „Cinderella" nach Estland. Mit der „Europa" wieder nach Schweden und dann zuletzt mit der „Peter Pan" wieder nach Warnemünde. Es waren bewegende Erlebnisse. Auf solchen großen Schiffen holte mich die Seekrankheit zum Glück nicht ein. Das überwältigende Buffet zu den Mahlzeiten bot alles, was das Herz kulinarisch begehrte. Es schmeckte hervorragend. Es wurde in Schichten gegessen. Jeder hatte einen schönen Platz. Die warmen Speisen wurden vom Schiffspersonal gereicht und ansonsten konnte man in Selbstbedienung nehmen, was man wollte. In Kabinen zu 4 Personen nächtigten wir dann in Doppelstockbetten. Aber das dauerte ja nicht lange.

Trotz der Schnarchgeräusche der Männer kamen wir des Nachts ganz gut zurecht. Waschgelegenheiten waren auch in den Kabinen vorhanden.

In Schweden hatten wir dann Landgang für 3 Tage. Wir besichtigten Stockholm, das „Staatliche Gestüt" und den Zoo. Auf dem „Staatlichen Gestüt" konnten wir Reitunterricht in den verschiedensten Sprachen miterleben. Dort wurde die „Elite Schwedens" trainiert für Europa- und Weltmeisterschaften. Das war schon mal sehenswert.

Einen Ausritt ins Gelände unternahmen wir auf einem rustikalen Reiterhof, den wir als nächste Station ansteuerten. Eine Betreuerin rief ein paar Pferde bei Namen. Diese befanden sich in einem großrahmig umzäunten Waldgebiet. Für uns waren sie erst mal nicht zu sehen. Auf den Ruf hin erschienen auf dem Hauptwaldweg die angeforderten Pferde. Das Personal fing sie dann ein und bereitete sie für unseren Ausritt vor. Da sich alle nur auf Englisch unterhielten, bekam ich nicht viel von den Gesprächen mit. Mein nächster Schritt würde sein, Englisch zu lernen, wenn es meine Zeit irgendwann mal erlauben würde. Aber das müsste noch einige Zeit warten.

Wir hatten in einer Jugendherberge, die sich inmitten der Einzäunung befand, unser Quartier bezogen, für 2 Nächte. Eine wenige Kilometer entfernte Kaufhalle wurde angefahren, um dann Lebensmittel zu organisieren. Das regelten Hartmut und der Chef, da sie nicht an den Ritten teilnahmen. Zuerst wurden unsere Reitkünste auf einem Reitplatz begutachtet. Einige der restlichen Pferde, die nun nicht gebraucht wurden, waren neugierig geworden, stellten sich an die Reitplatz-Abzäunung und sahen unserem Treiben zu. Dann gingen sie wieder in den Wald, um nach weiteren fressbaren Sachen zu suchen.

Als dann noch einige Pferdetauschs vonnöten waren, ging es los ins Gelände unter der Führung einer der Betreuerinnen. Als es einen steinigen Berg hinaufging, rutschte der Sattel ganz langsam von einem sehr fülligen Fjordpferd herunter, da der Gurt nicht richtig fest war. Der Reiter sprang noch nicht mal rechtzeitig ab und machte diese zeitlupenartige Rutschtour mit. Ein anderer machte sich einen Gag daraus und filmte das alles mit dem Fotoapparat, den er um den Hals trug. Ich sagte nur noch „Spring ab", aber da war es schon zu spät. Er landete auf dem Hintern. Das Pferd fing sofort an am Gras zu zupfen, lief aber nicht weg. Die Betreuerin sattelte das Pferd dann erneut und half dem Reiter wieder beim Aufsitzen. Dann ging es weiter. Ich bin ja eigentlich nicht so für das Geländereiten in so großen Gruppen und dann noch auf unbekannten Pferden. Aber dieser Ritt hatte auch mir großen Spaß gemacht.

Unser Chef hatte sich als wunderbarer Reise- und Stadtführer qualifiziert. Er war dabei, noch einen Spanisch-Lehrgang zu belegen in Deutschland. Dann konnte er auch in den Spanisch sprechenden Ländern als Reiseführer fungieren.

Im Zoo gab es auch ein großes „Tropicarium". Dort konnten wir einer Delphin-Show beiwohnen und den „Weißen Hai" im Becken bewundern. Ich sah so ein Tier zum ersten Mal in Lebensgröße und war überwältigt. Dem würde ich nicht in freien Gewässern begegnen wollen.

Abends grillten wir dann bei Sonnenuntergang auf einer Landzunge eines Sees. Im Vorfeld, während unseres Ritts, hatten Hartmut und der Chef die Möglichkeit, in einem Boot auf dem See zu angeln. Alles wurde von den Verwaltern der Jugendherberge zu Verfügung gestellt. So hatte jeder seinen Spaß. Auch da kamen die Pferde aus Neugier mal schauen, was wir so trieben am Lagerfeuer. Dann schlenderten sie auch alle wieder in den Wald zur Nacht. (Schlendern tun Pferde auch auf der Koppel ohne Reiter. Hier gehen sie langsam in den Wald hinein, hier und da am Wegesrand einen Grashalm naschend.)

Durch die Windstille und den Sonnenuntergang spiegelten sich die uns umgebenden Berge und die Landschaft im Wasser. Es war atemberaubend, dieses Naturschauspiel zu erleben.Als wir dann mit dem nächsten Schiff in Turku, der früheren Hauptstadt von Finnland, ankamen, fuhren wir erst mal in ein Hotel. Dort übernachteten wir 2 Nächte. Wir besuchten dann Teile der Stadt, deren Sehenswürdigkeiten und eine alte Burg. Diese hatte über 300 Gemächer. Die Erläuterungen waren auch alle unter anderem in Englisch gehalten. Der Chef übersetzte dann historische Geschichten der Burg. Gemälde und andere Ausstellungsstücke vervollständigten das Angebot der Burg.

Helsinki hat sehr viel Wald. Auf einem Campingplatz im Wald standen kleine Finnhütten. Dort quartierten wir uns zu je 2 Familien pro Hütte ein. Es war wieder Selbstversorgung angesagt, was aber kein Problem war, denn auch in dieser Nähe befand sich wieder eine Kaufhalle. Wir saßen dann abends gemütlich alle zusammen und ließen die Erlebnisse des Tages noch einmal an uns vorbeiziehen.

Dieses Mal waren wir in einem Vogelpark zu Gast. Viele verschiedene Vogelarten in allen Größen waren da zu bewundern. Bei einer Flugschau setzte mir der Moderator einen Adler auf den Arm. Vorher bekam ich einen Handschuh, damit mich der Adler nicht mit seinen enormen Krallen verletzen konnte. Ich war erstaunt, wie schwer so ein Tier war. Trotz dessen wir nicht viel verstanden von seinen Ausführungen auf Finnisch, war auch dieses Erlebnis sehr eindrucksvoll.

Nach den schönen Erlebnissen ging das Leben auf dem Reiterhof dann wieder weiter.

Mit Hartmut ging der erste Rückfall aufgrund der Einnahme von „Brom-Hexin", Hustentropfen mit einem sehr hohen Alkoholgehalt, wieder los. Er hatte sich erkältet und die Ärztin beim Verschreiben des Medikamentes nicht darauf aufmerksam gemacht, dass er keinen Alkohol konsumieren darf. Erst wenig, später häufiger wieder zu harten Spirituosen greifend, baute sich seine Abhängigkeit dann so langsam wieder auf. Wir nahmen Kontakt zu einer Selbsthilfegruppe auf. Ich hatte auch immer mehr Angst, in welchem Zustand ich ihn dann zu Hause antreffen würde. Die ABM Maßnahme war inzwischen ausgelaufen, und er war arbeitslos. Die Langeweile war dann auch meistens der Grund dafür, wieder vermehrt zur Flasche zu greifen. Er war in seinem Suff nicht aggressiv. Wenn er genug hatte, schlief er ein, wo er gerade war. Sonst war er ein sehr aufmerksamer, liebenswürdiger und hilfsbereiter Mensch. Er liebte mich abgöttisch und las mir jeden Wunsch von den Augen ab. Zu Beginn versuchte ich natürlich, seine Alkoholexzesse zu verheimlichen. Ich schämte mich dafür. So wurde ich zu einem sogenannten „Co-Piloten". In der Selbsthilfegruppe, zu der ich auch immer mit hinging, erfuhr ich sehr viel über die Alkoholkrankheit. Inzwischen wurde sie auch schon von den Kassen anerkannt als Krankheit. So erschien sie mir auch in einem ganz anderen Licht. Sehr oft fuhren wir zur Entgiftung zum Arzt oder mussten den Notdienst holen, weil ich annahm, dass er sich „tot gesoffen" hätte. Das Problem war dann immer, dass einer Entgiftung im besten Fall eine Langzeittherapie folgen sollte. Aber das war aufgrund der wenigen Plätze und der Masse an Anwärtern nicht machbar. Nur 2 % von 100 % schafften es, lebenslang „trocken" zu bleiben. Meistens endete diese unheilbare Krankheit mit einer irreparablen Leberzirrhose und führte dann zum Tod. Was die Krankheit mit dem Gehirn machte, konnte ich ja schon live feststellen. Oft weinte ich über diese Zustände. Es wurde immer schlimmer und die Zeiten ohne Alkoholkonsum immer kürzer. Er musste dann mal zum Psychiater, weswegen er auch wegen seiner Krankheit in Behandlung war. Danach erzählte er mir, dass er eine ganz schlimme Auskunft erhalten hätte vom Arzt. Früher hatte er mir mal erzählt, dass er bei seinen Arbeiten beim Einfamilienhäuser-Bau vom Dach gefallen war und dann einige Zeit im Koma gelegen hatte. Als dann seine Zwillingsschwester ihn besuchte, war er wieder erwacht. Die Ärzte hatten ihn schon aufgegeben. Er hatte Gehirn-Bluten. Er war aber auch immer sehr hilfsbereit.

Ich hatte mir mal beim Trainieren des „fliegenden Galoppwechsels" mit „Charlie" das rechte Sprunggelenk gebrochen. Bei einem „fliegenden Galoppwechsel" muss das Pferd beim Richtungswechsel auch die rechten und linken Beinpaare in der Luft wechseln während der Schwebephase. Dabei war mein Pferd gestürzt, kam nicht wieder hoch und rollte auf die Seite. Ich hatte meinen Fuß nicht aus dem Steigbügel bekommen. Durch die Hebelwirkung des Steigbügels und dem Pferdegewicht auf meinem Bein, welches nun unter dem Pferd lag, knackte es und der Knochen war durch. Meine Kollegin hatte das zufällig beobachtet und kam gleich in die Halle gelaufen. Ich hatte mir gerade neue Reitstiefel gegönnt. Die sollten nun nicht zerschnitten werden. Ich sagte der Kollegin, dass sie mir schnell den Stiefel ausziehen solle, solange der Schock noch anhielt. Ich biss währenddessen die Zähne zusammen. Aber es klappte. Dann schwoll auch schon das Bein an und wurde blau.

Meine Kollegin holte einen Eimer Wasser und rief Hartmut an. „Charlie" war nichts passiert, und er war auch schon wieder aufgestanden. Die Kollegin brachte ihn dann weg. Als Hartmut dann kam, zum Glück nüchtern, sodass er Auto fahren konnte, fuhr er das Auto, so dicht es ging, an die Halle heran. Dann trug er mich zum Auto und fuhr mich in die Klinik. Ich musste dableiben, da das Bein operiert werden musste. Er bekam dann noch einen Rüffel, weshalb wir keinen Krankenwagen geholt hätten, ich hätte während der Fahrt kollabieren können. Aber es ging ja alles gut. Er brachte mir dann noch Sachen in die Klinik. Am nächsten Tag wurde ich operiert. Die Knochen wurden mit 2 Schrauben zusammengefügt. Nach 6 Wochen kam dann der Gips ab und die Physiotherapie begann. Dann war ich auch bald wieder einsatzbereit.Wir nahmen immer noch an den Veranstaltungen der Selbsthilfegruppe teil. Das waren Gespräche, Wanderungen in der Natur, aber auch Skatabende, wo ich auch meine Jugendliebe „Michael" wiedertraf. Er erkannte mich auch, zeigte es aber nicht. Hartmut konnte sehr eifersüchtig sein. Wir saßen dann alle 3 an einem Tisch beim Skatspielen. Es fühlte sich schon sehr komisch an.

Eines Tages kam Hartmut nicht mehr nach Hause. Im Vorfeld hatte ich ihm die „Pistole" auf die Brust gesetzt und gesagt, dass ich die Beziehung beenden würde, wenn er nicht aufhört zu trinken. Hilfe hatte er immer von mir bekommen. Unzählige Male hatte ich ihn ins Krankenhaus zur „Entgiftung" gefahren. Immer hatte er mir Besserung versprochen. Aber nie hatte er Wort gehalten. Wir rieben uns gegenseitig deswegen auf. Ich wurde auch immer unleidlicher und fragte mich, wo das denn mal enden sollte. Auch hatte er mir immer noch nicht von der ominösen Auskunft bei seinem Arztbesuch beim Psychiater erzählt. Er hatte nun irgendwo auf einer Parkbank einen anderen „Saufbruder" kennengelernt, der auch eine eigene Wohnung hatte. Diese befand sich in der Stadtmitte. Mit dem trieb er sich öfter herum während meiner Arbeitszeit.

Ich hatte ein sehr gutes Verhältnis zu seiner Mutter. Da Hartmut mit seiner Mutter in einem Haus, aber in verschiedenen Wohnungen, wohnte, als wir uns kennenlernten, lernte ich auch sie sehr frühzeitig kennen. Sie kannte sehr wohl Hartmuts Alkoholproblem. Und sie ahnte auch, dass er es mir sehr lange verschwiegen hatte. Aber sie sagte nie ein Wort darüber zu mir. Auch als er schon längst wieder mit dem Trinken begonnen hatte. Sie war ihm sehr hörig und durfte wohl nichts sagen ...

Später bekam sie dann Herzprobleme und musste in ein Altenheim, da sie nicht mehr alleine wohnen konnte. Dort besuchten wir sie oft, nahmen sie auch so manches Mal mit zum Kaffeetrinken in eine Gaststätte. Am Totensonntag des Jahres 2001 waren wir im „Bauernhaus", einer sehr rustikalen Gaststätte, deren Wirtin Hartmut kannte. Seine Zwillingsschwester hatte früher in diesem Lokal gearbeitet. Er hatte sie dann des Öfteren des Nachts abgeholt von der Arbeit. Ich war den Tag nicht dabei. Hartmut war mit seiner Mutter alleine dort. Ich hatte einen schweren Arbeitstag hinter mir und gönnte mir ein Wannenbad. Plötzlich ging die Tür auf und Hartmut kam tränenüberströmt ins Bad. Er hatte wieder getrunken. Das konnte meine inzwischen für Alkohol empfindlich gewordene Nase sofort riechen. Ich stieg aus der Wanne, trocknete mich ab und zog mich an. Er sagte, dass seine Mutter soeben in der Gaststätte gestorben sei. „Sie fiel einfach vom Stuhl und bewegte sich nicht mehr. Ich machte noch Wiederbelebungsversuche. Alles umsonst. Die Wirtin rief sofort den Notarzt, aber der konnte nur noch den Tod feststellen." Seine Mutter war zu dem Zeitpunkt 81 Jahre. Sie starb an einem Herzinfarkt mit Todesfolge. Das erfuhren wir dann später. Herzkrank war sie schon länger. Sie litt auch unter Bluthochdruck und war etwas übergewichtig. Sie war nun in einem Nebenzimmer der Gaststätte aufgebahrt worden. Wir erwarteten jetzt den Leichenbestatter. Ich rief zunächst seine Schwester an, die in der Nähe wohnte. Hartmut hatte nun den angebotenen Schnaps von der Wirtin wegen des Schocks angenommen. Deshalb der Geruch nach Alkohol.

Unterdessen erzählte die Wirtin mir die ganze Geschichte noch einmal. Ich war auch von den Socken. Die Schwester und ihr Mann trafen dann zusammen mit den Bestattern ein. Alles wurde abgesprochen, wie es nun weitergehen sollte. Ich organisierte mit der Schwester und Hartmut zusammen die Beerdigung, die dann auch sehr emotional wurde.

Zu der Zeit hatten wir auf dem Reiterhof einen mächtigen Kundenschwund. Die Kinder für die Ferienlager wurden zahlenmäßig immer weniger, sodass sich der ganze Tourismusbetrieb bald nicht mehr lohnte. Die Entlohnung fiel auch immer schleppender aus. Manchen Monat konnte der Chef mich nicht mehr bezahlen. Kurz, der Hof musste für die „Reit- und Fahrtouristik" Insolvenz anmelden. Es war dann nur noch das Standbein der Pferdepension vorhanden. Ich hatte ja mein Pferd noch dort untergebracht. Darum kam ich auch in dieser Zeit noch ab und zu dahin. Ich musste mich dann auch arbeitslos melden beim Arbeitsamt, denn ich hatte kein Einkommen mehr. Hartmut und ich waren in der Zwischenzeit in einen Plattenbau in die Stadt gezogen. Wir konnten uns die derzeitige Wohnung wegen der Arbeitslosigkeit nicht mehr leisten.

Hartmut hatte in der Zeitung jemanden ausgemacht, der einen Nachmieter für eine 2-Raumwohnung suchte. Den hatte er kontaktiert und sich die Wohnung angesehen. Überrascht hatte er mich dann eines Tages, als er mich zu einer Wohnungsbesichtigung einlud. Ich war auch gleich von der Wohnung begeistert. Zwar lag sie im 5. Stock ohne Fahrstuhl, aber ich fühlte mich noch nicht zu alt zum Treppensteigen. Zumindest war die Miete bezahlbar.

Trainingsmaßnahme vom Arbeitsamt

Vom Arbeitsamt kam dann auch bald eine Einladung für eine „Trainingsmaßnahme für den Pferdesport im Tourismus" auf dem Gestüt „Ganzow". Das Ganze sollte 4 Wochen dauern und wurde vom Arbeitsamt bezahlt, einschließlich der Fahrkosten.

Im Gestüt war gerade Geburten-Hochzeit. Viele der Fohlen litten an Husten und Atemwegsproblemen. In der großen Laufhalle, wo die Mütter mit ihren Fohlen frei herumliefen, steckte ein Tier das andere an. Jedenfalls mussten alle Fohlen Medikamente bekommen. Dazu mussten sie zum Fiebermessen 2-mal pro Tag eingefangen werden. Das war mit 4 Personen bei ca. 60 Fohlen in einer ca. 300 Meter langen Halle nicht so leicht. Die Fohlen ließen sich noch nicht am Halfter führen. Der Lehrling kannte aber alle Fohlen und zu welchen Müttern sie gehörten.

Nach der Prozedur waren dann das Säubern der Futterkrippen, das Verteilen des Futters und das Fegen des Futterganges an der Reihe.

Rossige Stuten mussten dann zur neuen Bedeckung dem „Probier-Hengst" zugeführt werden. Die Stuten ließen sich gut am Halfter führen, fanden die zeitweise Trennung von ihren Fohlen aber nicht so toll. Sie waren dann auch sehr aufgeregt. War eine Stute „aufnahmebereit", wurde sie gleich vom richtigen Rasse-Hengst gedeckt. Nach 18 Tagen kontrollierte dann ein Tierarzt per „Ultraschall", ob sie tragend war. Aber es waren auch in anderen separaten Ställen private Stuten mit ihren Fohlen zur erneuten Bedeckung als Gastpferde vorhanden, die diese Prozedur auch durchlaufen mussten. Da gab es dann auch schon so manche Probleme, da nicht jede Stute gut erzogen war.

Die schwerste Arbeit war die Entmistung der alten Pensionsställe. Das wurde zwar maschinell mit einem kleinen Radlader gemacht, aber durch die Enge der Ställe, kam der nicht überall hin, und es musste doch noch vieles mit der Hand gemacht werden.

Da hatte ich eines Tages auch nicht schlecht geguckt, als der Radlader kaum noch zu sehen war in der Pferdebox. Der Betonfußboden war zerbröckelt und es klaffte ein Loch in der Hälfte des Fußbodens. Nach dem Ausmisten wurde das Loch wieder mit Mist „gestopft" und frisches Stroh darüber gestreut. Ich dachte auch, wenn da mal kein Pferd sich die Beine bricht. Wenn das alles frisch gemacht wurde, gab der Boden etwas nach und die Tiere versanken dann etwas im Boden.

Auch die Gabe von frischem Grünfutter, welches jeden Tag angefahren wurde, war sehr schwer. Es wurde das Grüne auf der Weidefläche mit einem „Elevator" auf einem Hänger gesammelt. Ein Elevator sammelt das Gras selbstständig auf den Wagen und transportiert es weiter. Als das Gras dann aber wieder abgeladen wurde, kam das Unterste zu Oberst.

Damit war das lange Gras in sich verwickelt. Mit Körperkraft musste es entwirrt werden und Portionsweise mit einer Schubkarre in die Boxen der Pferde gefahren werden. Das dauerte ewig. In der Mittagshitze war diese schweißtreibende Arbeit dann auch kein Vergnügen.

Eines Tages hatte sich dann auch der Schmied angesagt. Das Hofpersonal und ich sollten von einer weit entfernten Koppel eine 2-jährige Stute zur Hufbehandlung holen. Die Herde war gar nicht zu sehen. Das Gestüt bestand schon zu DDR-Zeiten, da aber unter staatlicher Leitung. Zu der Zeit befanden sich zwischen 600 und 800 Pferde und Fohlen in dem Gestüt mit vielen Lehrlingen und 60 Angestellten. Jetzt waren unter privater Leitung 6 Angestellte für ca. 300 Pferde und Fohlen vorhanden. Es war zu einem Familienbetrieb geworden. Der Betrieb beschäftigte aber auch Praktikanten und bildete Lehrlinge aus.

Die Koppel war riesig. Wir waren zu viert. Nachdem wir die gesuchte Stute in der Herde ausgemacht hatten, versuchten wir, sie abzudrängen. Mindestens 3mal mussten wir die Koppel umrunden, da uns die Pferde immer wieder wegliefen und die gesuchte Stute dann mitlief.

Sie hatte ja auch kein Halfter um. Irgendwann, nach etlichen Versuchen, wurden wir dann ihrer habhaft. Ich bekam erst mal einen gehörigen Schreck, als ich die Vorderhufe sah. Das Fesselgelenk samt Huf des rechten Beines war „NEBEN" dem restlichen Unterarm des Beines.

Wie konnte das Pferd überhaupt laufen? Aber es ging. Dann zerrten wir das Tier aus der Koppel. Die Herde hatte sich beruhigt und graste in der Nähe der Zäune. So sah die verängstigte Stute ihre Artgenossen wenigstens noch eine Weile.

Als wir dann außer Sichtweite der Herde kamen, wurde die Stute wieder unruhig. Wir hatten alle Hände voll zu tun, sie am erneuten Ausreißen zu hindern.

Schon in der Nähe der Anlage angekommen, mussten wir an einer Gruppe einjähriger Hengste vorbei. Der Zaun machte auch nicht mehr so den Eindruck, dass er noch lange halten würde. Die „Jünglinge" gerieten in große Aufregung und schoben energisch ihre Körper gegen den Zaun. Zum Glück hielt er stand, bis wir mit der Stute vorbei waren. Dann trat auch bei den Junghengsten wieder Ruhe ein.

In einem Vorbau wurde die klatschnasse und zitternde Stute angebunden an 2 Stricken an einen aus der Wand ragenden einbetonierten Ring.

Zugegen waren inzwischen die Schmiede, 3 an der Zahl. Die Figur „Arnold Schwarzeneggers" war gar nichts dagegen, wie die aussahen. Einer versuchte dann, der Stute ein Vorderbein zu heben. Kerzengerade ging sie die Wand hoch. Der nächste Schmied umarmte sie am Hals und rang sie nieder. Ich hatte mich schon in eine sichere Ecke verkrochen und beobachtete das ganze Geschehen.

Nach weiteren erfolglosen Versuchen, ein Bein der Stute zu heben, verließen die Stute ihre Kräfte und sie fiel auf die Seite. Das knallte ordentlich auf dem Betonboden. Ich dachte schon, nun wäre auch noch eine ihrer Schultern hin. Aber die Stute war zäh. 2 der Schmiede warfen sich auf das nun liegende Tier und hielten es fest. Ich sollte den Kopf halten. Der 3. Schmied machte sich dann an den Vorderhufen zu schaffen. Das ging auch alles problemlos. Er bekam beide Vorderhufe so hin, dass die Gelenkverschiebung des rechten Vorderbeines etwas korrigiert wurde. Aber würde dieses Tier jemals einen Reiter tragen oder einen Wagen ziehen können? Würde dieses Tier jemals einer kaufen?

Dann kamen die Hinterbeine dran. Das Tier wurde gefesselt an den Vorderbeinen. Ich musste wieder am Kopf bleiben. Ein Schmied spreizte ein Hinterbein, der 2. Schmied hielt per Strick das 2. Hinterbein gestreckt fest, während der 3. Schmied es bearbeitete. Dann wurden die Beine gewechselt und mit der gleichen Prozedur wurde vorgegangen. Alle 3 Schmiede waren nun auch schon schweißüberströmt. Als alle 4 Beine fertig waren, wurde die Stute los gemacht. Durch die Überstreckung des Kopfes konnte sie nicht gleich aufstehen. Sie wurde dann hochgeprügelt. Da ging ich dann auch dazwischen und gebot dem Treiben Einhalt. Das grenzte für mich an Tierquälerei. Wir brachten dann die total entkräftete und schwankende Stute wieder zur Koppel zurück. Sie legte sich sofort ins Gras.

Aber das war auch noch nicht das krasseste Erlebnis.

Eines Morgens kam der Chef des Gestütes in den Stall und sagte, wir sollten einen „Überläufer" für den Verkauf in 4 Tagen vorbereiten. Der befand sich auch in besagter Herde, wo wir die Stute hergeholt hatten. Als „Überläufer" bezeichnet man ein Pferd, welches etwas zurück in seiner körperlichen Entwicklung ist. Man gewährt ihm dann noch ein weiteres Jahr auf der Koppel bei den jüngeren Artgenossen. Seine altersgerechte Ausbildung findet dann aber auch nicht statt und ist mit zunehmendem Alter schwieriger.

Dieser Überläufer war ein (wenigstens schon an ein Halfter gewöhnter) 4-jähriger Haflinger Wallach, der sehr gut im Futterzustand war. Er hatte schon ein bisschen Umgang mit dem Menschen gehabt und war nicht mehr ganz so scheu. Er ließ sich mit Futter gut fangen und kam auch gut mit zum Stall. Dort banden wir ihn auch etwas länger an einem in der Wand befestigten Ring an. Der Käufer wollte ein eingerittenes Pferd für seine 12-jährige Tochter haben.

Der Wallach war aber total roh, er hatte gar keine Ausbildung. Ich legte ihm einen Gurt auf den Rücken. Sofort tobte er zur anderen Seit. Der Gurt flog wieder auf den Boden, was dem Pferd einen weiteren Schreck versetzte.

Mit einer Harke angelten wir den Gurt zu uns heran. Einer lenkte den Wallach mit Futter ab. Ich legte ihm den Gurt wieder rauf. Er duldete es. Dann musste der Gurt geschlossen und festgezogen werden. Mit viel Geduld und mehreren Misserfolgen gelang uns das schließlich. Dann wollten wir in die Reithalle, die ein Stückchen vom Stall entfernt war. 2 Personen zogen, 2 Personen schoben den Wallach über den Hof in die Reithalle.

In der Reithalle befanden sich Kollegen aus dem Fahrstall, die ein Pferd an der Doppellonge trainierten auf dem 1. Außenzirkel. In der Mitte war ein junges Reitpferd, was auch noch nicht so gehorsam war, mit 2 Kollegen im Gange, das „1x1 an der Longe" zu lernen.

Der andere Außenzirkel war frei. Die Halle war sehr lang und wir hätten genug Platz gehabt. HÄTTEN. Wir stellten den Wallach in die Mitte des Kreises. Dann entfernte ich mich von ihm. Meine Kollegin sollte ihn erst mal im Kreis auf der Kreisbahn führen. Aber dazu kamen wir gar nicht mehr. So wie wir uns entfernt hatten, sauste der Wallach durch die Halle, quer durch alle anderen hindurch, mich auf dem Bauch an der Longe hinterherziehend. Ich musste mich vor den Hufen der anderen, nun auch verschreckten Pferde, in Acht nehmen. Ich dachte „nur nicht loslassen, dann kriegen wir ihn gar nicht mehr und er läuft sich tot". Meine Kollegin griff dann beherzt zu und der Wallach stand. Die Leute aus dem Fahrstall ergriffen die Flucht und verließen die Reithalle samt ihrem Pferd, was sich dann auch in der „Doppellonge" total verheddert hatte. Die Kolleginnen mit dem Reitpferd blieben noch ein Weilchen. Etwas später raste dann der Wallach wieder immer an der Bande entlang durch die Halle.

Die Kolleginnen wurden nun zusehends ungnädig und versuchten, mit Peitschenknallen den Wallach, der uns nun zu zweit an der Longe hängend, hinter sich herzog, zu bremsen. Die Peitsche bekamen dann aber nicht er, sondern wir an den Kopf. Irgendwann verließen sie dann auch die Halle. Wir schafften es gerade noch, den Wallach davon abzuhalten, auch durch die kurze Zeit geöffnete Außentür hinterherzulaufen.

Dann ging es erst richtig los. Da wir mit der Longe uns die Hände verbrannt hatten trotz Lederhandschuhen, mussten wir die Longe loslassen.

Er lief total in Panik noch etliche Runden. Wir konnten nur zusehen. Ich dachte so bei mir: „Wenn der in 3 Tagen von einem 12-jährigen Mädchen reitbar ist, fresse ich einen Besen.

Ich übernehme keine Verantwortung mehr und lehne diese Aufgabe konsequent ab." Dann fiel der Wallach irgendwann um.

Er war klatschnass vor Schweiß, hechelte mit offenem Maul nach Luft. Ich dachte, gleich stirbt er, und wollte schon den Tierarzt rufen. Da sagte meine Kollegin: „Wir machen erst mal Mittagspause und lassen ihn hier liegen. Der erholt sich gleich wieder. Dann bringen wir ihn wieder auf die Koppel. Morgen machen wir dann weiter."

Es war mein letzter Arbeitstag. Was aus dem Wallach geworden ist, weiß ich nicht. Ganz wohl war mir aber bei der ganzen Sache nicht.

Verdacht auf Krebs

Während der vorherigen Wochen hatte mich beim Fohleneinfangen ein Fohlen enorm stark an der Brust angestoßen. Das tat zwar ganz schön weh, ich dachte mir aber nichts weiter dabei. Aber später bekam ich eine große Beule an der Stelle. Die war auch schmerzhaft, ließ sich aber verschieben.

Bei meiner letzten Show quälte ich mich, meine Nummer reitend, schon unter

Schmerztabletten stehend, durch das Programm bis zum Ende der Show. Ich war vor 2 Tagen bei meiner Hausärztin gewesen und hatte sie gefragt, was das sein könnte. Sie schickte mich sogleich zu einer Frauenärztin. Diese wollte mich wegen Krebsverdacht gleich zur Not-OP ins Krankenhaus überweisen. Aber ich wollte noch das Showprogramm durchziehen. Am Montag nach dem Wochenende wollte ich dann in die Klinik gehen. Ich machte mich auf alles gefasst. Die Angst war riesengroß.

Dann war es so weit. Hartmut begleitete mich in die Klinik. Er beruhigte mich, meine Eltern ebenfalls, die er schon benachrichtigt hatte.

Nach der OP dann die gute Nachricht. Es war eine Brustdrüsenentzündung, auch „Mastitis" genannt. Das kannte ich schon aus meinen vorherigen Erfahrungen mit den Euterkrankheiten der Kühe. Aber trotzdem hatten sie mir zur Untersuchung ein

Viertel der Brust abgenommen. Es waren aber keine Krebszellen vorhanden. Mir fiel ein Stein vom Herzen.

Hartmut stand immer an meiner Seite. Das war mir eine große Hilfe.

Ein Jahr später hatte er dann aber wieder viele kurz aufeinanderfolgende Rückfälle. Er war vorher sogar in eine Langzeittherapie gekommen. Aber auch diese hatte nichts genützt.

Meine Zeit im Gestüt war vorbei. Der Chef hätte mich gerne als seine „rechte Hand" gehabt und fragte, ob ich nicht bleiben wolle. Aber das lehnte ich aus gesundheitlichen Gründen ab.

An einem 31. Mai stand eine junge Frau abends vor meiner Tür. Hartmut war bereits seit 2 Tagen nicht nach Hause gekommen. Ich hatte ihm angedroht, dass ich jetzt ernsthaft unsere Beziehung beenden würde, wenn er sich keine Mühe gibt, mit der Trinkerei aufzuhören. Er machte mich mit kaputt. Von der Selbsthilfegruppe hatte ich schon seit einiger Zeit den Rat bekommen, die Beziehung zu beenden. Nur so könnte ich uns beiden helfen. Aber ich war zu verliebt in Hartmut, als das durchzuziehen. Er tat mir so leid. Auch machte ich mir immer wieder Vorwürfe, weil ich ihn bei dem Mittagessen der Jugendweihe von Marius ja zum Anstoßen mit Sekt gedrängt hatte. Aber da wusste ich von allem noch nichts. Und er hätte mir das auch sagen müssen. Darum traf ihn auch die meiste Schuld.

So kam eins zum anderen. Ich hatte auch keine Kraft mehr, so ein Leben weiterzuführen.

Beruflich ein Chaos, familiär auch.

Die Frau war die Schwester des „Saufkumpans", den Hartmut auf einer Parkbank kennengelernt hatte und in dessen Wohnung sie nun beide soffen. Sie teilte mir mit, dass Hartmut tot sei. Er hätte sich die tödliche Dosis des Alkohols zugeführt und war dann gestorben.

Auch ein Eintreffen des Rettungswagens, den sie dann alarmiert hatte, konnte da nichts dran ändern. Ihr Bruder war zu der Zeit auch nicht ansprechbar. Sie hatte zufällig nach dem Rechten sehen wollen und hatte dann das Chaos erlebt. In den Taschen von Hartmut hatte sie dann ein Bild von mir gefunden und die Adresse ausfindig gemacht. So hatte sie mich gefunden. Ich war total perplex. Ich lud sie erst mal zum Kaffee ein und ließ mir alles mehrmals erklären. Ich konnte es nicht glauben.

Als sie dann am späten Abend gegangen war, rief ich Marius an, der dann die Nacht bei mir verbrachte. Hartmuts Schwestern rief ich dann in den nächsten Tag an. Die, die in der Nähe wohnte, machte einen riesigen Aufriss, dass er meinetwegen gestorben wäre. Die anderen beiden sprachen dann kein Wort mehr mit mir.

Die Beerdigung fand dann in aller Stille statt.

Die ganzen Abmeldungen nahm ich selbst vor, was gar nicht so leicht war, da ich eigentlich zu nichts befugt war. Aber ich hatte es dann doch alles geschafft.

Unter diesen Umständen lernte ich auch noch seine frühere Frau kennen. Da er mit ihr eine Tochter hatte, war diese erbberechtigt. Nun musste sie ja auch seine Hinterlassenschaften und das Auto bekommen. Ich lud Hartmuts Exfrau dann zur Besprechung zu mir ein. Sie wohnte in Schwerin mit ihrem neuen Mann. Die Tochter brachte sie nicht mit. Die war sowieso noch minderjährig. Wir kamen in allen Punkten schnell zu einer Einigung.

Sie sprach dann noch von ihrer Ehe mit Hartmut. Auch des Alkohols wegen fand diese ein jähes Ende. Sie konnte mich in vielerlei Hinsicht gut verstehen.

Die Zeit danach

Während dieser Zeit war ich noch arbeitslos. Ich gab auf Honorarbasis 12 Stunden pro Woche.

Für meine Stammkunden mit eigenen Pferden noch weiterhin Reitunterricht, um sie nicht zu verlieren.

Das Arbeitsamt machte mir dann viele Vorschläge, wo ich mich bewerben sollte, um wieder in Arbeit zu kommen.

Den ersten Vorschlag konnte ich ablehnen, ohne Sanktionen. Der zweite Vorschlag wurde von Seiten des angesprochenen Betriebes torpediert. Der dritte Vorschlag war zu kurios. Ich hatte ja während der Zeit auf dem Gestüt auch die Möglichkeit bekommen, einen vom Arbeitsamt bezahlten Fahrlehrgang für Gespanne zu absolvieren. Der fand dann außerhalb der Arbeitszeit statt. Ich fuhr ja eine Monat lang mit meinem Pkw täglich zum Gestüt. Morgens um 5.00 Uhr ging es los und abends um 23.00 Uhr kam ich zurück. 2-mal hätte ich bald einen Unfall wegen „Sekundenschlafes" gebaut. Mein Leben bestand nur noch aus Arbeiten, Lernen, Essen, Schlafen, mit 2 freien Tagen in 4 Wochen. Ich brach bald zusammen.

Aber ich schaffte es. Bei der Abschlussprüfung versetzte ich die Prüfungskommission auch noch in Angst und Schrecken. Ich sollte 2 Warmblutstuten mit einem „Sielengeschirr" vorbereiten. (Im Sielengeschirr laufen Pferde vor leichten Kutschen oder Wagen.) Ich fragte an, ob die Tiere alleine stehen können. „Das sind unsere ruhigsten Tiere, die kennen das", versicherte mir der Prüfer. Ich setzte dann die Geschirrteile in ihren Einzelteilen für die Pferde passend zusammen und machte die Pferde los. Da ich nun aber recht klein bin und die Pferde recht groß waren, musste ich etwas Schwung holen, um die Geschirre über den Kopf des ersten Pferdes zu bekommen. Das Pferd erschrak darauf und ergriff die Flucht. Das 2. Pferd folgte. Die Geschirre waren ja auch nicht gerade leicht vom Gewicht her. Ich stand dann da, die Pferde waren weg und die gesamte Prüfungskommission hechtete hinter den Pferden her, um sie rechtzeitig einzufangen, bevor sie die Koppeln erreichten. Dann brachten sie nach einiger Zeit die Pferde wieder mit. Ich konnte mir ein Grinsen nicht verkneifen. „Eben darum habe ich vorher gefragt, ob die Pferde stehen", war dann mein Kommentar. „Sie bekommen deshalb keine Strafpunkte, es war nicht Ihre Schuld", war dann die Antwort. Alles Weitere passierte dann reibungslos. Ich bestand die Fahrprüfung. Den Kutschen-Führerschein machte ich dann später in Neustadt/Dosse.

Während dieser Zeit erhielt meine Mutter die Diagnose „Bauchspeicheldrüsenkrebs im Endstadium". Ich war total fertig. 1 Jahr hätte sie noch zu leben laut den Ärzten. Mein Vater pflegte sie zu Hause. Die Chemotherapie vertrug sie ganz schlecht. In einer Woche aß sie einen Keks und trank eine Tasse Tee. Sie behielt nichts mehr bei sich. Sie war auch immer ein bisschen übergewichtig. Aber am Ende hatte sie in kurzer Zeit 35 kg abgenommen. Sie pendelte immer zwischen Krankenhaus und Wohnung. Ich besuchte sie trotz meiner wenigen Zeit sooft ich konnte.

Jeden Tag kam mehrfach eine Pflegekraft und schloss einen Tropf mit Nahrung an. Sie hatte ambulant einen „Port" unter die Haut eingepflanzt bekommen, an den dieser Tropf dann angeschlossen wurde. Das war auch wieder so eine Sache. Schon im OP, vermummt und entkleidet, hatten die Schwestern wohl die Akten meiner Mutter vertauscht. Der Arzt fragte dann, warum meine Mutter eine „Abtreibung" wünsche und in welchem Monat sie schwanger sei. Meine Mutter, schon halb im Dämmerschlaf, bekam das gerade noch so mit und klärte den Arzt dann erst mal auf. Der entschuldigte sich bei ihr und tat dann seine Arbeit. Mein Vater, der wartete, war fassungslos.

An meinem 43. Geburtstag verabschiedete sich meine Mutter dann endgültig von mir. Sie bekam nun schon täglich starke Morphium-Dosen, sodass sie nur noch wenige lichte Momente hatte. Eine Woche später starb sie. Mein Vater teilte mir das während einer Übungsstunde mit Ferienkindern auf dem Reiterhof mit. Meine Mutter wäre einen Monat später 62 Jahre alt geworden.

Ich sollte nun auf Anordnung des Arbeitsamtes auf Hiddensee, einer Insel, auf der der Autoverkehr verboten war, Gespanne kutschieren. Ich hatte schon davon gehört, dass auf der Insel alles per Pferdegespanne getätigt wird. Die Pferde gehören der Rasse „Kaltblut" an. Sie sind teilweise noch kompakter als die „Warmblüter". Ich hatte bis dato die besten Erfahrungen mit Haflingern gemacht. Die entsprachen meiner Größe und waren gut zu bedienen. Auch deren Geschirre sind nicht so schwer.

Das war nun so gar nicht nach meinem Geschmack. Auch liegt die Insel nicht um die Ecke und ich müsste mir für ein halbes Jahr dort eine Wohnmöglichkeit organisieren. Es sollte ein

Saisonjob sein. Würde ich das Angebot ablehnen, drohte mir das Arbeitsamt mit Sanktionen, also keinen Geldzahlungen mehr. Das konnte ich mir auch nicht leisten.

So stöberte ich die Zeitungen durch nach einer Arbeit. Da sah ich ein Inserat, in dem angeboten wurde, dass man an einem Wochenendseminar zum Thema „Schritte in die Selbstständigkeit" teilnehmen konnte. Der Ort war auch nicht weit weg. Ich meldete mich dort telefonisch an. Das klappte auch. Der Seminarleiter stammte aus Ostdeutschland und war zu DDR-Zeiten auch in der Landwirtschaft tätig. Wir verstanden uns auf Anhieb sehr gut. Ich erfuhr von ihm viel Wissenswertes. Es ging um Anmeldeformalitäten beim Sozialministerium, beim Arbeitsamt wegen finanziellen Unterstützungen in der Gründungsphase, steuerliche und versicherungstechnische Punkte. Er gab mir auch einige Tipps, an wen ich mich wenden könnte, wenn ich Schwierigkeiten bekommen sollte. Der Lehrgang war sehr hilfreich für mich. Ich beendete ihn mit einem Zertifikat.

Ich begab mich dann in die Spur und meldete alles an, was notwendig war, schloss Versicherungen ab. Meinen Kundenstamm, den ich mir aufgebaut hatte während meiner Tätigkeit im Angestelltenverhältnis, hatte ich mir erhalten. Die Schulpferde des Hofes waren auch noch alle da. Ich mietete erst mal welche. Dann kam der Chef in Verlegenheit mit den Finanzen. Er hatte ja noch die Versicherungen der Pferde abgeschlossen. Nun war er finanziell so am Ende, dass der Verkauf der Pferde anstand, da er die sehr teuren Versicherungsbeiträge nicht mehr bezahlen konnte. Aus den Versicherungen mittels Kündigung kam er auch nicht heraus, da es ein Siebenjahresvertrag war, den er sich hatte aufschwatzen lassen.

Ich konnte aber auch keine Pferde kaufen in meiner Gründungsphase. Wir besprachen die Sache mit seinem Anwalt. Dann kamen wir letztendlich zu dem Schluss, dass ich 6 Pferde für 1,00 € mit Schutzvertrag „kaufen" sollte. Den Rest musste er dann irgendwie veräußern. Ich hatte nun zwar diese Pferde als mein Eigentum, konnte sie aber nicht veräußern oder in Reitbeteiligung geben, ohne die Erlaubnis der Vorbesitzer. Ich konnte mit ihnen für meine Zwecke im Reitunterricht oder mit Kremserfahren Geld verdienen, hatte aber auch für alle Kosten (Futter, Miete für die Nutzung von Stall und Reithalle, Tierarzt und Hufschmied) aufzukommen. Das war erst mal eine gute Lösung für den Anfang. Ich bekam für 1 Jahr finanzielle Unterstützung vom Arbeitsamt und vom Ministerium. Kundschaft hatte ich genug. Heu und Kraftfutter kaufte ich vom neuen Chef, der die ganze Landwirtschafts- und Pensionsangelegenheiten übernommen hatte. Wir verstanden uns gut und halfen uns auch gegenseitig, wenn Not am Mann war.

Die Geburtenrate hatte sich auch wieder ein bisschen erholt, es gab wieder mehr Kinder und wir konnten auch wieder Ferienlager durchführen. Während der Ferienzeit stellte ich Hilfskräfte ein, die mich dann beim Reitunterricht unterstützten. Ich hatte ja nun auch die Versorgung meiner Pferde mit übernommen. Ich arbeitete Tag und Nacht, auch wegen der Ablenkung in meiner Trauer um meine Mutter und Hartmut.

Ich hatte aber auch mit den Kindern so manchen Spaß. In jedem Durchgang führten wir eine Nachtwanderung in das nahe gelegene Wäldchen durch. Wir sagten den Kindern nichts, weckten sie dann bei Dunkelheit und sammelten alle Taschenlampen ein. Dann ging es los.

Auch der Chef und meine Kollegen machten da mit. Nur wir Erwachsenen hatten Taschenlampen. Ich erzählte unterwegs ein paar Gruselgeschichten. Im Vorfeld hatten meine Kollegen im Wald Luftballons mit Wasser gefüllte, sogenannte „Wasserbomben", in den Bäumen verteilt. Auch die Dorfjugend war manchmal mit dabei. Sie kletterten auf die Bäume und ließen dann Strohpuppen von oben herunterfallen. Manch vorlauter Junge war dann plötzlich ganz ruhig. Mehrere Kinder hingen uns Erwachsenen vor Angst an den Beinen. Aber einmal hatte sich mein Kollege im Busch versteckt und wollte eines der pubertierenden Mädchen, die auch immer so vorlaut waren, erschrecken. Da diese Mädchen nun fast die gleiche Größe wie ich hatten, verwechselte er uns. Ich bekam plötzlich eine Decke über den Kopf gestülpt unter lautem Geschrei und wurde zu Boden gerissen. Ich erschrak natürlich auch über den unerwarteten Angriff. Dann klärte ich die Sache auf und mein Kollege entschuldigte sich bei mir.

Manchmal brach unter den Mädchen, die zu viert in einem Bungalow wohnten, auch ein Zickenkrieg aus. Eins der Mädchen war jedenfalls eines Tages verschwunden. Die anderen berichteten von einem Streit, der eskaliert war. Das Mädchen wollte nach Hause und war weggelaufen. Seine Eltern wohnten aber in Stralsund. Bis dahin waren es über 150 km. Wir begannen alle eine mit einer umfassenden Suche. Keiner wusste die Richtung, in der das Mädchen verschwunden war. Auch war seitdem schon einige Zeit vergangen. Nun wurde dann auch der Reiterhofbesitzer nervös. Wir hatten mit unserer Suche keinen Erfolg und wollten schon die Polizei rufen. Ich war zu Pferd unterwegs, um die Wälder abzusuchen. Andere waren mit Rad, Moped und Autos los. Eine letzte Beratung fand in der Gaststätte statt. Es war schon spät und die Dämmerung begann. Da die Pferde nachts draußen blieben, hatten wir Zeit für die Suche. Ich schaute aus dem Fenster und beobachtete die Herde. Die schauten alle angestrengt, in einer Reihe stehend, auf ein Gebüsch in eine Richtung. Da sagte ich: „Bevor wir die Polizei einschalten, sehe ich in dem Gebüsch noch mal nach, auf das die Pferde da alle so starren. Vielleicht haben wir ja Glück und sie hat sich da versteckt." Und so war es dann auch. Das Mädchen hatte die ganze Zeit unser Treiben beobachtet und sich eins ins Fäustchen gelacht.

Ich habe noch nie den Hofbesitzer so zornig gesehen. Das Mädchen musste sofort bei ihm antreten und sich eine Standpauke anhören, die sich gewaschen hatte.

Die Eltern wurden angerufen und das Mädchen musste am nächsten Tag die Heimreise antreten. So eine Aktion war unverzeihlich.

Nach 8 Wochen, die Schule hatte schon wieder begonnen, erhielten wir unerwarteten Besuch.

Das Mädchen war mit seinen Eltern auf den Hof gekommen mit einer großen Schachtel Pralinen und einem Blumenstrauß.

Es wollte sich noch mal entschuldigen bei uns und mit einem kleinen Geschenk, für das es selbst sein Geld gespart hatte, um Wiedergutmachung bitten. Das fanden wir ganz toll, da wir damit schon gar nicht mehr gerechnet hatten.

Aber es war eine gute Geste. Es hatte das Mädchen dann wohl doch das schlechte Gewissen geplagt.

Einen letzten Beitrag möchte ich zum Thema Ferienlager noch loswerden.

In der letzten Ferienwoche hatte ich 3 Paare Zwillinge. In jeglicher Ausführung. Ein Pärchen, ein Mädchen- und ein Jungen-Paar.

Alle Kinder waren zwischen 7 und 8 Jahre alt. Ich beaufsichtigte die Kinder auch nach dem Mittagessen in der Freizeit. Auch wohnte ich mit ihnen in dem Bungalowdorf.

Manche Kinder hielten Mittagsschlaf, andere lasen, andere wieder liehen sich Spielzeug aus und spielten miteinander. Es war schönes Wetter und die Atmosphäre war angenehm. Keiner stritt oder machte Unsinn. Nun hatte sich das Jungen-Zwillingspaar, wo die Jungen sich zum Verwechseln ähnlich sahen, mit Schnecken, die sich unter einem verrotteten Baumstamm, der als Sitzgelegenheit für unseren Grillplatz diente, eingedeckt. Diese Tierchen ließen sie nun um die Wette laufen. Ein Blatt vorweghaltend, krochen die Schnecken da auch wirklich in unterschiedlicher Geschwindigkeit hinterher. Dann fingen beide Jungen mit einmal an bitterlich zu weinen. Sie kamen zu mir. Ich fragte, was denn los sei. Da sagte mir der eine, dass die Schnecke seines Bruders seiner Schnecke einen Schubs gegeben habe, worauf diese dann von der Brüstung des Bungalows stürzte und sich nun wohl ein Bein gebrochen hätte. Ob ich einen Tierarzt holen könne, der das Bein dann eingipsen würde. Ich musste mir erst mal das Lachen verkneifen. Dann überlegte ich, wie ich wohl kindgerecht antworten sollte. Dann begann ich: „Schau mal, Schnecken haben gar keine Beine, das sind Kriechtiere. Sie haben auch keine Knochen, also können sie sich nichts brechen und man braucht nichts zu gipsen. Deine

Schnecke hat vielleicht einen Riesenschreck bekommen beim Absturz, aber ihr ist nichts passiert. Wir brauchen da auch keinen Tierarzt. Du kannst dich wieder beruhigen und weiterspielen. Schnecken passiert so schnell nichts, außer, sie werden von anderen Tieren gefressen."Da war der Junge dann wieder beruhigt und widmete sich weiter seinem Spiel. Die beiden hatten es aber auch faustdick hinter den Ohren. Sie hatten mitbekommen, dass ich die beiden nicht auseinanderhalten konnte. Beim Reitunterricht stellte sich der eine nicht so talentiert an, hatte auch etwas Angst vor den Pferden.

Dann schickte er immer seinen etwas talentierteren Bruder vor. Der war dann 2-mal an der Reihe. Er selbst drückte sich dann immer vor dem Reiten. Das ganze kam dann aber bei der Abschlussprüfung heraus. Ich staunte nur, dass die anderen Kinder der Gruppe die beiden nicht verpetzten. Am Ende des Ferienlagers lachten wir alle über diesen Spaß. Beim Piratenspiel am Teich sollte dann der clevere der Zwillinge getauft werden und ins Wasser geworfen werden. Da sprang dann wieder sein Bruder, der vor den Pferden Angst hatte, ein. Wenn es ums Wasser ging, hatte der wieder die Nase vorn. So kann man auch die Vorteile der Ähnlichkeit von Zwillingen auskosten.

PM-Cup (PM = Persönliche Mitglieder u. Sponsoren des Pferdesportes)

Seit einigen Jahren hatte sich der Dachverband des Pferdesportes in Deutschland eine Wettbewerbsart ausgedacht, die von den „Persönlichen Mitgliedern des Pferdesportverbandes" unterstützt wurde. Diese Wettbewerbe sind „Cups" unter der Schirmherrschaft der „Persönlichen Mitglieder", die ein bestimmtes Motto haben. Und besondere Regeln.

Dafür wurde aus Schulreitern eine Mannschaft von 4 Teilnehmern zusammengestellt. Die mussten dann auf Schulpferden alle eine Dressurprüfung, an der jedes Pferd teilnehmen musste, vorstellen. Dann musste von den 4 Reitern jeder auf von den Schulpferden ausgesuchten Pferden eine Springprüfung absolvieren. Dabei durfte ein Pferd auch 2-mal gehen, oder ein weiteres zum Springen geeignetes Schulpferd durfte genommen werden. Von diesen Prüfungen wurden immer die schlechtesten Benotungen gestrichen. Alle konnten sich an der 30-minütigen Beantwortung von 120 theoretischen Fragen beteiligen. Per Los wurde dann einer der Teilnehmer gezogen, der zur Benotung ein ausgesuchtes Pferd zur „Musterung" vorstellen musste. Alle Punkte der Teilnehmer eines Teams wurden dann für eine Platzierung zusammengezählt. Mehrere Teams mussten gegeneinander antreten. Sie konnten, mussten aber nicht, aus verschiedenen Vereinen sein.

Ich stellte so ein Team zusammen und trainierte die Leute. Die ersten 3 Plätze kamen dann eine Runde weiter und mussten in einem anderen Verein an einem anderen Ort mitmachen, immer noch mit eigenen Schulpferden. So lernten wir auch Vereine in anderen Orten kennen. Unsere Pferde ebenfalls. Auch die Richter wechselten überall an den anderen Orten.

Ich stellte mich immer als Mannschaftsführer und Organisator zur Verfügung.

In vielen Wettbewerben auf verschiedenen Höfen schafften wir es in den Jahren in
Konkurrenz mit wirklich starken Teams immer auf die ersten Plätze. In einem Jahr waren wir sogar im Viertelfinale von Norddeutschland in der Stadt „Verden" dabei. Da durfte man dann aber keine eigenen Pferde mehr nehmen. Meiner Mannschaft wurden Schulpferde von dem Verein in Verden zur Verfügung gestellt, die zuerst von den Lehrlingen vorgeritten wurden. Ich musste in Windeseile erkennen, welchen meiner Reiter ich auf welches der Pferde setzen konnte. Die Tiere hatten keinen Koppelgang, waren gut im Futter und sehr temperamentvoll. Sie hatten eine gute Ausbildung, was ich schon beim Vorreiten der Lehrlinge erkannt hatte. Aber passten diese Pferde auch zu meinen Mannschaftskandidaten? Ein bisschen Bauchschmerzen hatte ich schon.

Aber in der Dressur klappte alles gut. Bei der Auswahl der Pferde für die Springprüfung wurden wir unterstützt, was die Einschätzung der Charaktere der Pferde während des Springens anbelangte.

Nun wurde nach der Mittagspause der Parcours aufgebaut. Der erste Sprung ging auf den Ausgang zu. Das war nicht so günstig. Bei einer Reiterin einer anderen Mannschaft sprang deren Pferd schon beim ersten Hindernis in Richtung Ausgang über die Richter hinweg und musste dann eingefangen werden. Den Richtern war nichts passiert, aber sie bauten den Parcours dann doch um, damit keine weitere Gefahr bestand, dass das noch einmal passieren konnte. Das Mädchen konnte dann auch auf einem anderen Pferd die Prüfung wiederholen.

Meine Mannschaft kam bei diesem Wettkampf leider nicht weiter, aber wir waren stolz, überhaupt so weit gekommen zu sein. Der Wettkampf dauerte 2 Tage, da sich sehr viele Mannschaften qualifiziert hatten. Übernachtet hatten wir in einer Jugendherberge. Nächsten Tag ging es dann wieder zurück nach Hause.

Der Verlauf meiner erst mal kleinen Schritte in die Selbstständigkeit war stetig. Immer mehr Kunden, die durch Mundpropaganda meiner Stammkunden gewonnen wurden, trugen maßgebend dazu bei. Die überwiesenen finanziellen Hilfen der Ämter legte ich als Notpolster auf die Seite. Als ich den letzten Ferienlagerdurchgang noch in meiner Anstellung beendet hatte, konnte der Chef mich ja nicht mehr bezahlen. Wir hatten dann einen Deal ausgemacht, dass ich das Sattelzeug und das ganze lederne Zubehör als materielle Bezahlung bekommen würde, wenn es schon keinen Lohn geben würde. Ohne Zubehör nutzten mir die nackten Pferde ja auch nichts. So sparte ich viel Anschaffungsgeld, da ich ja schon immer alles pfleglich behandelt hatte und es dadurch lange brauchbar blieb.

„Iwan", das Dromedar

Eines Tages kam ein junger Mann zu uns auf den Hof. Es war noch zu der Zeit, als ich Geschäftsführerin war.

Er hatte eine Werbevorstellung mit einem Dromedar in einem Ort unweit unseres Reiterhofes.

Nun suchte er eine Unterstellmöglichkeit für sein Tier. Futter wäre kein Problem, das hätte er alles dabei.

Da die Scheune ja nun frei war, die meisten Pferde übernachteten ja auf den Koppeln, wäre die Unterbringung „Iwans" dort allein eine Möglichkeit. „Iwan" war ein sehr zahmes und zutrauliches Tier, aber auch von stattlicher Größe. Ich zeigte dem Mann die Scheune.

Da ein Dromedar nun kein Horn an den Füßen hat wie die Pferde, war der Betonboden, zumal noch mit dem Absatz zur Box, nicht für „Iwan" geeignet.

Dann hatte ich den nächsten Einfall, im großen Stall eine Mittelwand herauszunehmen und für das Dromedar dann 2 Boxen dick mit Stroh einzustreuen. Das Dromedar brauchte etwas mehr Platz, aufgrund seiner Größe, als ein Großpferd.

Wir schritten zur Tat. Das Dromedar passte dann auch auf den Platz, den nun 2 Pferdeboxen boten.

Um 15.30 Uhr wurden dann die Pferde in den Stall geholt von der Koppel. Danach war der Teufel los. Als die ersten Pferde den Geruch des fremden Tieres aufnahmen, hatten sie so eine Panik, dass sie teilweise die Wände hochgingen. Sie beruhigten sich gar nicht mehr. Nicht mal die Pferde, die das Dromedar gar nicht sahen aufgrund der Entfernung. Wir mussten sie wieder auf die Koppel lassen, damit wir nicht noch Verletzungen riskierten. Auf der Koppel beruhigten sie sich dann wieder etwas. Jedenfalls konnten wir das Dromedar nicht mit den Pferden in einem Stall lassen.

Nächste Option war dann, dass es hinter dem Wohnhaus in einem kleinen Gartenstücknächtigen sollte. Der Mann schaute sich die Stelle an, bemängelte dann aber, dass das Kamel den für das Tier tödlichen Rhododendron fressen könnte. Das ging also auch nicht. Wir schotteten dann mit Pferdehängern den Eingang des Stalles zu den hinteren Koppeln ab, die von den Pferden im Moment nicht beweidet wurden. Dann bauten wir einen doppelten Zaun für eine Parzelle. Heu und Futter sollte das Kamel aus seinem eigenen Pferdehänger entnehmen können, der dann offen hingestellt werden sollte. Das passte dann auch zu den Vorstellungen des Besitzers. Mehr Optionen hatten wir auch gar nicht mehr. Dann hätten wir ihn wieder wegschicken müssen. Wir nahmen dann das Stroh aus den letzten 2 Boxen, welchem noch der Geruch des Dromedars anhaftete, wieder heraus. Aber es konnte nur auf den Misthaufen gebracht werden. Ein Pferd konnten wir damit nicht mehr einstreuen, es würde die Box nicht betreten.

Am nächsten Tag holten wir des Abends die Pferde mit Gewalt von der Koppel. Der Geruch haftete dem Stall wohl noch an, denn sie liefen nicht, wie gewohnt, alleine in ihre Boxen. So mussten wir sie einzeln von der Koppel fangen und in ihre Boxen bringen. Dann beruhigten sie sich aber auch schnell, als sie merkten, dass das Dromedar nicht da war.

Nun hatte der Besitzer ja seine Werbevorstellungen und musste jeden Morgen mit dem Kamel los. Da fiel ihm noch ein, dem Kamel am Waschplatz im Stall die Beine waschen zu wollen. Da spazierte er doch tatsächlich mit dem Kamel durch den ganzen Stall zum Waschplatz. Das war vor unserem Arbeitsbeginn. Die Stute einer Einstellerin war an der Wand hochgesprungen und hatte sich die Schulter angebrochen. Das Tier musste nach Hamburg in eine Spezialpferdeklinik. Das kostete enorm viel Geld. Auch einige andere Einsteller waren total erbost über die Machenschaften des Kamelbesitzers. Es gab einen mächtigen Ärger, der auch zum größten Teil an mir ausgelassen wurde. Dem Betrieb ging es zu der Zeit finanziell nicht so gut. Wir waren auf jeden einzelnen Einsteller angewiesen. Viele drohten mit dem Auszug ihrer Pferde und auf Schadensersatz zu klagen. Ich war am Ende. Ich hatte aber meinen Fehler bereits eingesehen. Ich hätte das nie genehmigen dürfen, dass der Kamelbesitzer sich bei uns einquartierte. Nur aus dem Grund, dass ich bei den Vereinsmitgliedern, die auch einen relativ großen Einfluss hatten auf andere Einsteller, beliebt war, konnte das Unheil abgewendet werden. Die sprachen mit den aufgebrachten Einstellern und stellten sich vor mich. Als der Kamelbesitzer dann wieder abreiste, waren alle froh. Sie hatten mir den gravierenden Fehler dann auch bald verziehen, da ich ja auch keine Erfahrung in puncto Betriebsleitung hatte.

Das „Mönkebergfest" im Nachbardorf

Es war schon seit Jahren eine Tradition im Nachbardorf, dass Kinder und auch andere Dorfbewohner die Geschichte um den „Mönkeberg" spielten.

Da waren Kindergartenkinder und Schulkinder und auch wenige Erwachsene integriert.

Lange Zeit vorher wurde geprobt. Es spielt unter anderem auch ein Reiter in dem Stück mit.

Ich erklärte mich bereit, diesen zu doubeln. Dabei musste man mit dem Pferd im Galopp um ein großes Feuer in entgegengesetzter Richtung zu den Kindern reiten. Also musste das Pferd Feuer dulden im nahen Abstand und das Gewusel der Kinder aushalten. Im Anschluss sollte das Pferd/Reiterpaar dann für die Zuschauer unsichtbar über einen Berg hinweg verschwinden. Dazu spielte eine gruselige, sehr laute Musik.

Ich ritt zu den ersten Proben mit „Charlie" hin. Das Feuer war noch nicht mal das Problem. Die laute Musik konnte mein Pferd gar nicht vertragen da sie in seiner unmittelbaren Nähe war. Er flüchtete und ich wäre da bald noch zu Boden gegangen.

Da waren noch nicht einmal die Kinder zu Gange. Also, bevor ich die Teilnahme absagte, wollte ich es noch einmal mit „Stine" versuchen. Die Haflinger Stute schien mir ein etwas besseres Nervenkostüm zu haben. Und mit ihr klappten auch alle Proben inklusive der Generalprobe, bei der jeder Schauspieler in seinem Kostüm und mit den Utensilien auftrat.

Der Tag der Aufführung rückte heran. Falls es einen Unfall geben sollte, bat ich den Hofbesitzer Frank um seine Anwesenheit. Ich wollte da nun nicht alleine sein.

Es goss zu der Zeit der Vorstellung in Strömen. Zelte wurden aufgestellt für die Besucher. Auch die gastronomische Versorgung fand unter Dach statt. Zum Glück hatte ich „Stine" schon mal mit dem Umgang mit Regenschirmen bekannt gemacht, sodass sie davor nicht scheute. Sie machte ihre Sache prima, scheute weder vor den Kindern, die nun als Zwerge verkleidet waren und mit Stöcken herumfuchtelten, noch machte ihr das nahe Feuer etwas aus. Das Problem kam dann zum Abschluss. Da sie an allen 4 Hufen Eisen trug, kam sie den Berg nicht hoch und rutschte auf dem schlammigen Boden aus. Der stete Regen hatte den Boden stark aufgeweicht. Schnell drehte ich um und ritt dann außen herum auf die andere Seite des Berges. Das fiel dann keinem auf. Es wurde trotz des schlechten Wetters doch noch eine gelungene Veranstaltung mit einem zahlreichen Publikum.

Wir verluden „Stine" dann nach der Veranstaltung in den mitgebrachten Anhänger und fuhren zurück zum Hof. Ich war wegen des Regens auch total durchnässt und fing dann auch schon an zu frieren.

Die Hochzeitsfahrt durch die Stadt

Eines Tages hatten mein Kollege und ich den Auftrag bekommen, ein Brautpaar durch die Stadt zum Standesamt zu fahren mit der Kutsche. Der Jagdwagen würde sich, schön geschmückt, gut dazu eignen. Da passten auch die Haflinger als Gespann-Pferde gut dazu. Mit meinen beiden Haflingern „Stine" und „Matcho", einem Sohn von „Stine", den wir auch schon vor einem Jahr eingefahren hatten, wollten wir die Sache angehen. Es musste nur gutes Wetter sein, da der Wagen kein Verdeck hatte.

Wir reinigten den Wagen, brachten ihn technisch auf Vordermann und schmückten ihn dann mit dem vom Brautpaar vorbeigebrachten Brautschmuck.

Mit dem Pferdeanhänger und dem Trailer brachten wir dann Pferde und die Kutsche zum Bahnhof, wo die Fahrt starten sollte. Das Paar kam pünktlich. Die Hochzeitsgesellschaft folgte uns in eigenen Autos. Das Paar stieg in die Kutsche. Wir hatten Glück, dass während unserer Fahrt zum Standesamt keine Straßenbahnen kamen. Wir mussten nämlich unmittelbar neben den Schienen fahren. Beim Standesamt warteten wir davor während der Zeremonie. Dann fuhren wir das Paar in eine nahe gelegene Gaststätte, wo die Feier stattfand. Pferdehänger und Trailer hatten meine Kollegen inzwischen auch zum Ort der Rückfahrt gebracht. Wir luden dann die Tiere in den Hänger, schoben die Kutsche auf den Trailer und fuhren Richtung Heimat.

14. Kapitel
Joshua

Ball der einsamen Herzen

Ich hatte die Trauer um meine Mutter und um Hartmut nun langsam verarbeitet. Mein 44. Geburtstag stand vor der Tür. Mein Sohn war auf Arbeitssuche nun in Köln gelandet. Hier im Norden gab es in seinem Beruf zu wenige Arbeitsmöglichkeiten in seinem Beruf, weshalb es in der Branche bei vielen jungen Menschen zur Arbeitslosigkeit führte. Davon war nun auch mein Sohn betroffen.

Er versuchte in Köln, in seinem Beruf weiter Fuß zu fassen. Er hatte sich da eine Wohngelegenheit besorgt. Während seiner Recherchen hatte er erst einmal Gelegenheitsjobs übernommen. Er arbeitete übergangsweise in 2 Hotels an der Rezeption. Aber auch da konnte er in seinem eigentlichen Beruf keine Anstellung bekommen. Dann machte er eine Weiterbildung und fing dann in Festanstellung als Kontrolleur auf dem Flughafen Köln/Bonn an. Da wurde er auch übernommen nach der Probezeit. Jedenfalls zogen dann einige Zeit später auch seine Freundin und Tochter nach Köln.

Ich hatte jetzt ein Jahr nur gearbeitet, um mich abzulenken. Aber ich musste auch an mich denken. Ich wollte natürlich nicht bis zum Lebensende alleine bleiben. Auch hatte ich das Bedürfnis, mal wieder unter Menschen zu sein. Ich wollte zum „Ball der einsamen Herzen" in den „Scharren", einer gemütlichen Gaststätte in der Nähe. Ich wollte nur unter Menschen sein und Musik hören, vielleicht auch mit dem einen oder anderen tanzen.So zog ich mich schick an, machte meine Haare zurecht und schminkte mein Gesicht. Dann fuhr ich mit dem Auto los. Ich fand einen schönen Tisch für 2 Personen. Dort konnte ich gut die Tanzfläche beobachten. Ich bestellte mir einen Kaffee und rauchte eine Zigarette. Damals durfte man noch in den Gaststätten rauchen.

Es war sehr schöne Tanzmusik im Angebot. Meine Beine wippten schon immer mit im Takt.

Mit dem Rücken zu mir saß an einem anderen Tisch ein Mann, auch alleine. Ich beobachtete ihn heimlich. Er war sehr groß, adrett gekleidet, Brillenträger. Ich fragte mich, ob er mich wohl mal auffordern würde. Damenwahl war erst ab 24.00 Uhr. Vielleicht würde ich ihn mal auffordern, wenn ich dann noch da wäre. Ich wollte auch gerne sehen, ob er tanzen könne. Sonst hätte sich das erledigt. Er tanzte dann auch mal mit einer anderen Frau. Ich beobachtete ihn heimlich. Er tanzte sehr gut.

Als er die Frau dann wieder zum Platz brachte, trafen sich unsere Blicke. Ich senkte den Blick, wollte nicht aufdringlich erscheinen. Als ob er Gedanken lesen könnte, forderte er mich beim nächsten Titel tatsächlich auf. Zu dem Titel „Du hast mich 1000-mal belogen" von Andrea Berg tanzten wir dann. Seine Größe war erst nicht so mein Ding, aber die Harmonie beim Tanzen gefiel mir sehr. Nach 3 Tänzen war die Runde zu Ende und es kam eine Pause.

Danach, als es wieder weiterging, forderte er mich wieder auf. Der Abend begann, mir Spaß zu machen. Dann bat er mich, dass ich mich zu ihm an seinen Tisch setzten solle. Ich setzte mich zu ihm und wir kamen ins Gespräch. Er stammte auch aus der Nähe und tanzte gerne. Wir tranken dann noch Kaffee zusammen und er staunte, dass ich so alleine war an meinem Geburtstag. Ich erfuhr von ihm, dass er Frührentner war, mal Maurer gelernt hatte, später dann in der Landwirtschaft tätig war als Kraftfahrer für große Maschinen. Auch zu Tieren hatte er ein gutes Verhältnis.

Aber eben auch die Tatsache, dass er trockener Alkoholiker war, brachte er zur Sprache. Ich staunte über seine Aufrichtigkeit, dass er das erwähnte. Wenn Hartmut das mal auch zu Beginn unserer Zeit gemacht hätte.

15 Jahre sei es schon her, als er den letzten Tropfen angerührt hätte, erzählte er mir dann. Das imponierte mir sehr, machte mich aber auch sehr nachdenklich. Warum gerate ich immer an solche Menschen? Die Charaktere und Wesenszüge dieser Menschen ziehen mich magisch an. Aber würde ich noch eine Ent-

täuschung dieser Art verkraften? Ich überlegte lange hin und her. Trotzdem wollte ich es diesmal ganz langsam angehen lassen. Er suchte auch eine neue Beziehung, nachdem seine letzte vor 4 Monaten wegen Untreue der Frau auseinandergegangen war. Ich erzählte dann auch meine Geschichte mit den Männern. Ich fand es toll, dass er jetzt schon bei unserer ersten Begegnung von seiner Krankheit sprach. Aber er sagte: „Warum soll ich es verheimlichen. Irgendwann käme es ja doch heraus. Viele Frauen machen dann Schluss. In einer Beziehung möchte ich Ehrlichkeit von der ersten Minute an."

Wir wussten natürlich beide, dass diese Krankheit unheilbar ist. Trotzdem vereinbarten wir, dass wir es mit einer Beziehung versuchen wollten. Ich fand seine Ehrlichkeit in dieser Hinsicht sehr beeindruckend. An den Autos, die zufällig auch nebeneinander standen auf dem Parkplatz, tauschten wir unsere Handynummern aus. Wir vereinbarten dann ein weiteres Treffen am nächsten Tag.

Ich war ja d gespannt, ob er kommen würde. Aber er kam. Wir hatten uns an einem neutralen Ort getroffen. Dann gingen wir zu Fuß in eine Gaststätte und tranken Kaffee.

Danach machten wir einen langen Spaziergang, auf dem wir uns angeregt über alles Mögliche unterhielten.

So ging das einige Wochen. In der Woche hatte ich ja viel zu tun mit meiner Selbstständigkeit, sodass die Treffen erst mal nur an den Wochenenden stattfanden.

Wir stellten fest, dass wir sehr viele Gemeinsamkeiten hatten. Ich zeigte ihm dann später meine Tiere und meine Wohnung. Er stellte mich seinen engeren Verwandten und Bekannten vor und zeigte mir auch seine Wohnung. Wir hatten den gleichen Humor und lachten viel. Auch kochte er gern. Tiere hatte er selber nicht. Seine Wohnung machte einen gepflegten Eindruck. Von einem Single hätte ich anderes erwartet.

Jeden Monat gingen wir dann zusammen tanzen. Wir fuhren auch mal weg, um uns in der Nähe unserer Wohngebiete Sehenswürdigkeiten anzusehen und spazieren zu gehen. Wir besuchten die Rennbahn in Doberan, waren bei den jährlichen Pferderennen dabei. Da trafen wir dann auch wieder Bekannte und Verwandte von ihm. Wir unterhielten uns angeregt.

Er sah dann auch mal bei meinem Reitunterricht zu und kam in Kontakt mit meinen Kunden. Da wurde er auch anerkannt.

Später äußerte er den Wunsch, mir bei den schweren Arbeiten mit den Pferden helfen zu dürfen. Ich sagte, dass ich ihn nicht bezahlen könne. Er meinte, dass er aus Langeweile das Ausmisten und Einstreuen meiner Ställe übernehmen wolle. Ohne Bezahlung. So kam es dann dazu, dass wir beide ein Team wurden. Ich brachte ihm auch den Umgang und die Arbeit mit den Pferden bei. Auch ritten wir später gemeinsam aus. Er übernahm dann die Vor- und Nachbereitung der Schulpferde für den Unterricht. So konnte ich mehr Kunden bedienen. Er holte auch Pferde von der Koppel oder brachte sie hin. Jedes Pferd lernte, am Fahrrad zu laufen. So wurde mir viel Arbeit abgenommen, die rückenbelastend war.

Später reichten dann 4 Pferde nicht mehr aus für den Unterricht. Von einigen Pferden, die ich vom Reiterhofbesitzer übernommen hatte, musste ich mich auch trennen. Wegen Krankheiten und auch aus Altersgründen waren die Tiere dem schweren Job eines „Schulpferd-Daseins" nicht mehr gewachsen.

So suchte ich aus dem Internet geeignete Pferde heraus. Wir fuhren dann hin, sahen sie uns an und ich probierte sie aus. Joshua half mir dann immer bei der Entscheidung, ob wir das Tier kaufen würden oder nicht. Hatten wir sie gekauft, holten wir sie ab und widmeten uns dann ihnen beide zur Erziehung zum sicheren Schulpferd. Später, als der Zustrom der Kunden noch stärker wurde, brachte ich Joshua bei, mir die „Warm-und-Abreit-Phasen" mit den Pferden und den Kunden abzunehmen. Dann brachte ich den Kunden nur noch den Unterrichtsstoff bei. Auch bei Geländeritten, die bei mir immer geführt wurden, führte auch Joshua ein Pferd.

Wenn neue Pferde eingearbeitet werden sollten und ich erst mal deren Charakter erkunden musste, half er mir auch, indem er mit einem sicheren Pferd mitkam ins Gelände oder dabeistand in der Halle.

Zu Beginn meiner Selbstständigkeit war ich sehr bemüht, alle Aufträge, die machbar waren und Geld einbrachten, zu übernehmen. So war ich neben meiner Unterrichtserteilung auf dem Reiterhof auch noch als mobile Reitlehrerin auf anderen Reiterhöfen für Reitkunden im Einsatz. Auf einem der nahe gelegenen Höfe hatte ich 3 Reitschüler mit Privatpferden, die auch ein ganz gutes Niveau hatten. In Klein-Nienhagen hatte ich auch eine Weile als Selbstständige tageweise gearbeitet. Die Anlage war sehr schön gelegen, aber noch im Aufbau. Die Besitzer wohnten in einem Herrenhaus, was fast einem kleinen Schloss glich. Beide Eheleute arbeiteten noch in ihren Berufen und betrieben den Reiterhof und die Anlage noch nicht im Haupterwerb. Das sollte aber das spätere Ziel sein. Die Nebengebäude, Pferdestall und nahe Waldanlagen, dazu riesige Weidemöglichkeiten für die Pferde, eigneten sich geradezu als Urlaubsdomizil. Ich hatte da einigen neu zugekauften Ponys das 1x1 beigebracht und auch mitgeholfen, sie zu Fahrpferden auszubilden. Die Anlage war sehr auf Touristik, aber auch auf Stationen für das Distanzreiten ausgelegt. Es gab mehrere Ferienwohnungen und auch ein Heu-Hotel. Die Kollegen waren sehr freundlich und wir hatten beim gemeinsamen Frühstück, zu dem sie mich bei meiner Ankunft immer einluden, sehr viel Spaß. Später sollte auch das „Western-Reiten" hier stattfinden.

Mit Joshua sah ich mir mal später bei einem Ausflug ein sehr niveauvolles Western-Turnier bei Kaffee und Kuchen an. Die Anlage war fertig und machte einen sehr guten Eindruck. Selbst ausländische Gäste hatten hier mit ihren Pferden schon ihren Urlaub verbracht, was dann auch für sich spricht.

Jedes Jahr im November zum traditionellen Sankt Martins Fest nahm ich mit „Charlie" an dem Umzug teil. Auch da gab es dafür Geld. Ich musste dann immer in das Kostüm des Sankt Martin schlüpfen und den Umzug anführen. Ich ließ mich dann führen, weil es für „Charlie" doch ein ziemlich großer Trubel war in den Menschenmengen.

Die Kirchen buchten mich reihum und so lernte mein Pferd dann auch alle Ecken der Stadt kennen, die meine Heimat war. Er benahm sich dabei immer sehr gut, oft waren wir am nächsten Tag auf den Titelblättern der Zeitungen.

Einmal musste ich jedoch eingreifen, als ein Kind so nah an seinen Schweif mit der Laterne kam, dass der bald zu brennen anfing.

Ich bot für leichte Fälle auch weiterhin das Behindertenreiten an. „Charlie" hatte ja nun den „TÜV" dafür. Eines Tages kam ein Polizist mit seinem behinderten Sohn im Rollstuhl an und wollte gerne Auskunft über das Behindertenreiten einholen. Der Junge war ca. 8 Jahre alt, sah aber aus wie 4 Jahre. Er war kleinwüchsig, geistig und körperlich behindert. Er konnte zwar stehen, aber nicht laufen, da er außerdem noch eine enorme Skoliose der Wirbelsäule hatte, die auch das Schulterblatt verschob und die Lunge einengte. Eine Skoliose ist eine starke Verbiegung der Wirbelsäule, also eine Verwachsung.

Ich betreute den Jungen, der dann später auch ein Mann wurde, aber das geistige Niveau eines 4-Jährigen beibehielt, über 20 Jahre. Zwischendurch verloren wir uns aus den Augen für 2 Jahre, da er operiert werden musste an der Wirbelsäule. Da durfte er nicht reiten.

Traben durfte er sowieso nicht. Für ihn war es das Höchste, überhaupt auf dem Pferd zu sitzen und dann ins Gelände zu gehen. Geführt natürlich. Als ich meine Karriere als Reitlehrerin beendete, zog er nach Berlin mit seiner Familie, wo seine Schwester wohnte. Seine Eltern wollten eine feste Bleibe für ihn garantieren, wenn sie mal nicht mehr sein sollten. In Berlin fand er dann aber nach langem Suchen auch bald einen Reiterhof, der das Behindertenreiten anbot. In der letzten Weihnachtskarte bedankten seine Eltern sich auch in seinem Namen noch einmal für meine Arbeit. Sie waren sehr nette und höfliche Menschen. Da der Sohn selber weder lesen noch schreiben konnte und auch die Verständigung manchmal sehr schwierig war, halfen die Elten oft aus. Ich konnte dann auch verstehen, was ihr Sohn mir sagen wollte. Auf dem nahe meiner Wohnung gelegenen Reiterhof erteilte ich einige Zeit ebenfalls Reitunterricht. Bevor ich mich selbstständig machte, hatte ich mich auch bei diesem Reiterhof für einen Angestelltentermin beworben. Aber zu dem Zeitpunkt waren die Besitzverhältnisse nicht geklärt. Um dann nicht wertvolle Zeit zu vergeuden, wenn das nichts werden sollte, nahm ich davon Abstand. Wir hatten den Hof aber mal im Zuge einer Veranstaltung bei einem „Line-Dance-Wettbewerb" als Zuschauer besucht in der sehr schönen Reithalle.

Der erste Urlaub mit Joshua

Jedes Jahr im November oder Dezember setzte aus Krankheitsgründen eine kleine „Durststrecke" in meiner Arbeit ein. Dann trainierte ich mit den Schulpferden besondere Sachen, die die Schüler nachreiten sollten. Auch mit den besonders ängstlichen Tieren trainierte ich die „Gelassenheit". Es hatte auch schon einige Unfälle, die aber nicht schlimm waren, mit besonders scheuen Pferden gegeben. Sie sollten ausgeglichener werden und nicht so schnell ihrem Fluchttrieb nachgeben.

Aber für eine Woche im Jahr gönnte ich mir selbst auch mal eine Auszeit, also einen Kurzurlaub.

Ich hatte ja als Mannschaftsführer seinerzeit den PM-Cup in der Stadt „Verden" begleitet. Da habe ich auch erfahren, dass es dort ein wunderschönes berühmtes Pferdemuseum geben sollte. Ich hatte auch schon herausgefunden, wo genau es sich befand.

So suchten Joshua und ich uns ein Hotel und meldeten uns für 4 Übernachtungen an.

Joshua fuhr zu der Zeit einen grünen Opel „Astra". Er holte mein Gepäck und mich dann ab und wir fuhren frohgelaunt los.

Das Wetter war zwar schon recht kalt, aber für die Jahreszeit noch akzeptabel. Wir fuhren die Strecke über Lübeck und Hamburg nach Rothenburg/Wümme.Dort hatten wir ein Hotelzimmer gebucht.

Auf so manchem Rastplatz hielten wir auch an, aßen etwas oder rauchten eine Zigarette.

Dann kam das erste Dilemma. Zwischen Lübeck und Hamburg fiel die Heizung aus. Es wurde immer kälter im Auto und wir zogen schon unsere warmen Jacken an. Da wir beide keine Freunde von defekten Autos sind, hielten wir an einer Tankstelle, wo es auch einen Reparaturservice gab, an. Das Auto kam in die Werkstatt und wurde untersucht. Dann wollte der Meister das Auto dabehalten, weil er ein Ersatzteil bestellen musste. Das sollte insgesamt laut Kostenvoranschlag 500,– € kosten. Nun war unser Budget aber nicht so üppig. Warten konnten wir auch keinen Tag, da wir ja das Hotel gebucht hatten. Wir entschieden uns dann, ohne Heizung weiterzufahren. Also setzten wir unsere Reise fort. Nach ca. 10 km auf der Autobahn sprang plötzlich die Heizung wieder an und es wurde wieder warm im Auto. Um nach dem Rechten zu sehen, hielten wir auf dem nächsten Parkplatz an und sahen unter die Motorhaube, ob auch kein Brand im Ausbruch war. So ganz trauten wir dem Frieden nicht.

Es stellte sich dann heraus, dass bei der Untersuchung in der Werkstatt wohl ein Teil berührt worden war, ein Schalter, der für den Heizungsausfall verantwortlich war. Den hatten die Leute in der Werkstatt wohl wieder angestellt. Nun funktionierte alles wieder einwandfrei.

Für die Untersuchung in der Werkstatt brauchten wir nichts zu bezahlen. Wir freuten uns sehr darüber, dass nun alles wieder funktionierte, ohne Geldausgaben.

In Rothenburg/Wümme angekommen, fanden wir auch gleich das Hotel und checkten ein. Wir machten dann noch einen kleinen Stadtbummel. Nächsten Tag fand dann der Besuch in dem Pferdemuseum in Verden statt. Es war fantastisch. So etwas hatte ich noch nie gesehen.

Man durfte im Museum auch fotografieren. Viele Bilder erzählten auch später noch von diesem tollen ersten gemeinsamen Urlaub. Ein weiterer Besuch fand in einem sogenannten „Magic-Park" statt. Wir hatten Sonnenschein pur. In diesem Park konte man Dinosaurier-Plastiken in Lebensgröße bewundern. Beschriftungen und Geschichten zu den Giganten waren bei jeder Figur ersichtlich. Dann sahen wir uns noch in einem kleinen Zirkus, der sich auch in dem Park befand, Clown-Vorführungen für Kinder an. Für Clowns habe ich eigentlich nicht so viel übrig. Aber diese Vorführungen waren richtig niveauvoll und konnten auch uns Erwachsene erheitern.

Die 4 Tage waren viel zu schnell vorbei. Aber sie hinterließen einen bleibenden Eindruck bei Joshua und mir.

Auch in unserer Heimatstadt kam alle 2 Jahre eine Dinosaurier-Ausstellung in den Stadthafen. Ich fand die Urgeschichte zu diesen Giganten schon immer interessant. Wir besuchten diese Ausstellungen mehrmals.

Natürlich nutzten wir immer einmal im Monat das Tanzangebot im „Scharren", wo unsere Geschichte einst begann. Andrea Berg mit dem Titel „Du hast mich tausendmal belogen" war dann immer der Beginn unserer Tanzrunden. Wir verbesserten uns mit der Zeit immer mehr mit verschiedenen Figuren und in der Technik der Tänze. Es machte einen Riesenspaß.

Wir unternahmen in unserer restlichen verbleibenden Zeit der Tage, wenn die Arbeit beendet war, immer noch etwas. Oft gingen wir essen. Viele weitere Spaziergänge in der näheren Umgebung, zu Sehenswürdigkeiten, die wir beide noch gar nicht kannten, waren Inhalt unserer Beziehung. An 3-4 Tagen in der Woche half Joshua mir im Stall, bei derUnterrichtserteilung oder den Zuarbeiten. Auch brachte er sich handwerklich ein, als wir uns eine neue Sattelkammer einrichteten oder ein neues Büro.

Jedes Jahr besuchten wir in Bad Doberan die älteste Rennbahn Deutschlands. Es war ein Riesenspektakel, wenn die Pferde mit den Jockeys um die besten Zeiten liefen. Ein richtiges Volksfest mit Buden, Zelten und Pony-Reiten fand dann an 3 Tagen nacheinander statt.

Auch Jockeys aus dem Ausland waren am Start. Ich wette-te sogar auch einmal und gewann die Wette dann auch zufällig. Ein Bauernrennen fand am Ende jeden Tages statt. Dann konnten auch andere Pferde, die keine Vollblutabstammung hatten, ihre Leistungen messen. Joshua kaufte mir sogar in einem ein Jahr einen Hut für dieses Spektakel. Immer freitags war „Ladys Day". Dann konnten alle Damen mit Hut umsonst an der Veranstaltung teilnehmen. Joshua wuchs mit 2 weiteren Brüdern und einer Halbschwester auf dem Lande auf. Seine Eltern waren zu DDR-Zeiten in der Schweineproduktion beschäftigt. Bei den Arbeiten mit den Tieren mussten auch ab und zu die Kinder mithelfen, damit ein gemeinsames Wochenende garantiert war. Da war natürlich an Urlaub nicht zu denken. Auch finanziell hatte man da nicht so viele Möglichkeiten mit 4 Kindern.

So hatte Joshua noch nicht viel von der Welt gesehen und war auch bis dato noch nie im Ausland gewesen.

Ich hatte einmal von Herrn Kenzel, der in einem Reisebüro arbeitete und auch Reitvereinsvorsitzender war, als Auszeichnung einen Reisegutschein im Werte von 250,– € für meine vorbildliche Arbeit bekommen. Auch im Verein hatte ich bereits seit einigen Jahren den verantwortungsvollen Job des Kassenwartes inne. Bei den Betriebsprüfungen durch das Finanzamt waren wir immer plus/minus Null weggekommen aufgrund meiner genauen Buchführung. Das hatte ihn sehr gefreut.

Den Gutschein lösten Joshua und ich dann im Reisebüro für eine Busfahrt nach London ein. Joshua zahlte seine Reise selbst. Es war seine erste Auslandsreise. Mit dem Busunternehmen „PIT" ging es dann los. Am Busbahnhof wurden wir abgeholt. Freundliches Personal, genaue Anweisungen und gute Plätze neben bester Versorgung während der Reise sorgten von Beginn an für gute Laune.

Die Fahrt dauerte eine ganze Weile. In der Stadt „Cochem" im Bundesland Rheinland/Pfalz übernachteten wir in einem hübschen Hotel. Dieses war ganz urig mit ausgestopften Tieren eingerichtet im Gastraum. Da wäre ich bald rücklings über einen ausgestopften aufrecht stehenden Bären gestolpert. Joshua hatte das kommen sehen und sprang schnell hinzu, bevor der Bär umfallen konnte. Ich hatte einen Riesenschreck bekommen. Joshua konnte sich kaum halten vor Lachen.

Am nächsten Morgen fuhren wir dann mit dem Bus über Luxemburg und Belgien nach Frankreich. In „Calais" befuhren wir mit dem Bus die Fähre nach „Dover" in England. Die Fahrt über den Ärmelkanal dauerte ca.2 Stunden.Danach ging es weiter nach London.

Dort checkten wir dann in ein Hotel ein und begaben uns auf unser Zimmer. Ein Besuch von Teilen der Innenstadt Londons, eine Wachablösung vor dem Buckingham Palast, die „Madame Tussauds"-Ausstellung und mehrere Brückenbesichtigungen waren die Highlights der nächsten Tage. Aber auch ein Besuch des Kaufhauses „Harrods", eine Fahrt im „Londoner Eye", die Besichtigung des „Big Ben" und des „Towers of London" waren Bestandteile des Programms. Überall erhielten wir auch Führungen und Erklärungen zu den Sehenswürdigkeiten.

Bei „Fish-and-Chips" in einem Pub ließen wir dann den letzten Tag vor unserer Abreise ausklingen, nachdem wir auch noch die berühmte „Westminster Abbey" besichtigt hatten. Der Supergau war eine Nachtfahrt in einem Boot auf der Themse. Auch einen kurzen Trip nach „Oxford" unternahmen wir noch, bevor es wieder zum Hafen nach „Dover" ging. In Oxford konnten wir die berühmte Universität und das Geburtshaus von „W. Shakespeare" ansehen. Die Rückfahrt mit der Fähre auf dem Ärmelkanal war nicht so ruhig. Hohe See brachte auch ein so großes Schiff wie die Fähre gehörig zum Schaukeln. Als Joshua mit einem Cappuccino zum Tisch kommen wollte, geriet er kurze Zeit ganz schön aus dem Gleichgewicht. Ich hatte schon im Voraus angekündigt, dass ich nicht mal im Ruhezustand des Schiffes eine volle Tasse ohne „Fußbad" transportieren könnte. In „Calais" in Frankreich angekommen, dauerte es dann 17 Stunden bis zu unserem Heimatbahnhof. Der Bus setzte unterwegs die Gäste in ihren Heimatorten ab, was so manchen Umweg zusätzlich kostete. Das nahm dann auch ganz schön viel Zeit in Anspruch.

Zu Hause angekommen, waren wir dann auch gleich bettreif. Der Busfahrer war so nett und setzte uns schon in der Nähe unserer Wohnung ab. Sonst hätten wir noch vom Bahnhof mit dem Taxi nach Hause fahren müssen, was auch noch mal Zeit gekostet hätte. Wir waren hundemüde.

Der Urlaub Jahre später in Frankreich war dann nicht ganz so schön. Wir fuhren dieses Mal mit dem Busunternehmen „Joost". Bei der Betreuung und der Bewirtung oder der Freundlichkeit des Personals gab es auch nichts zu meckern. Der Besuch des „Eiffelturmes" in Paris war gar nicht möglich. Schon auf dem Parkplatz, auf dem der Bus anhielt, wurden wir gleich von etlichen Souvenirverkäufern aller Altersklassen umringt. Das fanden wir alle recht aufdringlich. Vor dem „Eiffelturm" standen dann in 4 Reihen ca. 300 Menschen, die den Turm besteigen wollten. Das hätte Stunden gedauert, bis wir an der Reihe gewesen wären. Dann hatten wir Zeit, Paris auf eigene Faust zu erkunden. Wir schlenderten die „Champs-Elysees" entlang, sahen den „Louvre" leider auch nur von außen, da sich da dasselbe Drama wie beim „Eiffelturm" abspielte am Einlass. Um den „Arc de Triomphe de l'Etoile" beobachteten wir bei einer Eisportion ein ganz besonderes Schauspiel. Die „Flics", so wird die Pariser Polizei genannt, unterhielten sich, alle auf Rollschuhen laufend, nur per Pfiff mit schrillen Pfeifen. Sie regelten so, auf diesem großen Kreisverkehr um das Monument herum, den Verkehr. Auf Rollschuhen kamen sie schneller von A nach B als mit Autos oder Motorrädern. Der Stau war in Frankreich auch nicht geringer als bei uns in Deutschland in den Städten. Interessant war auch das Einparken der Autos. Nicht ein Auto hatte keine Beule irgendwo. Die parkenden Fahrzeuge durften weder die Handbremse angezogen noch einen Gang drin haben. Wollte ein Auto einparken und die Lücke war zu klein, wurden die hinteren und vorderen Autos so hingeschoben, dass das eigene Auto auch noch dazwischen passte. Das sollte mal einer bei uns versuchen. Der Reiseführer wies uns auf diese Art und Weise hin.

Dann musste Joshua ganz nötig auf eine Toilette. Auf den Bürgersteigen standen runde Toiletten nach Art der „Dixi"-Toiletten bei uns. Man musste Kleingeld in den Schlitz stecken, dann öffnete sich die Tür. Nun hatten wir aber kein Kleingeld. In den „Bistros" und Straßencafés durfte man nur auf die Toilette, wenn man auch etwas bestellte. Dazu hatten wir aber keine Zeit mehr. Wussten wir ja auch nicht, wie lange es dauern würde, bis ein Kellner erscheinen würde. Fragen konnten wir auch niemanden. So gut waren meine französischen Sprachkenntnisse dann auch nicht mehr, obwohl ich 3Jahre in der Schule Französisch gelernt hatte. Nun war guter Rat teuer. Büsche gab es auf der belebten Straße auch nicht. Und es war auch viel Publikum anwesend, sodass keine Möglichkeit in Aussicht war, dass Joshua seine Notdurft verrichten konnte.

Dann gingen wir noch ein Stück weiter, noch nicht wissend, wie wir das Problem lösen sollten. Da kam an der nächsten Toilette ein Mann heraus. Er hatte es sehr eilig. Die Tür schwang langsam zu. Schnell stellte sich Joshua dazwischen und ging in die Toilette. Nun hatte ich Angst, dass er nicht wieder herauskäme, da er ja kein Geld hineingesteckt hatte. Würde die Tür ohne das Geld sich von innen öffnen lassen? Die Zeit des Treffpunktes am Bus kam auch immer näher. Nicht dass sie uns hier in Paris im Klo vergessen würden und ohne uns weiterfahren würden. Meine Angst wuchs immer mehr. Aber alles ging gut. Die Tür öffnete sich ohne Probleme und Joshua war auch erleichtert in jeder Hinsicht. Eine Nachtfahrt auf der „Seine" im Boot wurde dann noch zum Abschluss ein bleibendes Erlebnis.

Auch kleinere Ausflüge unternahmen wir in der Nähe unserer Heimat. Wir besuchten mehrere Male das Kutschen-Museum in „Kobrow", den Elefantenhof in „Platschow" mit der Seelöwenshow, mehrere Male den Rostocker Zoo, den „Tigerpark" in „Dassow", den „Bärenpark" in „Bad Stuer" im Müritzkreis, den Wildpark in Güstrow, den „Kamelhof" in Sternberg, wo wir auch an einer „Safari" teilnahmen. Aber auch der Miniaturpark in „Göldenitz" bei Rostock, das „Klockenhägener" Freilichtmu-

seum und das Landwirtschaftsmuseum in Alt Schwerin waren
Ziele unserer gemeinsamen Freizeitgestaltung. Auch im Vogelpark „Marlow" waren wir mehrmals zu Gast.
Schlossbesuche in der Umgebung ergänzten unsere gemeinsamen Unternehmen. Weitere Urlaubserlebnisse hatten wir dann
noch auf Rügen, auf Usedom, in Berlin, in Dresden. Da wäre
noch der Besuch eines U-Bootes hervorzuheben.

Die Pferdekäufe mit Joshua

Joshua und ich hatten uns nun schon einige Jahre zusammen-
gerauft und eingespielt in das Pensum meiner Selbstständigkeit.
Da ging es dann auch immer darum, die richtigen Pferde zur
Verfügung zu haben. Von einigen Pferden mussten wir uns ja
auch schon verabschieden, meistens aus Alters- oder Krankheitsgründen. Viele Pferde mussten wir nach der Einarbeitungsphase
auch selber wieder abschaffen, da sie nicht artgerecht im Vorfeld
gehalten wurden und schon verdeckte Schäden mitbrachten, die
dann aber erst später zutage traten.
Joshua fuhr dann immer zur Besichtigung mit mir zu den von
mir aus dem Internet gesuchten Pferden. So lernten wir wieder
verschiedene Reiterhöfe in verschiedenen Orten kennen.
In den Jahren um 2005 hatte ich sehr viele kleine Kinder,
die reiten lernen wollten. Da fehlten mir Ponys. Ich hatte eine
Reitpony-Stute in Reitbeteiligung, deren Reiterin langsam zu
groß wurde. Für den Anfängerunterricht war das Pferd zu temperamentvoll. Ich wusste von einem Kommilitonen aus meinem
Meisterlehrgang, dass er Pony-Reiter für Turniere trainierte.
Ich rief ihn an und fragte, ob er einem Tausch zustimmen würde. Er hatte gerade eine schwarze Stute aus Sachsen in Verkaufs-
kommission. Seine Tochter (7 Jahre) ritt das Tier. Wir vereinbarten einen Termin. Er sowie seine Tochter wollten dann auch
gleich meine Stute ausprobieren. Wir sollten sie gleich mitbringen zu diesem Termin. So geschah es dann auch. Die Stute, 6

Jahre, stand schon gesattelt im Gang. Dann gingen wir in die Reithalle und das Mädchen ritt mir das Pferd vor. Ich war begeistert. Dann prüfte erst ihr Vater, dann sie mein Pferd, wagten auch einen Sprung, und der Deal war gebongt. Das Pferd, „Tamara" mit Namen, ging auch ruhig auf den Hänger und wir traten die Heimfahrt an.

Aber nächsten Tag dann erlebten wir das blaue Wunder. Die Stute hatte einen Sattelzwang vom Feinsten. Schon als ich mit dem Sattel den Stall betrat, ging sie kerzengerade hoch vor Angst und hätte sich bald losgerissen. Ich wollte das Pferd aber unbedingt behalten. Es war auch noch nicht zu alt, um diese Unart abzustellen. Es fehlte nur an Urvertrauen zum Menschen. Das hatte ich schon bei vielen Pferden aus schlechter Haltung und mit rauem Umgang erlebt. Ich gab nicht auf. Als ich mit dem Longiergurt kam, reagierte sie gar nicht, ließ ihn sich umlegen und damit arbeiten. Ich bekam sie mit viel Vertrauen in 6 Wochen auch wieder an den Sattel gewöhnt. Auch dass sie Kinder problemlos aufsitzen ließ. Auch das war anfänglich ein großes Problem. Tamara ließ sich in der ersten Zeit ihres Einsatzes auch nur von mir und später nur von Joshua fertig machen zum Unterricht. Putzen lassen von den Kindern war nicht das Problem, auch die Hufe gab sie gut. Joshua und ich bearbeiteten fast 10 Jahre lang alle Pferde, die nicht beschlagen wurden, selbst an den Hufen. Nur die Eisen tragenden Pferde wurden dem Schmied vorgestellt. Dadurch sparten wir viel Geld.

Es dauerte lange, bis Tamara wie jedes andere Pferd einsetzbar war. Ich ließ ihr auch die Zeit. Sie wurde eins der besten und zuverlässigsten Pferde, die ich hatte. Zu jedem Ausritt, zu jeder Veranstaltung konnte ich sie mitnehmen. Jedes Jahr hatten wir Aufträge zum Ponyführen und Planwagenfahrten am 1. Mai im Tierheim. Das war immer ein „Tag der offenen Tür", den das Tierheim durchführte, um zu Spenden aufzurufen.

Um den Kindern und Jugendlichen auch mal eine Beteiligung an einem Reitertag mitSchulpferden zu ermöglichen, borgten wir uns dafür einen zusätzlichen Pferdehänger aus. Wir fuhren zu einem Springturnier nach „Zingst" (auf dem Darß) mit 3 Pferden. Die Stute „Momo" führte zu der Zeit gerade „Morjan" als Saugfohlen bei Fuß. Sie sollte in einer Springprüfung starten. Dann hatten wir noch „Charlie" und „Condor", einen riesigen Schimmelwallach, für Dressurprüfungen angemeldet. Als wir den Hänger holten, hatte er auf einer Seite fast einen Platten. Schnell fuhr Joshua noch zur Tankstelle und pumpte den Reifen auf. Joshua fuhr ein Zugfahrzeug mit unserem Hofhänger und ich fuhr ein anderes Auto mit dem geborgten Hänger. Die Reitschülerinnen, die bei den Prüfungen starten sollten, fuhren auch bei mir mit.

Alles lief gut. Ich hatte Condor und Charlie auf dem Hänger, Joshua Momo und ihr Fohlen. Während der Fahrt sah ich im Rückspiegel plötzlich Qualm. Joshua fuhr vor mir. Ich gab ihm durch Lichtzeichen Bescheid, dass ich den nächsten Parkplatz ansteuern würde. Er verstand. Wir hatten uns die Zeichen vorher abgesprochen. Es fing an zu regnen.

Auf dem Parkplatz sahen wir, dass der platte Reifen vom Morgen wieder Luft verloren hatte.

Der verursachte den Qualm. Wir konnten unmöglich so weiterfahren, wollten wir keinen Anhängerbrand samt Pferden riskieren.

Erst einmal luden wir die Pferde ab. Die Reitschülerinnen führten sie dann auf dem Parkplatz herum. Ich sichtete eine Gaststätte unweit des Parkplatzes. Ich lief dorthin und rief dann den Hofbesitzer an und berichtete von unserem Pech. Er erklärte sich bereit, einen Ersatzreifen zu bringen. Ich ermahnte ihn noch, diesmal auch einen Wagenheber mitzubringen.

Nach ca. einer Stunde erschien er dann mit einem Ersatzreifen. Wir bauten den defekten Reifen ab und staunten nicht schlecht, was sich dann offenbarte. Der gesamte Boden warverrottet. Es hätte nicht viel gefehlt und die Pferde hätten mitlaufen müssen. Ich war fassungslos. Wir fanden noch ein Stück Holz, welches wir dann querlegten auf den Boden, damit der nicht durchbrach. Dann mussten wir die Pferde tauschen. Ich wollte nicht die schweren Großpferde auf diesem Wagen weiterbefördern. Nicht auszudenken, wenn während der Fahrt der Boden brach und ich das gar nicht mitkriegen würde. Als wir dann auf dem Turnierplatz angekommen waren, war die Springprüfung schon im Gange. Momo brauchte dann nicht mehr zu starten. Joshua war schneller mit den Mädchen gefahren, sodass sie noch die Dressurprüfung mit Condor und Charlie reiten konnten. Aber heraus kam da auch nichts. Sie erreichten keine Platzierung.

Auf der Rückfahrt fuhr ich dann etwas langsamer mit Momo und ihrem Fohlen, welches wir als nun leichtestes Tier auf die defekte Bodenseite gestellt hatten. Joshua fuhr mit den beiden Großpferden vor mir.

Als wir fast am Stall waren, passierte noch ein Unglück, was die Sache vom Tag noch bei Weitem übertraf. Irgendwas musste Condor erschreckt haben, jedenfalls als wir auf einer Brücke kurz halten mussten, fing der Hänger an total zu schaukeln. Ich konnte das Drama, von hinten in den Hänger schauend, beobachten. Condor fiel um im Hänger und geriet in totale Panik. Das Gespann stand. Dann zerstörte er die Seitentür des Hängers und kroch aus dem Wagen. Beim Schimmel kann man sich ja dann nach den blutenden Verletzungen vorstellen, wie der danach aussah. Die ihn reitende Reitschülerin sprang aus dem Auto und hinderte den Schimmel am Weglaufen auf der belebten Straße. Die Autos der weiterenVerkehrsteilnehmer standen zum Glück und beobachteten das Drama. Condor war Gott sei Dank straßensicher und hatte keine Angst vor Autoverkehr. Die Reitschülerin musste ihn dann fast 4 Kilometer zum Stall führen. Er lahmte, aber konnte laufen. In den Hänger hätten wir ihn wohl nicht mehr bekommen. Ich war froh, dass Charlie ruhig blieb.

Ein Tierarzt behandelte die Wunden von Condor dann später auf dem Hof. Es waren nur Schürfwunden. Gebrochen war nichts. Bald konnte er auch wieder eingesetzt werden im Reitbetrieb. Mit dem Anhängerfahren hatte er aber in Zukunft immer arge Probleme.

„Stine" und „Matcho" speziell

Stine und Matcho, 2 Haflinger, hatte ich auch für 1,- € vom Hof übernommen. Matcho war zu der Zeit 3 Jahre alt. Er war ein Sohn von Stine, den ich selbst ausgebildet hatte als Reit- und Fahrpferd. Stine war zu Anfang unserer Zusammenarbeit auch ein echter Wildfang. Sie beherrschte das „Buckeln" sehr gut. Aus dem Nichts fing sie mit einmal an, durch plötzliches Halten und Ausschlagen mit den Hinterbeinen ihren Reiter abzusetzen. Das passierte in der Halle oder auf dem Platz genauso wie auch bei den Geländeritten. Aber noch besser verstand Matcho es. Bei ihm kam das alle Vierteljahre vor. Dann hatte er seine 5 Minuten. In der Zwischenzeit war er das artigste Pferd. Zudem klebte Matcho enorm. Er konnte nicht alleine sein. Sein Buckeln war aber auch besonders fies, was sogar meinen Kollegen, der schon als Bereiter gearbeitet hatte, aus dem Sattel warf. Der Wallach sprang aus dem Nichts mit allen Vieren in die Luft und gleichzeitig zur Seite. Darauf war kein Reiter gefasst. Dann bockte er im rasenden Galopp weiter, wenn er bei der ersten Aktion den Reiter noch nicht losgeworden war. Der Reiter hing für gewöhnlich schon auf der Seite und musste dann zwangsläufig das Pferd verlassen. Danach stand Matcho daneben und schaute, als ob er kein Wässerchen trüben könnte. Matcho kündigte seine Aktion aber auch immer vorher durch ein Quietschen an. Wenn man dann schnell genug abspringen konnte, passierte nichts. An der Longe trat ich dann immer schnell an ihn heran, riss den Reitschüler herunter und hielt den Haflinger fest. Dann passierte auch nichts. Und dann war auch wieder eine Zeitlang Ruhe mit diesen Spielchen. Wenn man bei Stine rechtzeitig die Zügel annahm, sodass sie ihren Kopf nicht zwischen die Vorderbeine bekam, konnte sie nicht bocken. So konnte ich ihr das bei etlichen Korrekturritten auch abgewöhnen. Das Bocken kam dann immer seltener vor und sie wurde auch zuverlässiger.

Spaß machten mit den beiden Pferden die Kremserfahrten. Da gaben sie ihr Bestes. Sie hatten ein wunderschönes Gleichmaß in den Gängen, obwohl Stine ein ganzes Stück kleiner war als ihr Sohn. Die Kundschaft fand es auch immer schön, wenn ich die Pferde vor dem Wagen ein kleines Stück galoppieren ließ. Ein Gleichmaß in den Gängen kommt bei Gespann-Pferden sehr selten vor. Etliche Kremserfahrten und später auch Turniere bestritt ich mit den beiden. Sie ließen sich auch gut verladen und waren sehr nervenstark. Aber von 2 ganz lustigen Ereignissen muss ich noch schnell berichten.

„Matjes-Werbung" auf dem Wochenmarkt

Eines Tages kam ein Veranstalter zu mir auf den Hof und fragte, ob ich auch inmitten großer Menschenmengen Pferde zu beherrschen vermag. Ich bejahte. Dann unterbreitete er mir sein Vorhaben. Immer im Frühjahr gab es traditionell auf dem Wochenmarkt in der Stadt einen sogenannten „Matjes-Markt". Da wurden in vielen Variationen Verarbeitungsmöglichkeiten des Fisches angeboten. Um einen möglichst großen Umsatz dieser Spezialitäten zu erzeugen und die Menschen zum Kauf der Erzeugnisse zu animieren, sollte eine große Werbeaktion vonstattengehen. Wir sollten mit der Kutsche auch Spezialitäten des Matjesherings auf den Markt fahren und so Aufsehen erregen bei den Käufern.

Wir wollten dazu unseren Jagdwagen nehmen. Das alles geschah noch vor dem Kutschen-Korso in Wismar. Der Wagen kam zu diesem Ereignis erstmalig zum Einsatz. Nach paar Tagen kamen dann 2 Frauen mit einem Auto auf den Hof gefahren, um den Wagen zu schmücken.

Wir hatten ihn schon gesäubert und vorbereitet.

Der Wagen wurde dann mit vielen Plastikheringen geschmückt. Im Nachhinein gewöhnten wir die Pferde an den Anblick und an die klappernden Geräusche während des Fahrens. Ich fuhr meine Pferde nach wie vor immer ohne Scheuklappen. So hatten sie natürlich auch im Blickwinkel, was hinter ihnen passierte.

Es war eine große Umstellung für die Pferde bei den Turnieren, wo Scheuklappen vorgeschrieben waren. Aber da hatte ich gemerkt, wie unsicher die beiden wurden. Das wollte ich natürlich nicht bei den Wagenfahrten mit der Kundschaft riskieren, wenn durch die eingeschränkte Sicht womöglich ein Unfall käme. Ich hatte die beiden ja schon probeweise mit diesem Wagen gefahren auf dem Platz. Dann hatten wir auch eine kleine Geländefahrt unternommen, da es für die Pferde nicht egal ist, auf welchem Untergrund der Wagen fährt. Auf die unterschiedlichen Geräusche, die ein Wagen macht auf den Straßen oder Wegen, müssen die Pferde auch vorbereitet werden. Die Kremser waren gummibereift, der Jagdwagen hatte aber noch die traditionellen Eisenbeschläge.

Als der besagte Tag nun herankam, an dem die Aktion starten sollte, fuhren wir rechtzeitig los vom Hof. Meine Kollegin begleitete mich als Beifahrer.

Wir fuhren entlang einer belebten Autostraße in die Stadt. Auch fuhren wir noch an meiner Wohnung vorbei, die ich meiner Kollegin zeigte. Dann holten wir die Frau mit den Matjes-Erzeugnissen ab, die uns schon an der Straße erwartete.

Danach erreichten wir zu dritt den Markt, auf dem schon reges Treiben herrschte. Bühnen waren aufgebaut, Musik spielte im Hintergrund, für die Kinder wurden Gewinnspiele durch Animateure angepriesen.

Die Menschen guckten sich die verschiedenen Waren an, die in den aufgestellten Zelten und Ständen angeboten wurden.

Dann wurden wir vom Veranstalter angekündigt und fuhren in das Getümmel. Alle machten Platz, um nicht von den Pferden umgelaufen zu werden. Aber ich hatte das Gespann voll im Griff. Die Pferde vertrauten mir und waren sehr brav.

Als wir dann zu dem für uns bestimmten Stellplatz fahren wollten, blockierte spontan ein Vorderrad des Wagens. Es bewegte sich überhaupt nicht mehr. Durch das Schleifen auf dem Boden und dem nun für die Pferde unbekannten Geräusch wurden sie dann doch etwas unruhig. Ich sah das Problem und konnte das erst auch nicht einordnen. Aber es half alles nichts, wir mussten ausspannen und unser Unterfangen abbrechen. Einige Männer hatten unser Pech mitbekommen und schoben, besser trugen, den Wagen hinter die Bühne. Es wurden aber später doch noch Waren vom Wagen aus verkauft. Meine Kollegin und ich hatten nun je einen Haflinger an der Hand. Aufgrund der Lautstärke auf dem Markt konnten wir uns nur schwer verständigen. Es waren auch Menschen mit ihren Fahrrädern, welche sie schoben, auf dem Markt anwesend. Eine Frau stand sehr nahe bei uns und betrachtete die Auslagen eines Gemüsestandes. Sie hatte schon Salat und Petersilie gekauft und diese Ware auf ihrem Gepäckständer des Rades verstaut. Ich konnte bloß noch sehen, wie Matcho sich dann aus ihrem Korb bediente. Ich versuchte, es durch Zeichen meiner Kollegin klarzumachen, denn die Frau hatte diesen Diebstahl noch nicht bemerkt. Sprechen konnte ich aber auch nicht, dann hätte die Frau es auch gehört. Gerade noch rechtzeitig sah meine Kollegin das Dilemma, riss Matcho die restlichen Halme aus dem Maul und steckte sie wieder in den Korb der Frau. Ich musste mir ein Lachen verkneifen bei dem Gedanken, wie die Frau wohl gucken würde, wenn sie zu Hause ihren Korb auspackte. Dann fragte mich eine Frau, die dem Veranstaltungsteam angehörte, ob unsere Pferde schussfest sind. Sie wollten kleine Kanonenschüsse als Event abfeuern. Die Kanone stand unmittelbar neben uns. Ich sagte, dass ich so etwas noch nie ausprobiert hätte und es aufgrund der Menschenmassen doch besser ist, wenn sie uns einen gehörigen Abstand mit den Pferden zu der Kanone gewährte. Das verstand sie auch. Wir flüchteten dann, so schnell es ging, an das andere Ende des Marktes auf ein kleines Rasenstück. Die Pferde waren in dem ganzen Trubel sehr gehorsam und artig geblieben. Gott sei Dank.

Ich rief dann erst mal den diensthabenden Kollegen auf dem Hof an, dass er mit dem Pferdeanhänger kommen und uns abholen sollte. Nach mehreren Anläufen erreichte ich ihn auch. Er machte sich sofort auf den Weg. Nach zirka einer Dreiviertelstunde kam er dann auch an. Wir hatten die Pferde abgeschirrt und erwarteten ihn. Die Schüsse nahmen die Pferde zwar wahr, reagierten aber nicht darauf. Wir konnten aufatmen.

Das nächste Theater gab es dann beim Verladen der Pferde. Mein Kollege musste sich mit dem Hänger quer vor die Einfahrt der Tiefgarage stellen, die zum Einkaufscenter gehörte. Irgendwie mussten wir ja auch die Klappe des Hängers noch aufbekommen. Einige der Autofahrer hatten dafür gar kein Verständnis und meckerten herum. Die Pferde mussten schon über Eck in den Hänger steigen. Ich war froh, dass sie auch das beherrschten und ruhig blieben. Das Verladen ging zügig und ohne Vorkommnisse vonstatten. Nachdem wir dann auch die Geschirre in das Auto gebracht hatten, fuhren wir los.

Ich hatte in meiner Kundschaft ein Mädchen, dessen Vater ein Autohaus besaß. Ich rief ihn an, schilderte ihm die Vorkommnisse und bat ihn, mit einem Trailer den Jagdwagen zum Reiterhof zu holen. Ich wusste, dass jedes Autohaus für die Beförderung noch nicht zugelassener Neuwagen so einen Trailer besaß. Spätabends kam er dann an mit dem Teil. Die Ursache der Blockade des Rades war, dass die Holzteile ausgetrocknet waren. Dann war das Lager aufgrund der Überlastung heiß gelaufen und dadurch drehte sich das Rad nicht mehr. Wir stellten den Wagen dann für die nächste Nutzung für 1 Woche in den Teich, sodass alle 4 Naben der Räder bedeckt waren vom Wasser. Mit solchen Details hatte ich mich natürlich nie beschäftigt. Aber aus Erfahrung lernt man.

Frauentag und Silberhochzeit

Anlässlich der Frauentags-Feier hatte eine Seniorengruppe eines Altenheimes in unserer Hofgaststätte ein Kaffeekränzchen gebucht. Ich sollte sie vom vorhergehenden Gottesdienst von der Kirche abholen mit dem Kremser. Die Zeit war zu 14.00 Uhr abgemacht. Wir waren auch pünktlich zur Stelle und warteten mit dem Kremser vor der Kirche.

Es wurde 14.00 Uhr, es wurde 14.30 Uhr, niemand erschien. Joshua, der nun schon einige Male meinen Beifahrer darstellte, ging in die Kirche, um zu sehen, warum niemand kam. Da waren die alten Leutchen beim Schwatz mit dem Pastor im Gange und hatten alle Zeit der Welt. Er machte „Ballett" und die Omas kamen dann an. Nun hatten wir einen kleinen Tritt am Aufgang zum Kremser hinten anschweißen lassen, damit der Abstand zum Boden auch für Menschen mit Behinderung nicht zu groß wurde. Aber für die Omas mit den zum Teil engen Röcken war er noch zu hoch. So musste Joshua fast jede Oma mit Hilfe der Betreuerinnen auf den Wagen hieven und auf die Bank setzen. Zum Schluss musste auch noch ein Rollator Platz finden. Die letzte Oma kroch dann auf allen vieren zu ihrem Platz. Nun durch das lange Stehen schon unruhig geworden, hatte ich voll damit zu tun, die Pferde still zu halten. Denn wenn die noch angezogen oder auch nur geruckt hätten, wäre uns noch eine Oma vom Wagen gefallen. Die Fahrt und das Absteigen, nachdem wir den Hof erreicht hatten, klappte mit Hilfe meiner männlichen Kollegen unfallfrei und ohne weitere Vorkommnisse. Abgeholt wurden die Rentner dann von angeforderten DRK-Fahrzeugen. Trotzdem bedankten sich die Leute bei uns sehr herzlich für unsere Bemühungen, ihnen einen schönen Tag beschert zu haben.

An einem Wochenende wurden wir zu einer Silberhochzeit angefordert. Das Paar mit der gesamten Verwandtschaft feierte in einer Gaststätte unweit unseres Hofes. Die Zeit zwischen dem Mittagessen und dem Kaffeetrinken sollte mit einer Kremserfahrt ins Gelände ausgefüllt werden. Es waren auch sehr viele Kinder bei dieser Feier zugegen. Für die sollte dann die Fahrt auch DAS Ereignis sein, denn sie hatten noch nie Pferde aus der Nähe gesehen. Das Wetter war schön warm, die Sonne schien. Es war aber in den Nachrichten ein Unwetter angesagt worden, welches in der nächsten Zeit über unser Gebiet ziehen sollte. Auch Gewitter sollte es geben.

Es sah noch nicht danach aus, als wir die Gesellschaft abholten vor der Gaststätte. Dementsprechend leicht waren auch alle Mitfahrer angezogen. Der Wagen hatte zwar ein Dach, aber keine Seitenverkleidung. Nachdem frohgelaunt und bei bestem

Wetter die Fahrt begonnen hatte, zog dann doch das angekündigte Unwetter sehr schnell auf. Die Sonne verschwand und der Wind frischte unangenehm auf. Die Kinder froren als Erstes und verkrochen sich bei den Erwachsenen. Die ersten fingen an zu weinen. Als dann auch noch das Gewitter mit Starkregen begann, froren wir alle. Ich trieb die Pferde zum Galopp an, damit wir möglichst schnell den Hof erreichten. Wir hatten noch ein ganzes Stück zu fahren. Aber der Rückweg wäre noch weiter gewesen. Völlig durchnässt kamen wir dann auf dem Hof an. Die Gaststätte war durch die Sonne schön aufgeheizt. Dahin begleiteten wir dann die Leute. Joshua spannte erst mal die Pferde aus. Ich organisierte inzwischen alle möglichen Privatfahrzeuge, in denen wir per Shuttle die Leute wieder zur Gaststätte fahren konnten. Zu einer weiteren Kremserfahrt hatte nun keiner mehr Lust, so durchfroren und durchnässt, wie sie alle waren.

Das klappte dann auch. In der Gaststätte angekommen, wurde von den Erwachsenen erst mal ein Kleiderwechsel organisiert. So konnten sie die Feier ja nun auch unmöglich fortsetzen.

Aber ich denke, auch diese Feier werden die teilnehmenden Gäste wohl so schnell nicht vergessen.

Es stand im Frühjahr 2010 wieder unsere Saisoneröffnung mit der traditionellen Osterfahrt an. Für mein Gespann war es auch der erste Einsatz vor dem Wagen. Im Winter wurden die Pferde nur zum Reiten eingesetzt. Da beim Einsatz als Fahr- oder Reitpferd unterschiedliche Muskeln zum Einsatz kommen, kann es passieren, dass an den Geschirren wegen der „Figur-Änderung" der Pferde neue Einstellungen vorgenommen werden müssen.

Ich prüfte das dann immer schon probeweise mit einer Leerfahrt am Karfreitag.

Auch war ich während der Winterzeit nicht im Waldgelände gewesen, welches wir zu befahren gedachten. So wusste ich auch nichts von den Bauarbeiten am Waldeingang.

Wir fuhren bei schönstem Wetter die bekannte Strecke. Erst mal alles ohne Vorkommnisse.

Dann sah ich am Wegesrand des Waldeinganges einen tiefen Graben, in den Kabel verlegt worden waren. Ein riesiger Regenschirm war aufgestellt worden, um elektrische Teile vor Nässe zu schützen. Auch auf der anderen Wegseite klaffte ein riesiges Loch. Die Spurbreite des Wagens hätte vielleicht gerade so durchgepasst auf dem Weg, aber bei geringstem Scheuen oder Ausbrechen der Pferde wären wir in den Graben gekippt.

Das konnte ich natürlich nicht riskieren. Wir mussten umkehren und uns eine andere Strecke aussuchen. Um umkehren zu können, mussten wir den schon bestellten Acker kreuzen und durch einen kleineren Graben fahren. Dann bemerkte ich am Waldrand einen quittegelben Bagger, der als Arbeitsmaschine dort abgestellt worden war. Meine Pferde kannten diese Situation natürlich nicht und wurden unruhig. Mit Matcho musste ich am Bagger vorbei. Da die Pferde keine Scheuklappen hatten, sahen sie alles. Ich war gute 30 Meter vom Bagger entfernt. Um den Wagen nun auch nicht mit Karacho durch den Graben zu fahren, wollte ich ihn langsam mit den Vorderrädern in den Graben rollen lassen mit Bremseinsatz. Wenn ich dann die neue Richtung eingeschlagen hätte, sollten die Pferde den Wagen mit Schwung aus dem Graben wieder auf den Weg ziehen. Der erste Part gelang uns gut. Aber vielleicht stand ich zu lange auf der Bremse, jedenfalls sprang Matcho durch den Graben und ging sofort in die Wendung. Ich war darauf nun gar nicht vorbereitet und flog in hohem Bogen vom Wagen und wurde bewusstlos. Ich sah dann nach ein paar Sekunden nur noch Joshua und die Pferde in rasendem Galopp auf die stark befahrene Hauptstraße zurasen. Dann rappelte ich mich auf und ging hinterher. Etwas taumelig war mir schon. Aber dann sah ich, dass Joshua das Gespann zum Halten bekam. Dadurch, dass ich die Fahrpeitsche nicht aus dem Köcher genommen hatte, war die Fahrleine bei dem Sturz nicht unter die Räder geraten und hatte sich an der Peitsche nicht verfangen. So konnte Joshua sie nehmen und das Gespann wieder unter Kontrolle bringen.

An der Kreuzung stieg ich wieder auf. Er brachte das Gespann dann zum Hof. Ich zitterte am ganzen Körper und war zu nichts mehr fähig. Nicht auszudenken, was passiert wäre, hätte er die Leine nicht bekommen.

Am nächsten Tag fuhren wir dann durch die Ortschaften. Den Weg zum Wald mieden wir. Es hatte sich natürlich herumgesprochen, was passiert war. Auch noch eine ganze Weile später hatte ich immer noch Panik vor dem Fahren. So ein Ereignis bleibt sehr lange im Gedächtnis haften. Dann kommt wie beim Reitunfall auch bei dem geringsten Auslöser das ganze Ereignis wieder hoch und löst erneut Ängste aus, die dann kaum beherrschbar sind.

Nach den vielen schönen und auch ereignisreichen Erlebnissen mit meinem Gespann kam dann ein sehr unschönes Ende. Haflinger gelten als sogenannte „Fressmaschinen". Sie sind auch sehr leicht futtrig und haben dann auch so manches Mal mit Gewichtsproblemen zu tun.

Zudem fressen sie auch alles, was man ihnen so über den Zaun wirft. In der heutigen Zeit wissen die Pferde nicht mehr, was fressbar und was zum Beispiel auch giftig ist.

Zudem haben Pferde ein sehr empfindliches Verdauungssystem. Sie können sich nicht übergeben, wenn sie etwas Falsches zu sich genommen haben. Dann haben sie mit sehr schmerzhaften Krämpfen, auch Koliken genannt, zu tun, die zur Darmverschlingung und damit zum Tod führen können, werden sie nicht schnellstens notoperiert. So auch bei Stine.

In der warmen Jahreszeit blieben die Pferde im Paddock. Ein überdachter Unterstand schützte vor Witterungsunbilden. An dem Paddock führte ein Feldweg vorbei, der von vielen Spaziergängern genutzt wurde. Eines Morgens kam mein Kollege an und sagte: „Mit Stine stimmt etwas nicht. Sie frisst nicht und will auch nicht mit zur Koppel mit den anderen Pferden. Zudem wälzt sie sich immerzu auf dem Boden und dreht sich."

Alles Zeichen einer Kolik. Sie war vor Schweiß nass. Sie stöhnte und warf sich auch vor meinen Augen auf den Boden.

Ich holte sie in den Stall und rief sofort die Tierärztin an. Mit einer Decke vor Zugluft geschützt, führte Joshua die Stute in der Halle bis zur Ankunft der Tierärztin.

Nach rektaler Untersuchung und einer krampf – und schmerz-stillenden Spritze versuchte die Tierärztin den Darm auszuräumen. Es war nicht möglich. Per Magensonde bekam Stine dann Paraffinöl eingeflößt, um den Darminhalt geschmeidiger zu machen. Aber nichts passierte. Am nächsten Tag hatte sich der Zustand nicht gebessert. Stine hatte schon über 24 Stunden keinen Kot mehr abgesetzt. Nun wurde es langsam lebensgefährlich. Gefressen oder gesoffen hatte sie auch nicht. Dafür hatte sie dramatisch abgenommen in dieser kurzen Zeit. Am dritten Tag der Quälerei konnte die Tierärztin nichts mehr machen. Stine hatte eine tödliche Darmverschlingung. Wir konnten sie nur noch erlösen. Für eine OP war sie zu alt. Mit 19 Jahren war das Risiko zu groß, dass sie „auf dem Tisch" bleiben würde. Auch war sie zu dieser Zeit schon sehr geschwächt. Da ich zu dem Zeitpunkt sehr klamm war in puncto Finanzen, konnte ich auch keine Einschläferung vor Ort und den dann folgenden Abdeckereinsatz zur Abholung des toten Pferdes bezahlen. Ich kannte einen Metzger, der Rinder vor Ort human schlachtete ohne Stress. Der schlachtete auch ab und an mal ein kleines Pferd. Den rief ich an und schilderte ihm den Notfall. So nahm Joshua den Hofhänger und spannte ihn an. Dann verluden wir Stine. Trotz der Schmerzen ging sie brav auf den Hänger. Ich fuhr mein eigenes Auto. Es sollte keiner sehen und hören, wie ich herzzerreißend weinte und um Stine trauerte. Joshua fuhr vor mir her. Als wir an der Koppel vorbeifuhren, kam Matcho an den Zaun galoppiert und wieherte. Stine wieherte zurück. Ob sie spürten, dass es ein Abschied für immer war? Ich konnte vor Tränen kaum noch den Weg erkennen und musste anhalten. Als ich mich wieder beruhigt hatte, folgte ich dann Joshua. Als wir beim Metzger auf den Hof fuhren, erkannte er schon meine Verfassung und nahm mir das Pferd ab. Ich bekam nichts mit von der Tötung. Es war auch kein Geräusch zu hören. Das beruhigte mich.

Ich erledigte dann noch den Papierkram mit dem Metzger und wir fuhren wieder zurück zum Hof. Für diesen Tag sagte ich den Unterricht ab. Alle Reitschüler, die Stine geritten hatten, trauerten ebenfalls um sie. Es stellte sich später auch heraus, dass Spaziergänger des Abends, als ich schon Feierabend hatte, Mittagsabfälle, wie Kohl-, Erbsen- und Bohnenabfälle, über den Zaun geworfen hatten, die Stine gefressen hatte. Gerade blähende Lebensmittel sind der absolute Tod für Pferde. Matcho war dann allein gar nicht mehr zu bändigen. Er kam mit 16 Jahren auf einen Hof für alte Pferde auf die Insel Usedom. Für das Ponyführen mit Kindern eignete er sich noch, aber beim alleinigen Reiten ohne Führer war er unberechenbar.

„Blacky" und „Juwenta"

Ich hatte im Unterricht eine Friseurmeisterin, die die Grundbegriffe des Reitens schon beherrschte und sich weiterführenden Unterricht in der Dressur wünschte. Längere Zeit arbeiteten wir mit großem Erfolg auf meinen Schulpferden.

Eines Tages teilte sie mir per SMS mit, dass sie sich ein eigenes Pferd gekauft hatte und es auf dem Reiterhof gerne unterstellen würde. Da wir noch genügend Plätze frei hatten, war das kein Problem.

Eine Woche später wurde das Tier dann gebracht. Es kam eine 13-jährige schwarze Stute. Sie hatte zwar kein Brandzeichen, aber in den Papieren war sie als Mecklenburger Warmblut eingetragen. Sie kam mir dafür allerdings recht klein vor. Aber es gab auch kleine „Meckys".

Nach einer Flasche Sekt, die die neue Pferdebesitzerin vor Freude springen ließ, wollten wir das Pferd dann mal ausprobieren. Die neue Besitzerin hatte sich sofort in die Stute verliebt und auf das Probereiten vor Ort verzichtet. Kein guter Anfang, wie sich dann später herausstellen sollte. Auch hatte sie beim Kauf keinen Berater dabei. So viel Ahnung von Pferden hatte sie aber auch nicht.

Schon beim Putzen machte die Stute einen reinen Veitstanz. Gerade am Bauch, der sehr umfangreich war, ließ sie sich gar nicht gerne berühren. Ich fragte dann erst mal, ob sie nicht eventuell tragend sei. Aber das verneinte die neue Besitzerin.

Dann kam der nächste Akt, das Satteln. Beim Gurten schlug sie sogar aus.

Das Aufsitzen gestaltete sich so schwierig, dass wir das Pferd an die Bande stellen mussten, um es am Drehen zu hindern. Endlich saß die Besitzerin nach etlichen Versuchen auf ihrem Pferd. Beim Reiten benahm sich „Blacky", wie die Besitzerin das Pferd getauft hatte, dann recht ordentlich und gehorsam. Auch hatte die Stute recht fortgeschrittene Lektionen drauf. Also konnte die Reiterin von dem Pferd etwas lernen.

Wir versuchten, mit verschiedenen Mitteln die Ursache ihrer Reaktionen bei der Bauchberührung herauszubekommen. Als wir dann mit unserem Latein am Ende waren, beschlossen wir, einen Tierarzt zu Rate zu ziehen. Auch wollten wir gleich eine Zahnbehandlung vornehmen lassen bei der Stute.

Der Tierarzt des Vertrauens kam dann auch zum vereinbarten Termin. Er untersuchte „Blacky". Auch beim Abhorchen machte sie wieder Probleme. Wir sprachen den Tierarzt daraufhin an. Er fragte, ob wir den Pass von „Blacky" dabei hätten. Dann runzelte er die Stirn und fragte nach der Herkunft des Pferdes. Die Besitzerin erzählte die Geschichte. Da sagte der Tierarzt: „Dieses Pferd ist definitiv keine 13 Jahre alt. Der Pass gehört auch nicht zu diesem Pferd. Wenn ich dieses Pferd jetzt betäube und einer Zahnbehandlung unterziehe, kann es sein, dass es kollabiert und stirbt vor unseren Augen. Viele Zähne hat die Stute auch gar nicht mehr. Wenn ich sie altersmäßig einschätzen sollte, würde ich sagen 23 – 25 Jahre." Wir waren baff. „Das Tier ist auch definitiv nicht tragend. Ich vermute eher eine totale Verwurmung, die dann die Schmerzen in der Bauchgegend auslöst. Wahrscheinlich sind schon Darmwände durchbrochen. Das Pferd wird ohnehin bald qualvoll sterben." Er fuhr dann erst mal wieder fort. Nach weiteren 2 Tagen fraß und trank Blacky nicht mehr. Da sie keine Selbsttränke kannte, tränkten wir sie aus dem Eimer. So konnte man dann auch ihr Trinkverhalten genau feststellen.

Wir riefen wieder den Tierarzt an. Er veranlasste eine sofortige Einweisung in die Tierklinik, da das Pferd bereits hochgradiges Organversagen ankündigte nach seiner Untersuchung.

Kurz darauf wurde Blacky abgeholt. Ich bat die Mitarbeiter der Tierklinik, mich auch über den weiteren Verlauf zu informieren, da die Besitzerin einen Nervenzusammenbruch erlitt. Auch sie musste in eine Klinik wegen eines Hörsturzes, den sie aufgrund des Stresses erlitten hatte. Sie war lange Zeit nicht arbeitsfähig. Sie hatte sich auch gerade selbstständig gemacht und zudem noch familiäre Probleme mit ihrem Exmann. Da kam wirklich alles zusammen.

In der Klinik musste Blacky nach ein paar Tagen eingeschläfert werden. Der Zustand verschlechterte sich zusehends und nur eine Erlösung des alten Pferdes war dann noch tierschutzgerecht.

Der Tierarzt erklärte uns die Sache dann folgendermaßen, wie es überhaupt zu diesem Drama hatte kommen können. Die ganze Sache beruhte auf einem dubiosen Betrug. Der Vorbesitzer war ein Schlachter gewesen. Er hatte gleich gemerkt, dass die Frau nicht viel Pferdeverstand hatte. Manche Menschen lassen sich ja nur vom Aussehen der Tiere beeinflussen und haben dann die Meinung, dass alle gut aussehenden Tiere auch einen guten Charakter haben müssen. Das böse Erwachen kommt dann meistens später. Da Blacky nun ansonsten vom Charakter her auch ein braves Tier war und keine Abzeichen hatte, also rein schwarz war, war eine falsche Identifizierung ganz leicht. Eine weitere schwarze Stute im besten Alter von 13 Jahren ohne Abzeichen kam des Öfteren zur Schlachtung. Dass man einfarbige Pferde anhand der besonderen Kennzeichen wie Narben oder Wirbeln auch auseinanderhalten kann, ist den wenigsten Laien bekannt. Rappen sehen sehr schön aus. Laien fallen dann ganz schnell auf ein gutes Aussehen der Tiere herein und kaufen, was es auch kostet. So ist das auch passiert. Der Besitzer hat für Blacky noch 4000,– € verlangt, die sie auch anstandslos zahlte und den Kaufvertrag „wie gesehen, so gekauft" unterschrieben hatte. So war eine Rückgabe ohne Anwalt und Gericht sehr schwer. Wenn man dann auch noch das Urteil über den Zustand des Pferdes berücksichtigt, wollte das auch keiner dem Pferd antun.

So zahlte sie dann auch noch die Tierarzt- und Klinikkosten. Aber ihre Gesundheit war danach stark angeschlagen. Blacky wurde seziert nach ihrem Tod. Sie litt an einem extremen Blutwurmbefall im Dickdarm, der an mehreren Stellen die Darmwand durchbrochen hatte. Sie wäre ganz langsam innerlich verblutet. Es hätte ihr kein Tierarzt mehr helfen können. Sie war ein Schlachtpferd gewesen, mit dem man diesen Betrug gemacht hatte. So fiel die Besitzerin von Blacky dann fast ein Dreivierteljahr aus. Später kam sie dann mit ihrem Sohn zum Reitunterricht. Er sollte auf einem meiner Schulpferde das Reiten lernen. Er war 10 Jahre alt.

Aber schon nach einem Jahr schrieb sie mir freudestrahlend wieder eine SMS über einen erneuten Pferdekauf. Diesmal war es ein ausrangiertes Springpferd mit einer „Bomben Abstammung". Den Vater des Pferdes kannte ich. Es war ein sehr erfolgreicher Dressurhengst, der in Redefin stationiert war. Wieder hatte sie auf eigene Initiative ohne Berater sich ein Pferd gekauft. Ich dachte, hoffentlich erlebe ich das Drama wie mit „Blacky" nicht noch einmal. Sie sagte: „Meine Gesundheit ist nun wieder auf der Höhe und ich habe das Trauma mit „Blacky" verarbeitet. Aber ich kann nicht ohne Pferde sein und möchte etwas zum „Betüddeln" haben. Auch soll mein Sohn dann später mit mir zusammen reiten." Ich fragte, ob sie sich erkundigt hätte, warum das Pferd verkauft wurde. Ich verglich dann auch erst mal die Papiere mit dem Pferd, ob da alles stimmte. Diesmal stimmte wirklich alles. Sie sagte, dass das Pferd aus dem Grund verkauft wurde, weil es im M-Springen starten sollte und der Reiterin zu klein war. Ich stutzte. Warum ist eine Stute mit einer Widerristhöhe von 1,80 Metern zu klein für mittelschwere Prüfungen? Die Höhen und Weiten der Hindernisse betragen zwischen 1,30 und 1,45 Metern. Da starteten noch viel kleinere Pferde. Außerdem kommt es beim Springen nicht nur auf die Größe des Pferdes an. Ein ehemaliger Kollege von mir hatte seinerzeit mit einem Allroundhaflinger im A-Springen bei Reitturnieren locker 1,25 Meter übersprungen mit der Körpergröße des Pferdes von 1,43 Metern. Meistens hatte er die Prüfungen aufgrund der enormen Wendigkeit des Pferdes auch gewonnen.

Ich vermutete da auch wieder einen Haken. Und wie wir später feststellten, gab es auch einen. Aber der Reihe nach.

„Juwenta", wie diese braune Mecklenburger Warmblutstute, auch wieder 13 Jahre alt, hieß, schlug ständig beim Reiten mit dem Kopf. Ich versuchte dann, die Stute ohne ein Gebiss im Maul zu reiten.

Da nahm sie schön den Kopf herunter und zeigte sehr schöne Gänge. Am Springen hatte die neue Besitzerin kein so großes Interesse. Aber dressurmäßig konnte sie viel von dem Pferd lernen. Allerdings gelang es uns überhaupt nicht, das Pferd wieder an ein Gebiss zu gewöhnen.

Wir kauften alle möglichen Gebissarten, von leicht bis scharf. Immer dasselbe Ergebnis.

Dann zogen wir wieder den Tierarzt zu Rate. Die Zähne der Stute sollten gemacht werden. Während der Betäubung stand „Juwenta" ganz still, sodass der Tierarzt gut vorankam. Nach 2 Tagen Pause nach der Zahnbehandlung der Stute wollten wir wieder mit dem Training beginnen. Wieder dasselbe Verhalten der Stute. Mit Trensengebiss war wegen der Kopfschlägerei keine ruhige Zügelführung durch den Reiter möglich. Wir nahmen das Mundstück wieder heraus und alles klappte wieder ohne Probleme. Ich vermutete, dass irgendwas am Kiefer sein musste, was Schmerzen auslösend sein könnte. Ich rief den Tierarzt erneut an und teilte ihm meine Vermutung mit. Er brachte dann bei seinem nächsten Besuch ein Röntgengerät mit. Er hatte eine Einrichtung in seinem Auto, die nach dem Röntgen mit einem mobilen Gerät eine sofortige Befunds-Auswertung möglich machte. „Juwenta" wurde also wieder betäubt. Dann wurde ihr Unterkiefer geröntgt. Als wir uns dann im Anschluss die Bilder ansahen und der Tierarzt sie uns erklärte, sahen wir die Ursache des Kopfschlagens. Auch hier waren wieder Schmerzen der Auslöser. Die braune Stute hatte einen alten schlecht verheilten Unterkieferanbruch. Genau auf der ehemaligen Bruchstelle in der zahnlosen Unterkieferzone lag das Trensengebiss im Maul. Der Arzt sagte, dass die Stute wahrscheinlich hart mit scharfen Gebissen geritten wurde beim Springen, um sie halten zu können. Dabei ist das dann passiert und von keinem bemerkt und behandelt worden. Da man kein Pferd im Springen ohne Gebiss reiten darf, war sie gar nicht mehr auf Turnieren zu handhaben und musste dann weg. Der Grund, sie wäre zu klein für M Springen, war natürlich auch wieder eine Lüge gewesen. Der Tierarzt ist selbst noch aktiv mit eigenen Pferden in internationalen Springprüfungen bis zur S-Klasse (schwere Klasse). Er empfahl uns, Juwenta nur ohne Gebiss zu reiten. Sie sollte ja keine Turniere gehen und reines Freizeitpferd sein. Dabei quälten wir sie dann auch nicht und auch das Pferd hatte ohne Schmerzen wieder Freude am Training. So endete auch diese Geschichte. Aber man kann sehen, dass die Pferde immer einen Grund für ihr Verhalten haben. Diesen sollte der Mensch so schnell wie möglich am Verhalten des Pferdes erkennen können, bevor das Vertrauen zwischen Mensch und Tier endgültig weg ist.

Aber viele Menschen versuchen immer wieder auf dem Rücken der Pferde mit Betrügereien das Leid der Tiere noch zu verschlimmern. Dass da nur das Geld im Vordergrund steht und nicht das tierische oder auch menschliche Wohl, ist sehr, sehr traurig und verachtenswert.

Carribean Star, Spitzname Carrie

Ich hatte wieder wegen einer Einschläferung eines meiner Großpferde wegen einer nicht mehr heilbaren Hufrollenentzündung ein Tier für den Unterricht verloren. Das Tier war bereits 24 Jahre alt und lebenslang im Schulbetrieb tätig. Hufrollenentzündung ist eine gefürchtete Huferkrankung, die unheilbar und sehr schmerzhaft für das betroffene Pferd ist. Da ein Pferd nun aber immer seine 4 Beine braucht, ist auch eine Behandlung mit Spezialeisen, je nach Fortschritt der Krankheit, nicht immer erfolgreich. So suchte ich in den Zeitungen nach einem Großpferd, welches auch zum Springen zu gebrauchen war.

Nach einigem Suchen wurde ich auch fündig. In Boizenburg sollte ein 10-jähriger brauner Holsteiner Wallach verkauft werden. Ich wählte die angegebene Telefonnummer und hatte auch gleich eine Verbindung. Ich erkundigte mich nach dem angebotenen Pferd und stellte mich dann vor. Der Besitzer, ein internationaler Springreiter in der L-Klasse (leichte Klasse), fragte mich erst mal, wie oft ich mit dem Pferd reisen oder Turniere besuchen wolle. Das hatte ich nun gar nicht vor. Daraufhin führten wir das Gespräch fort. In aller Ehrlichkeit schilderte er mir dann den Grund des Verkaufes. „Carrie" war ein recht erfolgreicher Springer, der auch schon im Ausland gestartet war. Für die Unterbringung im Ausland musste so manches Mal Futter mitgebracht werden und auch noch weiteres Equipment.

Da seine restlichen Pferde erst noch im Inland starteten, war der Besitzer mit Carrie immer alleine auf Auslandsreise. Das Pferd wurde dann in einem komfortablen Pferdehänger mit einer beweglichen Zwischenwand aus Plastik transportiert. So stellte der Besitzer auf die andere Seite des Pferdehängers Schubkarre und Futtermittel ab. Nun hatte er aber vergessen, diese Sachen zu sichern, sodass sie in den Kurven unter der Zwischenwand auf die Seite, auf der das Pferd stand, gelangen konnten.

Und genau das passierte. Carrie, außer sich vor Angst und Schrecken, nahm fast den ganzen Hänger auseinander bei dem Versuch, sein Bein wieder auf seine Seite zu bringen. Er hatte ausgeschlagen und dann die Zwischenwand zwischen seinen Hinterbeinen. Dann rutschte er aus und hing auf der Zwischenwand. Er hatte sich die ganze Innenseite des Beines aufgerissen und blutete stark. In der nächsten Stadt betäubte ein Tierarzt den Wallach dann, damit überhaupt einer an das tobende, aber schon entkräftete Tier herankam. Dann wurde der Hänger auseinandergenommen und das Pferd aus seiner Lage befreit. Das ganze Unglück geschah zum Glück auf einer Heimreise, sodass sich alle schon in Deutschland befanden. Der Wallach verbrachte dann fast ein halbes Jahr immer halb aufgehängt in einem Gestell unter Betäubung in einer Tierklinik. Aufgrund wenig vorhandener Haut an den Innenseiten der Pferdebeine konnten die offenen Stellen nicht genäht werden. Beim Hinlegen und Aufstehen würden die Nähte und auch die zuwachsende Wunde immer wieder reißen. Es würde zu Infektionen und starken Blutungen kommen. Darum die Aufhängung, da ein Pferd auch mal etwas schlafen muss. Selbstverständlich war klar, dass Carrie nach diesem Erlebnis niemals mehr ohne Zwang einen Hänger betreten würde. Er wurde dann immer betäubt bei den Reisen. Mit 6-8 Personen musste er dann halb getragen werden. Das ging auf die Dauer für den Besitzer nicht so weiter. Darum der Verkauf und die vorherigen Fragen.

Wir vereinbarten einen Termin und sahen uns den Wallach vor Ort an. Joshua kam auch mit. In einer provisorischen Reithalle, in der neben einigen Landmaschinen auch noch Traktoren und Hindernisse standen, wurde er uns dann freilaufend vorgestellt. Es war den Tag sehr stürmisch und die Zeltplanen, die die Halle seitlich begrenzten, schlackerten gewaltig und verursachten auch einen gehörigen Lärm.

Aber das störte den Braunen nicht. Vertrauensvoll und neugierig kam er dann zu uns und nahm Kontakt auf. Wir konnten ihn streicheln.

Ich wunderte mich aber auch über den Zustand seiner Hufe. Er trug vorne Eisen, hatte aber auch nicht gerade eine korrekte Huf- und Gelenkstellung. Also würde er barfuß gar nicht gehen können. Viele Profireiter beschlagen ihre Pferde bereits mit 3 Jahren, auch wenn sie noch gar nicht oder wenig trainiert werden. Ich finde das nicht so toll, da die Pferde dann kein Gefühl für das Laufen ohne Hufeisen mehr haben.

Wir entschieden uns dann zum Kauf des Pferdes. Der Besitzer wollte ihn uns auf den Hof bringen. Wieder zu Hause, richteten wir dem Pferd eine Box ein und erwarteten seine Ankunft ein paar Tage später. Erstaunt beobachteten wir dann das Procedere des Besitzers beim Entladen von Carrie. Mit einer „Panzerhaube" auf dem Kopf, panisch rückwärtsgehend, verließ Carrie den Hänger und schaute sich erst mal wiehernd auf dem Hof um. Von der Koppel bekam er auch gleich Antwort. Dann wurden ihm

Trense, Halfter mit 2 dicken Stricken und „Panzerhaube" abgenommen. Mit einem gewöhnlichen Halfter versehen, wurde er in seine Box geführt. Da fing er sofort an, das duftende Heu zu fressen. Er war dann sofort ruhig. Der Besitzer sagte mir, dass er während der Fahrt Blut und Wasser geschwitzt hatte, weil Carrie nicht betäubt worden war für die Fahrt. Aber das Pferd war ruhig geblieben. „Die kuriose ‚Ausstattung' muss sein, um ihn vor Selbstverletzung zu schützen", fügte er dann im Nachhinein hinzu, als wir den Kopfschutz betrachteten. Wir erledigten den Papierkram, tranken noch eine Tasse Kaffee in der Gaststätte, Und dann trat er die Rückfahrt an. Er sagte auch, wenn ich Fragen hätte, könne ich ihn jederzeit anrufen. Das fand ich sehr seriös.

Mit Carrie hatte ich dann auch so mein Tun zu Beginn. Er war erst mit 8 Jahren kastriert worden und war Pferden gegenüber sehr dominant.

Auch war er selten in Hallen geritten worden. Jede Umstellung der Utensilien für denVoltigier-Sport an der Bande löste erst mal ein Fluchtverhalten aus. Auch wenn die Springständer an einem anderen Platz standen, verunsicherte ihn das sehr. Nach einer halben Stunde hatte er sich dann an die Veränderungen gewöhnt, und wir konnten mit der Arbeit beginnen. Dann waren sein Reiter oder auch ich bereits gehörig erschöpft.

Der Hofbesitzer hatte sich als 2. Standbein Strauße angeschafft. Ein Hahn und mehrere Hennen bevölkerten nun eine Koppel mit einem Straußen-Haus. Die flugunfähigen Vögel hatten die Wahl, ob sie draußen oder im Haus sein wollten. Das Gelände lag genau an dem Weg, an den auch andere beweidete Koppeln und der Reitplatz grenzten. Gegenüber der Straußen-Anlage war ein Paddock, auf den wir immer Einzeltiere stellten, die noch nicht in die Herde durften. Der männliche Strauß konnte die Pferde individuell unterscheiden. Wenn etwas Neues in seinem Revier passierte, legte er sich auf den Boden und „tanzte". Dabei schwang er mit ausgebreiteten Flügeln auf dem Boden hin und her. Das sah dann für die Pferde recht bedrohlich aus. Waren die Pferde aber öfter an seinem Zaun vorbeigelaufen, erkannte er sie und reagierte nicht mehr auf sie. Auch die Pferde merkten dann, dass ihnen nichts passierte und scheuten nicht mehr.

Carrie war ja nun auch so ein Fall. Wenn er alleine in seiner Box bleiben musste, um einem Tierarzt oder Schmied vorgestellt zu werden, benahm er sich unmöglich. Da er lange Hengst gewesen war, kannte er wohl noch nicht intensiven Koppelgang. Er betrat anfangs auch ganz vorsichtig den Grasboden, als ob er solchen gar nicht kannte. An die Strauße gewöhnte er sich dann aber relativ schnell. Täglich übte ich mit ihm bei Gebrauch vieler Möhren und Leckerlis die Annäherung an die flugunfähigen Großvögel. Die Hennen hielten sich im Hintergrund. Sie drohten nicht. Der Hahn, der seine Hennen bewachen wollte, war sehr hartnäckig in seinen Drohgebärden. Aber bald gewöhnten sich die verschiedenen Tierarten aneinander und es war Ruhe. Bei unseren Hausturnieren hatten wir mit Carrie dann immer Heimvorteil, da er die Hindernisse zu den Straußen hin übersprang. Die Gastpferde scheuten, wenn sie in die Richtung springen sollten. Später wurden während der Turniere die Strauße in das Haus gesperrt.

Dem Zustand seiner Hufe nach zu urteilen, die über und über mit Mist behaftet waren, wurde wohl auch selten ausgemistet auf dem ehemaligen Hof. Ich hatte später auch heraus bekommen, dass sein früherer Besitzer Kraftfahrer hauptberuflich war und den Pferdesport nebenbei betrieb. Er hatte bei unserem Besuch noch weitere 5 Pferde auf seinem engen Hof in den Boxen zu stehen. Zur Bewegung seiner Pferde hatte er aber auch ein überdachtes Führ-Karussell.Carrie hatte auch Atemwegsprobleme. Kein Wunder bei der Stallhaltung. Im Frühjahr stellte sich starker Husten ein. Er war aber ein Pferd, was sehr gerne Medikamente nahm in jeglicher Ausführung, und auch ein großer Freund des Tierarztes und des Schmiedes. Dafür hatte er aber einen „Boxenkoller". Er konnte nicht lange eingesperrt sein. Dann schlug er mit voller Kraft mit allen Beinen gegen die Wände seiner Box. Da half auch kein Futter. Er wurde später von mir in Offenstall-Haltung mit „Tamara" zusammen gehalten. Die Pony Stute war flink genug, seinen Launen zu entschwinden. Mal wollte Carrie nicht alleine sein, dann wieder biss und schlug er nach Tamara. Aber sie trug keine Verletzungen davon. Tamara dagegen war wieder ein sehr einnehmendes Pferd. Wenn sie rossig war, durfte sich kein anderes Pferd, auch nicht im Unterricht, zum Beispiel beim Abteilungsreiten, „ihrem" Carrie nähern. Dann war ihr der Reiter auf ihrem Rücken egal und sie setzte zur Attacke an. Da musste ich dann immer dazwischengehen oder nicht beide Pferde zugleich für den Unterricht einteilen.

Carrie verhalf aber auch so manchem meiner Reitschüler zu Schleifen. Auf dem Außenplatz übersprang er die Hindernisse fast von allein. Der Reiter brauchte nur noch die Hindernisse anzusteuern. Dann nahm er den Reiter sozusagen mit. Das kannte er und da hatte er Spaß dabei. Das merkte man richtig. Nur Angst vor der Geschwindigkeit, die er dann vorlegte, durfte der Reiter nicht haben. Es war immer ein sehr schönes Bild. So zog der Braune dann auch eine Menge springwilliger Kunden an.

Carrie verbrachte seinen Koppelgang immer alleine auf dem Paddock gegenüber dem Straußen-Gehege. Zu den anderen Pferden auf den Koppeln konnte ich ihn nicht lassen. Er griff immer noch andere Pferde an. Das würde den Privatpferdebesitzern nicht gefallen, wenn ihre Pferde durch Carrie verletzt werden würden. Und da ich keinen Ärger haben wollte, hatte ich mich zu dieser Art der Pferdehaltung entschlossen, die Carrie wohl auch gewohnt war. Der Paddock, auf dem er sich dann immer befand, war jedoch stromlos. Strauße können die für Pferde notwendige Stromstärke in den Litzen gar nicht vertragen. Für die Vögel ist diese Stärke sofort tödlich bei Kontakt. Da die Zäune des Paddocks und der Koppel, auf der sich die Strauße befanden, Verbindung hatten, konnte ich auch für meinen Wallach keinen stromführenden Zaun herstellen.

Eines Tages kam für die Familie, die den Hof betrieben ein Auto, welches das Heizöl brachte. Irgendwas hatte Carrie daran so erschreckt, dass er den Zaun durchbrochen hatte und auf den Acker gelaufen war. Er hatte kein Halfter um, war in Panik und weit weg Richtung

Hauptstraße. Es war schon längere Zeit starkes Frostwetter und der Acker war steinhart gefroren. Er war im Herbst noch umgepflügt worden und hatte nun schollenartigen Belag. Als wir nach langer Jagd Carrie endlich eingefangen hatten, hatte er ein Eisen und die gesamte Hufwand verloren. Er lahmte stark und lief auf 3 Beinen. Durch die Unebenheit und das rasante Tempo des Pferdes war es dazu gekommen. Mir graute es vor der nahen Zukunft. Mit „Boxenkoller und Boxenruhe" wegen der Lahmheit war die Haltung meines Pferdes nun ein großes Problem.

Der Schmied kam nächsten Tag. Er klebte einen Horn-Ersatzstoff an den Huf. Darauf konnte er aber noch kein Eisen aufschlagen, bevor diese Masse ausgehärtet war. Raus konnte Carrie während dieser Zeit auf dem hart gefrorenen Boden aber auch nicht. Wenn einer von uns da war und sich mit ihm beschäftigte, war er ruhig. Nachmittags stellten Joshua und ich einen „Gesellschafter", ein weiteres Pferd, in die gegenüberliegende Box. Wenn alle Pferde zur Nacht hereingeholt wurden, war Carrie auch ganz friedlich. Lange konnten wir das aber nicht durchhalten. So besorgten wir uns über den Zubehörhandel Hufschuhe für das Pferd. Die Abmessungen für die Größe der Hufschuhe waren genau beschrieben worden. Schnell kam das Paket an. Carrie kam mit den Schuhen gut klar. Seine Hufe waren durch die Schuhe vor weiterem Abrieb geschont und die Hufe konnten wieder wachsen. Schon bald konnten nun auch die neuen Eisen angebracht werden. Wir zogen ihm dann trotzdem noch weiterhin die Hufschuhe darüber. So wollten wir ihn aber noch nicht reiten. Er sollte sich erst mal daran gewöhnen. Später ritten auch die Reitschüler ihn dann mit den Hufschuhen. Nur an der Longe konnte er damit nicht laufen. Da war die Gefahr zu groß, dass er über seine eigenen Beine stolpern und dann stürzen würde.

Im Jahre 2011 mussten wir uns leider von ihm trennen. Er wurde 20 Jahre alt und hatte bei uns noch ein schönes Leben. Er blieb sein ganzes Leben lang nicht gesellschaftsfähig. Das ist dann der Preis, den so manche spät kastrierten Hengste zahlen müssen, da sie Pferden gegenüber meistens aggressiv bleiben. Man kann sie nicht in jede Herde stellen. Sind es reine Hengst-Wallach-Herden, also sogenannte Männergesellschaften, mag das ab und zu möglich sein. Aber sofern sich noch andere Spätkastraten oder Stuten in einer sogenannten gemischten Herde befinden, führt das meistens zu schweren Kämpfen mit enormen Verletzungen. Da bekommt man immer Ärger mit den privaten Pferdebesitzern. Darum nimmt auch nicht jeder Reiterhof Spätkastraten oder Hengste auf, wenn keine separate Unterbringung der Tiere besteht.

Das Jahr 2011 war ein sehr regenreiches Jahr. Das Futter wurde sehr knapp und dementsprechend auch sehr teuer. In der Umgebung bekam der jetzige Geschäftsführer, bei dem ich mein Futter für meine Pferde kaufte, kein Raufutter mehr. Er musste immer weitere Wege fahren, um Futter zu kaufen. Die Betriebe, die ihr Futter in überdachten Räumen lagern konnten, trieben die Preise in gigantische Höhen, wenn sie dann verkauften. Dazu meldete der Geschäftsführer des Hofes Eigenbedarf meiner gemieteten Boxen an. Sein Vater hatte im Nebenerwerb einen Aufzucht-Betrieb für Jungpferde. Diese wurden die ganze Sommerzeit auf der Koppel gehalten, waren aber auch im Winter im Stall. Die Stallungen hatte er gepachtet. Die Gebäude sollten nun abgerissen und Grund und Boden verkauft werden. So hatte er keine Bleibe im Winter für die Pferde.

So wurde ich gekündigt. Es war zwar sehr traurig, aber wir gingen nicht im Streit auseinander. Ich hatte noch die Möglichkeit, für einen Teil meiner Pferde eine neue Unterkunft zu bekommen. Natürlich hatten auch die anderen Pferdehöfe und private Pferdebesitzer enorme Futterprobleme. So war es nicht so leicht, neue Besitzer zu finden. Den Haflinger „Max", ein sehr gefälliges Pferd, sehr für Anfänger geeignet, konnte ich an eine Ärztin, die in Rente ging, abgeben. Ich unterstützte sie dann noch eine ganze Zeit mit Reitunterricht bei ihr zu Hause. Ihre Tochter war meine Tierärztin. So wusste ich auch, dass „Max" in guten und kompetenten Händen war.

Carry musste ich leider zur Schlachtung geben. Ich konnte ihn nirgends unterbringen aufgrund seines Charakters und auch seiner Krankheiten. (Hufprobleme und chronischen Husten.) Es musste extra ein LKW aus Berlin kommen, um ihn abzuholen, da er sich ohne Probleme in einen kleinen Pferdehänger nicht hätte verladen lassen.

Den LKW stellten wir vor den Eingang des Paddocks. Mit Futter lockte ich ihn dann auf den Hänger. Er sprang mehr auf das Auto, als dass er ging. Mit den Eisen gab das einen gewaltigen Knall. Aber ansonsten ging das alles zum Glück problemlos vor sich. Ich sagte dem Schlachter auch gleich, warum Carrie diesen Weg gehen muss, damit er nicht noch dasselbe Schicksal wie „Blacky" erleiden musste. Er sollte kein „Wandervogel" werden. Als ich dann die Papiere vom Schlachthof erhielt, wusste ich, dass der Schlachter meinem Wunsch nachgekommen war.

Simba, ehemaliger Traber auf der Rennbahn

In den letzten Jahren hatte die Nachfrage an Planwagenfahrten stark zugenommen. Da Stine und Matcho als Kleinpferde aber auch noch im Reitunterricht für kleine Erwachsene und Jugendliche zum Einsatz kamen, war eine künftige Überforderung der beiden nicht mehr allzu jungen Pferde nicht ausgeschlossen. Darum suchte ich nach einem Ersatzwagenpferd. Dann könnten die 3 Pferde im Wechsel vor dem Wagen gehen. Also suchte ich wieder das Internet und die Zeitungen nach Inseraten durch. Nach kurzer Zeit wurde ich auch fündig. Es wurde ein sechsjähriges Kutschpferd zum Verkauf angeboten in der Gegend „Plau am See". Das war auch nicht allzu weit von unserem Wohnort entfernt.

Ich vereinbarte mit der Besitzerin telefonisch einen Besichtigungstermin. Joshua und ich fuhren dann hin. Ein neuer Reiterhof war da im Aufbau. Die Besitzerin arbeitete beruflich als Artistin und Stuntgirl. Mit einer befreundeten Tierärztin war sie am Anfang eines Reiterhofaufbaus, der das 2. Standbein des Betriebes werden sollte.

Ein paar Boxen hatte sie schon gebaut. Sie hatte zur finanziellen Sicherung schon einige Pensionspferde neben ihren eigenen Show-Pferden eingestellt. Mit ihren eigenen Pferden zeigte sie Kunststücke und Artistik mit den Pferden wie im Zirkus. Auch Stunts mit Feuereinsatz führte sie mit Pferden vor. In geringem Maße betrieb sie auch Pferdehandel. Sie kaufte Pferde auf, korrigierte sie oder ritt sie ein und verkaufte sie dann weiter. Der Hof glich noch einer Baustelle und eine Reithalle gab es noch nicht. Dann holte sie „Simba", einen schwarzbraunen Traber Wallach aus der Box und stellte ihn uns vor. Den Papieren entnahm ich, dass er aus den Niederlanden stammte und internationale Trabrennen gelaufen war. So wie er dann auf den Hänger ging, war er das Reisen gewohnt. Das tat er fast von alleine. Ich war erstaunt. Die Besitzerin sagte, dass sie ihn eingeritten hätte. Fertig wäre er aber noch nicht mit der Ausbildung zum Reitpferd. Aber er hätte einen sehr guten Charakter. Sie sah da keine Schwierigkeiten. Gelehrig sei er auch.

Wir einigten uns zum Kauf. Am nächsten Tag holten wir ihn dann ab. Die Eingewöhnung verlief ohne Probleme. Auch konnten wir ihn früh in die Herde integrieren. Er suchte keinen Streit mit den anderen und ging ihnen lieber aus dem Weg. Er war oft am Zaun alleine anzutreffen. Dann begann ich mit dem Arbeiten. An der Longe hatte er allerdings Probleme mit der Geschwindigkeit. Stillstehen und Schrittgehen waren gar nicht bekannt. Später erfuhr ich per Zufall durch eine Fernsehreportage, dass Traber im Sulky mit dem Fahrer darauf zum Start schon von einem Helfer im Trab geführt wurden, der dann losließ, sobald die Tiere die Startlinie passiert hatten. Also ging es im Trabrennsport nicht im Schritt los. Das war neu für mich. So fingen Joshua und ich dann an wie mit einem jungen Pferd, Simba das Stehen und die Gangart „Schritt" beizubringen. Das dauerte eine ganze Weile. Da er sehr schmal gebaut war, setzte ich dann auch erst mal leichte kleine Reiter auf ihn, nachdem wir einen passenden Sattel für den Braunen besorgt hatten. Holländische Traber erreichen nur eine Größe von 150 cm, gehören aber trotz ihrer Größe auch zu den Vollblutrassen. Die Hilfen durften nur ganz dezent gegeben werden, da Simba sehr sensibel auf alles reagierte. Aber er war brauchbar, wenn auch im Tempo immer sehr schnell. Da durfte man auch keine Angst haben vor der Geschwindigkeit. Nach einer gewissen Zeit brachten wir ihm auch den Galopp bei. Trabern wird schon sehr früh diese Gangart durch eine besondere Hufform, die durch eine bestimmte Bearbeitung des Schmiedes erzielt wird, abgewöhnt. Denn Galoppieren im Rennen führt immer zur Disqualifizierung. Durch die Zuspitzung der Zehen aller 4 Hufe fällt den Pferden dann das für den Galopp nötige Abrollen schwer. Sie vermeiden den Galopp und traben in höherer Geschwindigkeit. Diese kann schon mal 60 bis 70 km/Stunde betragen.

Simbas Galopp war dann aber später ein Traum, als er diese Gangart richtig beherrschte. Man bewegte sich fast gar nicht auf ihm. Ich hatte schon einmal so ein Gefühl, als ich im „Tölt" eine 35-jährige Isländer Stute ritt. Zum Abschluss unseres Meisterlehrgangs organisierte ein Teilnehmer eine Rundfahrt durch Norddeutschland mit Besichtigung verschiedener Reiterhöfe mit verschiedenen Reitarten. Die Island Stute hatte ihr 30. Fohlen bei Fuß. Zuerst dachte ich auch, na, das wird wohl ein Ritt für Omas werden. Aber mit dem Feuer im Tempo und der sehr rückenfreundliche Gangart „Tölt", bei der das Pferd eine schnelle Schrittfolge im Viertakt läuft, hätte ich nicht gerechnet. Fast so ähnlich fühlte sich auch der Galopp von Simba an.

Ich hatte von Anfang an damit begonnen, alle meine Schulpferde auf Sprachkommandos zusätzlich zu den körperlichen Hilfen zu trainieren. Dann konnte ich bei Gefahr immer eingreifen, wenn der Reitschüler Probleme beim Freireiten bekommen sollte.

Auch der Reitschüler konnte, gerade bei den sehr schnellen Pferden, wovon ich später noch mehrere hatte, das Pferd auf die nächste Gangart schon mal vorbereiten. Das hatte dann den Vorteil, dass das Pferd bei zu heftigen körperlichen Hilfen des Reiters nicht losschnellte und den Reiter nicht in Angst und Panik versetzte. Das fanden meine Reitschüler ganz toll und hatten sehr viel Vertrauen zu mir und zu meinen Pferden.

Simba war auch an der Longe gut zu gebrauchen für Anfänger. Seine Sensibilität musste man aber immer im Auge behalten. Wir wollten dann auch mit der Überprüfung Simbas auf seine Fahrtauglichkeit beginnen. Ich hatte mir Helfer besorgt. Gegen „Stine" sollte er erst mal zeigen, war er drauf hatte. An jeder Seite hatte ein Helfer die Pferde noch an der Sicherheitsleine. Ich hatte die Kreuzleine für beide Pferde in der Hand und ging hinter den Pferden her. Bei der ersten Übung war Simba sehr aufgeregt. Wir übten in der Halle. Die Sonne schien und die Tür war nicht ganz geschlossen. Es fiel ein Sonnenstrahl auf den Hallenboden. Als wir daran vorbeikamen, rastete der Braune völlig aus. Er sprang zur Seite und ging durch. Ich war froh, dass mein Helfer ihn schnell genug bremsen konnte. Mein Kollege bemerkte: „Wenn du den vor den Wagen spannst und Rentner sollen aufsteigen, ist der 3-mal in die Stadt und zurück gelaufen, bevor du alle auf dem Wagen hast." Ein Anspannen war mit ihm unmöglich und sehr gefährlich für alle Beteiligten, wie wir leider später feststellen mussten. Aber dafür konnte Simba dann die Haflinger beim Reitunterricht ersetzen.

Zuerst checkte ich nicht, dass es der Sonnenstrahl war, weshalb das Pferd so reagierte. Aber später merkten wir, dass er auf jedes einer Stange ähnliche Gebilde, egal ob real oder nicht, scheute. Darüber zu gehen, war jahrelang nicht möglich. Auch auf jeden auf den Hallenboden fallenden Sonnenstrahl oder selbst die Bodenstrukturveränderungen, wenn der Hallenboden zum Beispiel maschinell geebnet und geglättet worden war, waren Auslöser zur Flucht. Somit war der Traber in diesen Situationen immer auch eine Gefahrenquelle für das Anfängerreiten.

Auf den Außenplätzen oder im Gelände hatte er diese Ängste nicht.

Später versuchten wir dann nochmals, wieder mit vielen Helfern, Simba ein- und zweispännig vor einen Wagen zu stellen. Schon das war unmöglich. Er stieg und warf sich herum, dass es für alle eine große Gefahr war. Ich habe eigentlich nie diese Tatsache praktiziert, Pferde für Ungehorsam zu belohnen. Aber es blieb uns wirklich keine andere Wahl, als Simba wieder auszuspannen mit Futterablenkung. Danach spannte ich ihn nie wieder irgendwo ein. Mit Doppellonge war er zu arbeiten. Selbst bei einer Durchquerung längs zwischen zwei am Boden liegenden Stangen hatten wir so unsere Probleme. Erst legten wir sie 4 Meter auseinander und dann verringerten wir den Abstand. Nach 5 Jahren ging er dann ruhig längs durch die Stangen im Abstand von 80 cm Breite. Wir fingen jede Reitstunde immer wieder von vorne an. Aber ich hatte die Vermutung, dass Simba während seiner Rennzeit ein Trauma gehabt haben musste. Im Normalfall werden Rennpferde bis zu 9 Jahren eingesetzt. Ich hatte ihn auch Pferdepsychologen und mehreren Tierärzten vorgestellt mit seinem Problem. Alle waren auch meiner Meinung, dass er einen Sturz gehabt haben musste, wo dann im Anschluss, als er am Boden lag und nicht aufstehen konnte, auch noch andere Gespanne über ihn gestolpert sein mussten. Das passte zu seiner Stangenphobie und dem Drang zum Alleinsein auf der Koppel. Manchmal hatten wir sogar große Probleme beim Einfangen auf der Koppel. Er nahm auch keine Leckerlis an. Es konnte Stunden dauern, bis er aufgab und dann doch mitkam. Er war das einzige Pferd in meiner Laufbahn, das nicht verfressen war und man mit Leckerlis nicht locken konnte.

War Simba zum Unterricht eingeteilt, musste er im Paddock bleiben und durfte den Tag dann nicht auf die Koppel. Man konnte ihn auch alleine in einer Box halten.

Eines Tages hatte der Hof eine Anfrage der Feuerwehr, ob wir ihnen beim Training zur Tierrettung helfen könnten. Immer mussten auch mal verunglückte Kühe oder Pferde, die irgendwo hineingefallen waren, gerettet und verladen werden. Das wollten die Feuerwehrleute üben, um in Gefahrensituationen gerüstet zu sein. Wer konnte da der bessere Lehrmeister sein als Simba.

Von den Feuerwehrleuten hatte niemand überhaupt Ahnung von Pferden.

Sie mussten erst mal lernen, ein Pferd anzufassen, zu haltern und zu führen.

Dann erklärte meine Kollegin das Wesen des Fluchttieres Pferd. In Paniksituationen werden die Tiere natürlich das ganze Procedere nicht so ruhig mitmachen wie jetzt Simba. Da kann es zu verschiedenen Abwehrsituationen kommen, allein aus Angst. Dann wurde das Ein- und Aussteigen in den Hänger mit Pferd geübt. Ebenso das Sichern, Festbinden und die Reihenfolge der Abläufe. Eine ganze Woche übten die Feuerwehrleute. Dann am Ende nahmen sie auch ein Privatpferd, was sich nicht so leicht verladen ließ. Da gab es dann schon einige Probleme.

Später hatte ich dann auch schon immer mehr Probleme beim Einsatz Simbas für die Reitschüler. Ich beschloss, ihn zu verkaufen. Erst hatte ich das Distanzreiten für seine Zukunft im Auge. Aber auf das entsprechende Inserat im Internet erhielt ich keine Antwort. Dann sprach ich in Anwesenheit einer meiner besten Reitschülerinnen während ihres Reitunterrichtes über mein Vorhaben mit Joshua am Reitplatzzaun. Sie ritt Simba sehr gerne, wusste auch über seine Besonderheiten Bescheid und liebte ihn abgöttisch. Dann kam sie zu mir und fragte, ob es mein Ernst sei, dass Simba wegsollte. Ich bejahte und nannte ihr auch die Gründe. Dann fragte sie, ob ich ihn ihr auch verkaufen würde. Sie hätte Interesse, würde dann weiter auf ihm Unterricht bei mir nehmen wollen. Auch sollte er in diesem Stall in Pension bleiben. Sie wollte diese Angelegenheit mit ihrer Familie besprechen. Sie erbat sich eine Woche Zeit. Das Ganze entpuppte sich dann als tolle Lösung meiner Probleme. Sie kaufte das Pferd, ich hatte beide weiter unter meiner Kontrolle im Reitunterricht. Simba lernte dann auch das sichere Verhalten im Gelände. Sie konnte alleine oder in der Gruppe mit ihm ins Gelände reiten. Sie war glücklich. Als sie schwanger wurde, hatte sie eine kompetente Reitbeteiligung, die auch Unterricht bei mir mit dem Traber nahm.

Ich konnte ihn dann auch wieder im Unterricht für die Zeit einsetzen, um ihn richtig auszulasten. Einige meiner Stammreiterinnen kannten ihn ja auch schon von den Einsätzen vor dem Verkauf her. Die freuten sich, noch mal auf ihm reiten zu können. Nach der Geburt ihres Kindes ritt sie dann auch wieder. Später stand familiär und beruflich ein Umzug in ein anderes Bundesland zur Diskussion. Sie hatte sich langfristig nach einer neuen Unterbringung für mein Pferd erkundigt, wo auch alle seine Macken akzeptiert wurden. Dann schrieb sie mir eine SMS, dass alles zu ihrem und Simbas Vorteilen geklärt wäre. Darüber freute ich mich auch sehr.

„Fanja", „Mita" und „Fly"

Im Laufe meiner Selbstständigkeit wurde die Anzahl der reitsportlernwilligen Kunden immer mehr. Auch Schüler aller Alters- und Gewichtsklassen waren dabei. So musste ich mich auch wieder nach den entsprechenden Pferden umschauen, die den Ansprüchen auch gerecht werden konnten. Teilweise waren durch Mundpropaganda ganze Familien am Reiten interessiert. Die konnte ich natürlich nicht alle zur gleichen Zeit bedienen, wenn sie von ganz vorne anfingen. So brachte ich den Pferden die Doppellonge bei. Ein normales Doppellongen-Training ist bei jedem künftigen Fahrpferd angebracht. Es soll lernen, dass es von hinten dirigiert wird und auch die Scheu vor allem, was ihm um die Beine wedelt, verliert. Ich hatte im Zirkus gesehen, dass die Artisten 7 Pferde hintereinander an der Longe hatten. Auf den Pferden, die von einem Dompteur von der Mitte aus longiert wurden, turnten dann die Artisten. Nun dachte ich, was der mit 7 Tieren kann, versuche ich mit zwei Tieren. Ich begann zunächst mit meinem Gespann. Meine Haflinger hatten zu Beginn Mühe, zu begreifen, dass sie nun hintereinander gehen sollten, da sie vor dem Wagen nur das Nebeneinandergehen kannten. Ich brauchte einen Gehilfen. Auch verhedderten sie sich dauernd in den 2 Longen. Nun nahm Joshua eine Longe und ich auch eine. Da klappte es besser, da jeder dann auch die Fehler seines Pferdes korrigieren konnte. Später übernahm ich dann wieder beide Pferde. Ich checkte das Gangwerk meiner Pferde und übte dann mit allen Pferden, die zusammenpassten, das Laufen hintereinander an der Doppellonge. Das war nötig, weil jedes Pferd mal vorne und mal hinten gehen musste. Auch durfte es nicht zum Schlagen oder Beißen kommen. Ich musste der Chef sein und bleiben. Da durften keine Rangkämpfe bei der Arbeit stattfinden.

Nach 4 Wochen hatte ich dann alle Pferde, mit denen diese Arbeit möglich war, zusammengestellt und mit ihnen geübt. Dann ging es mit fortgeschrittenen Reitern an der Doppellonge zur Anfängersimulation. Die Reiter mussten auf den Pferden alles simulieren, was Anfänger so machen würden. Die Pferde mussten dann das ruhige Stehen auf mein Kommando hin ausführen. Auch die Wechsel der Richtungen mussten im Alleinstehen geübt werden.

Dann konnte es mit den „richtigen" Anfängern weitergehen. Ich konnte so in kurzer Zeit noch mehr Schüler gleichzeitig unterrichten. Das konnte sonst außer mir niemand. Die Eltern und Angehörige der Kinder waren immer ganz entzückt, was meine Pferde alles konnten, wie gehorsam und zuverlässig sie waren.

Aber bei den Pferdekäufen hatte ich auch so manches Pech, sodass die Pferde, nachdem ich sie für den Schulbetrieb ausgebildet hatte, nicht lange im Einsatz blieben.

„Fanja", eine 9-jährige braune Kaltblut/Warmblutstute, war ein „Fels in der Brandung". Mit ihr konnte man wirklich alles machen. Ich hatte sie von einem Fahrbetrieb, der sich auf Friesen Pferde spezialisiert hatte. Fanja passte farblich nicht zu dem Tierbestand. Sie war aber als Einfahrpferd für Jungpferde genutzt worden.

Sie ließ sich reiten, konnte aber nicht viel. Ich bildete sie aus. Auf ihr lernte auch Joshua das Reiten. Wir konnten dann auch mal zusammen ins Gelände reiten. Auch konnte er nach einiger Zeit auch selbst Kunden auf ihr für eine Schrittrunde ins Gelände begleiten, und ich konnte derweil wieder etwas anderes machen.

Fanja war aber auch ein bisschen tollpatschig. Bei der Stangenarbeit fiel sie mehr über die Stangen, anstatt die Beine zu heben und auf die Abstände zu achten. Dabei trat sie auch ab und an mal auf eine Stange. Dabei hatte sie sich im Reitunterricht mit einer Reitschülerin so stark verletzt, dass sie einen Sehnenschaden im Fesselgelenk eines Vorderbeines erlitt und stark lahmte. Auch nach längeren Pausen ging die Lahmheit nicht weg. Ich konnte sie auch als „Lastenträger" (Gewichtsträger) aufgrund ihrer Statur im Unterricht einsetzen. Sie war ein herber Verlust für mich, als ich sie dann als „Beisteller" und nicht mehr reitbar verkaufen musste.

„Fly" hatte ich von einer Familie mitten im Winter erworben. Er war ein privater, sehr großer Haflinger Wallach, 1,60 Meter groß und 8 Jahre alt. In dieser Familie hatten beide ihren Job verloren und waren in „Hartz 4" abgerutscht. Das Pferd galt als „Vermögen" und musste verkauft werden. Die Frau weinte bittere Tränen. Sie hatten ihn schon als Fohlen in ihrem Besitz, selbst ausgebildet für die Tochter, die nun aus dem Haus war, ihn aber immer noch geritten hatte. Fly hatte das Aussehen eines bildhübschen Haflingers. Mit seiner Aufrichtung, er war auch ein Spätkastrat, der langen weißen Mähne und seinen stolzen Gängen machte er schon was her. Er wurde von meinen Reitschülerinnen auch sehr gerne geritten. Er war sehr gelehrig. In der Dressur stellte der Wallach sich sehr gut an und war auch gut zu sitzen.

Aber nach einem halben Jahr fing er hinten an zu lahmen. Galoppieren ging nur noch zu einer Seite. Eine Röntgenaufnahme offenbarte eine unheilbare Sprunggelenkentzündung mit Knochenzuwachs. Man nennt diese Erkrankung auch „Spat". Man kann dem Pferd mit Spezialeisen, mit denen die Hinterbeine höher als die Vorderbeine gestellt werden, helfen. Aber dazu war die Erkrankung schon zu weit fortgeschritten. Ich konnte ihn auch nur noch auf einen Hof für alte, nicht mehr einsetzbare Pferde bringen. Geführt werden ging noch, aber reiten in den schnelleren Gängen würde wieder starke Schmerzen zur Folge haben.

„Mita" stammte aus einer Auflösung eines Reiterhofes. In der Umgebung von „Tribsees", an einer belebten Straße, hatte sich der Besitzer einen Traum erfüllt. Nun wollte er mit seiner Familie auswandern und war dabei, seinen ganzen Besitz zu verkaufen. Er bot mir gleich den ganzen Reiterhof an. Dazu gehörten neben einer sehr gepflegten Anlage, einem Außenreitplatz, sauberen gepflegten Boxen und einer Reithalle mit Tribüne auch Bungalows für Urlauber. Der Weg zur Ostsee war auch nicht weit entfernt. Es konnten auch Urlauber mit ihren eigenen Pferden und Hunden kommen. Eine Million Euro würde das alles kosten. Zusätzlich zu Mita bot er mir auch noch ihre 2 Töchter an. Mita war eine 7-jährige Haflinger Stute in einer für Haflinger seltenen dunklen Fellfarbe. Ihre Töchter, 2- und 1-jährig, hatten in diesem Alter schon „Hufrehe". Sie waren etwas heller in der Fellfarbe. Mita, obwohl auch sehr übergewichtig, litt noch nicht an dieser Stoffwechselerkrankung. Diese Krankheit führt bei falscher Fütterung, zum Beispiel mit zu viel Eiweiß in den Rationen und zu wenig Bewegung, um es abzubauen, zu einer starken Huflederentzündung. Die Tiere können dann kaum noch laufen vor Schmerzen. Werden die Ursachen nicht abgestellt, können die Pferde ihre Hufkapsel verlieren, da das Hufbein dann im Endstadium die Hufsohle durchbricht. Dann kann man sie nur noch erlösen. Die Krankheit ist sehr schmerzhaft und unheilbar. Sie verläuft in Schüben, ist dann aber behandelbar. Selten geritten, aber mit Futter und Leckerlis überhäuft, hatte sie keine gute Erziehung. Sie war sehr dominant und natürlich, wie alle Haflinger, sehr verfressen. Mit ihrer Art hatte sie den Urlaubslaien und den Kindern immer schnell klargemacht, wer das Sagen hatte. Aber sie war bildhübsch.

Wir handelten sie noch etwas im Preis herunter und holten sie dann ein paar Tage später ab. Respekt vor dem Menschen war bei ihr wenig vorhanden. Sie walzte einen regelrecht über. Sie nutzte ihre Körperfülle voll aus. Zuerst musste ich ihr auf recht deutliche Weise erst einmal Benehmen und Respekt vor dem Menschen beibringen. Mich hatte sie auch schon auf dem Bauch an der Longe durch die Halle gezogen, als sie nicht dahin laufen wollte, wohin sie sollte. Dann grenzte ich den Arbeitsraum ein, denn Strom akzeptierte sie gut. Dann klappte es auch mit der Ausbildung. Sie hatte Supergänge, war gut zu sitzen, war aber sehr schlecht ausbalanciert aufgrund ihres Übergewichtes. Auch mussten schon einige meiner Klamotten dran glauben, wenn sie meinte, meine Taschen nach Futter durchsuchen zu müssen.

Ich stellte sie auf Sägespäne, reduzierte ihre Futterrationen und arbeitete 2-mal am Tag mit ihr. Innerhalb eines halben Jahres nahm sie fast 50 kg ab. Sie bekam eine gute Figur, konnte dann auch galoppieren und baute Muskeln auf. Ihr begann die Arbeit enormen Spaß zu machen. Sie zeigte sehr viel Motivation. Aber dann schlug sie auch etwas über die Stränge. Sie wollte zeigen, was sie konnte, und auch gefallen. So machte sie manchmal Sachen von selbst, die ich gar nicht eingefordert hatte. Es war aber keine Abwehr oder Aggression. Aber sie war dabei in ihrer Bewegung auch sehr schnell. Dafür konnte ich natürlich nicht strafen. Charlie war auch so ein gefallsüchtiges Pferd. Die meinen es nicht böse, sie wollen gefallen. Aber Pferden so etwas wieder abzugewöhnen, ist nicht leicht. Ich ließ dann nur fortgeschrittene Reiter mit ihr arbeiten. Longenarbeit, wenn ich sie an der Leine hatte, war auch ohne Weiteres möglich. So erreichten wir bei einem Reitertag, wo auch Longen-Prüfungen ausgeschrieben waren, in 2 Prüfungen auf Anhieb den ersten Platz. Das machte mich auch sehr stolz.

Aber da ich mich hauptsächlich auf Anfängerunterricht, was zu der Zeit, als ich mich selbstständig machte, eine Marktnische mit wenig Konkurrenz war, konnte ich auch für Mita nicht genug Reitkunden finden. Sie wurde an eine sehr gute, selbstbewusste Turnierreiterin verkauft, die auch gut mir ihr klarkam. Sie konnte dann auch das Bewegungsbedürfnis der Stute befriedigen.

Der totale Reinfall

Ich hatte ja schon im Vorfeld in Carries Geschichte den Weggang von dem Reiterhof wegen Eigenbedarfes des Geschäftsführers erwähnt. Seine Freundin war durch ihre Arbeit für das „Voltigieren" (Turnen auf dem Pferd) vielseitig vernetzt mit anderen Reiterhöfen. Die schaute mal nach im Internet, ob es für mich irgendwo einen Ort der Weiterbeschäftigung gab. Wenn ein Betrieb keine Sozialabgaben für Angestellte zu erheben brauchte, wäre doch ein „Selbstständiger" ein „gefundenes Fressen". Ich wollte nicht gerne meine Selbstständigkeit aufgeben.

So fing ich dann beim „Neuhofer Pferdesportverein" an. Der Hof war nicht weit von meiner Wohnung entfernt und für mich auch mit dem Rad erreichbar.

Einen Monat vor meinem Arbeitsbeginn hospitierte ich bei der neuen Arbeitsstelle in vielen Reitstunden. Die Anlage verfügte über 2 Reithallen. Während meiner Turnierzeit war ich auch auf diesem Hof öfter am Start gewesen.

Daher kannte ich den Hof schon von früher. Die Vorstandsvorsitzende, die ich auch schon von den Turnieren her kannte, leitete den Reit- und Pensionsbetrieb auf diesem Hof. Zudem hatte noch eine sehr erfolgreiche Voltigier-Gruppe auf diesem Hof ihr Domizil.

Wir besprachen das Procedere, ich schilderte ihr mein Konzept für die Durchführung der Unterrichtsstunden. Sie zeigte mir dann die zur Verfügung stehenden Schulpferde. Es waren 3 Großpferde mit sehr guter Allroundausbildung und 2 Kleinpferde mit mäßiger Ausbildung. Gefahren wurde auf diesem Hof nicht. Meinen Planwagen hatte ich an den bisherigen Hof verkauft, die Geschirre ebenfalls. Der Onkel des Geschäftsführers verfügte auch überHaflinger, die als Fahrpferde eingesetzt wurden.

Es war schon ein großer Kundenstamm auf diesem Hof vorhanden. Ich konnte 4 meinerPferde auch auf diesem Hof unterbringen. Kurz zuvor hatten wir noch einen Traber gekauft. Da war der Umzug noch kein Thema. Aber dazu später.

Von meinem Kundenstamm war mir auch eine ganze Anzahl gefolgt. Sie sprachen mir in meiner Tätigkeit als Reitlehrerin einen großen Wert zu und wollten weiter von mir unterrichtet werden. Das freute mich natürlich sehr.

Nur eines konnte ich nicht verstehen. Viele der Großpferde hatten noch je 2Reitbeteiligungen, die mit den Pferden ohne professionelle Aufsicht machen konnten, was sie wollten. Dementsprechend abgehetzt sahen die Pferde danach auch aus. Bei dem Reitunterricht fiel mir auch auf, dass die Pferde immer nur in einer Reihenfolge in der Abteilung liefen. Das sah auch ganz gut aus. Aber wenn die Pferde mal alleine eine Lektion machen sollten, brachen sie aus und reihten sich auf ihrer Position wieder ein. Sie klebten. Die meistens überforderten Reiter fielen dann herunter und es gab Tränen.

Wenn man die Reiter fragte, wie gut sie reiten können, waren alle ihrer Meinung nach „Vollprofis". Kritik konnten sie gar nicht vertragen.

Ich integrierte meine Stammkunden dann auf meinen mitgebrachten Pferden in die schon recht großen Reitgruppen. Ich hatte nur ein Zeitfenster für meinen Unterricht. Danach wurde dann immer eine Halle von den Voltigier-Gruppen eingenommen. Die andere Halle, bzw. bei gutem Wetter auch die Außenplätze, konnte ich aber nutzen. Das war dann aber immer sehr riskant wegen der vielen Unfälle mit den Vereinspferden. Die machten draußen auch, was sie wollten, und waren schlecht von den Reitern zu regieren.

Ich gab aber mein Bestes. Die neuen Reitschüler bekamen auch bald Vertrauen zu mir und meinen Pferden. Ich brachte ihnen auch auf meinen Pferden das selbstständige Reiten und Lenken bei. Also das heißt, dass sie mit den Pferden auch ihren Platz in der Abteilung verlassen konnten, um dann in die andere Richtung zu wechseln. Das lernten sie auch bald mit den Vereinspferden und wurden dann auch etwas selbstbewusster. Den Pferden brachten sie dabei auch mehr Gehorsam bei.

Dann gab es in den „höheren Regionen des Vereins" Krach. Die Vorsitzende wurde massiv gemobbt. Sie wurde dann durch Neuwahlen durch ihre Rivalinnen ersetzt. Bald darauf verließ sie den Stall mit ihrem Pferd und trat auch aus dem Verein aus. Die nun „Neuen", die das Sagen hatten, waren als ganz kleine Kinder auch mal meine Reitschülerinnen gewesen. Sie waren 2 Schwestern. Die hatten sich in ihrem Wesen um 180 Grad gedreht, wie ich leider später feststellen musste. Da sie nun auch auf Turnieren schon recht erfolgreich mit ihrem Privatpferd abgeschnitten hatten, dachten sie, sie wären nun die Götter des Reitsportes. Die waren auch die vor mir „Möchtegern-Reitlehrer" auf diesem Reiterhof gewesen. Eine Ausbildung oder Lizenz zum Unterrichten hatten alle beide nicht. Sie wussten aber, dass ich „Meister" war und meine Arbeit hauptberuflich ausübte.

Nun war unter den Schulpferden des Hofes auch eine Haflinger Stute, die auch ein Allrounder war. Jedes der Schulpferde hatte nun unter der Leitung der beiden Schwestern noch eine Anzahl Reitbeteiligungen dazubekommen. Pro Pferd gab es dann 4 Reitbeteiligungen. Die ritten nun nicht jeden Tag in der Woche alle zusammen, aber die Pferde wurden mit Unterricht mit mindestens 2 Reitbeteiligungen pro Tag, 7 Tage die Woche, noch zusätzlich belastet.

Die Summe meiner Reitschüler pro Woche belief sich nun schon für 6 Tage auf 140 Personen. Ich setzte dann vermehrt meine Pferde ein, wenn ich wusste, dass eines der Vereinspferde schon viele Stunden unterwegs war, um dieses zu schonen.

Zudem hatten die Privatponys und auch die Schulponys keinen Stall. Sie wurden im Offenstall gehalten mit einer viel zu kleinen Überdachung. Der Offenstall war hoffnungslos überfüllt, sodass die rangniederen Pferde kein Dach über dem Kopf hatten. Mit dem dicken Fell im Winter schwitzen sie sehr schnell, brauchten aber eine Ewigkeit zum Trocknen. Die Zeit abzuwarten, nahm sich keiner. Sie wurden dann durchgeschwitzt in den Wind gestellt. Der Boden des Offenstalles hatte auch keine Drainage. Ausgemistet wurde das Innere des Stalles im Sommer 1-mal im Jahr. Dementsprechend dreckig sah es auch aus. Die Hufe waren gar nicht mehrt sauber zu kriegen und waren „dauernass". Wie nicht anders zu erwarten, machte die Gesundheit der Pferde das auch nicht lange mit. Husten und Nasenausfluss machte die Runde. Es wurde aber keine Rücksicht darauf genommen. Die Pferde mussten weiterarbeiten. Sie wurden in den Galopp geprügelt auf Ansagen der Schwestern, die sich ständig in meinen Unterricht einmischten. Sie waren dann der Meinung, ich gehe zu sanft mit den Pferden um. Ich solle da mehr „Dampf" machen. Das lehnte ich ab mit dem Einwand, wie krank die Pferde bereits seien. Ich betreibe keine Tierquälerei. Auch lahmte die Haflinger Stute zusehends, da sie mit der Hufpflege durch den Schmied überfällig war. Das spielte auch keine Rolle, „dann müsse halt die Gerte mehr eingesetzt werden", war die Antwort auf meinen Hinweis. Ich war sprachlos. Ich setzte dann die Haflinger Stute nur noch selten ein. Aber die Reitbeteiligungen trieben sie umso schlimmer. Meinen selteneren Einsatz bemerkten auch die Schwestern. Sie hielten mir Arbeitsverweigerung vor, dass ich ihre Anordnungen nicht befolge. Ich erklärte es ihnen auf fachliche Art, stieß aber auf taube Ohren. Selbst einige Kunden weigerten sich, auf die Pferde einzuprügeln. Ich befürwortete die Weigerung der Kunden natürlich.

Eines Tages beorderten die Schwestern mich ins Büro. Mit einem schelmischen Lächeln wurde mir ein Brief überreicht. Ich konnte dann meine Meinung zu dem im Brief enthaltenen Kündigungsschreiben meines Jobs sowie das für meine mitgebrachten Pferde äußern. Ich sollte rückwirkend zum Ersten des Monats 1000,– € Pension für meine 4 Pferde zahlen, ansonsten am nächsten Tag mit den Pferden verschwunden sein. Ich war total vor den Kopf geschlagen. Meine Pferde brachten Geld ein und dafür sollte ich bezahlen? Das ging ja wohl gar nicht. Wohin sollte ich nun mit meinen Pferden auf die Schnelle?

Ich sagte, nur, dass wir uns vor Gericht dann wiedersehen würden. Da lachten sie nur. Ich ging dann nach Hause, von Wut und Enttäuschung erfüllt. Joshua nahm mich in die Arme. Ich weinte vor Wut und konnte mich über so viel Undankbarkeit gar nicht beruhigen.

Dann rief ich den Tierschutz „Tierschutzhilfe Nord" an und klagte denen mein Leid. Ich kannte die Geschäftsführerin schon aus dem Fernsehen und wusste, dass es dort ein sehr kompetentes Team gab. Die kamen sofort und holten zwei Ponys von mir und Simba ab. Ich musste erst mal für eine sichere Unterkunft für meine Tiere sorgen, denn ich traute keinem mehr über den Weg. Der Traber musste noch dableiben. Den ich 2010 noch vor kurzer Zeit zugekauft hatte, da ich ja „Carrie" abgeben musste. Es war ja die Zeit, wo andere Reiterhöfe aufgrund des schlechten Wetters auch kein Futter für ihre Tiere hatten. Zudem war Raufutter sehr im Preis gestiegen.

Das Stall-Personal des Reiterhofes hatte auch, da es auch gerade den Meisterlehrgang zum „Pferdewirtschaftsmeister" besuchte, viel kompetentes Wissen in diesem Beruf erlangt. Auch hatten die Leute eigene Pferde im Stall stehen. Die beiden Schwestern waren bei ihnen auch wegen ihrer zunehmenden Fehlentscheidungen und ihrer Inkompetenz sehr unbeliebt. Die Frauen standen auf meiner Seite und konnten das Ganze gar nicht fassen. Auch die Kunden, die ich nun auf diesem Reiterhof unterrichtete, erkannten mein Wissen und waren sehr von meiner Unterrichtsführung angetan. Viele Kinder hatten ihre Angst vor den Pferden verloren. Die Zahl der vorher gewesenen Unfälle war zurückgegangen. Auch diese Kunden und die Eltern hielten zu mir und waren über meine Entlassung sehr empört.

Aber die Fronten waren auch schon so verhärtet, dass ich einer Zukunft in diesem Verein keine Chance mehr gab. Die eine Personalkraft, die zurzeit ihren Meisterlehrgang in Zierow machte, hatte eine Kommilitonin, die Geschäftsführerin auf dem Reiterhof war, auf dem ich Anfang der 90er-Jahre schon mal als Angestellte tätig war. Zwar hatte ich mir geschworen, niemals wieder diesen Hof zu betreten, aber jetzt hatte ich keine andere Wahl. Während eines Unterrichtsturnus' sprachen die beiden über mein Problem. Danach wurde der Hofchef, der mich natürlich kannte, informiert und ich wurde zu einem Gespräch eingeladen. Ich war sehr aufgeregt. Wie würde das Zusammentreffen verlaufen nach der damals kriegsmäßigen Trennung? Noch bevor das Gespräch stattfand, wurde mein Traber auf den anderen Hof umgestellt. Das war auch wieder ein Notfall. Ich hatte sogar Hofverbot bekommen von den Schwestern und konnte noch nicht einmal mehr zu meinem eigenen Pferd. Schon zu dieser Zeit hatte ich 2 Kundinnen, die juristische Berufe hatten. Sie empfahlen mir, gegen diese Kampagne Anklage zu erheben. Rechtlich war diese ganze Sache schon mal gar nicht akzeptabel. Eine der Kundinnen besorgte mir einen kompetenten Anwalt. Ich hatte ihr auch in der Vergangenheit als Beraterin ihres eigenen Pferdes zur Seite gestanden. So wäscht wieder eine Hand die andere. Ich war ihr sehr dankbar für den Vorschlag.

„Lugano"

Die Juristin war ebenfalls eine langjährige Kundin von mir. Sie folgte mir auf jeden Reiterhof. Auch hatte sie mir bei der Ausbildung des Trabers „Felix" sehr geholfen. Felix konnte nicht galoppieren. Ebenso wie Simba hatte er die Hufformen eines Trabers. Ich konnte ja wegen meiner Rückenprobleme die Galoppausbildung selbst nicht umsetzen. Es dauerte auch eine ganze Zeit, bis Felix so ausbalanciert war, dass man die Gangart auch „Galopp" nennen konnte.

Sie ritt Felix dann auch noch eine ganze Weile im Unterricht und hatte ihn ganz gern.

Nun wollte sie sich gerne auch ein eigenes Pferd anschaffen, da ihr Mann auch bei mir Reitunterricht nahm. Das Ziel der beiden bestand darin, irgendwann mal gemeinsame Ausritte in die Natur zu unternehmen. Sie wollte sich dann den Felix ausleihen. Da ihr Mann auch ein Handicap mit einer Hand hatte, konnte er alleine Felix nicht reiten. Sonderzügel mit Schlaufen waren dann für seine Zügelführung nötig, da er nicht Nachfassen konnte, um die Zügel zum Bremsen zu verkürzen.

Es sollte dann auch ein bestimmtes Pferd sein, welches sehr ruhig und gut zu handhaben war.

Wir wurden auf einem Reiterhof fündig, auf dem das Paar letztes Jahr einen Urlaub verbracht hatte. Da konnte der Mann natürlich noch nicht reiten. Der Hof war ein tourismusorientierter Reitbetrieb. Er bot Urlaubern und auch Ferienkindern ein reichhaltiges Angebot an. Gut im Pferdebestand mit polnischen Pferden, Haflingern und Ponys ausgestattet, konnte er viel Abwechslung bieten. Das Personal bestand aus polnischen Mitarbeitern, die die Pferde betreuten, und deutschen Studentinnen, die in der Ferienarbeit die Urlauber und die Kinder betreuten.

Wir hatten uns zur Besichtigung mehrerer Pferde angemeldet beim Chef des Familienbetriebes. Auf Polnisch wies er sein Personal an, ausgesuchte Pferde zum Probereiten vorzubereiten. Auf einem gesonderten Platz ritt uns dann ein polnischer Mitarbeiter 3 Pferde vor. Seine Reitkünste entsprachen aber nicht der deutschen LPO (Prüfungsordnung). Das war mehr so eine Wald- und Wiesen-Methodik. Die Pferde machten auch alle einen unzufriedenen Eindruck. Wir konnten uns wegen der mangelhaften Ausbildung der Verkaufspferde und auch wegen des sehr temperamentvollen Wesens der vorgestellten Tiere für keines für unseren Zweck entscheiden.

Als wir den Chef dann fragten, ob er auch ruhigere Pferde im Angebot hätte, überlegte er erst einen Moment. Anscheinend hatten wir in ihm sehr viel Vertrauen und Kompetenz erwacht. Nach langem Überlegen führte er uns dann auf eine andere, etwas versteckte Koppel. Dann rief er „Lugano", seinen privaten braunen 9-jährigen polnischen Wallach. Er bemerkte, dass er mit seinen 73 Jahren nicht mehr zeitlich in der Lage war, diesem Pferd die Bewegung zu bieten, die es brauchte. Aber da der Wallach noch ziemlich jung war, wollte er ihn auch nicht auf der Koppel versauern lassen. Darum bot er ihn auch zum Verkauf an. Dieses Pferd hatte dann einen sehr gediegenen ruhigen Charakter. Er war sehr anhänglich, verschmust und konnte auch etwas. Später stellten wir beim Training sogar fest, dass er „western" und „englisch" ausgebildet war. Meine Reitschülerin probierte ihn aus und war gleich begeistert. Sie sagte „Der ist genau das, was wir suchen". Sie einigten sich dann auf den nicht ganz niedrigen Preis. Einige Zeit später war er dann auf dem Hof und wir fingen mit dem Training an.

Auch im Gelände kam sie wunderbar klar mit ihm. Er war total unerschrocken, aber vorsichtig.

Jahre später hatte er sich dann im Winter auf dem Weg zur Koppel auf dem Eis verletzt. Er war unsanft gestürzt, was zu langem Aufenthalt in einer Spezialpferdeklinik führte. Danach musste er auch fast noch 1 Jahr stehen, da die Lahmheit immer wieder auftrat. Aber die Zeit der Ruhe lohnte sich. Er erholte sich so gut, dass er auch schon als recht betagtes Pferd wieder aufgebaut werden konnte und sich wieder zum Reiten ins Gelände eignete. Da war sie überglücklich. Den Traum von gemeinsamen Geländeritten mit ihrem Mann musste sie allerdings begraben, da sein Arbeitspensum ein weiteres Training bei mir auch nicht mehr hergab. Schließlich gab er das Reiten total auf. Er ließ sich später auch nur sehr selten auf dem Reiterhof sehen. Sie blieb allerdings der Reiterei treu.

Das Gespräch

An einem Samstagnachmittag fuhr ich dann zu dem neuen altbekannten Hof. Das gesamte Team war anwesend. Ich wurde mit Kaffee und Kuchen bewirtet. Dann war ich erstaunt, als der Chef des Stalles das Gespräch zu Beginn mit einer Entschuldigung wegen der damaligen Sache begann. Die anderen Anwesenden wussten natürlich nicht, was er damit meinte. Das wussten nur wir beide. Ich nahm die Entschuldigung an.

Dann erzählte ich meine Geschichte und berichtete auch von meinen vorherigen Einsätzen auf den anderen Reiterhöfen. Die Gründe meines Weggangs nannte ich ebenfalls. Die beiden Schwestern waren auch schon zu Gast mit ihren Pferden auf diesem Hof und bestens bekannt. Sie wurden wegen ihrer Machenschaften vom Chef gekündigt und mussten den Hof verlassen.

Daher verstand er sofort meine Sorgen. Ich war ja froh, dass für „Felix" noch eine Box frei war. Ich wollte auf Bitten der Reitkunden auch gerne Simba zurückholen von der „Tierhilfe Nord". Die Ponys sollten dann dort weitervermittelt werden. Sie hatten gute Chancen auf eine Vermittlung und waren auch nicht so ein „schwerer Fall" wie Simba, mit dessen Wesen auch nicht jeder klarkam.

Es sollte demnächst ein Pferd eingeschläfert werden aus gesundheitlichen Gründen. Dessen Box wäre dann für den Traber verfügbar. Auch dieser Hof hatte zwar mit Futter zu kämpfen, war aber zu dem Zeitpunkt durch Eigenproduktion von Futter noch gut aufgestellt.

So wurden dann ganz schnell die Verträge ausgehandelt und ausgefertigt. Dann konnte es losgehen. Auch hierhin hatte mein Kundenstamm mich wieder begleitet, sodass ich keine Sorgen hatte wegen zu geringer Einnahmen.

Unterdessen hatte mein Anwalt auch die Klage eingereicht bei Gericht wegen meiner Entlassung. Zu Beginn wollten die mich mit 500,– € Abfindung abspeisen. Aber da ließen wir uns gar nicht drauf ein. 2 Monatslöhne und die entstandenen Pensionskosten Simbas in der Tiernotrettung wollten wir haben. Wir gewannen den Prozess. Alle geforderten Gelder und die Anwalts- und Gerichtskosten hatte der Verein zu zahlen. Das freute mich ungemein. Wie der Buschfunk dann demnächst mitteilte, waren die Schwestern abgesetzt worden als Vereinsvorsitzende. Ebenso hatte auch das Stall-Personal gekündigt. Eine war schwanger geworden und hatte ganz mit dem Thema „Pferd" aufgehört. Die andere hatte sich einen neuen Reiterhof gesucht. Da hat bestimmt keiner mehr hämisch gelacht von den beiden. Der Verein hatte wohl eingesehen, welchen Idioten er da auf dem Leim gegangen ist. Der Verein hatte nicht nur die Leitung verloren, sondern auch kompetentes Stall-Personal, Reitlehrer und eine Menge Kunden und Pferde.

Ich verfolgte die Geschichte noch ein Weilchen im Internet und fand auch heraus, dass nur noch 2 Pferde gebrauchsfähig waren. Alle anderen Schulpferde waren zur Schlachtung oder in den Privatverkauf gegangen.

Mein Reitunterricht konnte dann also auf diesem Hof nahtlos weitergeführt werden. Die Kollegin, Franzi mit Namen, die hier die Geschäftsführung innehatte, war sehr kompetent. Sie fungierte als Bereiterin, bildete Nachwuchspferde aus und war auch sehr engagiert im Pferdeverkauf. Sie hatte schon mehrere ausgebildete Pferde ins Ausland verkauft. Auch hörte ich viele Telefonate im Vorbeigehen, die auf Englisch geführt wurden. Oft kamen ausländische Käufer zur Pferdebesichtigung. Von ihr gezüchtete Pferde waren auch sehr gefragt.

Sie erteilte privat für fortgeschrittene Reiterinnen Unterricht im Springen und in der Dressur. Aber auch die Pensionsangelegenheiten, Futterbestellung und Vereinsangelegenheiten unterlagen ihrer Führung. Sie war eine reine Powerfrau. Ich bewunderte sie und stand beruflich mit ihr auf Augenhöhe. Das gefiel mir sehr gut. Trotzdem wir aber auch ab und zu verschiedener Meinung waren, hatten wir doch ein sehr gutes kollegiales Verhältnis und ein ausgeglichenes Betriebsklima. Sie schätzte auch die Arbeiten, mit denen sich Joshua auf dem Hof nützlich machte und wie er mich unterstützte. Sie startete auch mit den von ihr ausgebildeten Pferden noch auf Turnieren, um einen möglichst hohen Verkaufspreis der Pferde zu erzielen mit deren Können. Das alles gefiel natürlich dem Hofchef. Zudem hatte er mit mir ja auch keine Sozialabgaben und andere Kosten. Im Gegenteil, ich brachte ihm Gelder, deren Höhe ein Nettomonatsgehalt für einen Mitarbeiter entsprach.

Dem Hof ging es finanziell sehr gut. Franziska half mir auch so manches Mal, wenn meine Reitschüler auch mal springen wollten, es mit den Pferden dann aber doch nicht so klappte. Dann setzte sie sich auch auf die Schulpferde und korrigierte sie.

Aber was dann sehr im Argen blieb, war die Dankbarkeit vom Chef. Er nahm das alles als Selbstverständlichkeit hin. Ihre Bemühungen, ihre Überstunden, ihren Einsatz, wenn Fohlen zu erwarten waren oder wenn schwierige Tierarzt- oder Schmied-Behandlungen angesagt waren. Es gab keine Prämien, Lohnerhöhungen oder sonstige Vergünstigungen. Selbst ihren Geburtstag vergaß er. Ich sah des Öfteren, wie sie dann bittere Tränen im Geheimen vergoss.

Bei mir war es ja anders, ich war selbst für mein Einkommen verantwortlich. Allerdings musste ich auf meine Gesundheit aufpassen, denn die Rückenprobleme wurden nicht weniger und jünger wurde ich auch nicht.

„Felix"' Zahn-OP

Alle halbe Jahre sollten bei einem älteren Pferd die Zähne von einem Tierarzt kontrolliert werden. Da ab dem 15. Lebensjahr die Zähne eines Pferdes nicht mehr „kundenkonform" durch eine Kieferstellungsveränderung waren, musste da durch den „Zahnarzt für Pferde" selbst Hand angelegt werden. Wenn die Frontzähne eines Pferdes bis zu seinem 15. Lebensjahr aufeinander stehen, haben sie sogenannte Muster, die man „Kunden" nennt an den Zähnen. An deren Formveränderung kann man das Alter eines Pferdes genau bestimmen. In diesem Stadium kommt es noch nicht zu einer Schädelveränderung. Ab dem 15. Lebensjahr des

Pferdes verändert sich die Kieferstellung (der Schädel wird länger und es kommt zu einem sogenannten „Hechtgebiss"). Die Zähne berühren sich dann nicht mehr. Dann kann es zum Beißen in die Maulschleimhaut kommen durch scharfe Grate an den hinteren Backenzähnen, sogenannten „Zahnhaken". Diese müssen dann vom Tierarzt unter Betäubung geraspelt werden. Die Pferde zeigen an, wenn sie Zahnhaken haben, durch Gewichtsabnahme, da sie nicht mehr richtig kauen können beim Fressen. Beim Pferd wachsen die Zähne lebenslang. Felix war ja im „Hamburger Rennverein" gezüchtet worden, ursprünglich für den Trabrennsport. Er entstammte erfolgreichen Trabern aus deutscher und amerikanischer Zucht.

Nun gibt es ja mehrere Punkte, weshalb er diese Laufbahn nicht einschlagen konnte aufgrund einer sehr strengen Selektion. Man sagt, dass von 300 gekörten (zur Zucht zugelassenen) Hengsten letztendlich 3–5 in der Zucht eingesetzt werden.

Entweder war er im Trainingsgeschehen zu langsam, oder er war wegen eines starken Überbisses der Frontzähne im Oberkiefer, der erblich sein konnte, von der Zucht ausgeschlossen worden. Ich vermutete eher den 2. Punkt. Er hatte das „Trockentraining" eines Fahrpferdes aber kennengelernt. Das kann man prüfen. Wehrt ein Pferd sich, wenn es eine Doppellonge an den Beinen spürt, hat er diese Ausbildung nicht. Duldet er sich bewegende Teile an den Beinen, hat er eine Fahrausbildung „auf dem Trockenen" durchlaufen.

Eines Tages merkte ich, wie er beim Reiten immer seitlich nach rechts die Zunge aus dem Maul streckte. Das tat er beim Reiten ohne Gebiss nicht. Ich hatte zum Schutz der Pferdemäuler durch unsachgemäße Zügelführung der Reitanfänger jedem Pferd auch das Reiten ohne Gebiss angewöhnt. Sie durften dabei auch nicht schwerer zu reiten sein als mit Gebiss. Darum auch das Reiten mit Kommando des Reiters. Mehrere Tierärzte fanden nicht die Ursache heraus. Es sieht ziemlich dumm aus, wenn das Pferd beim Reiten die Zunge herausstreckt. Meistens ist dann eine zu harte Reiterhand, zu scharfe Gebisse im Pferdemaul oder unsachgemäßer Umgang mit Ausbindern die Ursache. Es zeigt immer ein falsches Verhalten des Reiters an. Dessen wollte ich mich nun aber als Tierausbilderin nicht schuldig machen.

Ich versuchte es erst mal mit verschiedenen Gebissen, denn Felix sollte unter Schulreitern bei einem hofeigenen Reitertag in der Dressur starten. Nun war aber das Reiten ohne Trensengebiss bei einem Turnier nicht erlaubt, auch nicht in den unteren Klassen und in der Dressur.

Dann lernte ich den Pferdezahnarzt Hartmut Schmidt durch eine Einstellerin kennen. Er hatte als Hufschmied begonnen und sich dann nur noch auf die Pferdezahnmedizin konzentriert und sich in diesem Fach selbstständig gemacht. Da er aber kein Tierarzt war, durfte er, genau wie der Schmied, keine OPs an den Pferden vornehmen. Es musste dann tierärztliches Personal mit vor Ort sein zum Spritzen und Betäuben. Manche Eingriffe konnte er auch nicht ohne Assistenten durchführen. Die Pferdebesitzer waren auch nicht immer zum Assistieren geeignet.

Wie ich bei der Untersuchung, die er im Vorfeld zur Anamnese machte, feststellen konnte, hatte Felix einen Frontzahn im Unterkiefer verloren. Das musste schon vor längerer Zeit passiert sein. Felix war bei seiner Ankunft von Franzi in die Herde gestellt worden, in der die meisten Privatpferde waren. Da gab es durch häufige Wechsel des Bestandes oft Unruhen. Felix war auch immer einer der Unruhestifter und Angreifer. Da bekam er dann auch so manches Mal einen Dämpfer. Sein Körper hatte auch so manchen Biss der anderen Pferde abbekommen.

Den Zahnverlust hatte ich nun aber nicht mitbekommen.

Eine Röntgenaufnahme zeigte dann im Nachhinein, dass der benachbarte Zahn auch locker war und in den großen Abstand gewandert war. Der lockere Zahn kam nun beim Reiten mit Gebiss mit diesem in Verbindung und schmerzte. Das Heraushängen der Zunge bildete dann einen Puffer zwischen dem Gebiss und dem schmerzenden lockeren Zahn.

Eine sehr starke Entzündung verstärkte Felix' Leiden noch zusätzlich. Das war die Ursache. „Kein Biss auf die Zunge oder eine dumme Angewohnheit", wie die vorher angeforderten Tierärzte mir weismachen wollten.

Wir machten dann einen Kostenvoranschlag für eine OP. Der Zahn musste gezogen werden, um dem Pferd weitere Schmerzen zu ersparen. Der Tierarzt machte einen Gesundheitscheck. Alles war in Ordnung und die OP konnte beginnen.

Felix erhielt dann die Narkose vom Tierarzt. Herr Schmidt hatte inzwischen seine Utensilien zurechtgelegt. Wir arbeiteten im Laufstall, in dem die Pferde des Nachts im Winter untergebracht waren. Da hatten wir viel Platz. Anderthalb Stunden hatte der Herr Schmidt bei vollem Körpereinsatz und nach mehreren immer stärkeren Betäubungen zu tun, um den Zahn herauszubekommen. Joshua und ich wechselten uns ab mit dem Festhalten des Pferdes, was auch schon eine körperliche Herausforderung war. Wir wanderten ein paar Mal durch den gesamten Stall. Der Tierarzt meinte, dass die für Felix gebrauchte Betäubung auch einen Elefanten lahmlegen könne.

Als es dann endlich zu Ende war, klaffte ein tiefes Loch in dem Unterkiefer meines Pferdes. Felix brauchte 3 Stunden, bis er wieder aus der Narkose vollständig erwacht war. Ich musste ihn solange führen, da er in dieser Zeit nicht fressen durfte. Pferde haben in dieser postoperativen Phase keinen Schluckreflex und können ersticken, wenn sie etwas fressen.

Eine tiefe Tamponade in dem Loch sollte ich dann nach 3 Tagen selbst entfernen. Bis dahin musste er 2-mal am Tag mit Wasser und einer Lösung die tiefe Wunde gespült bekommen, um weitere Infektionen zu verhindern. Auch das ließ er sich von mir gefallen.

Nach 2 Wochen begannen wir dann wieder mit dem Training. Für 3 Monate ohne Gebiss. Bei der tiefen Wunde brauchte es einen langen Zeitraum, bis das wieder verheilt war. Im Anschluss brauchte Felix dann aber fast 5 Jahre, bis die Zahnschmerzen auch aus seinem Kopf verschwunden waren. Er hatte ein sogenanntes Schmerzgedächtnis entwickelt.

Beim Verkauf des Pferdes an meine Reitschülerin im Jahre 2020 war er dann aber wieder ganz normal von den Reitern mit Gebiss zu reiten.

15. Kapitel
Ereignisse, die mein künftiges Leben veränderten

Ich hatte die Ferienlagertätigkeit auf dem Reiterhof mit Übernachtungen aufgegeben. Es war einfach zu schwer für mich in diesem Alter. Dafür hatte ich mir etwas anderes in der Art einfallen lassen, was auch sehr gut angenommen wurde. In den Ferien konnten 4 Kinder von Montag bis Freitag für 4 Stunden in die Tagesbetreuung kommen. Da hatten sie dann je nach Niveau 2 Unterrichtseinheiten und theoretischen Unterricht. So konnte ich mich auf jedes der Kinder intensiv konzentrieren. Die Kinder wurden selbstständiger und selbstbewusster und konnten danach viele kleine Sachen selbst erledigen. Dafür war in dem regulären Reitunterricht meistens keine Zeit. Da nahmen dann Joshua und ich selbst die Vor- und Nachbereitungen der eingesetzten Pferde vor. Auch wollte ich keinen Kunden allein auf die Koppeln zum Pferdeholen schicken. Meine Vorgängerin hatte diesen Fehler mit den Pferden und den Kunden gemacht. Dabei hatte Polly, die ich ja von Geburt an kannte von meiner damaligen Anstellung auf dem Reiterhof, gelernt, sich dem mit Aggression, die sie auch durchzog, zu entziehen. Ich hatte auch noch nie von einem Pferd erlebt, dass es sich durch gezielten Angriff auf den Menschen der Arbeit entziehen konnte. Ihre Mutter „Rosi" war ja auch nicht so ohne. Erst mal ließ Polly sich gar nicht einfangen. Bedrängte man sie dann weiter oder versuchte es mit mehreren Personen, kam sie mit angelegten Ohren auf einen zu, drehte sich blitzschnell um und schlug gezielt nach dem Menschen aus. Dabei traf sie mich auch beim ersten Mal, als ich ihre Attacken nicht ernst nahm, empfindlich in die Rippen und brachte mich zu Boden. Als ich dann lag, konnte ich mich nur noch wegrollen, da sie die Attacke weiter durchführte, bevor sie weglief. Ein weiteres Mal fingen wir sie beim Pferdeeintrieb ein, Franzi und ich. Franzi band sie dann für den Reitunterricht im Stall an, damit ich sie fertig machen konnte. Da schlug sie auch nach Franzi aus und traf sie am Knie. Dafür bekam sie von Franzi eine gehörige Tracht Prügel. Franzi sagte noch, dass das normalerweise nicht ihre Art sei, Pferde zu schlagen, aber das musste sein. Polly akzeptierte Franzi von da an. Auf der Koppel hatte sie auch einmal der Sohn des Chefs, der recht groß war, für mich zum Unterricht holen wollen. Auch ihn griff sie an, da war er schon am Koppelausgang. Dann konnte man nur noch mit einer Gerte mit ihr umgehen. Aber war sie allein, war sie das liebste Pferd. Auch beim Reiten war sie super für Anfänger geeignet. Hatte man sie erst mal, war sie ein ganz anderes Pferd. Sie hatte von Geburt an schiefe Gelenkstellungen an den Hinterbeinen. Mit 24 Jahren wurde sie dann auch in Rente geschickt und an eine Familie verschenkt, wo sie ihr Alter genießen konnte. Durch die Arthrose in den Hinterbein-Gelenken hatte sie in der letzten Zeit ihrer Einsätze auch immer häufiger Bewegungseinschränkungen gezeigt.

Penny

Polly war ein ideales Pferd mit einer Körpergröße von 1,52 Metern. Da sie nun nicht mehr einsetzbar war und den Hof verlassen hatte, musste schnell Ersatz für die Stute gefunden werden. Franzis Zuhause war in der Berliner Gegend. Sie war manchmal wegen ihres Akzents auch schwierig zu verstehen. Ich musste dann immer öfter nachfragen, was sie meinte.

Sie hatte auch in der Berliner Gegend viele Kontakte zu Pferdefreunden und -Besitzern.

Unweit von ihrer Heimat trieb sie einen Menschen auf, der ein Pferd in der passenden Größe zu verkaufen hatte. Nun war der Hof aber zu der Zeit gerade in finanziellen Nöten. So schlug ich dem Chef vor, dass ich das Pferd erst mal kaufen würde und es dann später an den Hof weiterverkaufen wollte, wenn die wieder flüssig wären. Dem stimmte er auch zu. Franzi und ich machten uns dann auf den Weg zur Besichtigung des Tieres. Zu sehen bekamen wir einen 1,50 Meter großen Porzellan-Schecken, ein weißes Pferd mit grauer Scheckung. Trotz des Namens „Penny" war es ein männliches Pferd und kastriert. Der Besitzer war dann auch zugegen, nachdem er seine Frau ins Haus geschickt hatte. Diese hatte uns empfangen, das Pferd vorgestellt und uns etwas von der Geschichte erzählt. Auch hatte sie uns ein Video ihres Mannes auf dem Handy gezeigt, als er das Pferd ritt. Es sah grauenhaft aus. Aber in der Pferdeerziehung hatte ich ja genug positive Erfahrungen, sodass wir das dann auch erst mal ignorierten. Der Besitzer bereitete dann das Pferd zum Reiten vor. Schon der Sattel war museumsreif. So ein altes Modell hatten sie wohl im ersten Weltkrieg benutzt. Noch krasser war die Trense.

Ein sehr dünnes, scharfes Gebiss wurde dann dem Pferd mit nur den nötigsten Riemen über den Kopf gestreift. Penny war ganz brav, nahm alles ohne Widerstand hin, ließ sich auch anstandslos putzen und die Hufe heben.

Beim Aufsitzen stand er ganz still. Franzi konnte nur die Straße entlang zu einem kleinen Waldweg reiten. Die Straße entlang ging er in ruhigem Schritt. Aber als sie dann auf dem Waldweg anlangte, warf er den Kopf hoch und haute ab mit ihr. Kopfschlagend vom Feinsten bekam sie ihn dann wieder eingefangen und er war wieder ganz ruhig und gehorsam. Da es Sommer war und recht schwülwarm, dachten wir, dass das Kopfschlagen wegen der Mücken und Fliegen war. Auch darum machten wir uns zunächst keine weiteren Gedanken.

Eine weitere Kopfschlagattacke, die dann noch von Luftsprüngen mit allen vieren begleitet wurde, schrieben wir auch den Insekten zu. Nach kurzer Absprache handelte Franzi den Preis herunter und machte den Abholtermin mit dem Besitzer aus. Da sie ja in der Gegend wohnte, wollte sie das Pferd auf einer der Touren von zu Hause zum Betrieb mitnehmen. Dann musste sie keine Extratour fahren. Ich sollte das Pferd dann für den Schulunterricht vorbereiten.

Ich fing zunächst in der Halle mit ihm an, nachdem er auf dem Hof gebracht worden war. Er hatte ein erstaunlich gutes Nervenkostüm. Schnell konnte ich auch geführte Geländeritte mit ihm machen. Diese Kopfschlagattacken kamen auch in Zukunft immer mal wieder vor. Ich probierte alles Mögliche mit ihm aus, um die Ursache herauszufinden. Ich band ihm die Mähne zu Zöpfen zusammen, weil ich dachte, ihn kitzele sein Stirnschopf. Dann bastelte ich ihm ein Netz, welches an das Halfter genäht wurde, damit seine Nase vor der Sonne geschützt wurde. Ich arbeitete mit ihm mit und ohne und mit verschiedenen Gebissen. Die Art und Weise seines Kopfschlagens passte aber nicht zu den bekannten Abwehrbewegungen der Pferde zu Insekten. Er schlug auch mit dem Kopf, wenn gar keine Insekten vorhanden waren.

Da erinnerte ich mich an die Zeit meiner Geschäftsführung. Da wollte ein Einsteller für sein Pferd, welches auch mit dem Kopf so schlug, den ganzen Stall abgedunkelt haben. Die Besitzer vermuteten damals eine Augenerkrankung bei dem Pferd. Es fiel aber auch der Begriff „Head-Shaking" (Kopfschütteln). Das ist eine Erkrankung des Trigeminusnervs im mittleren Gesichtsfeld des Pferdes. Das Pferd hat immer bei der Reizung dieses Nervs durch Insekten, Sonneneinstrahlung und Berührung mit dem Zaumzeug den Impuls eines Stromschlages. Darum die plötzliche spontane und sehr schmerzhafte Reaktion des Pferdes. Das Tier ist dann nicht mehr berechenbar, da es dem Reiter sofort die Zügel aus der Hand reißt. Auch diese Erkrankung des Nervensystems ist noch sehr unerforscht und bislang nicht heilbar.

Penny zeigte die schlimmsten Reaktionen dieser Erkrankung bei Zügel-Einwirkung durch den Reiter. Hatte man Reitanfänger am Gurt ohne Zügelführung an der Longe, kamen die Reaktionen seltener und auch nicht so heftig. Unter Sonneneinstrahlung und mit Insektenbefall im Sommer war es dann draußen auch sehr schlimm mit ihm. Wir hatten dann mit einem schwarzen Mützchen, welches den gesamten Kopfbereich einfasste, die besten Möglichkeiten des Arbeitens mit ihm. Auch kam ich wieder als Einzige am besten klar mit ihm. Die anderen hatten entweder Angst oder straften ihn wegen des Kopfschüttelns. Unbegreiflich, ein Pferd wegen einer Krankheit zu bestrafen.

Da eine weitere Kollegin namens Susi gut reiten konnte, übernahm sie ihn erst mal als Reitbeteiligung und Reitpferd bei den

Geländeritten. Sie konnte Penny, am langen Zügel reitend, auch während seiner Attacken beherrschen. Aber ohne das Mützchen konnte man ihn in dem mückenreichen Gelände gar nicht reiten. Später wurde Penny dann wegen immer häufigerer Attacken an einen Behindertenreitbetrieb verkauft, wo er in der Halle nur geführt wurde. Da bekam von den Behinderten keiner der Reiter den Zügel in die Hand. Da er aber einen sonst sehr guten Charakter hatte, sehr kinderfreundlich war und auch starke Nerven hatte, war er dort sehr gut aufgehoben. Penny wäre sonst ein Fall für die Schlachtung gewesen.

Mein Unfall ohne Pferd

Es war Hochsommer und ich hatte wieder Kinder in der Tagesbetreuung. Nach der Mittagspause, in der wir uns immer mit der Theorie beschäftigten, war der 2. Teil der Praxis dran. Die Kinder hatten in der Zeit schon viel gelernt und kamen ganz gut allein mit den Pferden zurecht. Nach dem Unterricht wurden die Pferde dann nachbereitet und vorbereitet zum Koppelgang für die Nacht.

Da die Pferde in dieser Zeit stark beansprucht wurden, fütterte ich sie mit Kraftfutter nach dem letzten Unterricht. Ansonsten bekamen sie in der Grünfutterperiode kein zusätzliches Kraftfutter. Ich lief dann mit meiner Futterschüssel hinter den Pferden entlang und gab jedem Tier etwas in den Trog. Dabei achtete ich nicht auf den Boden, der sehr viele Fehlstellen enthielt aufgrund ausgebrochener Ziegelsteine. Plötzlich stolperte ich über eine der Fehlstellen. Mein rechter Fuß knickte um und ich fiel hin. Während des Falles hörte ich schon ein Knacken des Knochens. Ich sah dann, dass sich mein Fuß im rechten Winkel neben dem Unterschenkel befand. Das Bein war wieder an derselben Stelle wie damals beim Sturz mit „Charlie" gebrochen. Und das mitten in der Ferienzeit.

Mir wurde gleich wieder schlecht vor Schmerzen. Die Eltern der Kinder, die noch mit den Pferden zu tun hatten, stützten mich erst mal. Die Kinder brachten die Pferde dann zur Koppel. Zum Glück waren sie altersmäßig schon in der Lage dazu. Ich hatte ja mein Handy immer bei mir. Ich rief dann sofort Franzi und Joshua an. Die rief den Rettungswagen, der auch bald ankam. Ich wurde dann in die Uniklinik gefahren, wo mein Bein geröntgt und versorgt wurde. Eine weitere OP stand mir bevor. Nun war das Bein wieder stark angeschwollen, weshalb die OP nicht sofort möglich war. Ich konnte dann auch in der Zwischenzeit noch mal wieder nach Hause. Joshua war allein eher in der Klinik als der Krankenwagen mit mir. Die Fahrer machten einen großen Umweg, wie ich durch die Scheibe erkennen konnte. Nun hatte ich alle Hände mit den Terminabsagen zu tun, nachdem ich zu Hause angekommen war. Der Unfall brachte meinen ganzen Sommerplan durcheinander. Eine Woche später hatte ich dann den OP-Termin und sollte mich in der Klinik melden. Da Joshua selber einen Termin hatte, konnte er mich nicht bringen. Ich forderte dann ein Taxi an. An Krücken und mit der Tasche um den Hals begab ich mich zum Taxi. Der Fahrer half mir beim Einsteigen. In der Klinik brachte er mich bis zur Anmeldung. Wir hatten am Eingang einen Rollstuhl gefunden. Der Rollstuhl hatte aber nur kleine Räder, die ich selber nicht bedienen konnte, um mich in dem Stuhl zu bewegen. Ich musste also von einer Person geschoben werden.

Nach der Anmeldung wurde ich in den Flur geschoben von einer Schwester. Meine Tasche hatte ich auf dem Schoß. Ich sollte zur Station abgeholt werden. Ich hatte um 10.00 Uhr den OP-Termin. Es war dann schon 9.00 Uhr. Keiner kam. Mein Bein schwoll durch die senkrechte Haltung bereits wieder stark an. Die Schmerzen hielten sich in Grenzen.

Nach einer weiteren halben Stunde fragte ich einen vorbeikommenden Pfleger, ob er mal nachfragen könne, was mit mir nun weiter passieren sollte. Wahrscheinlich hatte man mich vergessen. Das tat er dann auch. Dann ging alles ganz schnell. In der Vorbereitung für die OP wurde ich über alles, was passieren konnte, aufgeklärt. Dann wurde mein Bein bemalt, damit auch keine Verwechslung der Beine bei der OP vorkam. Danach, es war bereits 5 vor 10, kam ich in das Krankenzimmer. Eine sehr genervte Schwester brachte mir den „Thrombose-Socken" für das gesunde Bein und das OP-Hemd. Dann herrschte sie mich an, ich solle mich gefälligst beeilen, wenn ich schon so spät erschien. Ich war so wütend, weil ich ja nichts dafür konnte, dass mich keiner abholte. Da kamen mir schon die Tränen, weil das Ausziehen nun auch nicht so schnell ging. Eine weitere Patientin stand dann auf und half mir. Sie hatte auch eine Beinoperation hinter sich, konnte mit dem Plastikschuh aber schon wieder laufen. Ich war ihr unendlich dankbar, konnte mich aber nur schlecht beruhigen. Dann kam eine andere Schwester und holte mich in den OP. Die war schon etwas freundlicher und schaffte es, dass ich ruhiger wurde.

Die OP dauerte nicht lange. Ich bekam eine Platte mit 7 Schrauben eingesetzt, die die Knochen wieder beim Zusammenwachsen unterstützen sollten. Nach 1–2 Jahren konnte dann alles wieder entfernt werden.

Ich bekam in den nächsten Tagen meines Klinikaufenthaltes dann auch so einen Schuh. Gips gab es nicht mehr. Das war insofern gut, dass man den Schuh auch ausziehen und Luft an das Bein lassen konnte. Das war ein riesiger Fortschritt gegen den damaligen Gipsverband bei dem ersten Bruch desselben Beines.

Nach einer Woche wurde ich dann entlassen. Joshua holte mich ab. Zu Hause hatte ich mehr mit Rückenproblemen als mit dem Bein zu tun. Der Bewegungsmangel setzte mir arg zu. Ich konnte ja nun auch nicht mehr ins Fitnessstudio gehen. Der Sport dort nahm mir die zu starken Rückenschmerzen zumindest für kurze Zeit.

Nach 6 Wochen kam dann endlich der Tag, an dem ich den Schuh weglassen konnte. An Krücken musste ich aber noch weiterhin gehen.

Der Arzt hatte die Akten verwechselt bei der Abschlussuntersuchung. Er begrüßte mich mit falschem Namen und meinte: „Sie haben sich aber gut gehalten für Ihr Alter von 75 Jahren. Herzlichen Glückwunsch. Dann zeigen Sie mir mal das operierte Bein." Ich guckte zunächst verdutzt. Dann fragte ich ihn, ob er die richtigen Papiere vor sich hätte. Ich klärte ihn über den richtigen Namen und mein wahres Alter auf. Dann bemerkte auch der Arzt seinen Irrtum. Schnell brachte die Schwester die richtigen Papiere. Gut, dass die Bemalung noch nicht verblasst war auf meinem Bein. So untersuchte er dann auch wirklich das richtige Bein. Alles war zur Zufriedenheit verheilt, wie das Röntgenbild verriet.

Nur die Narbe musste noch einige Zeit verbunden werden. Er meinte dann, dass ich die Teile in einem Jahr wieder entfernen lassen könne. Ich entschied mich aber dagegen. Ich hatte die Teile beim ersten Bruch nach einem Jahr entfernen lassen und nur Ärger im Anschluss gehabt. Plötzlich einschießende Schmerzen, nervlich und durch die Arthrose bedingt, hatten mich so manches Mal fast zum Stürzen beim Gehen gebracht. Wenn man bedenkt, wie vielKnochenmasse sich um die Teile drum herum bildet und welchen Platz durch den Knochen alleine 7 Schrauben einnehmen, kann man sich vorstellen, wie dünn und anfällig der Knochen dann nach Entfernung der Teile werden muss. Ich lebe jetzt das 7. Jahr mit den Teilen und habe keine Schwierigkeiten damit.

Der Unfall wurde als Arbeitsunfall gewertet. Das war ja dann auch ein enormer bürokratischer Aufwand im Nachhinein. Ich war zum Glück für solche Ereignisse versichert. Aber der Austausch zwischen meiner Krankenkasse und der Berufsgenossenschaft gestaltete sich als sehr umständlich. Ich hatte da enorm viel Papierkram zu bewältigen. Dann kam aber doch noch alles ins Reine.

Als dann endlich auch die Narbe heilte, brauchte ich nur noch einen leichten Verband. In der Uniklinik sollte dann die Abschlussuntersuchung stattfinden. Nach einer ewigen Wartezeit, ich saß wieder im Rollstuhl, von Joshua geschoben, kam ich in das Behandlungszimmer. Da war wegen Überfüllung und Personalmangel auch der Teufel los. Auf einer Pritsche lag ein seniler Mann mit herabgelassenen Hosen, der vergessen wurde, nachdem er auf der Toilette war. Man hatte ihn dann einfach auf die Pritsche gelegt, ohne ihm die Hosen wieder hochzuziehen. Alleine konnte er das nicht, da er etwas mit seiner Hüfte hatte. Dann rief er laufend in voller Lautstärke, dass der Kapitän doch endlich kommen solle. Man hätte ihn total vergessen und das Schiff sei schon unter Wasser. Als Joshua nach mir sah, dachte der Mann wohl, Joshua sei vom Personal. Er bat ihn verzweifelt, dass er ihm die Hosen hochziehen und an Deck bringen solle. Joshua war erst mal perplex und rief dann eine Schwester, die dann einen Vorhang zwischen mir und den Mann schob und sich des Mannes annahm.

Joshua ging dann wieder ins Wartezimmer. Meine Untersuchung war in 2 Minuten vorbei. Als die Schwester mich wieder in den Flur schob, sagte sie zu Joshua: „Verbunden werden muss das Bein noch. Verbandsmaterial finden Sie unten im Rollstuhl." Sagte es und war wieder verschwunden. Wir waren zunächst baff. Ich sagte: „Zum Glück brauchte ich mich nicht auch noch operieren zu lassen."

Joshua ist ja so ein ruhiger Typ und macht so einiges mit. Aber da rastete er aus. Er ging in das Zimmer und holte die Schwester wieder heraus mit den Worten, dass er nun mal kein Krankenpfleger sei. Es ist doch wohl der Job der Krankenschwester, die Patienten zuverbinden. Mit zerknirschtem Gesicht tat sie dann auch ihre Arbeit und verband mein Bein. Dann fuhren wir nach Hause.

Meine Augen-OP

Ein Jahr darauf hatte ich einen Termin beim Augenarzt. Es sollte nur eine Kontrolle sein. Dabei stellte sich heraus, dass ich auf dem rechten Auge nur noch eine Sehkraft von 40% hatte. Ich hatte auch schon selber gemerkt, dass ich meine Kunden nur noch an der Stimme oder der Silhouette erkannte. Die Gesichter konnte ich in Entfernung nicht mehr genau erkennen. So kam es auch öfter zu Verwechslungen, dass ich die Menschen mit falschem Namen ansprach. Das war mir dann auch immer sehr peinlich.

Der Augenarzt meinte, dass ich einen fortgeschrittenen „Grauen Star" hätte. Diese Linsentrübung ist altersbedingt. Da hilft auch keine Brille. Ein Wechsel der Linse müsse durch eine OP erfolgen, wenn meine Sehkraft wieder besser werden sollte. Also wurde ein OP-Termin vereinbart. Die OP konnte ambulant gemacht werden.

Fast hätten wir den Termin verpasst, da sich auf der Kreuzung, die wir passieren mussten, um zur Klinik zu kommen, ein Schwan spazierte. Es hatte sich bereits ein großer Stau gebildet. Keiner wusste, wann der Schwan die Straße verlassen würde. Aber nicht nur wir waren unter Zeitdruck. Einige Fahrer waren schon ausgestiegen und versuchten, den Schwan zu verscheuchen. Er fauchte und griff die Leute an. Schließlich hupten mehrere Autos. Das konnte er dann doch nicht vertragen und flog davon. Dann löste sich der Stau wieder auf und es ging weiter.

Was mich nach 43 Jahren einholte

Im Jahre 2015 ereigneten sich bei mir noch so einige Sachen. Ich bemerkte seit einiger Zeit, dass ich in der Nähe meiner Gallennarbe von 1976 eine Beule im Bauch bekam. Diese wurde immer größer und fing dann bei Berührung auch an zu schmerzen. Auf dem Bauch konnte ich auch schon seit einiger Zeit nicht mehr liegen. Meine Befürchtungen, dass sich da etwas Krebsartiges entwickeln könnte, wurden immer größer. Ich entschied mich dann, meine Hausärztin einen Blick drauf werfen zu lassen.

Ich hatte großes Vertrauen zu meiner Hausärztin. In den ersten Jahren meiner Selbstständigkeit waren auch sie und ihre Tochter Reitkunden bei mir gewesen.

Auch war sie gleichaltrig mit mir.

Ganz früher hatten wir auf dem familiär anheimelnden Reiterhof auch Geburtstage zusammengelegt und gefeiert. Da war sie dann auch dabei mit ihrem Mann. Daher hatten wir auch noch ein anderes Verhältnis zueinander. Dieses Verhältnis hatte ich natürlich zu anderen Ärzten nicht.

Sie wusste auch nicht so recht, was diese Beule sein könnte. Allerdings hatte mein Vater nun auch seine Diagnose der 3. Krebsart, die er hatte, bekommen. Mit Prostata -, Haut- und Blutkrebs waren ererbte Veranlagungen bei mir sehr wahrscheinlich. Zumal auch meine Mutter an Bauchspeichelkrebs gestorben war, war ich quasi durch beide Elternteile erblich gefährdet.

Sie gab mir eine Überweisung in die Chirurgie. Ich hatte auch eine Chirurgin als Reitkundin. Ich zeigte ihr die Beule auch und fragte, was es sein könne. Sie war auch ratlos. Aber sie bot mir an, das in der Klinik, in der sie arbeitete, untersuchen zu lassen. Schnell bekam ich einen Termin. Per Ultraschall war nichts zu erkennen. Da musste wieder eine OP Gewissheit schaffen. Ich bekam einen Termin bei ihr. Sie hatte an einem Samstag Unterrichtstermin bei mir. Einen Tag musste ich zur Beobachtung in der Klinik bleiben und dann konnte ich auch schon wieder entlassen werden.

Dann könnte ich theoretisch Samstag nur stimmlich, ohne körperlichen Einsatz, unterrichten. Joshua würde dann die körperlichen Parts mit den Pferden übernehmen.

Außerdem war diese Ärztin eine der fortgeschrittenen Reitschüler, die sich sowieso bald mit dem Gedanken eines eigenen Pferdes befasste. Sie konnte also ihr zugeteiltes Schulpferd auch alleine vorbereiten.

Erstaunt waren wir dann aber alle über das Ergebnis nach der OP, was das Geheimnis der Beule war. Ich war schon immer allergisch gegen Fäden, mit denen die OP-Narben verschlossen oder vernäht wurden. Nach einer gewissen Zeit eiterten sie und wurden von meinem Körper abgestoßen. Das hatte ich schon öfter erlebt. Nun wusste ich das damals als Kind bei der Gallen-OP noch nicht. War da ja auch meine erste OP in meinem Leben.

Es werden aber auch die inneren bei einer Bauch-OP mit Fäden vernäht. Um diese Fäden hatte sich nun nach 43 Jahren eine Schicht gebildet und es hatte sich ein „Faden-Granulat" zu einer Kugel entwickelt, was jetzt vom Körper abgestoßen wurde.

So eine Diagnose hatten die Ärzte bis dato auch noch nicht. Die Narbe wurde dann gar nicht genäht, sondern nur „getackert". Es dauerte sehr lange, bis alles wieder zugewachsen war. Solange konnte ich keine körperlichen Aktivitäten machen. Joshua musste mich täglich bei der Arbeit unterstützen. Eine hässliche weitere Narbe blieb dann zurück, als alles ganz verheilt war.

Micky, mein Kätzchen

Ende des Jahres 2015 hatten wir beschlossen, uns eine Katze aus dem Tierheim zu besorgen. Ich kannte die stellvertretende Tierheimleiterin des hiesigen Tierheimes von früher, als sie auch ein Privatpferd auf dem Reiterhof eingestellt hatte. Wir hatten immer ein herzliches Verhältnis und ich hatte auch noch ihre Telefonnummer. Im Internet waren einige der zu vermittelnden Katzen vorgestellt und beschrieben. Ich rief sie an und wir vereinbarten einen Besuchstermin. Dann war es so weit. Die Katze „Micky", eine grau getigerte 4-jährige Katze der Rasse EKH (Europäisch Kurzhaar), war meine Favoritin. Diese Katze war auch noch vorhanden. Mir wurde die Katze vorgestellt. Einiges zu ihrer Geschichte erzählte mir meine Bekannte noch. Der Besitzer der Katze war vor kurzer Zeit verstorben. Sie ist eine reine Wohnungskatze und war auch noch nicht lange im Tierheim. Allerdings hatte sie einenHerzfehler, der aber noch nicht behandelt werden musste. Aber sie musste unter Beobachtung gehalten werden deswegen. Im Voraus hatten Joshua und ich schon alles für den Einzug der Katze vorbereitet. Die Utensilien waren angeschafft worden, Futter und den Transportkorb bekamen wir vom Tierheim mit. Nach Abschluss aller Formalitäten wurde sie in der benachbarten Kleintierpraxis noch einer letzten Untersuchung unterzogen und dann konnten wir den Heimweg antreten. Autofahren war dann nicht so ihr Ding. Die ganze Fahrt über miaute sie. Aber wir hatten es ja nicht weit. Zu Hause angekommen, überließen wir sie erst mal sich selbst. Sie sollte selber in Ruhe ohne Störung ankommen. Als ich ihr dann Futter anbot, fraß sie auch gleich. Sie nahm mir dann auch ein Leckerli aus der Hand ab. Das zeugte von großem Vertrauen zum Menschen. Mit der Zeit wurde sie immer zutraulicher. Ich freute mich jeden Tag, wenn ich nach Hause kam, auf sie. Sie empfing mich dann immer liebevoll miauend. Auch war sie sehr gelehrig. Sie war 5 Jahre unser „Familienmitglied". Ich dressierte sie genau wie die Pferde. Sie konnte dann schon mehrere Kunststücke, die ich ihr ansagte. Darunter waren „Männchen machen, Pfötchen geben (sie konnte sogar rechts und links unterscheiden), Sitz, Platz, Bleib, In die Küche gehen".

Sie konnte alleine bleiben, wenn wir weg waren. In der Urlaubszeit brachten wir sie in eine Katzenpension. Die Frau lobte das Wesen und das Betragen unserer Katze auch sehr. „So eine pflegeleichte Katze habe ich selten erlebt", waren ihre Abschiedsworte, als wir „Micky" wieder abholten.

Mit 7 Jahren waren wir wieder beim Tierarzt zum jährlichen Gesundheitscheck wegen des Herzens. Da stellte die Tierärztin fest, dass „Micky" sehr viel Zahnstein hatte, der entfernt werden müsse. Wir vereinbarten einen Termin, da so etwas unter Betäubung gemacht werden müsse bei der Katze. Dann kam der Tag. Ich brachte „Micky" morgens hin und sollte sie mittags wieder abholen. Kurz nach 11.00 Uhr rief mich die Tierärztin an. Sie teilte mir mit, dass „Micky" unter der unheilbaren Zahnerkrankung von Katzen mit Namen „Flor" leide. Dabei werden von einem Keim die Kieferknochen von der Wurzel her zersetzt. Die Zähne fallen dann alle aus, nachdem sie vorher verfaulen. Da man diese Krankheit noch wenig erforscht hatte und sie vor allem erst im Röntgenbild sieht, kommt immer jede Behandlung zu spät und man kann der Krankheit auch nicht vorbeugen. Nun ist auch noch der Umstand vorhanden, dass Katzen keine Schmerzen zeigen. Wenn schlechtes Fressverhalten erkennbar ist, ist es meistens schon zu spät. Meine Katze musste schon erhebliche Schmerzen gehabt haben. Einige Zähne hatte sie auch schon verloren. Der Rest musste jetzt mit einer OP gezogen werden. Die Ärztin beruhigte mich aber und sagte, auf meine fragenden Augen hin, dass

Katzen sehr gut ohne Zähne fressen können. Der Gaumen wird nach gewisser Zeit so hart, dass sie sogar Trockenfutter zerbeißen können. Da war ich ja zufrieden. Bei „Micky" wurde dann eingehend noch mal das Herz kontrolliert, ob sie OP-tauglich war. Das war der Fall. Eine Spezialistin für Tierzahnmedizin wurde angefordert und die OP konnte dann mit meiner Zustimmung beginnen. Der ganze Spaß kostete über 800,– €. Die Tierklinik sorgte dafür, dass ich das Geld in Form eines Ratenkredites bekam. So hätte ich das Geld nicht zusammenbekommen und „Micky" hätte dann eingeschläfert werden müssen.

Am nächsten Tag konnten wir sie wieder abholen. Sie hatte starke Schmerzen und ihr ging es sehr schlecht. Zu Hause gab ich ihr dann Futterbrei, den sie nahm. Ansonsten schlief sie 5 Tage lang sehr lange Zeit tagsüber. Dann wurde sie wieder lebhafter und spielte auch schon wieder mit uns. Ab da ging es wieder bergauf mit ihr. Wir hatten noch weitere 2 Jahre viel Spaß mit ihr. Ihre Gesundheit war wieder voll da. Aber dann hatten wir 2-mal die schrecklichen Erlebnisse, dass sie schreiend umfiel mitten in der Bewegung und bewusstlos liegen blieb für einige Sekunden. Einmal wollte sie zu Joshua auf den Schoß springen und stürzte mitten im Sprung ab.

Ich rief den Notdienst in der Tierklinik an und schilderte das Problem. Wir sollten sofort hinkommen. „Micky" ging es zu dem Zeitpunkt wieder besser. Aber ich wollte nun nicht das Wochenende ohne Wissen der Umstände vergehen lassen. Wir fuhren am Freitagabend noch mit ihr in die Klinik. Da wurde sie untersucht und ihr wurde Blut abgenommen, da die äußere Untersuchung nicht aussagekräftig war. Wir waren schon 2 Stunden in der Klinik. Als ich dann ins Sprechzimmer gerufen worden war, um den Befund zu besprechen, brach ich danach weinend zusammen. „Micky" hatte Blutkrebs. Die Ärztin gab ihr noch 2 Wochen. Dann würde sie sterben. Die Zusammenbrüche waren bereits Vorboten, dass das Gehirn schon nicht mehr mit Blut versorgt worden war. Der Schlaganfall hätte jede Minute kommen können.

Mit Medikamenten würde die Ärztin ihr noch 3–5 Monate geben. Aber da es schon immer sehr schwierig mit Medikamentenverabreichung bei „Micky" gewesen war, würde ich sie jeden Tag damit quälen. Und ob die Medikamente dann auch wirklich in ihr angekommen wären, wüsste ich auch nicht genau zu sagen. Also besprach ich die ganze Sache, mit der wir ja nun überhaupt nicht gerechnet hatten, noch einmal mit Joshua. Der war auch total fertig.

Dann gab ich das Einverständnis zum Einschläfern meiner Katze.

Nach der ersten Spritze, die die Katze ermüden und beruhigen sollte, konnte ich mich noch von ihr verabschieden. „Micky" ließ sich sonst eigentlich nicht so gerne in den Arm nehmen.

Lieber lag sie auf einem drauf oder für sich, aber in unserer Nähe. Jetzt legte die Ärztin sie mir in den Arm und sie blieb ganz still liegen ohne Gegenwehr. Daran sah ich, wie schlecht es ihr schon gehen musste, wenn sie so etwas duldete. Als sie dann ganz ruhig war, bekam sie die Überdosis Narkotika direkt ins Herz gespritzt. Davon merkte sie schon nichts mehr. Da war wes mit meiner Beherrschung vorbei. Die Tränen liefen mir nur so runter. Die Ärztin gab mir noch ein Taschentuch und tröstete mich mit den Worten: „Sie haben sich richtig entschieden. Micky hätte sonst irgendwann tot in ihrer Wohnung gelegen und sie hätten die Todesursache nicht gewusst. Nun wissen Sie, dass sie das Richtige für Micky getan haben, weil sie ihre unheilbare Krankheit erfahren haben." Das tröstete mich auch ein bisschen. Draußen am Auto setzten wir den nun leeren Transportkorb in den Kofferraum. Joshua nahm mich noch mal in den Arm und wir trösteten uns gegenseitig. Denn auch er hatte die Katze sehr ins sein Herz geschlossen. Zu Hause angekommen, entfernten wir alles, was uns an „Micky" erinnerte. Aber trotzdem war das Haus so leer, wenn ich von der Arbeit kam. Ich hatte lange mit ihrem Verlust zu kämpfen. „Micky" wurde 9 Jahre alt. 5 Jahre davon verbrachte sie bei uns.

Die Pechsträhne geht weiter

Mit meiner Gesundheit ging es nun wieder bergauf. Ich hatte wieder 100 % Sehkraft auf beiden Augen, konnte wieder gut laufen und war auch sonst guter Dinge. Der Alltag hatte uns wieder. Ich war jedenfalls in den Sommerferien des Jahres 2016 mit Kindern in der Ferienbetreuung beschäftigt, als Joshua auf den Hof kam. Ich war überrascht, denn er unterstützte mich nur an den Wochenenden und manchmal noch 2 weitere Tage in der Woche, wenn es viel zu tun gab.

Er sah recht fertig aus. Dann fragte er, ob wir ein paar Minuten für uns allein ohne die Kinder haben könnten. Ich fragte Franzi, ob sie mich ein paar Minuten vertreten könne, denn die Kinder konnte ich nicht so allein lassen. Die würden dann auch nur Dummheiten machen.

Sie sagte zu. Joshua und ich gingen dann in einen separaten Raum.

Er hatte seit einigen Tagen das Gefühl, einen Kloß im Hals zu haben, der beim Schlucken störte. Er hatte das vom Hausarzt untersuchen lassen und kam nun von ihm. Der Hausarzt hatte ihn sofort zur HNO (Hals-Nasen-Ohrenklinik) zur Biopsie des Knotens geschickt. Das hieß nichts anderes, als dass der Hausarzt Kehlkopfkrebs vermutete. Ich war geschockt. Die Biopsie sollte unter Narkose stattfinden und Joshua kam von der HNO, wo er schon in 2 Tagen diesen Termin bekommen hatte. Das stellte nun alles auf den Kopf. Ich versuchte, Joshua so gut es ging zu beruhigen. Selbst war ich aber auch total aufgewühlt. Aber uns blieb nichts anderes übrig, als das Ergebnis der Gewebeentnahme abzuwarten. Die schlimme Nachricht schlug wie eine Bombe ein. Joshua hatte tatsächlich Kehlkopfkrebs. Die Totaloperation sollte bereits in der kommenden Woche durchgeführt werden, bevor der Krebs streuen konnte. Wenn das nicht schon längst passiert war. Aber wir hatten Glück. Schnell wurden alle erforderlichen Untersuchungen für die OP durchgeführt. Joshua verbrachte sehr viel Zeit bei den Ärzten. Selbst eine Zahnuntersuchung musste stattfinden. Bei einer nachfolgenden Bestrahlungstherapie drohte den Patienten der Verlust aller Zähne, da die Kieferknochen durch die Strahlen zerstört werden. Hätte Joshua jetzt Karies oder Parodontose (Zahnfleischentzündung), würden ihm schon vor der OP alle Zähne gezogen werden müssen. Zum Glück waren alle Zähne und auch das Zahnfleisch infolge regelmäßiger Zahnarztbesuche und guter Zahnpflege in Ordnung. In dem Fall konnte er seine Zähne komplett behalten. Bei der Bestrahlung würden sie dann durch eine aufgesetzte Schiene geschützt werden. Schon als er in der Klinik war, hatte er noch ein Vorgespräch mit einem selbst betroffenen Patientenbetreuer einer „Selbsthilfegruppe für Hals-Operierte". Auch ich wurde dazu gebeten. Man konnte den Mann ganz schlecht verstehen. Er hatte uns die Sache mit den Zähnen aus eigener Erfahrung beschrieben. Mir wurde da schon ganz anders.

Er hatte einen ganz dünnen Hals und war auch sonst sehr untergewichtig. Achim hatte auch im Vorfeld rapide abgenommen. Sein Kumpel hatte das bemerkt. Ich hatte das gar nicht so mitbekommen, da ich ihn ja öfter sah.

Jedenfalls hatte der Mann uns auf alle Eventualitäten gefasst gemacht, was alles passieren könnte. Ich war aber sehr erleichtert, dass er uns eine weitere Betreuung im Verein anbot und auch eine Mitgliedschaft anbot. Das galt auch für mich. Es waren mehrere Angehörige der Betroffenen Mitglied des Vereins.

Am nächsten Tag war es dann so weit. Joshua hatte nicht geschlafen und sehr viel Angst. Da der gesamte Hals aufgeschnitten wird, können viele Nerven und Muskeln verletzt werden und zu enormen Ausfällen im weiteren Leben führen.

Auch mir ging es sehr schlecht. Ich war immer in Gedanken bei ihm in der Klinik.

Die HNO hatte keine eigene Intensivstation. Nach den OPs wurden alle Patienten dann in die Uniklinik gebracht zur Intensivstation, in der ich auch meine zweite Bein-OP hatte. Ich nannte diese Klinik insgeheim „die Schlachtbank", weil ich die Uniklinik immer mit schlechten Erinnerungen in Verbindung brachte.

Aber ich wusste, dass die Reitkundin, der ich später auch meinen „Simba" verkaufte, OP-Schwester in der Uniklinik war. Ich erzählte ihr von der OP Joshuas. Sie tauschte extra ihren Dienst, um ihn betreuen zu können. Es klappte auch. Sie schrieb mir dann eine SMS über den Zustand von Joshua nach der OP. Nach 2 Tagen auf der Intensivstation wurde Joshua dann wieder in die HNO verlegt. Die OP hatte 4 Stunden gedauert und war nicht so einfach gewesen. Ich konnte Joshua dann am 3. Tag besuchen. Wir konnten uns nur schriftlich und per Zeichensprache unterhalten. Das behielten wir lange bei. Er konnte nicht sprechen. Kabel zur Überwachung der lebenswichtigen Werte waren noch überall an seinem Körper. Er war noch am Tropf. Über eine Nasensonde wurde er mit sogenannter „Kosmonauten-Nahrung" ernährt. Allerlei Apparate standen um sein Bett herum. Sein Gesicht war total angeschwollen. Barthaare, die ich sonst gar nicht an ihm kannte, machten sein Gesicht fast unkenntlich. Ich bekam erst mal einen Riesenschock, als ich ihn sah. Aber ich musste mich zusammenreißen. Er brauchte mich. Er freute sich sehr über meinen Besuch. Alle 5 Minuten kam eine Schwester ins Zimmer. Dann half sie Joshua beim Absaugen des Schleims, Speichels und inneren Restblutes. Joshua bekam noch starke Schmerzmittel. Er schrieb mir auch, dass die Dosis manchmal nicht ausreichte und er fast wahnsinnig wurde vor Schmerzen. Ich konnte mit ihm fühlen. Sein Hals war von einem Ohr zum anderen komplett aufgeschnitten worden.

Nach 3 Wochen wurde er dann entlassen. Mit einer Tasche voller Geräte bestückt, holte ich ihn zu mir in meine Wohnung. Aber auch hier hatte er trotz Tabletten und Tropfen mit enormen Schmerzen zu kämpfen. Er tat mir so leid. Alle 2 Wochen musste er dann immer wieder in die Klinik zur Kontrolle. Auch diese Untersuchungen waren nicht schmerzfrei.

Als die Wunden dann halbwegs abgeheilt waren, ging es mit der Bestrahlung los. Metastasen hatte der Krebs zum Glück nicht gestreut. Auch daraufhin wurden die Organe per Röntgen und Ultraschall ständig untersucht. Er brauchte keine Chemotherapie. Das war auch schon mal eine gute Nachricht. Der Schluckreflex war nach der OP auch zum Glück nicht verloren gegangen, sodass Joshua normal essen konnte. Sonst hätte er zwischen den Rippen per OP eine Magensonde gelegt bekommen. Von Unterhaltungen mit anderen Patienten wusste Joshua, dass das eine sehr schmerzvolle Sache war. Und die wäre dann lebenslang. Joshua lernte nach einigen Besuchen bei Logopäden auch das Sprechen mit dem Ventil, was er dann immer zudrücken musste dabei. Er konnte dann auch wieder telefonieren. Man verstand ihn sehr gut.

Aber die Bestrahlung erzeugte eine Lähmung der Nerven der Kinn- und Halspartie. Sein Geschmacks- und Geruchssinn verschwanden vollständig. Das sollte nach etwa 5 bis 10 Jahren wiederkommen, berichteten einige Betroffene aus Erfahrung. Es kann aber auch für immer sein, dass sich diese Sinne nicht mehr regenerieren. Nach 5 Jahren konnte er immer noch nicht riechen und schmecken.

Des Öfteren musste Joshua auch nach dem Essen sein Absauggerät bedienen, um Speichel und Schleim zu entfernen, die eine Atmung unmöglich zu machen drohten.

Wir hatten sehr gute Unterstützung in der Selbsthilfegruppe. Wir wurden auch Mitglieder des Vereins. Eine freundliche Atmosphäre herrschte bei den monatlichen Zusammenkünften bei Kaffee und selbstgebackenen Kuchen. Jeder brachte mal was anderes mit. Da wurden auch weitere Erfahrungen ausgetauscht. Aber auch um verstorbene Mitglieder wurde mit einer Schweigeminute getrauert. Ich fand es aber auch sehr schön, dass auch den Angehörigen der Verstorbenen weiterhin Trost und Unterstützung gegeben wurde. Jedes Jahr unternahmen wir im Verein Kegelabende, Grillabende oder gemeinsame Essen. Die traditionelle Weihnachtsfeier mit Programm und Tanz im „Neptun-Hotel" in Warnemünde bildete dann den krönenden Abschluss der Jahre. Joshua kam immer besser mit der Sprechprothese klar, sodass man bald nicht mehr deren Anwesenheit bemerkte, wenn er ein Tuch davor band.

Die schlimmsten Schmerzen nach der Bestrahlung hatte er auch überstanden. Ich litt immer mit ihm und hatte totale Angst, als er eines Tages sagte, er halte die Schmerzen nicht mehr aus und wollte vom Balkon springen. Da ich an dem besagten Tag arbeiten musste, brachte ich ihn vorher in die Klinik. Da bekam er dann einen Schmerztropf. Abends konnte ich ihn dann wieder abholen. Wenn er den Tag allein zu Hause geblieben wäre, hätte ich bei der Arbeit keine ruhige Minute gehabt. Dann wurde es aber immer besser.

Doch nach einem Jahr begann das nächste Dilemma. Die im Rachenraum einoperierte Prothese war defekt. Alles, was er nun an Flüssigkeiten zu sich nahm, floss sofort in die Bronchien und Lunge durch die Luftröhre, die operativ verlegt worden war. Das verursachte starke Schmerzen wie beim „Sodbrennen".

Auch konnte dabei eine tödliche Lungenentzündung entstehen.

Ein Jahr hatte dieses Teil dichtgehalten. Nun hatten wir alle Vierteljahre dieses Problem, dass es ausgetauscht werden musste. Dann ging es wieder eine Zeitlang gut. Materialermüdungen waren die Ursache für dieses Problem. Zu Beginn dieser Probleme hatte Joshua dann immer keuchende, quälend verlaufende Hustenanfälle, die zeitlich sehr lange anhielten und in immer kürzeren Abständen auftraten. Himmelangst hatte ich immer, wenn diese Anfälle während der Autofahrten kamen.

Immer öfter musste er dann zum Wechseln der Ventile in die HNO. Das passierte dann durch die Halsöffnung. Je nachdem, welche Erfahrungen der behandelnde Arzt hatte bei dem Wechsel, war es mal mehr, mal weniger schmerzhaft und blutend.

So ein Ventil kostete immer 2000,– €. Aber die Ärzte sagten schon, dass es bald wieder einer OP bedurfte, bei der dann das Loch im Innenrachenraum verkleinert werden müsse. Es sei bei den häufigen Wechseln „ausgeleiert". Das Loch werde dann durch Zunähen verkleinert. Das hörte sich auch nicht gerade Vertrauen erweckend an. Auch hatte Joshua etwas Bammel davor. Wir feierten jedes Jahr 2-mal seinen Geburtstag, denn Joshua war so froh, noch am Leben zu sein aufgrund der medizinischen Fortschritte in unserer heutigen Zeit. Vor nicht allzu langer Zeit starben die Patienten kurz nach so einer OP noch.

16. Kapitel
Wohnungsveränderungen

Ich wohnte nun schon seit 2010 in dem Plattenbau im 5. Stock. In meiner 1 ½-Zimmerwohnung fühlte ich mich sehr wohl. Gute Anbindung an öffentliche Verkehrsmittel, schönes Gelände, was zu ausgedehnten Spaziergängen oder Fahrradtouren einlud, waren nicht weit entfernt.

Nur hatte ich mit zunehmendem Alter immer mehr Schwierigkeiten, meine Einkäufe die Treppen hochzubekommen. So hatte ich vor, meine Wohnung gegen eine in den unteren Etagen einzutauschen, wenn da etwas frei werden würde. Ich hatte das auch schon bei der Wohnungsgenossenschaft beantragt.

Da sagte eines Tages mein Nachbar zu mir, dass im folgenden Jahr große Umbauten in den Wohnungen unseres Blocks, Verschönerung der Außenfassade und ein Einbau eines Fahrstuhles in Planung seien. Mir war das neu. Da ich vom Balkon meiner Wohnung einen sehr schönen Ausblick hatte, war ich auch mit der 5. Etage zufrieden. Nur die Treppen wurden immer mehr zu meinem Problem.

Aber unter diesen Umständen, wenn sich das alles zum Besseren wenden sollte, konnte ich es auch noch ein weiteres Jahr in der Wohnung aushalten. Ich zog den Antrag bei der Wohnungsgesellschaft wieder zurück, stellte dann aber einen Antrag für einen Parkplatz. Die Parkplatzsituation war in der Gegend katastrophal. Viele Familien hatten nun schon neben ihren Privatautos auch noch ihre Dienstwagen zu Hause abgestellt. Das war eigentlich nicht vorgesehen und verboten. Aber keiner kontrollierte das und es wurden immer mehr. Wenn Joshua zu mir kam, fand er so manches Mal keinen Parkplatz mehr und er musste sich ins Parkverbot stellen. Da war dann am nächsten Tag so manches Knöllchen dran. Die Politessen wussten um diese Sache und kassieren ordentlich. Ich hatte mal eine Politesse gefragt, was es denn für eine Alternative gäbe. Da grinste sie mich an und sagte: „Schließlich wollen wir ja auch was verdienen. Es gibt keine andere Alternative, als dass Sie das Auto verkaufen und mit den öffentlichen Verkehrsmittels oder mit dem Rad fahren." Ich war darüber so wütend, dass Joshua mich zurückhalten musste. Ich wollte schon aussteigen und ihr eine knallen. Aber das hätte für mich dann noch mehr Ärger bedeutet. Ich konnte mich gar nicht beruhigen.

Ich hatte vor langer Zeit mal einen „Van" beim Ausparken gerammt. Vor Angst, es könnte mich jemand beobachtet haben, stellte ich mich freiwillig der Polizei. Ich konnte nicht davon ausgehen, dass der Fahrer in den nächsten 2 Stunden wieder auftauchen würde. Das kostete mich trotzdem eine Anzeige, Geldstrafe bei der Polizei und bei der Versicherung eine Höherstufung von 10 Punkten. Das Fahrzeug hatte nur kleine Abschürfungen an der Stoßstange. Damit fuhr der „Van" noch jahrelang herum. Er hatte das gar nicht reparieren lassen. Das war dann die Strafe für meine Ehrlichkeit. Aber die Schrammen an Joshuas Auto, die er auch bei der Polizei zur Anzeige gebracht hatte, wurden gar nicht bestraft. Die Polizei machte sich gar nicht auf die Suche nach den Tätern.

Kameras durften wir unter Strafandrohung auch nicht im Auto anbringen um dann selbst den Täter ausfindig zu machen. Da war dann wieder der Datenschutz der Verbrecher vorrangig.

Nach 3 Jahren Wartezeit bekam ich dann auch meinen eigenen privaten Parkplatz. Einige andere Fahrer nahmen das aber auch nicht so ernst. So war auch mein eigener Parkplatz so manches Mal besetzt. Kein Fahrzeugführer in Sicht. Nach 10 Minuten ließ ich die Fahrzeuge dann abschleppen. Kam dann so mancher Fahrer doch vor dem Abschleppdienst an und flüchtete, kam es meistens zu unschönen Auseinandersetzungen zwischen ihm und mir. Da ich aber das Kennzeichen bereits dem Abschleppdienst gemeldet hatte, musste der Fahrer den Aufwand doch bezahlen. Das regelten die aber dann untereinander. Da hatte ich nichts mehr mit zu tun. Aber etwas schadenfroh war ich dann schon.

Nach vielen vorherigen Ankündigungen der Wohnungsgenossenschaft über das Procedere der Umbauten wurde das Haus eingerüstet. Die Fenster wurden mit Folie verklebt. Im Inneren wurden sanitäre Einrichtungen, wie Badewanne, Heizung und Toilette, ausgewechselt. Neue Fliesen wurden gelegt. Elektroleitungen und Ab- und Zuflussrohre der Wasserleitung wurden neu verlegt. Manchmal konnte ich von oben bis unten durch das Abflussloch bis in das Erdgeschoss sehen.

In der Küche wurde alles neu gemacht. Wir hatten ja bis dato noch Gas und Durchlauferhitzer zum Kochen und für die Warmwassererzeugung. Nun wurde alles auf Strom umgebaut.

Während der ganzen Zeit hatten wir weder Wasser noch Strom. Auch die Toilettenspülung wurde durch einen Eimer ersetzt. Zum Duschen, Waschen und Toilettengang wurde ein großer Container an der Ecke des Hauses aufgestellt. Da konnte man dann tagsüber hin. Die Wäsche wusch dann Joshua in seiner Wohnung. Es war ja Sommer, sodass das Thema „Wärme" nicht relevant war.

Etwa ein Vierteljahr dauerte der ganze Umbau. Wir bekamen den gewünschten Fahrstuhl eingebaut. Das Haus wurde neu gestrichen. Als dann auch die durch die schweren Fahrzeuge beschädigten Außenanlagen wieder begrünt wurden und alles fertig war, war es ein schöner Anblick. Mein Zuhause kam mir dann noch gemütlicher vor. Ich wohnte gerne in der Platte. Auch hielt sich die Mieterhöhung in Grenzen.

17. Kapitel
Die Zeit auf dem letzten Reiterhof

Eines Tages bat mich eine Einstellerin um Hilfe bei der Ausbildung ihres Pferdes „Jantar". Der große braune 12-jährige Wallach war in der Slowakei im Springsport aktiv gewesen. Die Besitzerin namens „Monika" hatte ihn dann seiner Vorbesitzerin abgekauft. Nervlich war der Wallach nur noch ein Wrack. Bei einem Geländeritt erlitt Monika dann auch einen schweren Unfall mit ihm. Nun hatte sie auch etwas Angst, wollte den Braunen aber nicht aufgeben. Wir arbeiteten dann sehr viel mit Bodenarbeit an seiner Psyche. Ich unterstützte Monika mit meinem Wissen und meiner Erfahrung in der Pferdeausbildung. Bald festigte sich das Vertrauen der beiden wieder. Die weitere reiterliche Ausbildung übernahm dann meine spätere Kollegin „Wolli". Die Jahreszeit ging auf den Winter zu. Es wurde ein plötzlicher, sehr kalter Wintereinbruch. Wir hatten so schnell damit noch gar nicht gerechnet. Somit hatten wir auch keine Vorkehrungen getroffen, die Tränken abzustellen. Es kam, wie es kommen musste, innerhalb einer Frostnacht waren die Tränken und die Wasserleitungen eingefroren. Als sie dann in den nächsten 2 Tagen wieder auftauten, entstand so viel Druck, dass sich die Pferde wie in einer Tropfsteinhöhle vorgekommen sein mussten, da an mehreren Stellen die Leitungen platzten. Jedenfalls standen alle Pferde, deren Wände der Boxen eine Außenwand war, bis zu den Fesselgelenken im Wasser. Ans Hinlegen war in der nassen Einstreu auch nicht zu denken gewesen. Es war dann auch wieder Tauwetter angesagt. Alles an Arbeitskräften, was zur Verfügung stand, hatte dann damit zu tun, die Boxen von der nassen schweren Einstreu zu befreien. Die Pferde waren auf der Koppel, sodass wir freie Bahn hatten. Mehrere Klempner, die ganz schnell Hilfe anboten, als der Chef sie anrief, kamen und wechselten die defekten Wasserleitungen und die defekten Ventile der Selbsttränken aus. Es grenzte an ein Wunder, dass sofort Handwerker zur Verfügung standen. Aber dieses war ein Notfall, denn die Pferde mussten ja zur Nacht wieder in ihre Boxen gebracht werden. Bis zum Abend hatten die Handwerker auch zu tun, aber sie schafften es, den Stall insgesamt wieder in Ordnung zu bringen. Es wurden dann vorsorglich alle Wasserzuläufe abgestellt, die Ventile der Tränken geöffnet und die Pferde wurden dann mit Eimern getränkt. Im Sommer sollten dann alle Wasserrohre isoliert werden. Beheizbare Wasserrohre waren auch in naher Zukunft als notwendige Investition geplant.

Der Wintereinbruch wiederholte sich im späten Frühjahr nochmals, was dem Klimawandel zuzuschreiben war. Aber da waren wir vorbereitet.

Da hatten wir dann mit den zugeschneiten Straßen zu tun. Der Chef hatte alle Hände zu tun, den vielen Schnee mit dem Traktor von den Straßen zu räumen. Wir fegten auch noch den Rest des Hofes frei und streuten Kies, um die Pferde vor Stürzen und Knochenbrüchen zu bewahren.

Zum Jahresbeginn hatte ich bei den Reitkunden immer eine sogenannte „Durststrecke". Atemwegserkrankungen, Magen/Darm-Infekte, zu viel Schnee, zu viel Kälte waren meistens die Gründe dafür. Das wiederholte sich in jedem Jahr. Nur die ganz „Harten" hielten zur Stange. Aber das kannte ich schon und hatte mir finanziell mit den Jahren ein Polster angelegt, damit ich „über die Runden" kam.

Im Frühjahr, April/Mai, warfen die Pferde ihr Winterfell ab. Da war das Putzen dann kein Vergnügen mehr und man hatte das ganze Fell der Pferde an seinen eigenen Klamotten.

Deshalb hatte ich schon auf dem anderen Reiterhof einigen Pferden das sich putzen lassen per Staubsauger beigebracht. Das größte Problem war dabei nicht der Staubsauger, sondern das Geräusch und das sich bewegende Kabel. Einen kleinen alten Staubsauger aus DDR-Zeiten hatte ich mir so hergerichtet, dass ich ihn über die Schulter nehmen konnte. Eine Pappe von der Küchenrolle stabilisierte das Kabel und den Schlauch. Dann gab es einen Plastikstriegel im Handel, den ich dann am Ende mit Klebeband befestigte. Mit viel Möhren und Leckerlis wurden die Pferde an den Staubsauger gewöhnt. Das dauerte im Schnitt eine Woche. Als die Pferde das Putzen auf diese Art duldeten, hatten sie keine Angst mehr davor. Für mich war es eine große Arbeitserleichterung.

Aber in diesem Stall konnte ich diese Art des Putzens leider nicht anwenden, da diePrivatpferde große Probleme machten. Die Besitzer hatten dafür wenig Verständnis.

Wenn mehr Zeit für die Pferde war aufgrund weniger Kundschaft, konnte ich mich auch mit deren Körperpflege etwas intensiver beschäftigen. Dann wurden die Mähnen frisiert, die Hufe geölt und gefettet, die Schweife gewaschen. Das Lederzeug und die sonstige Ausrüstung wurden dann alle 2 Monate generalüberholt in der Pflege. Auch wurde das Sattelzeug auf eventuelle Schäden oder andere Schwachstellen geprüft. Joshua stand mir dann immer hilfreich zur Seite.

Zu Beginn des Sommers begannen auch die landwirtschaftlichen Arbeiten auf dem Reiterhof. Alle Männer wurden zur Koppelpflege, Zaunbau und Überprüfung und zur Vorbereitung der Grasmahd und später der Heugewinnung gebraucht und von der Stallarbeit abgezogen. Der Hof hatte sehr viel Land gepachtet, welches nicht nur zur Beweidung genutzt wurde. Es wurde auch für die Pferde Qualitätsheu und Heulage (Heu mit höherem Wassergehalt, welches leicht gegoren ist) hergestellt. Der Hof hatte dann in „Durstzeiten" immer eine Futterreserve für die Pferde oder konnte übriges Futter an andere Höfe verkaufen.

Die Saison der Gelände- und Strandritte begann im Mai und dauerte bis Oktober an. Da waren dann aus ganz Deutschland Urlauber mit und ohne eigene Pferde bei uns zu Gast. Nicht alle wollten nur in der Halle oder auf dem Platz reiten. Wenn die Urlauber gute Reitkenntnisse und auch die entsprechende Kondition hatten, was meine Kolleginnen und ich vorher prüften, waren die 3-stündigen Strandritte an die Ostsee der große Renner. Da der Hof sich gut mit dem Revierförster und dem Bürgermeister verstand, hatten wir das ganze Jahr über ein Stückchen Strandfläche, welches mit Pferden betreten werden durfte, zur Verfügung. Da störte dann auch keiner die Badegäste. Auch ins Meer konnte man da mit den Pferden auf einer Strecke von circa 20 Metern reiten. Das war dann das Highlight für Reiter und Pferd.

Nun hatten wir das Problem, dass die Schulpferde, die ich zum Unterricht nahm, auch für die Strandritte zur Verfügung gestellt werden mussten. Und das hatte Priorität, da ein Strandritt mehr kostete als eine Reitstunde. Die Pferde waren aber nach dem 3-stündigen Strandritt auch nicht mehr für etwas anderes zu gebrauchen, sollten sie nicht überfordert werden. Diese Ritte waren für die Pferde sehr anstrengend, da die Reiter nicht immer die besten Kenntnisse und Methoden hatten. Auch brauchten wir eine Arbeitskraft, die diese Ritte begleitete. In ferner Vergangenheit hatten wir erlebt, dass die Kunden bei alleinigen Ausritten mit den Pferden manchmal sehr überfordert waren. Entweder kamen die Pferde dann alleine zurück auf den Hof und die Reiter hatten Verletzungen oder die Pferde waren total abgehetzt.

Auch hatten die Versicherungen schärfere Bedingungen gestellt, was die Bezahlungen im Versicherungsfall nur für begleitete Geländeritte betraf.

So wurde dann eine weitere Kraft eingestellt, Susi. Ich kannte sie. Schon auf dem Reiterhof, auf dem ich in der Vergangenheit gearbeitet hatte, hatte sie eine Reitbeteiligung auf einem sehr schwierigen Privatpferd. Sie war eine gute Reiterin und aufgrund ihrer schlanken Figur recht sportlich und zäh und fiel auch recht selten vom Pferd.Sie wusste aber nicht, wer ich bin, denn wir hatten nichts miteinander zu tun während meiner Zeit, als ich dort arbeitete. An Reitunterricht war sie gar nicht interessiert. Sie hatte mit einem Bekannten des Chefs auf dessen Hof mit dessen Rennpferden zu tun. Gelernt hatte sie keinen Beruf. Sie arbeitete mal hier, mal da. Versicherungen und Handys hatte sie wohl mal verkauft und war auch in einem Hotel als Zimmermädchen für eine kurze Zeit beschäftigt gewesen. Als ich aber mal Probleme mit meinem Handy hatte, wusste sie noch nicht einmal, wie das geöffnet wurde, um die „Sim-Karte" zu entfernen. Das schürte schon einige Zweifel in mir über ihre Glaubhaftigkeit.

Sie erklärte sich dann bereit, die Kunden zu den Ausritten zu begleiten. So ritt sie so manchen Tag bis zu 6 Stunden. Zu Beginn ihrer Einstellung verstanden wir uns auch sehr gut, sprachen die Pferdeeinsätze ordentlich ab und alles war gut. Ich musste ja dann auch immer meine Pläne umstellen, wenn die von mir eingesetzten Pferde ins Gelände gehen mussten.

Felix war auch im Schulbetrieb von mir im Einsatz. Da er aber spät kastriert worden war, war er Pferden gegenüber immer noch sehr aggressiv und fügte sich auch nicht ohne Probleme in die Herde ein. Er war für 2 Jahre in Privatbesitz als Reitpferd bei seiner Vorbesitzerin. Als diese Frau ein Kind bekam, hatte sie keine Verwendung mehr für ihn und so bekam ich ihn dann. Felix hatte eine Größe von 1,64 Metern und eine schwarzbraune Fellfarbe. An den Hinterbeinen hatte er eine unregelmäßige weiße Zeichnung und am Kopf hatte er etwas Stichelhaar zwischen den Augen. Joshua hatte ihn während des Gespräches zwischen mir und der Besitzerin auf seinen Charakter geprüft. Ebenso hatte er auch das Heben der Hufe kontrolliert. Alles machte Felix sehr gut. Als wir nämlich schon einmal „blind", also ohne vorherige Prüfungen, ein Pferd gekauft hatten, ließ es sich dann nicht satteln und trensen. Aufgrund der enormen Größe von 1,80 Metern hatte ich gar keine Chance. Selbst Joshua mit seinen 1,90 Meter Körpergröße hatte zu tun, dem Pferd eine Trense aufzusetzen. Als sich das dann nach einer Woche noch nicht geändert hatte, gaben wir den Wallach wieder an den Besitzer zurück. Das klappte aber auch erst mit Androhung gerichtlicher Maßnahmen meinerseits. Dann gab er nach und ich erhielt mein Geld zurück.

Ich hatte Felix dann 16 Jahre in meinem Besitz. Ich bildete ihn in Dressur und in der Bodenarbeit aus. Zum Springen taugte er gar nicht. Wenn er sonst auch einen wunderbaren Charakter an den Tag legte, so wehrte er sich beim Springen im Nachhinein mit einer extremen Buckel-Tour. Aber er brauchte auch nicht zu springen. Weil ich ja sowieso nur Anfängerunterricht gab, war das Springen auch nicht so gefragt. Aber es dauerte auch fast ein halbes Jahr, bis ein normaler Reiter den Galopp, den „Felix" anbot, sitzen konnte. Aber es wurde immer besser und ausbalancierter. Dann bekam sein Galopp auch den typischen Dreitakt. Die Kundin, die mir bei der Ausbildung von Felix half, war nach diesem Training auch immer total fertig. Das Ganze stellte sich als super anstrengend heraus. Felix hatte zeitlebens sehr harte Gänge, die nach wie vor schwer zu sitzen waren.

Aber er wollte gefallen und gab sich immer sehr viel Mühe. Er wurde nach „Charlie" mein bestes Pferd. Er ließ sich dann auch später sehr gut von meinen Reitschülern nachreiten. Er war sehr beliebt, da er so viel konnte und immer sehr brav war. Er lief allerdings nicht gerne an der Longe und war sehr eifersüchtig auf andere Pferde, wenn ich mich mehr mit denen auf der Koppel beschäftigte als mit ihm.

Dann musste ich ihn auch zurechtweisen. Aber er gehorchte aufs Wort. Bei mir und auch bei anderen Reitern. Reiter stürzten von ihm sehr selten. Trotzdem konnte ihn nicht jeder Reiter aufgrund seiner Bewegungen reiten. Er kostete die Reiter auch viel Kondition und Kraft.

Aber ich konnte ihn immer als Reservepferd einsetzen, wenn meine Kollegin eines der großen Schulpferde für die Geländeritte brauchte.Das Einfangen auf der Koppel war gar kein Problem. Man brauchte nur seinen Namen zu rufen, und er kam zu mir galoppiert. Das ist für mich immer ein Zeichen, dass die Pferde sich wohlfühlen bei mir und mit meinen Trainingsmethoden. Sonst würden sie nicht von selbst kommen.

Einer meiner Haflinger, die jedoch dem Hof gehörten, aber von mir betreut wurden in jeder Hinsicht, bekam ein Jahr nach seiner Ankunft einen Husten. Wie immer wurde das natürlich von den Chefs nicht für voll genommen. Kein Tierarzt wurde zur Untersuchung der Ursache und zur Behandlung hinzugezogen. Dann ging der Husten wieder weg von allein und alles schien in Ordnung. Aber er kam immer wieder. Immer häufiger quälten den Haflinger während des Reitens und auch schon während des Fahrens heftige Hustenanfälle mit zunehmender Atemnot. Diese Anfälle kamen in immer kürzeren Abständen. Ein Reiten war kaum noch möglich, da er seinem Reiter dann abrupt die Zügel aus der Hand riss. Auch hatten wir vor einem Zusammenbruch des Pferdes unter seinem Reiter Angst. „Nico", wie dieser Allrounder hieß, wurde dann einige Zeit aus dem Training genommen.

Ich hatte auch schon bei der Kaltblut/Warmblutstute, unserer Gewichtsträgerin im Gelände, festgestellt, dass sie einige gequetschte Hautstellen in der Gurtgegend hatte. Diese waren durch falsches Satteln entstanden. In meiner Obhut hatte sie diese Stellen nicht. Susi legte den Sattel der Stute immer viel zu weit vorne auf. Da sie keine Ausbildung in der Pferdebranche hatte, dachte ich, sie weiß es nicht besser und machte sie darauf aufmerksam. Da eskalierte unser bis dahin gutes Verhältnis, denn was ich nicht wusste, sie konnte keine Kritik vertragen.

Vor den Kunden schrie sie mich an aus heiterem Himmel, sie wäre lange auf „Blütern" (Vollblutpferde sind gemeint) geritten und ich brauche ihr nicht zu sagen, wie man ein Pferd sattelt. Vollblüter werden für den Rennsport genutzt und sind sehr schmale, schlanke Pferde. Kaltblüter sind das ganze Gegenteil. Sie wurden für den schweren Zug und für Arbeiten in der Landwirtschaft genutzt und haben einen kompakten schweren Körperbau. Somit kann man die beiden Rassen nicht über einen Kamm scheren in jeder Hinsicht. Das begriff sie gar nicht und ließ sich auch nichts von mir sagen. Diese Quetschstelle in der Gurtlage der Stute fing dann später auch wegen der ständigen Reibung mit dem Sattelgurt an zu bluten. Aber auch das kümmerte meine Kollegin nicht.

Ich hatte „Nico" wegen des Hustens aus dem Training genommen. Es war eisernes Gesetz, dass Reiter, die nicht reiten konnten, nur zu Fuß geführt ins Gelände durften aus Sicherheitsgründen. Susi hatte „Nico" aber beigebracht, als Handpferd mit Reiter neben der Kaltblutstute im Schritt und im Trab zu laufen. Der Reiter brauchte sich dann nur noch am Sattel festzuhalten. Sie kassierte dann den Geländepreis, rechnete aber den Reitstundenpreis ab. Irgendwann bekam ich das mit. Und als ich dann noch feststellte, dass sie Anfänger auf dem kranken „Nico" mit ins Gelände nahm, platzte mir endgültig der Kragen.

Ich meldete das der Geschäftsführerin Franzi. Die nahm sich Susi dann zur Brust. Aber die war sich so sicher, dass sie nicht zu ersetzen sein würde, und machte einen Aufstand, wie gemein und zynisch ich ihr gegenüber wäre. Es passierte ihr aber außer einer Rüge nichts. Zwischen mir und Susi fanden dann künftig keine Absprachen mehr statt, sie ignorierte mich vollkommen, nahm mir im letzten Moment die Pferde weg vor dem Unterricht, auch wenn die Kunden schon in der Tür standen. Ich wurde immer wütender. Dann forderte ich ein Gespräch mit den Chefs ein. Senior und Junior des Reiterhofes sowie die Geschäftsführerin waren dabei. Susi, um die es ging, kam gar nicht erst zu diesem Treffen. Die „Oberen" nahmen alles zur Kenntnis. Es wurde ihr dann der Einsatz von „Nico" bis auf Widerruf verboten.

Ich bekam die Aufgabe, ihn zu pflegen und zu betreuen. Ein Tierarzt wurde dann hinzugezogen zur Behandlung des Hustens. Da der Husten nun bereits chronisch war, konnte der auch nichts mehr machen. Eine Eigenbluttherapie, die dann noch vom Chef bewilligt wurde, brachte aber auch nichts. Ich stellte dann aber fest, dass in den Wintermonaten der Husten etwas nachließ. Ich sprach mit dem Tierarzt darüber, ob es eine Pollenallergie auch bei Pferden gebe. Er bejahte. Wir hatten nun seit einiger Zeit eine Apothekerin als Einstellerin. Mit der sprachen wir, Franzi und ich, über pflanzliche Medikamente. Sie brachte dann etwas mit, was half. Ich hatte auch noch ein Netz, welches die Nüstern der Pferde gegen Pollen schützen soll, besorgt. Das nähte ich am Zaumzeug und am Halfter fest, während Nicos Einsätzen. Alle diese Maßnahmen halfen „Nico" dann, mit seinem quälenden Husten etwas besser klarzukommen. Denn für den Reit- und auch für den Kutschen-Einsatz war dieses Pferd unersetzlich.

Mit unseren Kunden hatten wir auch auf diesem Reiterhof so unseren Spaß. Ich war durch meine langjährige Arbeit schon international bekannt. Die immer während Mundpropaganda tat ihr Übriges. Die Kunden kamen jedes Jahr wieder zu uns. Über mangelnde Kundschaft konnte ich nicht klagen. Aus der Schweiz, Österreich, Finnland, der Ukraine und Frankreich hatte ich bereits Stammkunden. Wir konnten uns auf Deutsch unterhalten. Sie erlernten bei mir die deutsche Reitweise. Die kleine Französin hatte ich zufällig sogar in Dänemark bei einem Safari–Besuch in unserem Urlaub wiedergetroffen. Sie hatte mir im Unterricht auf dem Reiterhof viel über die französische Reitweise erzählt, nach der sie in Frankreich unterrichtet wurde. Interessant war aber der Longen-Unterricht mit 2 Polinnen und einem Spanier. Eine der Polinnen konnte etwas Deutsch, die andere gar nicht. Der Spanier, der ein Freund der einen Polin war, arbeitete hier in Deutschland als Koch. Er sprach Spanisch, Polnisch und Deutsch. Etwas konnte ich ja auch Polnisch, hatte aber vieles vergessen. Ich hatte vor ein paar Jahren in einem Abendschulkurs Englisch gelernt, konnte aber auch nicht viel damit anfangen in der Reiterbranche. Joshua war zu dieser Zeit noch nicht vom Krebs befallen gewesen und half mir auch beim Unterrichten der Kunden an der Longe, indem er mit dem anderen Pferd alles das auch machte, was ich vormachte. Der Spanier wollte nur zuschauen und fotografieren. Die beiden Polinnen wurden dann von Joshua und mir gleichzeitig auf 2 Pferden an die Longe genommen, da sie keine Ahnung vom Reiten hatten.

Ich nahm die Frau, die gar kein Deutsch konnte, und Joshua nahm die andere. Der spanische Freund half uns dann allen bei der Verständigung. Da er auch keine Reitkenntnisse hatte, konnte er die Fachbegriffe natürlich nicht verständlich übersetzen. Wir hatten viel Spaß dabei, uns dann mit Händen und Füßen und weiterer Zeichensprache verständigen zu müssen.

Englisch war auch keine Möglichkeit.

Auf dem Parkplatz verlor eine der polnischen Frauen ihr Armband. Ich nahm es an mich und dachte, dass es vielleicht vermisst werden würde. 4 Wochen später rief der Spanier mich an und fragte nach dem Armband. Ich sagte, dass ich es verwahrt hätte und er es abholen könne.

Es passierte nichts. Ein Jahr später, ich hatte die Sache längst vergessen, fragte er wieder nach dem Armband. Ich hatte es noch. Dann kam er eines Tages bei strömendem Regen. Er blieb im Auto sitzen und schickte seine Freundin ohne Schirm über den Hof. Sie sagte in gebrochenem Deutsch, dass es ihr Verlobungsarmband sei und eine große Bedeutung für sie hätte. Nun gab ich es ihr dann und sie bedankte sich ausgiebig bei mir für die lange Aufbewahrung. Komischen Menschen gibt es …

Noch kurioser war dann ein Kurs mit einem Mädchen, zirka 12 Jahre alt, aus New York.

Die Oma, die auch wenig Englisch sprach und verstand, hatte ihre Enkelin für die Ferien zum Reiten an der Longe bei mir angemeldet. Das Mädchen konnte gar kein Deutsch. Die Oma konnte aber auch beim Übersetzen nicht viel beitragen. So versuchte ich dann mit meinen wenigen Englischkenntnissen einen Unterricht auf Englisch zu machen. Ihr Reittalent hielt sich auch in Grenzen. Das Pferd, meistens ein Haflinger, duldete auch mehr oder weniger die Prozedur. Es war aber zu merken, dass sich das Pferd sehr unwohl fühlte. „Nico" nahm das alles noch so hin. Aber bei „Mustafa", seinem Gespann-Kollegen, der hier auf dem Hof die meisten Unfälle durch sein „Kleben" schon verursacht hatte, war das nicht so einfach. Der sah auch schon mal ganz schnell „Gespenster" und wich dann mit einem spontanen Seitensprung aus. Dabei blieben die Reiter auch nicht immer oben. So quälten wir uns durch die Zeit. Aber sie brachte mir auch einiges auf Englisch bei, sodass ich dann mit den nächsten Ausländern in dieser Sprache besser klarkam. Aber per Zeichensprache kamen wir dann auch ganz gut klar.

Ein Erlebnis muss ich aber noch erwähnen: Es war im Hochsommer. Wegen der vielen Insekten war zu der Zeit nur Unterricht in der Halle möglich. Die Pferde wurden schon Tag und Nacht von den Plagegeistern drangsaliert. Zudem gab es seit einem Jahr auch noch eine weitere, mir unbekannte Insektenart, die Menschen und Pferde gezielt angriff. Diese Insekten waren größer als Hornissen, sahen Bienen ähnlich und summten beim Anflug angsteinflößend. Sie setzten sich auf die Kruppen der Pferde, was diese dann zum Ausrasten brachte.

Ob sie die Pferde dann bissen oder stachen, konnte ich nicht herausfinden. Ich hatte voll zu tun, die Kinder von den Pferden zu trennen, wenn sie beim Putzen waren, die Pferde am sich Losreißen zu hindern und sie schnell in den Stall zu bringen. Im Dunkeln waren sie dann sicher vor den Biestern. Diese flogen dann weg, da sie die Dunkelheit mieden. Aber so manches Mal hatte sich auch so ein Biest in die Reithalle durch die offene Tür verirrt und dann war ich „Mode". Die Reiter nahm ich dann schnellstens von den Pferden, falls diese auch wieder angegriffen werden sollten. Wenn dann das Insekt den Ausgang wieder gefunden hatte, konnte der Unterricht bei geschlossener Tür weitergehen.

Es kamen 2 Urlauberinnen aus Berlin. Sie hatten einen Termin gemacht bei mir und gesagt, dass eine der beiden schon gut reiten könne. Die andere wollte an die Longe.

Ich wählte „Simba" und „Felix" aus. Die anderen Pferde waren im Gelände und für die kleinen Ponys waren die Frauen zu groß.

Joshua sollte die Nichtreiterin an die Longe nehmen mit Simba". Ich wollte dannReitunterricht mit der anderen Frau auf „Felix" machen.

Sie erschienen pünktlich in der Reithalle, in der wir schon mit den Pferden bereitstanden.

Das Outfit der beiden war kurios. In Miniröcken und auf Sandalen mit hohen Absätzen stöckelten sie in die Reithallenmitte. Ich sagte dann: „Sie können sich auf der Toilette oder in der leeren Sattelkammer umziehen. Kappen befinden sich auch in der Sattelkammer."

Beide sahen mich verstört an und fragten, wo denn die Stiefel und Reithosen wären. Ich war erst mal verwundert über diese Frage. Ich fragte: „Haben Sie das denn nicht selbst mitgebracht? So etwas vermieten wir hier nicht." Sie verneinten. Ich besprach mich dann kurz mit Joshua. Dann, mit Reitkappen bewaffnet, setzten sie sich mit einer „Aufstiegshilfe" umständlich auf die Pferde. Während wir die „Gebrauchsanweisung" für die Pferde erläuterten, setzte „Simba" sich in Bewegung. Die Reiterin schrie kurz auf, beruhigte sich dann aber schnell wieder. Es war nichts passiert, sie war nur auf das Antreten des Pferdes noch nicht gefasst gewesen. Meine Reiterin dagegen stieß „Felix" enorm unsanft die Hacken in die Seiten, sodass er einen gewaltigen Schreck bekam und lossauste. Da sie noch nicht einmal die Zügel aufgenommen hatte, lief er ohne Führung an der Bande der Reithalle entlang. Er hatte eine gefährliche Schräglage in den Kurven bei seinem Tempo, sodass ich gleich einen Sturz befürchtete. Dann verlangsamte „Felix" endlich sein Tempo und kam auf mich zu und hielt an. Die Reiterin ließ sich sofort herunterrutschen vom Pferd. Sie stand total unter Schock. Joshua hatte „Simba" angehalten und ihn am Kopf festgehalten. Ich fragte meine Reiterin, was das denn eben gewesen sei. „Ich dachte, Sie können reiten, wie Sie mir am Telefon sagten. Und dann so was?" Sie entschuldigte sich mehrfach und lenkte ein, dass sie sich dann wohl doch etwas übernommen hatte. Ich setzte sie wieder auf „Felix" und nahm sie an die Longe. Da stellte sich dann heraus, dass sie vor 25 Jahren mal auf einem Pony geführt worden war. Dann habe man ihr versichert, dass sie nun reiten könne. Ich war sprachlos über so viel Naivität. Ich gab ihr noch einen abschließenden Rat: „Erzählen Sie bloß keinem, dass Sie reiten können. Das könnte mal Ihr Leben drastisch verändern. Auch erfahrene Reiter landeten schon im Rollstuhl oder auf dem Friedhof." Sie bedankte sich mehrfach bei mir, lobte meinen dann im Anschluss gegebenen Reitunterricht und wollte sich meine Ratschläge sehr zu Herzen nehmen.

Jeder ging in der nächsten Zeit seinen Arbeiten nach. Zwischen mir und der mir nicht wohlwollenden Kollegin Susi herrschte inzwischen totale Funkstille. Es war ein sehr bedrückendes Betriebsklima. Sie säuberte auch nicht mehr die Stellplätze der von ihr genutzten Pferde und legte mir Steine in den Weg, wo es nur ging. Die Grünfutterperiode neigte sich dem Ende zu. Die Pferde hatten nun weite Wege zu den Koppeln zurückzulegen. Fast eine Stunde dauerte es, wenn die Pferde geholt oder weggebracht werden mussten. Die Pferde bekamen größere Weideflächen zugeteilt, damit sie noch das letzte Gras finden konnten, um satt zu werden.

Da die Ponys sehr zu Fettleibigkeit neigten auch bei geringem Futterangebot, hatten wir die Tiere während der Sommerzeit aus den Herden herausgenommen. Sie wurden auf den kargen Paddocks gehalten in der Nähe der Stallungen. Um ihr Gewicht unter Kontrolle zu halten, bekamen sie dann Heu zugefüttert. Die angebrachten „Fressbremsen" in Form vonMaulkörben mit Fresslöchern verloren sie dauernd. Einmal beobachteten wir sogar, wie unser Multitalent „Nico" einem anderen Pferd dabei half, den Maulkorb über die Ohren zu streifen. Wir waren fassungslos. Er war auch derjenige, der so manchem Pferd die lästigen Augennetze abnahm. Damit sollten die Mücken aus den Augen der Pferde ferngehalten werden. Ebenso wie damals bei den Bullen, die alle durch die Eiablage der Kriebelmücken erblindeten, konnte es Pferden auch ergehen.

Der Hof hatte einen Shetland Wallach namens „Iwan". Mit diesem kleinen fuchsfarbenen Pony am Strick konnte man die Kunden alleine ins Gelände mit den reitenden Kindern spazieren schicken. Obwohl er immer fressen wollte am Wegesrand, bereitete er den Kindern trotzdem sehr viel Freude. Manchmal mussten wir ihn auch „in die Spur bringen", damit er überhaupt den Hof verließ. Ich hatte „Iwan" auch ausgebildet als Longen-Pony. Da er an einer Sprunggelenkarthrose, auch „Spat" genannt, litt, war Spazierengehen im Schritt sein Hauptjob. Er wurde sehr häufig gebucht.

Vor meiner Zeit hatte der Reiterhof einen schwarzen Shetland Wallach geschenkt bekommen. Er war vorher als Kinderpony auf dem nahe liegenden Erdbeerhof beheimatet gewesen. Da er dann aber bissig und recht aufsässig wurde, sollte er zum Schlachter. Der Hofbesitzer nahm ihn dann als Mitläufer und Beisteller für „Iwan" geschenkt. Ich hatte mich noch nicht viel mit „Igor" beschäftigt. „Igor" schien aber auch ein Spätkastrat zu sein. Ständig war er in rossende Stuten verliebt und verteidigte sie vehement. Er machte da auch bei der Kaltblutstute keine Ausnahme. Nur mussten wir aufpassen, dass er bei seinen sehr zudringlichen Deckversuchen nicht von der Stute totgeschlagen wurde. Pferde wissen nicht, wie groß sie sind.

Nun musste er aber eines Tages auf der Koppel wieder so einen Kampf ausgetragen haben. Jedenfalls kam er des Nachmittags beim Eintrieb mit einem triefenden Auge an. Das Braune in dem Auge war total nach hinten verrutscht und nur das Weiße war blutunterlaufen sichtbar. Er musste wahnsinnige Schmerzen haben, denn er ließ sich gar nicht ankommen.

Franzi forderte sofort einen Tierarzt an. Mit 3 Personen wurde „Igor" festgehalten zurBetäubung, dass er überhaupt untersucht werden konnte. Dann sollten eine Woche lang Augentropfen und -salbe den Augapfel zur Drehung bringen. Die Aggression infolge der Schmerzen machte „Igor" unberechenbar. Als das aber alles nichts brachte, stand eine OP im Raum. Das Auge war nicht mehr zu retten und musste entfernt werden in der Tierklinik.

Ein Hin und Her wegen der Finanzen, ob teure OP oder Schlachtung, begann dann. Schließlich war „Igor" ein Pferd, was nichts einbrachte und nur Kosten verursachte.

Die Chefs entschieden sich dann aber letztendlich doch für eine OP. „Igor" war rabenschwarz ohne weiße Abzeichen am Kopf oder an den Gliedmaßen. Zudem hatte er eine schöne gelockte sehr lange Mähne. Er war ein sehr schönes Pony. Praktikanten hatten ihn des Öfteren als Handpferd ohne Reiter mit ihren Pferden zu Geländeritten mitgenommen. Auch beherrschte er einige Zirkuslektionen. Er konnte sich auf Kommando hinlegen, machte „Kompliment" (eine Art „Begrüßung") und konnte auch im „Spanischen Schritt" gehen (eine Art „Stechschritt).

Nach einer Woche wurde er entlassen. Ein Silikonimplantat in der leeren Augenhöhleimitierte ein Auge hinter den zusammengenähten Lidern. Da sein Schopf sehr lang war, sah man nichts von einem fehlenden Auge, wenn man es nicht wusste. Schnell gewöhnte „Igor" sich an sein Handicap. Aufpassen musste man allerdings beim Umgang mit den Kindern und „Igor". Wenn sie sich nun von rechts näherten oder ihn berührten, wo das Auge fehlte, schrak er schon so manches Mal zusammen, weil er dann darauf nicht gefasst war. Dann erschraken auch die Kinder hinterher, weil sie dachten, er wäre aggressiv.

Wenig später nach dieser Augensache hatte „Igor" einen „Rehe-Schub". Schon auf dem Erdbeerhof war er sehr viel mit Zucker und zuckerhaltigen Leckerlis gefüttert worden. „Hufrehe" ist eine Stoffwechselerkrankung, die unheilbar ist und in Schüben verläuft. Sie befällt die Hufslederhaut der Füße der Pferde, die sich dann stark entzündet und dazu führt, dass das Pferd die Beine in Richtung der Zehe nicht mehr ansetzen will. Die Pferde stehen dann in sogenannter „Sägebockstellung" und bewegen sich nicht mehr. Starkes Fieber, Gewichtsabfall und enorme Schmerzen sind die Vorstufen eines langen Todeskampfes. Die Pferde dürfen zeitlebens kein junges Gras, Brot oder Hafer mehr bekommen. Kriegen sie karges Futter wie Stroh, kalorienarme Pellets und Möhren, können sie, medikamentös vom Tierarzt eingestellt, noch lange leben. Koppelgang ist gar nicht möglich.

Da jetzt der Zulauf von kleinen Kindern, die in ihrer Figur den Größen der Shettys angepasst waren, zunahm, schaffte „Iwan" es nicht mehr, alle zu bedienen. Er hatte ja auch mit seinem Sprunggelenk zu tun, was auch hin und wieder zu einer leichten Lahmheit führte. Diese war dann auch immer etwas witterungsabhängig.

So fing ich an, „Igor" auszubilden. Ich konnte nicht sagen, wie weit ich kommen würde aufgrund seines fehlenden rechten Auges. Aber er war sehr gelehrig. Seine Widerspenstigkeit war ein Mittel, seine Unterforderung kund zu tun. Er arbeitete an der Longe sehr gut mit. Auf der blinden Seite hörte er mir zu. Ich bildete ihn auch übers Wort aus, indem ich, ihn auf der rechten Seite longierend, etwas mehr mit ihm redete. Er hielt wunderschön Abstand an der Longe. Auch war er nicht panisch, wenn er links herum longiert wurde und rechts Geräusche hörte, die er nicht einordnen konnte.

Schon in meiner Anfangszeit als Tierlehrerin hatte ich eine blinde Scheck Stute geritten und gefahren. Sie haben sehr viel Vertrauen zu den Menschen, was niemals missbraucht werden darf. Man muss dann immer voraus für die Pferde mit gucken. Daher wusste ich, dass die Möglichkeit, mit blinden oder halbblinden Pferden zu arbeiten, gegeben ist.

Aber dass „Igor" in kurzer Zeit so tolle Fortschritte machte und sich dann auch bald reiten ließ von Kindern, an der Longe und auch frei in der Halle, freute mich ungemein. Später wurden dann noch 2 Ponys dazugekauft, die etwas größer als die Shettys waren. Mit dem Scheckwallach „Keks" und dem Welshpony Wallach „Happy" hatten wir dann lange unsere Freude. Man konnte alle 4 vom Paddock zusammenholen. Ich nannte das Quartett, oder später auch das Trio ohne „Keks", dann meine „Teletubbys" und jeder wusste, welche Pferde gemeint waren.

Ich hatte nun wegen des Mobbings durch meine Kollegin Susi noch 2-mal mit den Chefs geredet. Es passierte nichts. Franzi hatte wegen dieser ewigen Rangelei und auch wegen weiterer Diskrepanzen mit den Chefs auch einigen Stress. Sie kündigte im Jahr 2017 und hatte eine Stelle, an der sie sich weiterentwickeln konnte und auch wertgeschätzt wurde. Hier wurde alles als selbstverständlich hingenommen. Der Juniorchef war dann auch immer seltener auf dem Hof anzutreffen, nachdem sich der Senior endgültig dem Rentendasein gewidmet hatte. Der Reitbetrieb lief super. Das Geld kam auch und dem Betrieb ging es gut. Eine weitere Hilfskraft für die Stallarbeit wurde eingestellt. Aber die Maschinen, mit denen die schwere Arbeit verrichtet wurde, waren auch schon alle älter. Häufig mussten sie vor Ort repariert werden. Ohne sie waren wir dann aber auch total aufgeschmissen. Jede Reparatur kostete auch nicht gerade wenig. So musste dem zugunsten häufig ein schon eingeleiteter Pferdekauf zurückgestellt werden. Die Jungs gingen aber alle nicht gerade „zärtlich" mit den Maschinen um, was mich auch etwas ärgerte.

Ein halbes Jahr hatte der Betrieb nun keine kompetente Führung mehr. So bekam besagte Kollegin dann total Oberwasser. Susi kam auch immer seltener, nur noch in Ausnahmefällen widmete sie sich der Stallarbeit. Die Praktikanten und Hilfsarbeiter machten nun auch Arbeiten mit den Schulpferden, die sie gar nicht beherrschten. Eine Kontrolle fand nicht statt. Ich konnte gerade noch eingreifen, wenn die Hilfsarbeiter falsche Pferde für den Unterricht holten. Da stand auch schon so manches Mal ein Privatpferd im Schulstall. Ich wies dann auf den Fehler hin.

Ich drohte dann mit der Kündigung, wenn diese Zustände so weitergehen würden. Die Chefs waren auf der Suche nach einer Geschäftsführerin. Mich sprachen sie auch an, aber aufgrund meiner damaligen Erfahrungen auf dem anderen Reiterhof und auch aufgrund meines Alters lehnte ich ab. Ein Jahr nach Franzis Abgang fing dann „Wolli", eine etwa 33-jährige junge Mutti, die aber auch den „Pferdewirtschaftsmeister" in der Tasche hatte, in der undankbaren Position an. Ich kannte sie gar nicht. Allerdings war ich über ihre reiterlichen Erfolge sehr erstaunt. Sie war erfolgreiche Springreiterin gewesen. Sie hatte ein freundliches, geduldiges Wesen und eine kompetente Art, wenn man mit ihr sprach. Sie konnte zuhören. Auch ihre Ansichten vertrat ich und befand mich fachlich mit ihr auf Augenhöhe.

„Shadow"

Der von mir vom Hof gemietete Pferdebestand war auch schon in die Jahre gekommen. So hatte ich schon im Jahre 2016 nach einem weiteren etwas größerem Pony privat Ausschau gehalten im Internet. Da war die Welt noch in Ordnung und das Betriebsklima erträglich.

So fand ich „Knight Shadow", kurz „Shadow" genannt. Er war ein 5-jähriger Graufalbe, der der Rasse „Connemara-Pony" angehörte. Diese Rasse ist in Irland zu Hause. Alle Pferde, die von der Insel weggehen, dürfen diese nicht wieder betreten. Die Pferde leben dort in frei lebenden Herden. 2-3 Hengste sorgen für die Nachzucht. Jedes Jahr werden dann die geschlechtsreifen Jährlinge aus der Herde gefangen, um der Population das Futterangebot zu gewährleisten. Diese Pferde werden dann auf das Festland gebracht, eventuell ausgebildet und verkauft. So ein Händler hatte sich darauf spezialisiert, diese Rasse, die kleine und große Reiter abdeckt, sehr verträglich ist und in allen Disziplinen einsetzbar ist, zu kaufen aus Irland, ihnen eine leichte Ausbildung von seinen Mädchen zukommen zu lassen und diese Pferde dann weiterzuverkaufen. Der Reitplatz war auch nur ein kleiner Rasenplatz, der mit Brettern umzäunt war. Improvisierte, zusammengebastelte Hindernisse stellten dann die Springfreudigkeit der Kleinpferde auf die Probe.

Ich rief bei dem Händler an, nahm eine meiner besten Reitschülerinnen mit und wir sahen uns einige Exemplare der irischen Ponys an. Eine der Reitmädchen vom Händler sattelte das Pferd, was wir uns ausgesucht hatten, in einem Ständer. Die Hufe hob sie nur vorne. Der Wallach hatte etwas Probleme mit dem Stillstehen. Aber Sattelzeug und Trense ließ er sich anstandslos anlegen. Dann ging es auf den Platz. Im temperamentvollen, aber gehorsamen Schritttempo wurde er dann aufgewärmt. Der Händler stand neben uns und erzählte etwas zu seinem Hof und der Geschichte der Pferde.

Das Wetter war nicht so schön. Wechselhaftes Aprilwetter schickte mal Regen und mal Sonnenschein. Aber wir hatten uns dementsprechend gekleidet, sodass uns das nichts ausmachte. Dann tauschten die Reiterinnen. Das Mädchen erklärte die „Gebrauchsanweisung" von „Shadow" meiner Reitschülerin noch mal eingehend. Da „Shadow" sehr feinfühlig war, gab sie wohl zu harte Hilfen. Jedenfalls tobte er im Wahnsinns-Tempo los. Aber meine Reiterin „Hanni" hatte keine Angst. Den Ansagen des Mädchens folgend, bekam sie den Graufalben bald in ein gemäßigtes Tempo. Dann ritt sie ihn schon recht ansehnlich in den 3 Grundgangarten links und rechts herum. Ich entschied mich nach Absprache mit ihr und Joshua zum Kauf des Wallachs. Das Pferd war ein „Rohdiamant" und ich wollte aus ihm einen „Kracher" machen.

Der Händler erklärte sich bereit, uns den Wallach auf den Hof zu bringen. Wir durften uns dann auch noch andere Verkaufspferde ansehen. Er hatte zu jedem der Tiere eine Geschichte parat. Zum Schluss sagte er dann noch zu mir: „Wenn ihr mit ihm als Schulpferd doch nicht klarkommen solltet, könnt ihr ihn auch wieder umtauschen, wenn ich dann ein geeigneteres Pferd habe." Das hatte mir noch nie ein Verkäufer angeboten. Darum fand ich den Händler sehr zuvorkommend und seriös. Ich vermittelte ihm später noch einige potenzielle Käufer der irischen Rasse. Da traf „Shadow" dann auch viele seiner alten bekannten Artgenossen wieder, wie er uns auf der Koppel bei deren Ankunft mit seinem Benehmen zeigte.

Ich bildete „Shadow" nach meiner Art und Weise aus. Seine Gelehrigkeit trug mit dazu bei, dass „Hanni" auf ihm an der Prüfung für das „Kupferne Reitabzeichen" teilnehmen konnte. Sie bestand die Prüfungen im Springen und in der Dressur mit guten Noten. Da waren wir sehr stolz drauf. Im Herbst des Jahres richtete unser Verein ein kleines Reitturnier aus. „Shadow" sollte im Springen und auch wieder in der Dressur teilnehmen. In der Dressur erkämpfte er einen undankbaren 4. Platz.

Der erste Sprung auf dem Parcours führte vom Ausgang weg. Ich weiß bis heute nicht, warum, aber „Shadow" war nicht von der Stelle zu kriegen. Nach überzogener Startzeit schied er dann von der Prüfung aus. Obwohl er im Training immer alles ohne Verweigerung übersprang, war er beim Turnier gar nicht losgegangen. „Hanni" weinte bitterlich. Das hatte nun keiner von uns erwartet. Aber man kann nicht hineinsehen, was in so einem Tier vorgeht.

In der nächsten Zeit banden wir an jedes Hindernis Luftballons und andere Teile, vor denen Pferde eigentlich kapitulieren. Das machte ihm alles nichts aus. Er übersprang den ganzen noch stehenden Turnierparcours fehlerfrei und ohne Verweigerung. Joshua filmte diesen tollen Anblick.

„Hanni" hatte dann einen enormen Wachstumsschub und wurde zu groß für „Shadow". Sie wechselte in eine Reitbeteiligung auf ein Großpferd. Sie ritt ihn dann immer noch mal wieder, wenn ich keine Kunden für ihn hatte und er länger stehen musste.

Reiterwechsel für „Shadow"

Meine nächste Favoritin von Größe und Können für „Shadow" war ein sehr zuverlässiges und engagiertes Mädchen namens Ulrike. Auch waren ihre Eltern sehr unterstützend. Sie nahm 2-mal in der Woche Reitunterricht. Zwar hatte sie nun nicht so den geschmeidigen Sitz wie „Hanni", aber sonst stimmte alles. Ich stimmte sie auf „Shadow" ein. Auch hatte sie keine Angst vor dem Springen. „Shadow konnte da auch schon mal ungeahnte Geschwindigkeiten entwickeln. Dass auch dem Wallach das Springen sehr gefiel, zeigte er beim Freispringen in der Halle. Ich brauchte bei ihm nie eine „Gasse" zu bauen. Ich stellte die Hindernisse an der Bande auf und zeigte ihm per Peitsche die Richtung. Er musste manchmal etwas in die Ecken getrieben werden, um nicht aus dem Winkel heraus die Hindernisse anzugehen. Dann schaffte er die Höhen nicht. Ich wollte ihm aber auch nicht die Freude am Springen nehmen, wenn er sich beim Reißen der Stangen schmerzlich verletzen würde. Er sollte bei dieser Trainingsart lernen, selbst Absprung und Höhe einzuschätzen. Man nennt das „Taxieren".

Wenn wir, Joshua und ich, dann die Hindernisse veränderten, musste immer einer aufpassen, dass das Pferd stehen blieb. Der wäre sonst noch über uns hinweggesprungen, so motiviert war er. Es war eine Freude, das mit anzusehen.

Aber manchmal hatte „Shadow" auch seine Launen. Ziemlich zu Beginn unserer Zusammenarbeit wollte er sich eines Tages nicht auf der Koppel einfangen lassen. Er drängte immer zur Herde hin, wo er sich einen alten Wallach, der in Rente war und sein Leben lang als Schulpferd gearbeitet hatte, als Freund und Beschützer auserkoren hatte.

Nun wandte ich die Methode von „Monty Roberts" an, einem Amerikaner, der mit dem sogenannten „Horsman Ship" auf humane Arbeit mit den Pferden, sogar mit wilden Mustangs, arbeitete. Er war ein strikter Gegner vom „Brechen" der Pferde, also mit Gewalt dafür sorgen, dass das Pferd gehorsam war und sich unterordnete. Er zeigte, wie man ein Pferd in seiner Körpersprache „Lesen" lehren kann. Dann kann man sich der willigen Mitarbeit der Tiere sicher sein. Das dauert natürlich zeitlich etwas länger, funktioniert dann aber lebenslang.

So investierte ich dann auch die nächste Stunde dafür, „Shadow" auf der großen Koppel immer wieder von der Herde wegzutreiben und ihm keinen Schutz der Herde zu gewähren.

Er sollte sich mir anschließen und Schutz bei mir suchen. Das kostete mich ganz schön Kondition. Etwas Unruhe brachte ich damit aber auch in die Herde. Aber ich hatte Zeit und war wirklich selbst nicht vom Gelingen meiner Aktion überzeugt. Aber ich lernte auch, mich in Geduld zu üben. Nach einer Stunde hatte ich tatsächlich mein Ziel erreicht. Der Graufalbe war durch mein „Nerven" so sauer und auch erschöpft, dass er anfing, zu kauen, und mir dann folgte, worauf ich sofort das „Nerven" unterband und keinen Druck mehr auf ihn ausübte. Das verstand er sehr schnell. Er suchte dann meine Nähe und ließ sich einfangen. Ich halfterte ihn auf und führte ihn zum Stall. Da putzte ich ihn und brachte ihn wieder auf die Koppel. Er sollte lernen, dass das Einfangen etwas Positives ist. Dann beschäftigte ich mich 2 Stunden lang mit anderen Pferden. Danach ging ich wieder auf die Koppel, um „Shadow" zu holen. Und siehe da, er hatte gelernt und kam mir schon entgegen, worauf er als Belohnung dieses Mal ein Leckerli erhielt. Ich arbeitete ihn dann nur kurz und leicht und brachte ihn dann wieder auf die Koppel bis zum nächsten Tag. Seitdem hatte ich nie mehr Probleme, ihn einzufangen. Er kam mir immer entgegen. Und dann wurde er auch immer belohnt. So verfuhr ich auch bei anderen Pferden, die sich schlecht einfangen ließen. Im Endeffekt kamen mir immer alle meine Schulpferde von selbst entgegen. Die Koppel konnte noch so groß sein. Das geschah bei meinen Kollegen nicht. Ich war sehr stolz darauf, dass die Tiere mir so vertrauten.

Ich setzte „Shadow" auch bei Showprogrammen in Quadrillen ein. Zudem musste er auch regelmäßig im Unterricht seine Pension verdienen. Mit dem Springtraining kamen wir auch gut voran.

Jedes Jahr veranstaltete Holger Wulschner, einer der besten Springreiter unseres Landes, auf seiner Anlage für junge Pferde und junge Reiter für mehrere Tage ein Turnier in allen Schwierigkeitsklassen in Dressur und Springen.

2019 sollte ein Jugendcup ausgetragen werden. Das Turnier sollte dann einQualifikations-Turnier werden. Wir meldeten „Shadow" an. Wir wollten mal sehen, wie der Wallach auf anderen Plätzen reagierte. Ziel war, dass er nicht stehen blieb am

Start und mindestens 4 Sprünge nahm. Dann rechnete ich mit Verweigerungen.

Ich hatte immer noch mit starkem Mobbing durch meine Kollegin Susi zu kämpfen. Dadurch, dass ich allen Ärger in mich hineinfraß, litt meine Psyche sehr darunter. Darum spielte ich mit dem Gedanken, meine Drohung wahr zu machen und meinen Beruf an den Nagel zu hängen. Meine 2 Privatpferde sollten aber noch in gute Hände kommen. Nicht, dass die Rivalin sich auch noch meine guten Pferde krallte und diese verheizte. Ich hatte das Vorhaben aber noch nicht an die große Glocke gehängt. Niemand wusste von meinen Plänen. Ich haderte ja selbst noch mit mir.

Ich rief meinen Kollegen von dem Reiterhof an, auf dem ich auch 8 Jahre tätig war und von dem ich leider wegen Eigenbedarf wegziehen musste. Ich fragte, ob ich mit einem Pferd einen fremden Hof testen dürfe. Da er selber Spring- und Turnierreiter war in seiner Vergangenheit, wusste er, wie wichtig so ein Training ist für die Testung des Nervenkostüms eines Pferdes.

„Shadow" hatte auf einem kleinen Hofturnier bei uns schon im E-Springen eine goldene Schleife geholt. Aber da kannte er alles. Auch hatte er vor der Zushauerkulisse nun keine Angst mehr. Das war der Grund, weshalb er mit „Hanni" das erste Springen verweigerte, wie wir später herausfanden.

Er sagte zu und so luden wir den Wallach auf den Hänger und fuhren los. Ulrike war in der 10. Klasse und hatte Abschlussprüfungen. So musste sie nicht mehr jeden Tag zur Schule. Sie sollte das Pferd auf dem anderen Hof, den es nicht kannte, ausprobieren.

Die Fahrt war nicht so weit und wir kamen schnell an. Joshua und ich bauten schnell einen Parcours auf in der Halle. Ulrike bereitete „Shadow" draußen am Hänger vor. Er wieherte zwar ab und an, war aber nicht besonders aufgeregt. Der Parkplatz, auf dem wir standen, befand sich in unmittelbarer Nähe einer Koppel. Schnell kamen die Pferde heran, um den Vorgang zu beobachten. Aber auch das störte mein Pferd nicht besonders.

Dann ging Ulrike mit ihm in die Halle, führte ihn herum und zeigte ihm alles. Ich beobachtete ihn mit Argusaugen. Dann saß sie auf und ritt ihn warm.

Joshua und ich hatten 6 Sprünge in der Halle verteilt. In unterschiedlichster Höhe und Art wollten wir dann das Verhalten von „Shadow" testen. Er sprang alles willig und fehlerfrei. Auch als wir einige Details veränderten und die Sprünge erhöhten, machte er einen guten Job.

Ulrike war begeistert. Wir auch. Daran sahen wir, dass er wirklich zum Springen geboren war und auch ein dementsprechendes Nervenkostüm hatte.

An einem Samstag ging es dann los. Wir fuhren morgens zur Anlage von Holger Wulschner. Dort herrschte schon mächtiger Trubel. Laute Musik, hohe Beteiligung von Reiter/Pferd-Paaren aus nah und fern prägten das Ambiente der sauberen und gepflegten Anlage, die ich auch das erste Mal betrat. Wir suchten uns einen Parkplatz. Dort bereitete Ulrike das Pferd und sich selbst vor. Joshua half ihr dabei. Ich ging zur Anmeldung, wo ich dann auch Franzi, die mit den Betreuungsarbeiten des Turniers betraut war, traf. Bei der Anmeldung gab es dann das Problem, dass wir gar nicht starten durften, da Ulrike zu alt war. Der Jugend-Cup war nur bis 14 Jahre der Reiter ausgeschrieben. Das hatte ich total übersehen bei der Anmeldung. Das wäre es dann gewesen. Ich fragte, damit wir nun nicht ganz umsonst hierher gefahren waren, ob sie dann außer Konkurrenz starten dürfe. Ich wollte das Pferd testen zwecks eines Verkaufes. Franzi setzte sich auch für mich mit ein. Sie kannte „Shadow" ja auch. Auch wusste sie um meine Probleme mit Susi auf dem Hof. Mit der hatte sie zu ihren Zeiten auch schon so ihre Zusammenstöße.

Es wurde gestattet, dass „Shadow" außer Wertung starten durfte. Franzi war zu dem Zeitpunkt auch mit auf dem Platz, um heruntergefallene Hindernisstangen wieder aufzulegen. Ulrikes Eltern und Großeltern waren auch angekommen, um den Ritt zu beobachten und zu filmen.

Ulrike machte einen ruhigen Eindruck. Ich gab ihr noch letzte Hinweise. Dann wurde sie an den Start gerufen bei den Klängen von „Sex Bomb". Flatternde Fahnen, ein Riesenbildschirm, der den entfernter sitzenden Zuschauern auch einen Blick auf das Geschehen gestattete, sah ich als starke Ablenkung für die

Pferde. Schon deshalb, wenn sie mit solchen Dingen gar keine Erfahrung hatten. Aber nichts geschah. Nach dem Startzeichen ritt Ulrike den ersten Sprung an, gleich einen Oxer, aber niedrig gebaut. Dann folgten ein Birkenrick, 2 Steilsprünge, ein Kreuz und ein In-Out Sprung. Der letzte Sprung war schon ein etwas höherer und anspruchsvollerer Oxer. Da lief er 2-mal dran vorbei. Das Hindernis musste aus einer Kurve angeritten werden, die Ulrike zu steil nahm. Darum traute „Shadow" sich nicht. Ich sah, dass Franzi zu Ulrike ging und mit ihr sprach. Sie ritt den Sprung dann in größerem Bogen an und Franzi trieb noch etwas nach. Mit einem Riesensprung, der Ulrike fast aus dem Sattel warf bei der Landung, überwand der Graufalbe dann unter großem Beifall auch den letzten Sprung. Ich war so stolz auf die beiden. Zwar hatte er sehr die Zeit überschritten und wäre auch raus geflogen, hätte Franzi nicht geholfen. So etwas ist bei echten Bedingungen natürlich nicht erlaubt. Aber es ging ja hier um mein Reiter/Pferd-Paar nicht um die Wertung mit den anderen Teilnehmern. Sie ritten ja außer Konkurrenz. Trotzdem bekam Ulrike von den Richtern einige Tipps und eine Wertung für sich für ihre weitere Karriere mit dem Pferd. Das fand ich ganz toll. Eine 5,4 wäre es bei richtiger Wertung schon mal geworden. Über 5,0 ist immer gut.

Die von ihrer Familie gedrehten Videos schickten sie mir dann umgehend auf mein Handy und ich konnte mir zu Hause alles noch einmal in Ruhe ansehen.

Wieder auf dem Hof angekommen, luden wir dann alles wieder aus und brachten „Shadow" nach Verabreichung einer Sonderration Möhren wieder auf die Koppel.

Die Situation mit der besagten Kollegin Susi hatte sich nun weiter verschärft. Im letzten Jahr noch hatte ich Franzi, die sich nun auch selbstständig gemacht hatte mit einer Freundin und sich dem Pferdehandel und der Ausbildung junger Pferde zugewandt hatte, mir beim Verkauf von „Shadow" zu helfen. Ich hatte ihn schon mehrfach auf verschiedenen Plattformen im Internet angeboten, aber noch keinen Käufer gefunden. Aufgrund seiner guten Ausbildung wollte ich ihn auch nicht billig verkaufen. Ich hatte ihn auch schon im Fahrsport angearbeitet. Er zog bereits eine Schleppe, ging rechts und links neben „Nico" und „Mustafa" im Zweispänner. Er ging auch schon neben einer Kutsche. Den Ernstfall, ihn auf der Straße vor einem Wagen gehen zu lassen, hatte ich noch nicht gemacht, da mir dazu die kompetenten Hilfskräfte fehlten. Alleine wollte ich das nun nicht riskieren. Dabei blieb es dann auch. „Shadow" kannte die Vorarbeit eines Wagenpferdes, war aber noch kein Wagenpferd. Hätte ich nun nicht immer mit dem Gedanken gespielt, mit dem Beruf aufzuhören, hätte ich ihn in „Ganzow" zum Fahrpferd professionell ausbilden lassen und hätte mir dann eine kleine Kutsche gekauft und wäre mit ihm und Joshua spazieren gefahren. Meine Enkelin hätte ihn dann reiten können, wenn sie uns besucht hätte. Vielleicht hätte ich ihn dann in eine Reitbeteiligung gegeben. Aber das sollte alles nicht sein. Und zum Glück. Manchmal glaube ich an eine Vorsehung. Franzi meinte, dass es besser ist, ihn als „Sportpony" ins Internet zu setzen. Die werden besser gehandelt. Als Freizeitpferd wäre er wirklich zu schade mit seinem Talent. Sie hatte nun für ihre Zwecke schon eine eigene Plattform im Internet. Da nahm sie ihn mit auf und teilte mir dann ihre Formulierung mit. Ich war einverstanden. Sie zeigte mir ihren Eintrag auf ihrer Seite. Das vereinbarten wir alles telefonisch und per Mail. Nach einer halben Stunde rief sie mich an und wollte einen Termin mit mir und einer Interessentin für „Shadow" vereinbaren. Ich hatte nun so schnell nicht mit einer Reaktion gerechnet. War „Shadow" doch noch für 2 Wochen im Schulbetrieb eingeteilt. Nun kam ich ein bisschen in Bedrängnis mit meinen Reitschülern. Aber egal, auch dafür fand ich eine Lösung. Zwar waren die Kinder nicht so erbaut, schon gar nicht Ulrike, dass „Shadow" verkauft werden sollte. Aber da konnte ich nun keine Rücksicht mehr drauf nehmen. Ich war ja auch Geschäftsfrau. Ich erklärte Ulrike und ihrer Mutter dann genau meine Sorgen hier auf dem Reiterhof und erzählte auch von dem längeren Mobbing durch meine Kollegin. Da verstanden sie mein

Handeln. Eine Familie aus der Nähe, beide Eltern waren Reitlehrer mit Spezialisierung im Springsport, wollten ein Pony für den Turniersport für ihre 12-jährige Tochter erwerben und hatten sich auf das Inserat von Franzi gemeldet. Mit ihnen hatte ich nun einen Besichtigungs- und Probetermin gemacht. Die Familie hatte auch einen eigenen Hof und war sehr ambitioniert.

Ulrike stellte „Shadow" dann vor. Ich erzählte der Familie seine Geschichte. Schon von seinem Anblick waren sie sehr fasziniert. Dann stellte ich einen Steilsprung und einen Oxer hin, die Ulrike fehlerlos übersprang mit dem Pferd. Danach bekam sie ihn ganz schnell wieder auf normales Tempo, um in den Kurven nicht wegzurutschen. Nach kurzer Pause setzte sich dann die Mutter auf das Pferd. Sie war klein und schlank und passte sehr gut zu dem Graufalben. Die Tochter schaute sich das alles erst mal an. Der Vater gab Anweisungen, stellte auch die Hindernisse schon etwas höher. Beide waren total hingerissen. Die Tochter wechselte dann auf das Pferd, ritt erst mal ohne zu springen nach den Anweisungen ihres Vaters. Dann nahm auch sie die Sprünge, die „Shadow" auch mit ihr fehlerlos überwand. Die Mutter erklärte mir unterdessen das Zaudern ihrer Tochter. Sie sagte: „Unsere Pferde heizen sich nach den Sprüngen immer fürchterlich auf und da ist das Tempo sehr schlecht wieder zu verringern. Dabei hat sie auch schon so manchen Sturz gehabt. Darum hatte sie Bedenken. Aber ich habe auch noch nie ein Pferd geritten, das so gehorsam ist und sich so schnell nach den Sprüngen trotz der Geschwindigkeit wieder einfangen lässt. Ich bin total überrascht." Ich erwiderte ihr, dass „Shadow" auch erst am Anfang seiner Springkarriere und noch lange nicht fertig und zuverlässig ist. Da kann auch noch so einiges passieren. Aber er liebt das Springen und hat auch noch keine schlechten Erfahrungen gemacht. Aber Erfahrungen, die ihn betreffen, muss er noch sehr viele sammeln.

Die Familie zog sich kurz zur Beratung zurück. Dann machten wir den Abholtermin aus. Eine Anzahlung hinterließen sie mir schon an dem Tag. Ich packte dann alle Sachen, die ich für mein Connemara-Pony mal gekauft hatte, zusammen. Die sollte die Familie mitnehmen, denn ich hatte dann keine Verwendung mehr dafür. Für die Schulpferde war das Zeug auch nicht zu gebrauchen, da „Shadow" von der Figur her das ganze Gegenteil der Haflinger war. Ich hätte dann quasi alles wegschmeißen müssen und dafür war es mir zu schade.

Als der Tag des Abschieds dann herankam, es war der 3.10.19, war mir auch ein bisschen wehmütig zumute. Aber mein Verstand sagte mir, dass dies der beste Weg für den Graufalben ist. Er kommt in gute, kompetente Hände, die ihn weiter fördern werden in seinem geliebten Springsport. In den nächsten 2 Jahren bekam ich dann immer Fotos und Danksagungen auf mein Handy, wenn „Shadow" auf den Turnieren gut abgeschnitten hatte mit der Tochter in den Springprüfungen. Er war in die Turniersportpferdeliste der FN aufgenommen worden. Das beweist mir, dass ich mit meinen Reiterinnen gute Vorarbeit geleistet hatte, und machte mich immer wieder ganz stolz.

Und dann kam „Corona"

Den Slogan dieser Überschrift hörte man immer häufiger. „Corona", besser „Covid 19", ist eine sehr schwere und meistens tödlich verlaufende, schnell um sich greifende Viruserkrankung. Ältere und medizinisch vorbelastete Menschen befiel sie aus dem Nichts. Sie ist sehr ansteckend und wird durch die Atemluft, bei der jeder Mensch Tröpfchen und kleinste Aerosole ausstößt, von Mensch zu Mensch übertragen. Sogar einige Fälle der Übertragung von Mensch zu Hund und Katze gab es. Die Krankheit war in China erstmals ausgebrochen bei der Ansteckung von einem Gürteltier zum Menschen auf einem Wochenmarkt. Danach weitete sich die Krankheit durch Reisende in der ganzen Welt in Form rasender Ansteckungen zu einer globalen Pandemie aus. Die Viren mutieren ebenfalls in sehr schnellem Tempo. Die ersten Symptome gleichen einer Grippe, führen aber zu einer so schnellen Verschlechterung, dass die Intensivstationen der Krankenhäuser bald überlastet waren und die Menschen den Ärzten unter den Händen wegstarben. Keiner nahm die Krankheit anfangs ernst. Aber da war sie schon in vollem Gange. Dann griffen die Regierungen der Länder ein. Der Notstand wurde in vielen Ländern ausgerufen. Man hatte zu Beginn keine Möglichkeit, die Krankheit zu stoppen oder in den Griff zu kriegen. Man hatte keine Kenntnisse zu dieser Krankheit. Schnell wurde Tag und Nacht geforscht. In den Nachrichten überschlugen sich die Informationen über jeden kleinen Fortschritt. Aber das Ziel war lange nicht erreicht. Das ganze Jahr über ging das so. Von der Regierung wurde verfügt, dass alle Menschen keinen Kontakt mehr haben dürften, um die Ansteckungsgefahr zu verringern. Jeder musste mit einer Gesichtsmaske herumlaufen, Betriebe wurden geschlossen, Fitnessstudios, Schwimmhallen, Einzelhändler durften fast das ganze Jahr nicht mehr arbeiten.

Auch die Reiterhöfe mussten ihren Betrieb von heute auf morgen für unbestimmte Zeit einstellen. Eine Extrabescheinigung musste ausgestellt werden, dass man überhaupt noch zu seinem Pferd durfte. Ausgangssperren wurden verhängt. Wer Husten, Schnupfen oder Halsschmerzen mit Fieber hatte, wurde in seine Wohnung verbannt. Hohe Strafen drohten denen, die sich nicht an die Anordnungen hielten. Polizei und Ordnungsamt kontrollierten das. Somit war auch mir in meiner Selbstständigkeit die Möglichkeit des Geldverdienens für meinen Unterhalt genommen. Denn hatte ich keine Kunden, hatte ich keine Einnahmen. Die Pferde mussten aber auch weiter betreut werden. Ärzte, Supermarktverkäufer, Polizei, Müllabfuhr, Pfleger und die Post durften unter hohen Auflagen weiterarbeiten.

Die gesamte Wirtschaft stand still. In den Straßen mancher Städte tummelten sich dann schon Rehe, Wildschweine und Füchse. Von März bis Mai 2020 passierte nichts mehr. Täglich neue Hiobsbotschaften über viele Verstorbene und Infizierte. In den Schulen wurde „Homeschooling" eingeführt. Die Eltern mussten nun selbst ihre Kinder unterrichten, sie beaufsichtigen und nebenbei in ihrem Beruf auch noch im „Homeoffice" arbeiten, wo das möglich war. Teilweise hatten die Menschen noch nicht einmal die Technik dafür. Es war das reinste Chaos. Täglich ließ die Regierung sich etwas Neues einfallen. So mancher Minister schoss dann auch über das Ziel hinaus, wenn er Dinge anordnete, die gar nicht realisierbar waren. Dann wurde einen Tag später wieder alles zurückgenommen. Die Betriebe kamen mit dem Umsetzen der Maßnahmen gar nicht hinterher. Unmut und Wut machten sich in der Bevölkerung breit. Das nur mal zur Erläuterung der politischen Situation, die das ganze Jahr und auch noch das Jahr 2021 andauerte. Versprechungen wurden gemacht, die nicht eingehalten werden konnten. Die Menschen begehrten auf in Form von Demonstrationen, die dann auch eskalierten. Angst wurde unter den Menschen verbreitet. Der Regierung passierte ein Fehler nach dem anderen, da sie von der Basis der Menschen gar nicht ahnten, wie es da zuging. Man sollte Abstand von 1,50 bis 2 Meter halten. Wie geht das in einem Frauenhaus oder in einem Obdachlosenasyl?

Jedenfalls mussten wir auf dem Hof ja auch irgendwie mit den Pferden klarkommen, da sie gut im Training standen und Kondition hatten. Die konnten wir für den Stillstand auch nicht so stehen lassen, ohne das Training langsam zu verringern.

Ich schlug Wolli vor, dass wir uns die Pferde aufteilen sollten. Es wusste ja auch keiner, wie lange der erste Lockdown anhielt, wann das Leben wieder starten sollte. Es folgten aber noch viele weitere Lockdowns.

Ich übernahm die Arbeit mit den „Teletubbys" und den Haflinger. Ich war da froh, dass ich „Shadow" gut und sicher verkaufen konnte.

Zu Beginn des Jahres 2020 hatte ich an eine gute Reitschülerin auch „Felix" verkauft. Die Familie hatte auch einen eigenen Hof mit mehreren Pferden. Zwar studierte die Reiterin noch in der Stadt, deshalb sollte „Felix" auch noch auf diesem Hof in Pension bleiben bis zum Ende ihres Studiums. Dann wollte sie sowieso in der Nähe ihrer Heimat einen Job suchen und ihn mit nach Hause nehmen. Ihre Mutter war auch eine begeisterte Reiterin. Ich gab ihr gesonderten Unterricht, damit sie lernte, auch andere Dinge mit „Felix" zu machen außer Reiten, wenn sie mal keine Zeit zum Reiten hätte. Für die restliche Zeit des Daseins auf diesem Reiterhof wurden noch 2 weitere Reitbeteiligungen für den Wallach gefunden. Bei einem weiteren Reitbetrieb, wenn er denn noch mal möglich werden sollte, könnte ich ihn auch weiter im Unterricht nutzen, wenn ich keine Pferde zur Verfügung hätte. Das kam mir sehr zupass. In der Zwangspause kümmerten sich dann auch die Reitbeteiligungen und die neue Besitzerin selbst um „Felix".

Ich hatte mit meinen 5 Pferden zu tun. Ich longierte sie, brachte ihnen Zirkuslektionen bei und auch noch weitere Dinge im Gelassenheits-Training. Es machte mir großen Spaß. So manches Mal kam Joshua auch mit und wir arbeiteten zu zweit, durften uns dabei aber nicht erwischen lassen, weil wir nur allein arbeiten durften. Da sich der „Zwangsurlaub" länger als gedacht erstreckte, hätte ich in dieser Zeit auch Zeit, ein weiteres Pferd auszubilden. Unsere Kaltblut/Warmblut Mix Stute war des Öfteren im Gelände und auch schon bei mir im Unterricht gestürzt. Es war eine beginnende Hufkrankheit zu befürchten wegen ständiger Überbelastung. Ich teilte das den Chefs mit. Ich bekam dann grünes Licht für die Suche eines neuen Pferdes. Ich fand auch eins, auch einen „Gewichtsträger". Nach Einwilligung des eventuellen Kaufes vereinbarten wir einen Termin mit den Besitzern, die auch Händler waren. Mit dem Juniorchef fuhr ich dann hin. Den Pferdehänger nahmen wir gleich mit, um nicht zweimal die nicht ganz kurze Entfernung fahren zu müssen. Es waren noch mehrere Kaufinteressenten für das Pferd, welches ich ausgesucht hatte, vor Ort. Wegen des geforderten Preises, den der Juniorchef nicht zahlen wollte, bekamen wir das Pferd dann nicht. Es wurde uns aber noch eine andere Kaltblutstute, 10 Jahre alt, fuchsfarben, vorgestellt zur Ansicht und zum Probereiten. Ihr Name war „Heidi". Sie machte auch einen sehr netten Eindruck. Sie wurde geputzt und vorbereitet. Füße heben und Satteln gestalteten sich als Problem. Auch war sie sehr scheu und unsicher. Nachdem die Besitzerin sie dann vor geritten hatte, setzte sich der Juniorchef auf ihren Rücken. Auch das Aufsitzen gelang ihm nicht am stehenden Pferd. Aber mit seinen langen

Beinen war das kein Problem. Beim Reiten sah man dann, dass die Stute sehr willig war und gefallen wollte. Ich filmte dann den Ritt. Dann rief ich Wolli an und überspielte ihr das Video. Ich fragte nach ihrer Meinung, ob wir das Pferd kaufen sollten oder nicht. Sie legte alles Vertrauen in meine Hände und dass ich dann die Ausbildung übernehmen sollte. Wir kauften dann letztendlich die Stute doch. Sie ging sehr ruhig in den Hänger. Das war auch schon ein Zeichen, dass sie wohl öfter unterwegs war im Pferdehänger. Ich hatte auch in meiner ganzen Laufbahn noch kein Pferd erlebt, welches während der Fahrt im Anhänger nicht sein Geschäft gemacht oder uriniert hatte. „Heidi" war so ein Pferd. Da staunte ich nicht schlecht. Der grüne Pferdepass wurde uns dann nachgeschickt, da er erst erstellt werden musste. Auf dem Hof angekommen, erwartete uns Wolli schon. Ich wollte „Heidi" erst mal in Quarantäne stellen. Man weiß nie, wo ein Händlerpferd schon alles gewesen war und was es alles mitbringt. Auch hatte „Heidi" keine Immunisierung. Wolli sah das aber nicht so eng und sagte, wir sollen sie gleich in die Herde bringen, die zu diesem Zeitpunkt schon Tag und Nacht auf der Koppel verbrachte.

Als Dienstanweisung musste ich mich dem fügen. Verstanden hatte ich das nicht. Schließlich hatte sie doch auch die Meisterausbildung …

Die Quittung kam dann 14 Tage später. Heidi hatte einen eitrigen Nasenausfluss, stumpfes Fell und sonderte sich von den anderen ab. Es stellte sich heraus, dass „Heidi" doch etwas „mitgebracht" hatte. Ich hatte „Heidi" ja in meiner Ausbildung und sie fiel nun durch ihren Krankheitsausbruch sehr zurück. Wolli wollte den großen Fuchswallach, den wir noch vor der Pandemie angeschafft hatten, während der Pandemie unter ihre Fittiche nehmen. Susi sollte sich mit der hofeigenen Kaltblut/Warmblut Mix Stute beschäftigen. Wolli nahm ihre Arbeit sehr ernst. Susi aber war mehr zu Hause als auf dem Hof. Zusätzlich brachte sie noch in der Pandemiezeit einen ausrangierten Vollblüter von einem anderen Hof auf den Hof als Geländepferd für Ausritte. Dass das genehmigt wurde, wollte ich gar nicht begreifen. Denn es fanden wegen Corona-bedingtem Kundenausfall sowieso keine Geländeritte statt. Mit der Stute beschäftigte sich die Kollegin Susi nur mäßig. Nur ich war um die Schulpferde immer sehr besorgt. Dann hatte Susi ihren vier wöchentlichen Wochenenddienst. Ich informierte sie über den Zustand Heidis. Ich sagte, dass es vom einfachen Schnupfen bis zur gefürchteten „Druse" alles sein könne. Eine Separation der Stute von der Herde und eine Vorstellung beim Tierarzt wären angebracht.

Da schrie sie mich an, dass es über den ganzen Hof hallte, ich solle gefälligst „die Schnauze halten mit meiner Besserwisserei!". Dann solle ich den „Gaul" gefälligst wieder zurückbringen. Sie würde keinen Tierarzt holen und sich auch nicht um eine Separierung kümmern. Ich war von dieser Eskalation total überrascht. In vernünftigem Ton hatte ich ihr den Vorschlag gemacht. Vor 6 Jahren hatte ein Pferd aus der Tierklinik schon einmal dieses Virus eingeschleppt. Daraufhin starb ein Pony daran. Viele Privatpferde waren damals so schwer erkrankt, dass sogar einige in die Tierklinik mussten. Bei der Krankheit, die typisch für Pferde ist, erkranken die oberen Atemwege. Das Virus befällt dann aber das Lymphsystem der Tiere. Die Lymphknoten schwellen dann so stark an, dass sie platzen. Passiert das mit den inneren, verbluten die Pferde jämmerlich. Am Platzen der seitlichen Halslymphknoten können die Pferd qualvoll ersticken, wenn die nach innen gehen, was man nicht so schnell bei langmähnigen Pferden sieht. An der Unterkieferseite kann der Lymphknoten vom Tierarzt aufgeschnitten werden, sodass das Sekret dann ablaufen kann. Aber das anschließende tägliche Spülen der sehr großen und schmerzhaften Wunde lassen sich die Pferde auch nicht immer so gut gefallen. Die „Druse", wie diese Krankheit genannt wird, hat eine Inkubationszeit von 14 Tagen. Beim Kauf „Heidis" waren keine Symptome ersichtlich. Dann hätten wir sie natürlich nicht gekauft. Da sich keiner an meine Ratschläge hielt und „Heidi" nicht aus der Herde entfernt wurde, verschlimmerte sich ihr Zustand rapide und die ersten Privatpferde, darunter ein älteres Fohlen und auch nacheinander ein Schulpferd nach dem anderen, steckten sich mit dem Virus an. Die sehr hohen und beachtlichen Tierarztkosten konnte man sich ausrechnen. Um die Tiere nicht sterben zu lassen, mussten sie täglich vom Tierarzt untersucht werden. Einen Abstrich, den ein Besitzer von seinem Pferd einschicken ließ, bestätigte meine Vermutung. Die privaten Pferdebesitzer waren natürlich sehr sauer auf meine Kollegin, die das Ganze ja mit verschuldet hatte. Aber ihr passierte von Seiten der Betriebsleitung gar nichts. Sie kam noch seltener auf den Hof und ignorierte alle Vorwürfe.

Ich war mit der Ausbildung von Heidi schon recht weit gekommen. Sie konnte nun ihr Gleichgewicht beim Hufe hochnehmen gut ausbalancieren. Das war auch der Grund, weshalb sie das zu Beginn nicht konnte. Das hatte sie nie gelernt. Heidi hatte sehr viel Vertrauen zu mir aufgebaut. Ich konnte sie dann nach dem ersten Lockdown, als die ersten Kunden wieder erscheinen durften, auch schon im Unterricht einsetzen. Ich konnte sie sehr schön aufbauen und vorbereiten auf ihre künftige Arbeit. Im Freireiten wurde sie vonfortgeschrittenen Reitern gearbeitet, denen das großen Spaß machte.

Aber Susi hatte noch mehr Pferde auf dem Gewissen. In der Zeit der Ansteckungs-Phase der „Druse" musste bei allen Pferden Fieber gemessen werden jeden Tag 2-mal.

Da wurde natürlich das Arbeiten mit den zugeteilten Pferden während der Pandemie, in der kein Kunde den Hof betreten durfte, vernachlässigt von den beiden. Somit natürlich auch die Pflege der Pferde. Hufe wurden nicht kontrolliert und geputzt wurden die Tiere auch nicht mehr. Fazit war, als die Pferde wieder aufgebaut werden konnten, da eine weitere Arbeitserlaubnis in Aussicht war, hatten alle Großpferde Strahlfäule, eine bakterielle Huferkrankung. Bei dem Fuchswallach, den wir bei seiner Ankunft sowieso erst mal aufpäppeln mussten, entwickelte sich die Strahlfäule zu Hufkrebs. Der Wallach war halb verhungert bei uns angekommen. Wolli kannte ihn aus früheren Turnierzeiten, in denen er ein erfolgreiches Springpferd war. Seine Besitzerin war verstorben und die restliche Verwandtschaft, die gar keine Ahnung hatte, ließ ihn total verwahrlost nur auf einer abgefressenen Koppel laufen. Durch Zufall sah Wolli ihn, um den es ruhig geworden war, erkannte ihn wieder und überredete die Verwandtschaft zum Verkauf des Pferdes.

Seine Hufe waren 2 Jahre nicht behandelt worden. Selbst unser bester Hufschmied hatte alle Hände voll zu tun, ihn wieder so hinzukriegen, dass das Pferd wieder gebrauchsfähig war. Der große Wallach musste dann lebenslang auf allen vier Hufen Korrektureisen tragen. Nun hatte das Pferd aber lebenslang sehr schlechte Erfahrungen mit Schmieden gemacht. Jedenfalls kämpfte er mit vollem Körpereinsatz gegen die Hufpflege, die der Schmied vornehmen wollte. Ansonsten war das Pferd ein „sanfter Riese" mit seinen 1,83 Meter Körpergröße.

Jedes Mal musste er nun sediert werden bei der Hufpflege, damit Personal, Schmied und auch das Pferd selbst nicht verletzt wurden. Und das alle 8 Wochen. Als dann aber die Tierarztbehandlungen des Hufkrebses an allen 4 Beinen anstanden, zeigte er keine Gegenwehr. Nur anbinden durfte man ihn nicht, dann bekam er noch Panik. Aber wir konnten dann später auch alleine die weiteren Behandlungen an ihm vornehmen. Das Pferd war ein halbes Jahr nicht im Einsatz, was verhindert werden hätte können.

Da meine „Teletubbys" wegen ihrer „Figur" den ganzen Sommer während des Weideganges separat gehalten wurden, steckten sie sich auch nicht mit der „Druse" an. Solange sie auf separaten Plätzen und mit ihren eigenen Putzgeschirren bearbeitet wurden und wir eine konsequente Hygiene mit Desinfektion und Hände säubern einhielten, passierte auch nichts. Die Ponys hielten dann 4 Wochen lang den gesamten Reitbetrieb „über Wasser".

Den Vollblüter, den die Kollegin vom anderen Stall mitgebracht hatte, hatte sie natürlich auch gleich in die schon verseuchte Herde gestellt. Da hatte er zunächst den „Herdenchef Jantar" so stark gebissen bei den Rangkämpfen, dass seine Besitzerin auch mit der Ausbildung ihres Pferdes aufgrund nun erforderlicher tierärztlicher Behandlungen aufhören musste. Aber auch da passierte Susi nichts. Die Besitzerin war dann auch nicht mehr gut auf sie zu sprechen.

Der kleine „Igor", der schon wegen der Augen-OP früher auf sich aufmerksam gemacht hatte, fiel eines Tages auch mit starkem Husten und Nasenausfluss auf. Ich hatte gleich Fieber gemessen. Leichte Temperaturerhöhung kündigte eine kommende Atemwegserkrankung an. Ich empfahl wieder eine Trennung der Pferde und eine tierärztliche Vorstellung. Und vor allem eine „Arbeitsbefreiung" des Ponys. Keine Reaktion. Ich sagte das dem Junior, da Wolli Urlaub hatte. Auch wieder weiterer Einsatz im Unterricht durch meine Kollegin Susi. Ich war wieder des „Besserwissens" angeklagt. Eine weitere Eskalation kündigte sich an.

Ich war am Ende. Ich kaufte selber Hustensaft aus der Apotheke. In meinen Büchern forschte ich nach pflanzlichen Mitteln gegen den quälenden trockenen Husten für das Pony. Aber viel nutzte das auch nicht, denn es wurde weiter trotz der Krankheit, die meine Kollegin total ignorierte, die dann komplett unqualifizierten Unterricht gab, eingesetzt.

Der Husten wurde chronisch. Das stellte dann der Tierarzt bei der viel zu späten Vorstellung des Ponys fest. Das Pony war nicht mehr zu retten. Nun stand Igor allein auf einem kargen Gras-Paddock, ohne Sonnen-, Regen- oder Windschutz. Der Paddock wurde nicht gereinigt. In einer Badewanne war dreckiges Regenwasser und auf seine Fäkalien bekam er dann ab und zu mal eine Handvoll Stroh geworfen. Er legte sich nicht mehr hin, das Fell verfilzte zusehends. Er war nicht mehr wiederzuerkennen. Es war ein Bild des Jammers und keiner unternahm etwas dagegen. Heimlich, wenn keiner da war, nahm ich ihn in den Stall. Heu durfte er auch nicht bekommen, da der Husten aufgrund einer „Heu-Allergie" diagnostiziert wurde. Wenn man aber das Heu anfeuchten würde, könnte er Heu fressen. Aber das erforderte zusätzliche Arbeit, die das Personal zusehends in der letzten Zeit scheute. Lieber wurde eine Zigarette mehr geraucht.

Ich brachte Möhren für den kleinen, der mir sehr ans Herz gewachsen war, mit und fütterte auch angefeuchtetes Heu, damit er überhaupt etwas fraß. Er hatte auch schon Gewicht verloren. Das Pony kannte mich ganz genau. Immer, wenn ich auch ein anderes Pferd von der Koppel holte, musste ich an ihm vorbei. Dann kam er aus der hintersten Ecke der Koppel galoppiert und erwartete, dass ich ihn auch holte. Aber ich durfte mich bei meinen Machenschaften mit ihm nicht erwischen lassen. Die Kollegin Susi hatte nun schon so viel Macht auch über Wolli gewonnen, dass die auch schon für sie Pferde holte. Sie konnte sich alles erlauben ohne bestraft zu werden. Ob das nun für die Pferde oder für den Betrieb gut war oder nicht, wurde nicht infrage gestellt. Ich wurde weiterhin beleidigt, als wenn ich der größte Depp wäre, sogar so manches Mal vor meiner Kundschaft. Aber da die mich kannten, schüttelten die auch nur mit dem Kopf. Auch meine Kunden bekamen die Spannung und das immer schlechter werdende Betriebsklima mit.

Joshua blieb mein Kummer natürlich auch nicht verborgen. Sogar er wurde von ihr beleidigt.

Da platzte ihm auch so manches Mal der Kragen und er schoss zurück, was sie nur mit einem Lachen beantwortete. Ich nahm diesen Stress natürlich auch mit nach Hause. Da ich aber nur „freie Mitarbeiterin" auf dem Hof war, hatte ich da keine Befugnisse. Alles, was ich für den Hof und mit den Pferden machte, machte ich aus Liebe zu den Tieren und auf freiwilliger Basis. Keiner hatte auch mir Vorschriften zu machen.

Joshua und ich beschlossen dann eines Tages schweren Herzens, durch die Kündigung und die Aufgabe meines geliebten Berufes dem Treiben ein Ende zu machen.

Klar werde ich lange damit zu kämpfen haben, ein Leben ohne Pferde zu akzeptieren. Aber er wollte mich dabei unterstützen. Ich konnte immer über alle Sorgen mit ihm reden. Er hatte das ja nun auch hautnah mitbekommen, welchem Mobbing ich täglich durch diese Person ausgesetzt war. Dass es dafür keine Bestrafung gab, wunderte auch ihn. Aber wir konnten nichts erzwingen. Nur die Hofpferde taten uns sehr leid.

Ich reichte dann schriftlich die Kündigung ein. Den Brief übergab ich dem Junior nach dem Frühstück persönlich. Wolli hatte ich mündlich schon im Vorfeld im Stall vorbereitet. Sie war total geschockt. Aber ich sagte, dass es nun meine endgültige Entscheidung ist. Da keine Änderung passierte, wollte ich mich nicht den Machenschaften dieser Person, die anscheinend alle Freiheiten der Welt in ihrer Inkompetenz hatte, ausliefern. Mir tat es auch sehr weh und ich konnte meine Tränen nicht zurückhalten. Sie nahm mich dann in den Arm.

Ich war nur froh, dass ich meine Pferde da schon gut untergebracht hatte. Für „Heidi" besorgte ich 2 Reitbeteiligungen, die die weitere Ausbildung übernehmen sollten, bis sie in den Schulbetrieb unter der vielleicht neuen Reitlehrerin gehen sollte. Meine Kollegin Susi wollte sie gar nicht nutzen. Mit Kaltblütern gäbe sie sich nicht ab, hatte sie mir mal bei einer der zahlreichen Eskalationen zugebrüllt.

Ich machte dann meinen Abschied bei meinen Reitschülern offiziell. Am 31.10.2020 sollte mein letzter Arbeitstag sein, einem Wochenende. Die Bestürzung der Schüler und deren Eltern war riesig. Viele waren sogar über den Buschfunk von anderen Reiterhöfen zu mir gewechselt, da sie mit dem Reitunterricht nicht zufrieden waren. Sehr viele meiner Schüler sagten, dass sie bei mir in 4 Wochen mehr gelernt hätten als in 3 Jahren auf den anderen Höfen. Das machte mich auch ein bisschen stolz.

In so mancher Familie unterrichtete ich schon die 3. Generation. Viele Familienmitglieder ließen sich, durch die Kinder meistens, auch zum Erlernen des Reitens motivieren. Sogar wenige Väter ritten dann mit ihren Töchtern in einer Gruppe. Bei den Müttern waren es einige mehr.

In der letzten Arbeitswoche wurde es dann besonders schwer. Blumen, Präsentkörbe, Geschenke, von den Kindern gemalte Bilder und Sektflaschen überhäuften mich täglich. Manchmal musste ich mit dem Auto auf die Anlage kommen, um alles zu verstauen. Ich konnte gar nicht alles zusammentragen. Jeden Abend weinte ich vor Rührung, dass meine Arbeit so geschätzt wurde.

Ich war als relativ streng bekannt. Darum waren Lobe von mir etwas ganz besonderes, da ich sie selten vergab. Es kam auch nicht jeder mit meiner Art zurecht. Aber ich behielt immer einen freundlichen konsequenten Ton in den Kritiken. Kannte ich doch selber in meiner Ausbildung den verletzenden Ton und das

Schreien von einem Herrn Bodt. Der kündigte aber im Vorfeld an, dass es hart herginge bei ihm. Wenn man das nicht vertragen könne, brauche man gar nicht erst anzufangen. Er quäle den Reiter so lange, bis das Pferd so geht wie er es wollte. Das hatte ich einmal ausprobiert und hatte den Unterricht auch unter Tränen beendet. Aber bei ihm hatte ich was gelernt. Ich wusste, dass ich das nicht persönlich nehmen durfte. Aber so wollte ich nicht arbeiten. Ich wollte sichere Reiter, aber keine Olympionikentrainieren. Durch meine Ehrlichkeit im Unterricht konnte ich auch den Reitern vermitteln, dass eine unsachgemäße Behandlung des Pferdes auch zum Tod oder im Rollstuhl enden konnte bei dessen Gegenwehr. Diese Ehrlichkeit gefiel nicht jedem, da sie es nicht gerne hörten. Aber verstanden haben sie mich und meine Sorgen dann später alle.

Interessant fand ich auch, wie so manche Erwachsene ihre in der Schule erlernten Kenntnisse vergessen hatten. So musste ich des Öfteren erklären, was ein Zirkel ist, was ein Durchmesser ist und welche Winkel es gibt. Bei einer Vorhandwendung drehte sich ein Reiter auf dem Pferd wohl 3-mal um sich selbst und fragte dann, wann er fertig wäre. Er sollte eine halbe Drehung um 180 Grad machen. Auch aus der Physik bekannte Begriffe wie „Hebelwirkung" und „Zentrifugalkraft" waren für so manchen Erwachsenen „Böhmische Wälder".

Was mich aber dann doch überraschte, war, dass Wolli an ihrem freien Tag an meinem letzten Arbeitstag dann mit einem großen Präsentkorb im Namen des Teams ankam und ihn mir als Abschied überreichte. Ich sah sie nur an und fragte: „Vom Team? Ich denke, das Team bist nur du allein, stimmt es?" Keiner der anderen Kollegen hatte sich in irgendeiner Form von mir verabschiedet. Von den Chefs hätte ich es schon erwartet. Ich war ihnen auch in der letzten Zeit öfter begegnet. Aber es kam mir vor, als wenn sie mir aus dem Weg gingen.

Es sollte auch schon eine Nachfolgerin im Gespräch sein. Ich lernte sie kurz vom Sehen her kennen. Ich bot ihr an, an meinem Unterricht teilzunehmen, um Pferde und Reitschüler kennenzulernen für das weitere Miteinander. Aber meine Kunden teilten mir einer nach dem anderen mit, dass sie gar nicht zu erreichen wäre wegen neuer Terminabsprachen. Sie war eine frühere Einstellerin gewesen ohne hippologisch technische Ausbildung. Pädagogische Ausbildung hatte sie auch nicht, meinte aber, Unterricht erteilen zu können. Von „Heidi" wollte sie auch nichts wissen. Sie war ganz eng mit der Kollegin Susi, die mich mobbte. Da konnte ich mir schon vorstellen, was das wohl werden würde hier in Zukunft und was sie da alles erfahren hatte.

In den Wochen nach meinem Ausscheiden informierten mich meine Kunden von dem Chaos auf dem Reiterhof. Der Unterricht fand nur mit den Haflingern statt und war so katastrophal, dass meine Kunden sich entweder andere Reiterhöfe suchten oder auch den Reitsport aufgaben. Der war das Geld nicht wert. Mit den Ponys kam sie nicht klar, mit Kaltblütern wollte sie nicht arbeiten oder diese wurden ihr von der Kollegin auch vorher weggenommen. Oder sie waren wegen Krankheit nicht einsatzbereit. Das Schlimmste jedoch war, dass „Igor" an meinem letzten Arbeitstag noch der Schlachtung zugeführt wurde. In einer Hinsicht war es vielleicht das Beste für ihn. Denn unter so viel inkompetentem Personal wäre er wohl auch noch auf dem Hof gestorben. Mit Hufrehe und dem chronischen Husten wusste selbst Wolli nicht mehr, wo sie ihn im Winter unterbringen sollte. Darum hatte sie sich schweren Herzens zu diesem Schritt entschieden. So endete dann auch das Leben eines wunderbaren Ponys durch die Schuld einer inkompetenten Kollegin.

„Heidi" wurde dann noch einen Monat von den mir vorgeschlagenen Reitschülerinnen im Rahmen einer „Reitbeteiligung" gearbeitet. Eines Tages war „Heidi" dann nicht mehr da. Der Juniorchef hatte sie an einen Behindertenreitbetrieb verkauft, da die neue „Reitlehrerin" sich weigerte, „Heidi" in den Schulbetrieb, wofür sie ja mal angeschafft worden war, zu übernehmen. Meine Reitschülerinnen waren auch sehr traurig, dass sie sich nicht mal verabschieden konnten. Sie gaben dann auch den Reitsport auf.

Selbst Wolli schrieb mir dann, dass sie das Betriebsklima auf dem Hof und den konstanten Nervenkrieg nicht mehr aushielt und zum Jahresende gekündigt hatte. Sie hatte ja auch früher vor Franzi schon einmal auf dem Hof gearbeitet. Sie hatte mit mir und Joshua eine Zeit wunderbarer Zusammenarbeit und gegenseitiger Hilfe. Sie bedauerte sehr, dass es alles so gekommen war mit unserem Ausscheiden. Ich bedauere es den Pferden zuliebe auch sehr.

18. Kapitel
Hundesport und Tierschutz als weitere Alternative

Nachdem Joshua und ich nun 1 Jahr ohne Katze gelebt hatten, wollten wir uns wieder eine anschaffen. Aufgrund des Lockdowns waren im Tierheim keine zu haben. Meine Bekannte, die uns damals „Micky" vermittelt hatte, arbeitete auch nicht mehr im Tierheim. Es waren wegen der Pandemie auch alle öffentlichen Aktivitäten verboten.

Ich war nun froh, dass ich meine Selbstständigkeit aufgegeben hatte.

Durch den Lockdown 1. Welle war jeglicher Reitunterricht auf dem Reiterhof verboten worden. Als er dann über die Sommerzeit vom Mai bis November wieder erlaubt wurde, waren die Pferde des Hofes erkrankt beziehungsweise auch wegen der Hufprobleme nicht nutzbar. Die „Druse" zog sich ewig hin, da immer wieder Ansteckungen unter den Pferden vorkamen. Die Krankheit dauerte ebenso sehr lange Zeit. Die Pferde brauchten eine sehr lange Zeit, um sich wieder zu erholen. Aber auch Rückfälle kamen vor bei den Schulpferden, da ihnen keine Erholungszeit gegönnt wurde. Als sie dann wieder fit waren, kam die 2. Welle des Lockdowns. Sämtliche Gaststätten wurden wieder geschlossen und das soeben erlaubte öffentliche Leben wurde wieder heruntergefahren. Die Ansteckungen und die Todesfälle waren in der kalten Jahreszeit wieder drastisch angestiegen, da den Leuten im Sommer das Reisen ins Ausland gestattet wurde. Die trugen dann wieder die Krankheit hinein ins Land. Es sollten dann Impfungen das „Licht am Ende des Tunnels" sein. Aber die Regierung war nicht in der Lage, genügend Impfdosen zu besorgen. Durch Testungen wollte man dann auch feststellen, wer infiziert war. Das hatte sofort eine Wegsperrung, freundlich Quarantäne genannt, unter Strafe zur Folge für die positiv getesteten Menschen.

Die ersten Demonstrationen gegen die Maßnahmen der Regierung waren schon im Gange. Es herrschten kriegsähnliche Zustände so manches Mal.

Die Menschen durften sich nicht zu nahe kommen. Sämtliche Veranstaltungen wurden untersagt. Diese Zustände verschärften sich zusehends auch um die Weihnachtszeit. Selbst in die Privatsphäre wurde eingegriffen. Sämtliche Sportaktivitäten, wie Schwimmen, Gymnastik, Training in Fitnessstudios, wurden verboten. Viele Betriebe, Selbstständige und Kleinunternehmen bangten um ihre Existenz. Die versprochenen Unterstützungen durch den Staat ließen auch auf sich warten. Ich hatte zu Beginn der Pandemie auch Unterstützung beantragt. Da hatte ich ja noch keine Ahnung davon, dass sich diese Katastrophe über Jahre hinziehen würde. Dann hatten aber Verbrecher dieses Chaos in der Bürokratie für sich ausgenutzt und sich diese Unterstützungen selbst zugeschanzt. Das flog auf, worauf für alle die so nötige Unterstützung gestrichen wurde. Wieder dauerte es sehr lange Zeit, bis der Betrug aufgeklärt wurde. Es wurde jeder verdächtigt. Auch ich wurde angeschrieben und musste ganz genau beweisen, warum ich die Unterstützung beantragt hatte.

Aber ich hatte ja ehrlich gehandelt. Die ganze mir zur Verfügung stehende Summe hatte ich auch gar nicht beantragt. Es wurde zwar gesagt, dass man nichts zurückzahlen müsse, aber das war auch wieder nicht wahr. Die nun recht wankelmütige Regierung machte immer mehr Versprechungen in jeglicher Hinsicht, die dann kurze Zeit später wieder gekippt wurden.

Der Betrag wurde dem Gewinn des Selbstständigen angerechnet. Die Gastronomie und die anderen Unternehmen hatten Kredite bekommen, die ja auch wieder irgendwann zurückgezahlt werden müssen. Viele Insolvenzen und Betriebsaufgaben waren dann die Folge. Hohe Verschuldungen und hohe Arbeitslosigkeit ergänzten das Grauen der Menschen.

Joshua und ich erkundigten uns also eines Tages im Mai 2020 beim Tierheim nach einer Katze. Da natürlich auch kein Eintritt möglich war, mussten wir vor dem Zaun auf einen Mitarbeiter warten. In die Ämter kam man auch nicht mehr. Alles wurde per Telefon mit endlosen Warteschleifen abgearbeitet. Das wurde dann über Call-Center oder per Mail geregelt. Da ergaben sich dann viele Schwierigkeiten in den Problemlösungen. Man hatte keine Möglichkeiten einer Nachfrage, da man in den Call-Centern nie denselben Ansprechpartner hatte. Teilweise konnten die gar nicht die Fragen beantworten, da sie inkompetent waren. Das nervte und machte einen immer wütender über die Zustände.

Jedenfalls traf gegenüber dem Tierheim eine Frau gerade bei ihrem Zuhause ein. Sie fragte, was wir wollten. Es hatte sich noch kein Tierheimmitarbeiter gezeigt. Sie arbeitete auch eng mit dem Tierheim zusammen. Wir äußerten unseren Wunsch. Dann kamen wir ins Gespräch. Sie fragte, ob ich nicht bei ihr anfangen wolle. Noch war ich ja selbstständig. Sie war eine Hundetrainerin und arbeitete auch viel für den Tierschutz. Sie zeigte uns dann auf ihrem Hof, der durch Hecken abgeschirmt war, ihre Tiere. Da waren 2 Mini-Shettys, 1 Quarterhorse-Wallach, 8 Ziegen und 7 eigene Hunde aller möglichen Rassen. Viele aus dem Tierschutz, die nicht mehr vermittelbar waren. Selbst züchtete sie Königspudel. Ich erzählte ihr meine Geschichte und wir verabredeten uns zu einem Termin, um uns noch mehr über die Arbeit auszutauschen.

Das erste Treffen verpasste sie. Als ich sie dann anrief, entschuldigte sie sich und sagte, dass sie bei einem Notfall einspringen musste. Eine Familie hatte einen bissigen Hund, der von der Polizei beschlagnahmt wurde. Den sollte sie nun bei sich unterbringen. Das konnte ich verstehen. Sie zahlte mir aber bereitwillig die Benzinkosten.

Dann machten wir einen 2. Termin aus. Wir unterhielten uns eingehend darüber, welche Aufgaben ich dann übernehmen sollte, um sie zu unterstützen.

Da der Unterricht mit den Hunden nur draußen stattfand, hatte sie vom Gesundheitsamt die Erlaubnis erhalten, ihren Beruf weiter ausüben zu dürfen. Sie war sehr hinterher, alles mit Erlaubnis machen zu dürfen, und sicherte sich immer bei den entsprechenden Behörden und Ämtern schriftlich ab. Auch zeigte sie mir ihre ganze Ausbildung und ihre Berechtigungen.

Zu Beginn beobachtete ich ihre Aktivitäten mit den Hunden und den Hundebesitzern. Sie gab „Welpen-Spielstunden", Möglichkeiten der Hundebeschäftigung, Stunden für Hundebesitzer, die mit ihren Tieren Probleme hatten, und korrigierte verhaltensgestörte Tiere, die sie dann zu sich in Pension nahm. Auch konnte sie für 7 Hunde auf ihrer Anlage eine Urlaubsbetreuung garantieren mit Beschäftigung der Tiere während der Zeit. Die Anlage war sehr großflächig und sehr gepflegt. Mehrere sichere Abteilungen ließen ein Ausbrechen der Hunde nicht zu, gewährten sehr gute Trainingsmöglichkeiten in Gruppen und im Einzeltraining mit den Hundebesitzern und deren Hunden. Auch wenn jemand sich einen Hund anschaffen wollte, aber noch völlig unbedarft mit den Anforderungen war, konnte er bei ihr in die Lehre gehen. Dafür bekam der Neuling dann einen ihrer Hunde, die sie wie ich die Pferde zu „Schulhunden" ausgebildet hatte. Ich hatte ja vor der Wende Dienst- und Gebrauchshunde ausgebildet. Hier war aber die Ausbildung ganz anders. Alle möglichen Groß- und Kleinhunderassen, Hunde aus dem Ausland, misshandelte Hunde, beschlagnahmte Hunde waren an den sehr gut besuchten Trainingsstunden zugegen. Sortiert wurden die Hunde von ihr nur nach Alter. Welpen und erwachsene Hunde wurden nicht zur gleichen Zeit trainiert.

Ich lernte dann auch mit ihren Königs-Pudeln ihre Art der Hundeerziehung kennen und praktizieren. Sie erläuterte immer, warum man etwas tat und wie man die Hunde „lesen" sollte. Das machte mir sehr großen Spaß. 3-mal pro Woche nahm ich dann erst mal an den Trainingsstunden teil.

Wir waren überein gekommen, dass ich in punkto Hunde von ihr und sie in puncto Pferde von mir lernen wollte.

Zu Beginn nahm ich mir dann die Mini-Shettys „Jasper" und „Raja" vor. Beide waren schon seit 4 Jahren bei ihr und kamen auch aus dem Tierschutz. Bei „Raja", einer 6-jährigen Dunkelfuchs Stute war das Halfter eingewachsen, da es nie abgenommen wurde und irgendwann unbemerkt vom Besitzer zu klein geworden war. Die Stute war sehr misstrauisch Menschen gegenüber und ließ anfangs keinen an sich herankommen. Jetzt war sie aber sehr freundlich auf meine Annäherung zu sprechen.

Der braune 8-jährige Wallach war halb verhungert. Sein Fell war verfilzt und dreckig. Er konnte sich kaum noch auf den Beinen halten, als er zu ihr kam. Sie zeigte mir auf ihrem Handy ein Foto, was mich auch sehr erschrocken machte. Wie kann man ein Pony so verwahrlosen lassen. Beide Tiere kamen aus sehr schlechter Haltung von verschiedenen Besitzern. Ihr Schicksal schweißte sie dann auf diesem Hof zusammen und sie waren unzertrennlich. Aber sie hatten hier auch schon kompetente Erziehung genossen, denn sie klebten nicht aneinander, als ich sie einzeln vom Paddock holte und ins Training nahm. Später gewöhnte ich sie an die Doppellonge und konnte dann mit beiden zusammen arbeiten. Sie kamen mir auch immer von selbst entgegen, was mir klarmachte, dass sie meine Arbeit mit ihnen gut fanden. Sonst hätten sie auch weglaufen können.

Eine andere Hausnummer war dann schon der 3-jährige Quarterhorse-Wallach. Er war sehr verwöhnt und ich hatte so den Eindruck, da er der Liebling seiner Besitzerin war, dass er auch die „Hosen" anhatte. Sie sagte auch selbst, dass sie bei ihm aus Liebe wohl auch schon viele Fehler gemacht hatte. Das konnte ich nur bestätigen.

Einen übergroßen „Roundpan", eine mit Aluelementen, die zusammengesteckt werden, umzäunte kreisförmige Rasenfläche mit einem Durchmesser von zirka 20 Metern gestattete ein sicheres Training auch mit einem freilaufenden Pferd. Zur nassen Jahreszeit litt allerdings der Boden sehr. Der Wallach, schwarzbraunfarbig und etwa 1,50 Meter groß, aber noch nicht ausgewachsen, war leicht angeritten und sollte mit seiner Besitzerin auch mal an Western-Turnieren teilnehmen. Das war das Ziel. Sie zeigte mir ihre Trainingsmethode im Western Stil an der Longe und freilaufend. Vieles war auch nach der Art von „Monty Roberts", dem Amerikaner. Da ich aber Zeit meines Lebens Pferde und Reiter immer nur im englischen Reitstil ausgebildet hatte, tat ich mich sehr schwer mit der mir nun unbekannten Reitweise.

Kleinste Details waren wichtig in meiner Körpersprache, damit das Pferd sie „lesen" konnte und die gewünschte Ausführung tat. Immer wieder wusste das Pferd nicht, was es machen sollte und ich wurde zusehends frustriert, weil das nicht klappte. Das kannte ich so gar nicht von mir. Ich war mit den Tieren sonst immer die Geduld in Person.

Die Ponys bildete ich im englischen Reitstil aus. Sie sollten auch in naher Zukunft unter kleinen Kindern gehen, geführt und auch möglichst im Freireiten in dem Roundpan.

Aber mit dem Braunen wollte es absolut nicht klappen. Wochenlang trainierte ich unter Anweisung der Besitzerin mit ihm. Sie hatte einen Lebensgefährten, der ebenfalls ein Pferd hatte. Der große braune 6-jährige Kaltblüter „Bronco" befand sich noch in Ausbildung auf einem etwas entfernten Western Reiterhof. In der nahen Winterzeit sollte er dann auch das Pferdeangebot auf dem Hof bereichern.

Nach ewigen Absprachen wurde er dann auf den Hof gebracht. Es war eine Tinker-Kaltblut-Mischung von der Rasse her. Etwas größer als der Quarterhorse-Wallach, hatten die Bereiter auf dem Reiterhof ihm im Western Stil einiges beigebracht. Wir trainierten mit ihm auch im Roundpan. Ich durfte auch mit ihm unter Aufsicht alleine arbeiten. Und siehe da, ich kam viel besser mit ihm klar als mit dem anderen Pferd. Von dem Pferd konnte auch ich noch etwas lernen.

Eines Tages wurde die Besitzerin von einer Atemwegserkrankung aus der Bahn gerissen. Ich wusste ja auch aus meiner vergangenen Selbstständigkeit, dass man auch im kranken Zustand so gut es ging versuchen musste, seiner Arbeit nachzukommen.

Aber wir hatten immer noch „Corona" und das mit sehr starken Einschränkungen, was das öffentliche Leben betraf.

Nun war Joshua ja auch mit seiner Krebserkrankung ein Risikopatient. Darum schrieb ich ihr, dass ich die nächsten 14 Tage nicht mit ihr zusammentreffen wollte, um nicht Joshua anzustecken, denn mit ihrer Atemwegserkrankung war sie bestimmt auch hochgradig ansteckend. Ich hatte schon immer ein gutes Immunsystem gehabt und könnte aber für Joshua ein Überträger werden, ohne selbst zu erkranken. Da das für Joshua auch den Tod bedeuten könnte, wollte ich schon im Vorfeld allen Risiken aus dem Wege gehen.

Das verstand sie gar nicht, was mich sehr enttäuschte. Wir hoben dann mit gegenseitigem Einverständnis unsere Beziehungen auf. Mein Rücken hatte auch mit dieser, recht leichten Arbeit nicht klarkommen können. Die Schmerzen wurden immer stärker. Da mir die Sache mit den Hunden und Pferden aber viel Spaß machte, unterdrückte ich die Schmerzen wieder mit erhöhtem Tablettenkonsum. Aber vielleicht war das auch wieder ein Wink des Schicksals, dass ich meine Aktivität dort beendete.

„Mietzi", das 2. Kätzchen

Da das Tierheim nun keine Katzen zur Vermittlung hatte, sah ich im Internet auf verschiedenen Plattformen nach, ob ich da etwas finden würde.

Und ich hatte Glück. Unweit unserer Wohnung, auf einem Dorf, suchte ein Mann Käufer für seine 4 Katzen. Davon waren eine weiblich und die anderen drei männlich.

Kater wollte ich nicht haben. Ein Foto war dem Inserat beigefügt. Die Katze sah fast genauso aus wie seinerzeit „Micky". Auch war sie ebenfalls 4 Jahre alt, nur etwas größer.

Ich rief den Inseraten sofort an und er lud uns sofort zur Besichtigung der Katzen ein. Schnell fuhren wir in der noch verbleibenden Zeit bis zum Treffen zum „Fressnapf", um die nötigen Utensilien wie Futter, Näpfe, Katzentoilette und eine neue Transportbox zu kaufen. Letztere nahmen wir dann gleich mit.

Mit Hilfe des „Navis" fanden wir dann auch gleich das Haus des Besitzers. Er empfing uns schon auf der Straße. Auf dem Kratzbaum lagen dann die 4 Tiere. Die Katze hatte ein getigertes Fell mit weißen Abzeichen und die Kater waren alle schwarz-weiß mit weißen Abzeichen. Die Katze war sehr neugierig und leckte mir gleich die Hand ab.

Der Besitzer erzählte uns, dass seine Frau, die verstorben war, die Katzen immer in ihrer Obhut hatte. Alle Katzen stammten aus der Nachbarschaft und waren schon als Welpen zu ihr gekommen. Alle 4 Tiere sind reine Wohnungskatzen und keine Freigänger. Nun war auch er selbstständiger Handwerker und viel unterwegs. Deshalb waren die Katzen sehr lange Zeit sich selbst überlassen. Das fand er nicht schön. Darum wollte er sie in gute Hände verschenken.

Alle Tiere hatten einen guten Futterzustand und sahen gesund aus. Sie hatten alle einenImpfausweis und waren gechippt. Wir beschlossen, die Katze zu nehmen. Über unsere Erfahrung mit „Micky" und deren trauriges Ende hatten wir auch gesprochen.

Der Handwerker wollte kein Geld haben. Ihm kam es nur darauf an, dass sie in gute Hände kamen.

Er nahm dann „Mietzi", wie der Name der weiblichen Katze war, vom Kratzbaum und versuchte, sie in die Transportbox zu bringen. Er hatte sie dabei aber recht umständlich genommen, weshalb sie versuchte, sich zu befreien.

Das gelang ihr auch und sie war dann nicht mehr aufzufinden.

Da er Anfang der folgenden Woche sowieso in der Stadt zu tun hatte, wollte er mir die Katze dann zur Wohnung bringen. Während des Wochenendes wollte er sie dann an die Transportbox gewöhnen. Nun war die Aufregung zu groß und die Aussicht, sie jetzt noch da hinein zu bekommen, unwahrscheinlich. „Für Leckerlis macht sie alles und das wird dann 100%ig klappen, da habe ich gar keine Bedenken", waren seine abschließenden Worte, als er uns zum Auto begleitete.

Er kam auch wirklich am Montag zur vereinbarten Zeit. Ich nahm ihm „Mietzi" dann an der Haustür ab und wir verabschiedeten uns.

Oben angelangt, gab ich „Mietzi" in der Küche, die ihr Rückzugsort werden sollte, genügend Möglichkeiten, anzukommen. Zuerst versteckte sie sich hinter dem Schrank für längere Zeit. Dann taute sie langsam auf und fraß das angebotene Futter aus dem Napf.

Langsam erkundete sie dann die ganze Wohnung. Sie wurde immer selbstbewusster.

In ihrer Futterwahl war sie lange nicht so wählerisch, wie es „Micky" damals war. Das ersparte uns auch viele Probleme bei den Einkäufen des Futters. Des Nachts war sie auch sehr ruhig. Wenn wir tagsüber weg waren, legte sie sich in ihr Körbchen, wo wir sie dann sogar noch bei unserer Wiederkehr antrafen. Sie konnte ohne Probleme alleine sein, obwohl sie dann später einen sehr engen Kontakt mit Joshua und mir pflegte. Es bildete sich mit der Zeit ein regelrechter Kontrolltrieb aus. Wenn wir nicht alle in der Küche waren, fraß sie auch nicht.

War sie fertig, wurden wir beobachtet von der Arbeitsplatte der Küche aus. Auch die Toilettengänge wurden genau durch sie kontrolliert. Sie konnte die Schiebetür unseres Bades öffnen und nach dem Rechten sehen. In den Ruhezeiten, wenn Joshua im Wohnzimmer „Fußball" guckte und ich im Schlafzimmer las oder Tiersendungen verfolgte, leistete sie mal ihm und mal mir Gesellschaft.

Sie hatte immer das letzte Wort. Ich sprach wie zu einem Menschen zu ihr. Sie schaute mich dann an. Wenn ich fertig war oder eine Frage stellte, war ihr „Miau" immer der Abschluss der Unterhaltung.

Ebenso wie „Micky" „sprach" sie auch mit ihren Augen. Selbst auf unser Blinzeln hin antwortete sie auf ihre Art, mal mit einem, mal mit beiden Augen. Je nachdem, wie wir das vormachten. Bänder waren für sie sehr interessant in ihren Spielphasen. Sonstiges Spielzeug interessierte sie nicht so besonders. Als ich ihr dann einmal einen sich bewegenden „Fisch" besorgte und diesen dann noch mit Duftstoffen versah, war sie gar nicht mehr von diesem abzubringen. Damit konnte sie sich auch alleine beschäftigen „Mietzi" sorgte immer für gute Laune und Fröhlichkeit bei uns. Sie hatte so viel Potenzial, uns zu erheitern, auch wenn wir, gerade in den schweren Zeiten der Corona-Pandemie, so manches Mal psychisch am Ende waren.

Sie ließ sich auch dressieren. Pfötchen geben, sich ruhig ohne zu zappeln die Krallen schneiden lassen, auf s Wort kommen und gehorchen, sowie „Sitz" und „Platz" und auch „Bleib" und „Nein", wenn sie etwas nicht machen sollte. Da „Mietzi" ein „Leckermaul" war, saß sie auch schon mal vor uns am Kaffeetisch oder klaute Joshua beim Kartoffelschälen eine im unbewachten Augenblick. Das durfte sie natürlich nicht. Und dafür gab es dann auch ein „Nein".

Als „Kopfarbeit" brachte ich ihr dann das „Hütchenspiel" bei. Von 3 Eierbechern musste sie das unter einem liegende Leckerli herausfinden. Sie musste lernen, den richtigen Eierbecher mit der Pfote umzukippen. Das dauerte schon ein Weilchen, bis sie das mit der Pfote begriffen hatte. Zuvor schob sie den richtigen Eierbecher mit dem darunter liegenden Leckerli immer nur mit der Nase vorwärts und kam dann nicht an dieses. Das frustrierte sie dann meistens, weil sie nicht an ihre „Beute" kam. Dann ging sie einfach weg und hatte keine Lust mehr. Aber nach vielen Übungen hatte sie es dann doch begriffen, dass sie ihre Pfote einsetzen musste und da machte sie auch wieder freudiger mit. Jedenfalls hatten wir viel Freude mit der Katze. Wir wollen nur hoffen, dass wir sie noch sehr lange haben. Sie soll hoffentlich nicht das Schicksal von „Micky" teilen. Das wäre der Horror für uns.

19. Kapitel
Meine Zeit bei der Post

Nachdem ich nach Beendigung meiner Zeit beim Tierschutz und Hundesport die Selbstständigkeit endgültig aufgegeben hatte, suchte ich nach Arbeit. Ich hatte nun endgültig mein Gewerbe abgemeldet. Ich musste ja nun auch für meine Kranken-, Renten- und anderen Versicherungen sowie für die Mietzahlung für meine Wohnung ein Einkommen haben. Das waren während meiner Selbstständigkeit immer finanziell die größten Posten in meinen Ausgaben gewesen. Da ich in meinem Alter mit über 60 auch keine Chancen auf dem normalen Arbeitsmarkt hatte, brauchte ich die Bemühungen des Arbeitsamtes gar nicht erst in Betracht zu ziehen.

In den Zeiten der Pandemie, wo viele Betriebe ihre Mitarbeiter in Kurzarbeit geschickt oder gleich entlassen mussten, brauchte ich mir keine Gedanken darüber zu machen, dass neue Mitarbeiter eingestellt werden würden. Wenn man nun mit Bewerbungen ankommt und die Sachbearbeiter für Personalwesen mein Alter und meinen Lebenslauf sehen würden, wäre alle Hoffnung sowieso begraben bei den folgenden Ablehnungen.

Darum wollte ich meinen Arbeitswillen persönlich bekunden und mich gleich zeigen bei den Betrieben. Aufgrund meiner Rückenprobleme wollte ich in Teilzeit arbeiten. Mir ging es darum, versichert zu sein, dass ich die hohen Posten nicht mehr selbst stemmen musste.

Auch konnte ich mir nicht vorstellen, den ganzen Tag zu Hause zu sitzen. Ich wollte noch gebraucht werden und was Sinnvolles tun.

Ich hatte auch viel Spaß am Sortieren von Sachen. Ich fragte also persönlich bei einem Paketdienst in meiner Nähe nach einer Arbeitsmöglichkeit nach.

Ich durfte eine Probeschicht machen beim DPD (Deutscher Paketdienst).

Um 5.00 Uhr begann die Arbeitszeit. Ich hörte mir die Arbeitsschutzbelehrungen des Schichtleiters an und wurde dann einem Mitarbeiter an einem Förderband zugeteilt.

Der sollte mir alles erklären und ich sollte mich dann auch schon etwas einbringen.

Pakete jeglicher Größen wurden von mehreren Männern auf ein Band gelegt, an welchem das Auto stand. Man konnte die Geschwindigkeit des Bandes mit einem Fußhebel betätigen. Jedes Paket musste gescannt werden, danach wurde es weitergeschoben auf ein neues Band. Da wurde das Paket dann je nach Größe auf ein weiteres Band per Maschine geschoben. Etliche Mitarbeiter standen am Band und schauten nach Beschädigungen der Pakete. Diese wurden dann beseitigt. Nachdem die Pakete wiederhergestellt wurden, wurden sie sortiert nach den Ankunftsorten. Zum Schluss wurden sie auf andere Autos geladen, um zu ihren Zielorten gebracht zu werden.

Das war zwar eine recht anspruchsvolle Arbeit, auch körperlich, da in der Pandemie-Zeit alle Geschäfte schließen mussten und alle Menschen zum Onlinehandel übergingen. Dadurch waren die Post und der Paketdienst enorm in den Focus gerückt.

Aber nach der einen Schicht vermittelte mir der Chef, dass es nichts werde mit der Einstellung. Alle Mitarbeiter arbeiteten in Teilzeit. Nur die Vorarbeiter und Chefs hatten eine Festanstellung. Es herrschte eine große Personal-Fluktuation in dieser Branche.

Ein bisschen traurig machte mich das schon.

Dann versuchte ich es am anderen Ende der Stadt bei dem Briefzentrum der DHL.

Dort sprach ich auch gleich bei der Personalleiterin vor. Sie machte mir Mut und forderte Bewerbung und Lebenslauf und polizeiliches Führungszeugnis ein.

Schnell besorgte ich die gewünschten Unterlagen und ließ sie ihr zukommen. Kurze Zeit später hatte ich die Zusage. Dann arbeitete ich 6 Tage die Woche von 5.00 bis 7.30 Uhr beim Briefsortieren bei der Post. Das machte mir großen Spaß. Die von Postautos angelieferten Briefe und Päckchen mussten sortiert werden zur Weiterbeförderung in weitere Gebiete, beziehungsweise für die Zustellung in der näheren Umgebung straßenweise. Diese Arbeit war leichter vom körperlichen Aspekt als die Paketsortierung beim DPD.

Über die Weihnachtszeit tanzte der „Bär" in der Halle. Die Fülle der Pakete und der Briefsendungen über die Festtage erforderte das Limit der Angestellten. Wir wurden zu Überstunden gebeten, die dann auch bezahlt werden würden. Da sagte ich natürlich auch nicht nein.

Die DHL übernahm dann auch meine Sozialversicherungsbeiträge. Bis Februar war meine Probezeit und dann sollte über eine Übernahme entschieden werden.

Ich verdiente gut, meine Kosten waren gedeckt. So konnte es weitergehen. Aber nach den Feiertagen zwischen Weihnachten und Neujahr teilte mir die Personalleiterin mit, dass ich nicht übernommen werden würde. Gründe nannte sie mir nicht. Im Gesetz ist auch verankert, dass in der Probezeit keine Gründe bei Nichtweiterführung des Arbeitsverhältnisses genannt werden müssen.

Ich nehme an, dass wegen des enormen Weihnachtsgeschäftes mehr Arbeitskräfte als normal eingestellt werden, die dann bei weniger Arbeitsaufkommen dann auch schnell wieder entlassen werden können. Oder der Grund war wegen der Corona-Pandemie, da ich ja mit meinem Alter auch schon zur Risikogruppe gehörte.

Ich nahm es dann hin. Schnell meldete ich mich beim Arbeitsamt und beim Jobcenter (welches für Harzt 4-Empfänger zuständig war) an. Der Übergang meiner Versicherungsmitgliedschaften sollte möglichst reibungslos vonstattengehen. Da keine persönlichen Amtsbesuche möglich waren, wusste ich schon im Voraus, dass das mit den Zahlungen und Genehmigungen einige Zeit dauern würde. Aber die Absicherung der Versicherungsmitgliedschaften stand bei mir im Vordergrund. Die Zahlungen wurden ja auch rückwirkend getätigt, hatte ich im Internet erfahren. Da konnte ich auch einige Schulden auf dem Konto verkraften. Und so kam es dann auch. Nach dem bürokratischen Kampf mit den Ämtern hatte ich dann alle Hürden geschafft für zunächst ein halbes Jahr. Dann würde sich das alles wiederholen. Aber ich hatte nun alles schriftlich und ein gesichertes Einkommen. Das befriedigte mich erst mal.

Die nächsten 2 Jahre muss ich mich jetzt noch durchbeißen bis zur Rente. Ich empfinde diese Zeit jetzt so als Vorbereitungszeit auf das Rentendasein.

Viel unternehmen kann ich in dieser Zeit nicht, da die Einschränkungen jeglicher Arten des Lebens wegen der Corona-Pandemie, die nun schon über ein Jahr anhält, und ein Ende ist nicht abzusehen, weiterhin bestehen.

Ab und zu bekomme ich immer noch Feedbacks von der Besitzerin von „Felix". Sie schickt mir Fotos, berichtet von ihrer Arbeit mit ihm. Darüber freue ich mich dann immer sehr. Mit manchen anderen ehemaligen Reitschülern habe ich auch noch leichten Kontakt.

Wenn es erlaubt und möglich ist, besuchen Joshua und ich auch den Zoo oder den nahe liegenden Erdbeerhof. Dort gestalten Künstler der ganzen Welt jedes Jahr eine sogenannte „Eiszeit". Jedes Jahr wird ein anderes Motto gewählt. So sahen wir uns schon Ausstellungen bei minus 7 Grad Celsius in dem bereitgestellten Raum an. „Afrika", „Moby-Dicks Geschichte", „Tiere der Arktis", „Dinosaurier" und andere historische Begebenheiten waren zum Beispiel das Motto der verschiedenen Ausstellungen.

Aus Eisklötzen geschnitzt wurden dann unter dezenter und gezielt effektheischender Beleuchtung Tiere, Gegenstände und Skulpturen in realer und Lebensgröße geschaffen. So etwas nenne ich wahre Kunst. Im Zoo konnte man dann die Tiere in den Außenanlagen besuchen. Die Innenanlagen waren während der Pandemie konstant geschlossen.

Aber ich hatte meinen Kunden ja schon immer, damals nur im Spaß, versichert, mal ein Buch über mein Leben zu schreiben, wenn ich mal Rentnerin bin.

Alle wollten sie es dann lesen. Na, mal sehen, wie das nun werden wird.

Damit möchte ich bis zu diesem Zeitpunkt meine Lebensgeschichte erst mal beenden.

Epilog

Meine Lebensgeschichte entspricht bis auf kleine zeitliche und örtliche Änderungen der Realität.

Namen der Betroffenen habe ich wegen des Datenschutzes geändert. Auch die in der geschichtlichen Darstellung genannten Orte habe ich relativiert.

Ich räumte dann alle meine noch vorhandenen Unterrichtsutensilien zusammen, die sich noch im Keller befanden. Ich hatte sie noch für die Arbeit mit den Mini-Shettys und den Pferden bei der Hundetrainerin aufgehoben. Nun verkaufte ich einen Teil davon. Was noch übrig war, schenkte ich einer ehemaligen Kollegin, mit der ich einige Zeit zusammengearbeitet hatte.

Sie unterhielt einen eigenen Reiterhof auf ihrem Gelände. In englischer Reitweise unterrichtete sie auf dem örtlichen Reitplatz oder im Gelände Reitschüler auf ihren Pferden. Sogar „Tamara" lebte noch. Sie genoss nun ihre Rente mit 28 Jahren bei ihr. Das freute mich sehr, als ich mein ehemaliges Pony, was ich zu ihr gebracht hatte, noch einmal gesund wiedersehen konnte. Meine ehemalige Kollegin nahm meine Sachen dankend an. Meine Reitsachen spendete ich der Kleiderkammer. Vielleicht gibt es auch unter bedürftigen Menschen noch welche, die sich über meine Reithosen freuen.

Jetzt habe ich mit der reiterlichen Vergangenheit total abgeschlossen. Psychisch wird es aber doch wohl noch eine ganze Zeit dauern, bis ich auch da ganz abschließen kann.

Sehr danken möchte ich meinem Lebensgefährten, der mir trotz mancher Meinungsverschiedenheiten immer zur Seite gestanden hat und immer unterstützend zur Stelle war.

Wenn ich so manches Mal einen Gedanken hatte, sprach er ihn im nächsten Moment aus.

Ich hatte mir schon so manches Mal die Frage gestellt, ob es so etwas wie Seelenverwandtschaft gab. Bei ihm hatte ich den Eindruck, ja, so etwas gibt es.

In der Zusammenarbeit mit den Pferden als Team verstanden wir uns fast blind. Immer wusste er einen Rat, wenn ich am Ende war oder aufgeben wollte. Ich nenne nur das Beispiel „Kutschen-Korso". So könnte ich in vielerlei Hinsicht auch noch weitere Beispiele anführen.

Auch seine Sorge um mich, wenn ich mal nicht auf dem Handy erreichbar war, zeigte mir, wie sehr er mich schätzte.

Trotz seiner Krebserkrankung, wegen der er nach der Bestrahlung seinen Geschmacks- und Geruchssinn verloren hatte, kochte er immer weiter das Mittagessen für uns. Die Qualität glich dem Essen in einem Restaurant. Die Würze bekam er immer super hin. Selten musste ich etwas verändern.

Wenn ich zu tun hatte, managte er meinen Haushalt, beschäftigte sich mit den Katzen, obwohl er ganz zu Beginn nicht so ein Freund von Katzen im Haus war. Aber er lernte, mit ihnen zu leben, ebenso wie den Umgang mit meinen Pferden. Und er hatte Spaß daran. Das schweißte uns immer zusammen.

Wir hatten denselben Humor und konnten auch viel über uns selber lachen. So hatten wir bisher ein sehr schönes Leben und hoffen nun bei bester Gesundheit auch noch auf ein schönes gemeinsames Rentnerleben.

ENDE

FÜR AUTOREN A HEART FOR AUTHORS À L'ÉCOUTE DES AUTEURS MIA KAPΔIA ΓIA ΣYΓΓPA
FÖR FÖRFATTARE UN CORAZÓN POR LOS AUTORES YAZARLARIMIZA GÖNÜL VERELIM SZÍV
PER AUTORI ET HJERTE FOR FORFATTERE EEN HART VOOR SCHRIJVERS TEMOS OS AUTOR
ZOINKERT SERCE DLA AUTORÓW EIN HERZ FÜR AUTOREN A HEART FOR AUTHORS À L'ÉCOUTI
ACÃO BCEЙ ДУШОЙ К АВТОРАМ ETT HJÄRTA FÖR FÖRFATTARE À LA ESCUCHA DE LOS AUTORI
MIA KAPΔIA ΓIA ΣYΓΓPAΦEIΣ UN CUORE PER AUTORI ET HJERTE FOR FORFATTERE EEN H/
LARIMIZA VER ZOINKÉRT SERCE DLA AUTORÓW EIN HERZ FÜR
SCHRIB OS AS CÃO BCEЙ ДУШОЙ К АВТОРАМ ETT HJÄRTA FÖR

Die Autorin

Iris Ducht sagt heute über sich selbst, dass ihre
Liebe zu den Tieren sie ihr ganzes Leben durch alle
Höhen und Tiefen begleitet hat. Die in der ehemaligen DDR gebürtige 62-Jährige lebt heute mit
ihrem Lebensgefährten im Norden Deutschlands
und ist ihren Wurzeln treu geblieben. Sie hat einen
Sohn und zwei Enkeltöchter, die leider in sehr
weiter Entfernung leben.
Nach zwei beruflichen Meisterabschlüssen versucht
sie jetzt, ihr Leben in einer Biografie zu verarbeiten.

novum VERLAG FÜR NEUAUTOREN

Der Verlag

*Wer aufhört
besser zu werden,
hat aufgehört
gut zu sein!*

Basierend auf diesem Motto ist es dem novum Verlag
ein Anliegen neue Manuskripte aufzuspüren, zu ver-
öffentlichen und deren Autoren langfristig zu fördern.
Mittlerweile gilt der 1997 gegründete und mehrfach
prämierte Verlag als Spezialist für Neuautoren in
Deutschland, Österreich und der Schweiz.

**Für jedes neue Manuskript wird innerhalb
weniger Wochen eine kostenfreie, unverbind-
liche Lektorats-Prüfung erstellt.**

Weitere Informationen zum Verlag und
seinen Büchern finden Sie im Internet unter:

www.novumverlag.com